工业和信息化
人才培养规划教材
Industry And Information
Technology Training
Planning Materials

高职高专计算机系列

办公自动化
项目教程

Office Automation

张学兵 文世润 ◎ 主编
狄冬丰 李洋 谢芳 ◎ 副主编

人民邮电出版社
北京

图书在版编目（CIP）数据

办公自动化项目教程 / 张学兵，文世润主编. -- 北京 : 人民邮电出版社，2014.9 (2018.1 重印)
工业和信息化人才培养规划教材. 高职高专计算机系列
ISBN 978-7-115-35939-1

Ⅰ. ①办… Ⅱ. ①张… ②文… Ⅲ. ①办公自动化－高等职业教育－教材 Ⅳ. ①C931.4

中国版本图书馆CIP数据核字(2014)第166311号

内容提要

本书从现代办公自动化应用中的实际需要出发，以"任务驱动+同步实训"的编写方式讲解了办公自动化的基本理论和实践操作技能。内容具有循序渐进、通俗易懂、系统全面、实用性强等特点。

全书共分为 8 个项目：办公自动化概述、文档的基本处理、文档的高级处理、数据处理、演示文稿的制作、网络资源的应用、其他常用办公软件的使用、常用办公设备的使用。通过学习本书，读者不仅可以熟练使用办公软件（Office 2010）和常用办公设备，还可以应用其他工具软件解决办公中的实际问题。

本书可作为高职高专院校的办公自动化相关课程的教材，也可以作为有一定 Office 基本操作能力的人员的自学用书和参加全国计算机等级考试（一级）人员的参考用书，还可以作为企事业单位办公人员计算机应用的培训教材。

◆ 主　　编　张学兵　文世润
　副 主 编　狄冬丰　李　洋　谢　芳
　责任编辑　刘　琦
　执行编辑　朱海昀
　责任印制　杨林杰

◆ 人民邮电出版社出版发行　　北京市丰台区成寿寺路 11 号
　邮编　100164　　电子邮件　315@ptpress.com.cn
　网址　http://www.ptpress.com.cn
　北京鑫正大印刷有限公司印刷

◆ 开本：787×1092　1/16
　印张：17　　　　　　2014 年 9 月第 1 版
　字数：436 千字　　　2018 年 1 月北京第 5 次印刷

定价：36.80 元

读者服务热线：(010)81055256　印装质量热线：(010)81055316
反盗版热线：(010)81055315

前　言　PREFACE

随着计算机技术和互联网技术的飞速发展，以提高办公效率为目的的办公自动化技术已经深入到各行各业，并发挥着越来越重要的作用。为了能给涉及办公自动化的读者提供一本层次清晰、易于学习、实用性强的书籍，编者对当前办公自动化所涉及的知识进行了精心组织和提炼，对每一个知识点的操作都提供了具体操作步骤，并附有大量的插图，力求使读者的办公自动化实践操作技能在较短的时间内有较大幅度提升。

本书内容全面、讲解细致、图文并茂，将基础知识和操作技能相结合，从现代办公应用中所遇到的实际问题出发，介绍现代办公中文档的处理、办公数据的处理、演示文稿的制作、网络资源的应用、常用工具软件的使用、常用办公设备的使用。

本书具有如下特点。

（1）以 Windows 7 和 Office 2010 为操作平台，与教育部计算机等级考试相一致。

（2）面向实际精选项目，着重提高学习者的实践操作技能。这些项目大多来自于工作实践，具有较强的针对性和实用性。

（3）以项目为载体，以工作任务为导向编排教学内容。每个项目由多个任务组成，每个任务按照“任务目标、任务分析、任务实施、相关知识”方式编排，在引导学习者完成任务的同时提高了他们的操作技能。每个项目后附有对应的“项目实训”，使学习者能举一反三，进一步巩固并提高所学知识和操作技能。

（4）提供丰富的实训素材，以方便教师教学及学习者自学。本书提供 4 种学习素材：项目任务中未加工的原始素材、任务完成后的结果素材、项目实训中的原始素材及项目实训结果素材。

本书的参考学时为 36～48 学时，建议采用理论实践一体化教学模式，各项目的参考学时见下面的学时分配表。

学时分配表

项　目	课 程 内 容	学　时
项目一	办公自动化概述	2
项目二	文档的基本处理	4～6
项目三	文档的高级处理	6～8
项目四	数据处理	6～8
项目五	演示文稿的制作	6～8
项目六	网络资源的应用	2～4
项目七	其他常用办公软件的使用	4～6
项目八	常用办公设备的使用	4～6
	课程考评	2
课时总计		36～48

本书的编写得到了人民邮电出版社和湖南外贸职业学院的大力支持和帮助，并参考了相关资料，编者在此表示衷心感谢。

本书由张学兵、文世润担任主编，狄冬丰、李洋、谢芳担任副主编。由于编者水平有限，书中难免有疏漏和不妥之处，敬请各位读者批评指正。意见和建议等请发往编者邮箱：zhang-xuebing@sohu.com。

编　者

2014 年 5 月

目录 CONTENTS

项目一 办公自动化概述 1

项目二 文档的基本处理 12

项目三 文档的高级处理 45

项目四 数据处理 91

项目五 演示文稿的制作 147

项目六 网络资源的应用 175

项目七 其他常用办公软件的使用 216

PART 1 项目一 办公自动化概述

办公自动化是当前新技术革命中的一个重要技术应用领域，是信息化社会的产物。计算机的诞生和发展促进了人类社会的进步和繁荣。作为信息科学的载体和核心，计算机科学在知识时代扮演了重要的角色。在行政机关、企事业单位工作中，以计算机为中心，运用一系列现代化的办公设备和先进的通信技术，广泛、全面、迅速地收集、整理、加工、存储和使用信息，使企业内部人员方便、快捷地共享信息，高效地协同工作，改变过去复杂、低效的手工办公方式，从而提高办公效率。

任务　认知办公自动化

【任务目标】

（1）熟悉办公自动化的概念、办公自动化系统的功能和组成以及办公自动化技术。

（2）了解办公自动化的产生、发展过程和发展趋势。

【任务分析】

为了提高工作效率，人们开始借助办公自动化技术来处理日益繁多的办公事务。办公自动化是一种技术，也是一个系统工程。它随技术的发展而发展，随人们办公方式、和管理思想的变化而变化。本任务主要介绍办公自动化的概念、办公自动化系统的功能和组成。

【任务实施】

1．掌握办公自动化的概念

办公自动化（Office Automation，OA）作为一个术语是由美国通用汽车公司的 D.S. 哈特于 1936 年首先提出的。20 世纪 70 年代美国麻省理工学院教授 M.C.季斯曼为办公自动化下了一个较为完整的定义：“办公自动化就是将计算机技术、通信技术、系统科学及行为科学应用于传统的数据处理难以处理的数量庞大且结构不明确的、包括非数值型信息的办公事务处理的一项综合技术。”

我国办公自动化是 20 世纪 80 年代中期才发展起来的。1985 年，全国召开了第一次办公自动化规划会议。与会的专家、学者们综合了国内外的各种意见，将办公自动化定义为：办公自动化是利用先进的科学技术，不断使人的一部分办公业务活动物化于人以外的各种设备中，并由这些设备与办公室人员构成服务于某种目标的人机信息处理系统，其目的是尽可能充分地利用信息资源，提高生产率、工作效率和质量，辅助决策，以求得更好的效果，从而达到既定（经济、政治、军事或其他方面的）目标。办公自动化的核心任务是为各领域各层次的办公人员提供所需的信息。

20 世纪 90 年代以后，网络的发展不仅为办公自动化提供了信息交流的手段与技术支持，更使办公活动跨时空的信息采集、信息处理与利用成为可能，并为办公自动化赋予了新的内涵和应用空间，也提出了新的问题与要求。办公自动化是将现代化办公和计算机网络功能结合起来的一种新型的办公方式，是当前新技术革命中的一个非常活跃和具有很强生命力的技术应用领域，是信息化社会的产物。通过网络，组织机构内部的人员可以跨越时间、地点协同工作。通过办公自动化系统所实施的交换式网络应用，使信息的传递更加快捷和方便，从而极大地扩展了办公手段，实现了办公的高效率。

鉴于上述情况，在 2000 年 11 月召开的办公自动化国际学术研讨会上，专家们建议将办公自动化（OA）更名为办公信息系统（Office Information Systems，OIS），认为办公信息系统是以计算机科学、信息科学、地理空间科学、行为科学和网络通信技术等现代科学技术为支撑，以提高专项和综合业务管理水平和辅助决策效果为目的的综合性人机信息系统。

总之，办公自动化的概念将随外部环境、支撑技术，以及人们观念的不断发展而逐渐演变，并不断充实和完善。它是计算机技术、通信技术与科学管理思想的完美结合。

2．了解办公自动化的层次

从广义上讲，办公自动化应该是一个单位所有信息处理的集合。它一般分为 3 个层次：事务处理型、信息管理型、辅助决策型。面向不同层次的使用者，办公自动化会有不同的功能表现。

（1）事务处理型。事务型办公自动化中，最普遍的应用有文字处理、电子排版、电子表格处理、文件收发登录、电子文档管理、办公日程管理、人事管理、财务统计、报表处理、个人数据库等。这些常用的办公事务处理的应用可制作成应用软件包，包内的不同应用程序之间可以互相调用或共享数据，以便提高办公事务处理的效率。这种办公事务处理软件包应具有通用性，以便扩大应用范围，提高其利用价值。此外，在办公事务处理级上可以使用多种办公自动化子系统，如电子出版系统、电子文档管理系统、智能化的中文检索系统（如全文检索系统）、光学汉字识别系统、汉语语音识别系统等。在公用服务业、企业等的经营业务方面，使用计算机替代人工处理的工作日益增多，如订票、售票系统，柜台或窗口系统，银行业的储蓄业务系统等。事务型办公自动化系统的功能都是处理日常的办公操作，是直接面向办公人员的。它用于提高办公效率，改进办公质量，适应人们的办公习惯，提供良好的办公操作环境。

（2）信息管理型。随着信息利用重要性的不断增加，在办公系统中对于和本单位的运营目标关系密切的综合信息的需求日益增加。信息管理型办公系统是把事务型（或业务型）办公系统和综合信息（数据库）紧密结合的一种一体化的办公信息处理系统。综合数据库存放该有关单位日常工作所必需的信息。例如，在政府机关，这些综合信息包括政策、法律、法规，有关上级政府和下属机构的公文、信函等政务信息；一些公用服务事业单位的综合数据库包括和服务项目有关的所有综合信息；企业单位的综合数据库包括工商法规、经营计划、市场动态、供销业务、库存统计、用户信息等。作为一个现代化的政府机关或企、事业单位，为了优化日常的工作、提高办公效率和质量，必须具备供本单位各个部门共享的这一综合数据库。这个数据库建立在事务级办公自动化系统的基础之上，构成信息管理型的办公自动化系统。

（3）辅助决策型。辅助决策型办公系统建立在信息管理级办公自动化系统的基础上，它使用由综合数据库系统所提供的信息，针对所需要做出决策的课题，构造或选用决策数字模型，结合有关内部和外部的条件，由计算机执行决策程序，做出相应的决策。

随着三大核心支柱技术——网络通信技术、计算机技术和数据库技术的成熟，世界上的办公自动化已进入新的层次，在新的层次中，办公自动化系统有如下 4 个新的特点。

① 集成化。软硬件及网络产品的集成、人与系统的集成、单一办公系统同社会公众信息系统的集成组成了“无缝集成”的开放式系统。

② 智能化。面向日常事务处理，辅助人们完成智能性劳动，如汉字识别、对公文内容的理解和深层处理、辅助决策及处理意外等。

③ 多媒体化。包括对数字、文字、图像、声音和动画的综合处理。

④ 运用电子数据交换（EDI）。通过数据通信网，在计算机间进行交换和自动化处理。

这个新的层次包括信息管理型办公自动化系统和决策型办公自动化系统。事务级办公自动化系统称为普通办公自动化系统，而信息管理级办公自动化系统和决策支持级办公自动化系统称为高级办公自动化系统。例如，市政府办公机构，实质上经常定期或不定期地收集各区、县政府和其他机构报送的各种文件，然后分档存放并分别报送给有关领导者阅读、处理。批阅后的文件被妥善保存，以便以后查阅。领导者研究各种文件之后做出决定，一般采取文件的形式向下级返回处理指示。这一过程是一个典型的办公过程。在这一过程中，文件本身是信息，其传送即是信息传送过程。但应当注意到，领导在分析决策时，可能要翻阅、查找许多相关的资料，参照研究，才能决策，所以相关的资料查询、分析，以及决策的选择也属于信息处理的过程。

3. 了解办公自动化系统的功能

（1）办公自动化系统的基本功能。办公自动化系统的功能包括基本功能和集成化功能两个方面。办公自动化系统的基本功能从外在形式上看又包括 8 个方面，如表 1-1 所示。

表 1-1 办公自动化系统的基本功能

序　号	功　能	解　释
1	公文管理	包括公文的收发、起草、传阅、批办、签批、会签、下发、催办、归档、查询、统计等基本功能，初步实现公文处理的网络化、自动化和无纸化
2	会议管理	包括会议计划、通知、组织、纪要、归档、查询、统计等功能和会议室管理功能，使会议通知、协调、安排都能在网络环境下实现
3	部门事务处理	包括部门值班、休假安排、工作计划、工作总结、部门活动等
4	个人办公管理	包括通讯录、日程、个人物品管理等
5	领导日程管理	包括为领导提供的日程、活动的设计、安排等
6	文档资料管理	包括文档资料的立卷、借阅、统计等
7	人员权限管理	包括人员的权限、角色、口令、授权等
8	业务信息管理	包括人事、财务、销售、库存、供应以及其他业务信息的管理等

（2）集成办公环境下办公自动化系统的功能。在目前的技术条件支持下，办公自动化系统建设就是要创造一个集成的办公环境，使所有的办公人员都在同一个桌面环境下工作。具体来说，一个完整的办公自动化系统应该实现以下 7 个方面的功能。

① 内部通信平台的建立。建立单位内部的邮件系统，使单位内部的通信和信息交流快捷、通畅。

② 信息发布平台的建立。在单位内部建立一个有效的信息发布和交流的场所。例如，电子公告、电子论坛、电子刊物，使内部的规章制度、新闻简报、技术交流、公告事项等能够在单位内部员工之间得到广泛的传播，从而使员工能够了解单位的发展动态。

③ 工作流程的自动化。工作流程自动化包括流转过程的实时监控、跟踪，解决多岗位、多部门之间的协同工作问题，实现高效率的协作。例如，公文的处理、收发，各种审批、请示、汇报等流程化的工作，通过工作流程的自动化，可以规范各项工作，提高部门协同工作的效率。

④ 文档管理的自动化。文档管理的自动化可以使各类文档能够按权限进行保存、共享和使用，并有一个方便的查找手段。办公自动化使各种文档实现电子化，通过电子文件柜的形式实现文档的保管，按权限使用和共享。实现办公自动化以后，如果单位来了一个新员工，管理员只要分配给他一个用户名和口令，他就可以上网查看单位的各种规章制度和相关技术文件等，这样可以减少很多培训环节。

⑤ 辅助办公。辅助办公牵涉很多的内容，如会议管理、车辆管理、物品管理、图书管理等与日常事务性的工作相结合的各种辅助办公，都可以实现自动化。

⑥ 信息集成。每一个单位都存在大量的业务系统，如购销存、企业资源计划（Enterprise Resource Planning，ERP）等各种业务系统，单位的信息源往往都在这个业务系统里，办公自动化系统应该和这些业务系统实现很好的集成，使相关人员能够有效地获得整体的信息，提高整体的反应速度和决策能力。

⑦ 分布式办公的实现。分布式办公就是要支持多分支机构、跨地域的办公模式以及移动办公。就目前情况来看，随着单位规模越来越大，地域分布越来越广，移动办公和跨地域办公已成为一种迫切的需求。

4．了解办公自动化系统的组成

（1）办公自动化系统的硬件。

① 信息输入设备。

② 信息处理设备。

③ 信息存储设备。

④ 输出设备。

⑤ 复制设备。

⑥ 信息通信设备。

⑦ 其他设备。

（2）办公自动化系统的软件。

① 系统软件层。

② 支撑软件层。

③ 应用软件层。

5．熟悉办公自动化系统的处理环节

一般来说，一个较完整的办公自动化系统应当包括信息输入、信息处理、信息反馈、信息输出 4 个处理环节。这 4 个环节组成了一个有机的整体。无论是传统的办公系统还是自动化办公系统，整个办公活动的工作流程如图 1.1 所示。

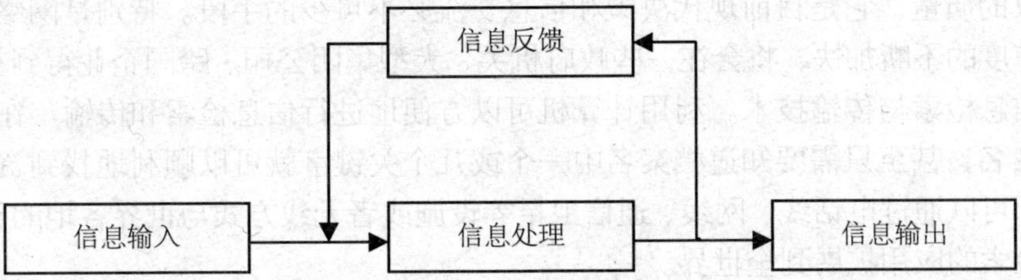

图 1.1 办公活动的工作流程

图 1.1 中箭头的指向表示信息流的方向。输入的办公信息主要有文稿和报表等文字信息、电话和录音等语音信息、图表和批示手迹等图像信息、统计数字等数据信息。输出的是编辑排版好的文件、表格、报表、图表等有用信息。在办公自动化系统中，信息处理的工具主要是计算机、打印机、复印机、传真机等，信息的存储介质是磁盘、磁带、光盘、缩微胶片等。信息反馈是指处理过的信息需要再次处理。

办公自动化系统综合体现了人、机器、信息资源三者的关系。信息是被加工的对象，机器是加工信息的工具，人是加工过程中的设计者、指挥者和成果的享用者。

6．了解办公自动化的主要技术

现代的办公自动化系统是综合运用信息技术、通信技术和管理科学的系统，是向集成化、智能化方向不断发展的系统。从其处理技术来看，它包括以下几个方面的内容。

（1）公文电子处理技术。公文电子处理是指使用计算机，借助文字处理软件和其他软件，自动地产生、编辑与存储文件，并实现各办公室之间文件的传递，其核心部件是文字处理软件。文字处理技术包括文字的输入、编辑、排版以及存储、输出等基本功能。

（2）电子表格和数据处理技术。在一般办公室环境下，许多工作都可以用二维表来做，如财务计算、统计计算、通讯录、日程表等。计算机电子表格处理软件提供了强大的表格处理功能。而数据处理是通过数据库软件建立的各类管理信息系统或其他应用程序来实现的。它们包括了对办公中所需大量数据信息的存储、计算、排序、查询、汇总、制表、编排等内容。

（3）电子报表技术。办公室离不开报表的处理。电子报表技术就是将手工报表的处理转化为计算机处理的技术。目前有许多电子报表软件（如本书后面介绍的 Excel），这些专业软件可以使复杂而繁琐的报表处理变得容易，并且由计算机处理的报表能生成各种图表，具有清晰、美观的效果。

（4）语音和图形图像处理技术。就办公室环境的计算机应用而言，语音处理技术是指计算机对人的声音的处理，从应用角度来看，主要包括语音合成和语音识别技术。图形图像处理技术是指图形图像的生成（绘制）、编辑和修改，图形图像与文字的混合排版、定位与输出等技术。

（5）电子邮件技术。电子邮件技术是以计算机网络为基础的信件通信系统，它将声音、数据、文字、图形、图像及其组合，通过网络由一地快速地传递到另一地的技术。

（6）电子会议技术。电子会议技术指在现代化通信手段和各种现代电子设备的支持下，在本地或异地举行会议的技术。它使用先进的计算机工作站和网络通信技术，使多个办公室的工作台构成同步会议系统，代替一些面对面的会议。它分为电话会议、电视会议和网络视频会议 3 种。电子会议免除了不必要的交通费用，减少了会议开支，缩短了与会时间，大大提高了会议的质量，它是目前现代决策和信息交流必不可少的手段。特别是网络视频会议，随着网络速度的不断加快，将会在一些政府机关、大型集团公司、跨国企业得到充分的运用。

（7）信息检索与传输技术。利用计算机可以方便地进行信息检索和传输。在办公室，只要知道档案名，甚至只需要知道档案名中一个或几个关键字就可以顺利地找到资料，任何一台计算机都可以通过电话线、网线、通信卫星等设施或者无线方式与世界各地的计算机相连，这使信息检索的应用扩展到全世界。

【相关知识】

1．办公自动化的起源

美国最先将计算机系统引入办公室。20 世纪 60 年代初，美国 IBM 公司生产了一种半自动化的打字机，这种打字机具有编辑功能，它是现代文字处理机的早期产品。不久，IBM 公司就使用了文字处理机，实现了对文书起草、编辑、修改、打印工作的处理，从而揭开了办公自动化的序幕。

到 20 世纪 80 年代初，由于微电子技术的迅速发展，并与光机技术结合，产生了适合办公需要的电子计算机、通信设备及各类办公设备，为办公自动化的实现提供了物质上的可能。许多体积小、功能全、操作方便的微型计算机出现以后，使得小小的办公桌上就能放得下它，计算机才真正成为办公工具。随着微型计算机的不断改进，办公自动化的进程大大加快，并且形成了新型综合学科——办公自动化。

20 世纪八九十年代，办公自动化系统开始在世界各国得到较快的发展。美、日、英、德等国都在很大程度上实现了办公自动化。目前，这些国家的办公自动化正向着更高的阶段迈进。

2．现代办公技术设备的发展

从世界范围来看，尽管各个国家情况有所不同，但办公自动化的发展过程在技术设备的使用上大都经历了单机、局部网络、一体化、全面实现办公自动化 4 个阶段。美国是推行办公自动化最早的国家，下面以其为例来说明办公自动化的发展历程。

（1）单机设备阶段（1975 年以前）。办公自动化在该阶段主要是进行单项数据处理，如工资结算、统计报表、档案检索、档案管理、文书写作等。使用的设备有小型机、微型机、复印机、传真机等，用以完成单项办公室事务的自动化。在此阶段，计算机只是在局部代替办公人员的手工劳动，使部分办公室工作效率有所提高，但并未引起办公室工作性质的根本改变。这时的办公自动化可以称为“秘书级别”。

（2）局部网络阶段（1975—1982 年）。在局部网络阶段，办公自动化主要设备的使用在单机应用的基础上，以单位为中心向单位内联网发展，建立了局部网络。局部网络的功能相当于一台小型机、中型机甚至大型机。一个局部网络中可以连接几台、几十台甚至上千台微型机。网络里的计算机以双重身份工作，它既可以像没有连接网络一样单独工作，又可以作为网络中的一部分参加网络的工作。应用局部网络，可以实现网络中的资源共享，使办公中的关键业务实现了自动化。这时的办公自动化可以称为“主任级别”。

（3）一体化阶段（1983—1990 年）。在一体化阶段，办公自动化设备使用由局部网络向跨单位、跨地区联机系统发展。把一个地区、几十个地区乃至全国的局部网络连接起来，就形成了庞大的计算机网络。采用系统综合设备，例如，多功能工作站、电子邮政、综合数据通信网等，可以实现更大范围的资源共享，实现全面的办公业务综合管理的自动化。1984 年，美国康涅狄格州哈特福特市一幢旧金融大厦改建为“都市办公大楼（City Place Building）”，用计算机统一控制空调、电梯、供电配电、防火防盗系统，并为客户提供语音通信、文字处理、电子邮政、市场行情查询、情报资料检索、科学计算等多方面的服务，成为公认的世界上第一幢智能大厦。这一阶段已经是办公自动化的较高级阶段，办公自动化进入了“经理（决策）级别”。

（4）全面实现办公自动化阶段（1990 年至今）。办公自动化在该阶段采用以数字、文字、声音、图像等多媒体信息传输、处理、存储的广域网为手段，信息资源在世界范围内共享，将世界变成地球村。例如，1993 年 9 月，美国政府正式宣布了“国家信息基础设施（NII）”计划，该计划以光纤网技术为先导，谋求实现政府机关、科研院所、学校、企业、商店乃至家庭之间的多媒体信息传输，使办公系统与其他信息系统结合在一起，形成一个高度自动化、综合化、智能化的办公环境。内联网可以和其他局域网或广域网相连，以获取外部信息源产生的各种信息，更有效地满足高层办公人员、专业人员的信息需求，达到辅助决策的目的。

在该阶段，人们在办公室中可以看到许多现代化的办公设备，如各类计算机、可视电子业务通信设备、综合信息数字网络系统、多功能自动复印机、传真机、电子会议室、缩微系统等。利用计算机以及由计算机控制的各类现代办公设备可以迅速处理大量的办公信息。

3．办公自动化的发展趋势

随着各种技术的不断进步，办公自动化的未来发展趋势将体现以下几个特点。

（1）办公环境网络化。完备的办公自动化系统能够把多种办公设备连接成局域网，进而通过公共通信网或专用网连接成广域网，通过广域网可连接到地球上任何角落，从而使办公人员真正做到“秀才不出门，尽知天下事”。

（2）办公操作无纸化。办公环境的网络化使跨部门的连续作业免去了纸介质载体的传统传递方式。采用无纸化办公，可以节省纸张，更重要的是速度快、准确度高，便于文档的编排和复用，它非常适合电子商务和电子政务的办公需要。

（3）办公服务无人化。无人办公适合于那些办公流程及作业内容相对稳定，工作比较枯燥，易疲劳，易出错，劳动量较重的一些工作场合，如自动存取款的银行业务、夜间传真及电子邮件自动收发。

（4）办公业务集成化。许多单位的办公自动化系统最初往往是单机运行，至少是各个部门分别开发自己的应用系统。在这种情况下，由于所采用的软、硬件可能出自多家厂商，软件功能、数据结构、界面等也会因此不同。随着业务的发展、信息的交流，人们对办公业务集成性的要求将会越来越高。办公业务集成要求 4 个方面，一是网络的集成，即实现异构系统下的数据传输，这是整个系统集成的基础；二是应用程序的集成，以实现不同的应用程序在同一环境下运行和同一应用程序在不同节点下运行；三是数据的集成，不仅包括相互交换数据，还要实现数据的相互操作和解决数据语义的异构问题，真正实现数据共享；四是界面的集成，就是要实现不同系统下操作环境和操作界面的一致，至少是相似。

（5）办公设备移动化。人们可通过便携式办公自动化设备，如笔记本电脑通过电话线或无线接入轻而易举地与“总部”相连，完成信息交换、传达指令、汇报工作等操作，利用移动存储设备可以将大量数据很容易、很轻便地从一处移动到另一处。1995 年，IBM 开始一项“移动办公计划”，亚洲的 IBM 分公司都先后实现了这一计划。1997 年，IBM 中国公司广州分公司在中国内地率先实现了“移动办公”。据 IBM 韩国分公司统计，推行移动办公后，员工与客户直接接触的时间增加了 40%，有 63.7%的客户对服务表示更加满意，而公司则节省了

43%的办公空间。

（6）办公思想协同化。20 世纪 90 年代末期，协同办公管理思想开始兴起，旨在实现项目团队协同、部门之间协同、业务流程与办公流程协同、跨越时空协同，它主要侧重和关注知识/信息与资源的分享，是今后办公自动化的一大发展方向。

（7）办公信息多媒体化。多媒体技术在办公自动化中的应用，使人们处理信息的手段和内容更加丰富，使数字、文字、图形图像、音频及视频等各种信息载体均能使用计算机处理，它更加适应并有力支持人们喜欢以视觉、听觉、感觉等多种方式获取及处理信息的方式。目前人事档案库中增添个人照片、历史档案材料的光盘存储等就是其典型应用。

（8）办公管理知识化。知识管理的优势在于注重知识的收集、积累与继承，其最终目标是要实现政府、机关、企业及员工的协同发展，而不是关注办公事务本身与单位本身的短期利益。只有实现单位的发展，员工的发展才有空间；只有实现员工的发展，单位的发展才有潜力。而“知识管理”正是实现两者协同发展的桥梁。

（9）办公系统智能化。给机器赋予人的智能，这一直是人类的一种梦想。人工智能是当前计算机技术研究的前沿课题，也取得了一些成果。这些成果虽然还远未达到让机器像人一样思考、工作的程度，但已经可以在很多方面对办公活动给予辅助。办公系统智能化的广义理解可以包括手写输入、语音识别、基于自然语言的人机界面、多语互译、基于自学习的专家系统以及各种类型的智能设备等。

综上所述，办公自动化技术的发展前景是美好的。办公自动化技术能让人从繁重、枯燥、重复性的劳动中解放出来，使人们有更多的精力和时间去研究思考更重要的问题，最终把办公活动变成一个思考型而不是业务型的活动。

4．我国办公自动化的发展过程与现状

（1）我国办公自动化的发展过程。我国办公自动化起源于 20 世纪 80 年代初政府的公文和档案管理，其发展过程可以概括为以下 3 个阶段。

① 启蒙动员阶段（1985 年以前）。我国的办公自动化从 20 世纪 80 年代初进入启蒙阶段，1983 年，国家开始大力推行计算机在办公中的应用，通过一个时期的积累，成立了我国的办公自动化专业领导组，它负责制定我国的办公自动化发展规划，并从硬件、软件建设上进行宏观指导。当时，计算机汉字信息处理技术有了突破性的发展，为办公自动化系统在我国的实用化铺平了道路。该阶段我国通过试点，建立了一些有效的办公自动化系统。1985 年，我国制定了办公自动化的发展目标及远景规划，确定了有关政策，为全国办公自动化系统的初创与发展奠定了基础。

② 初见成效阶段（1986—1990 年）。20 世纪 80 年代末，我国开始大力发展办公自动化。这个阶段我国建立了一批能体现国家实力的国家级办公自动化系统，在各个省市县区的领导部门建立了一批有一定水平的办公自动化系统，同时做了一定的标准化工作，为建立自上而下的网络办公自动化系统打下了基础。1987 年 10 月，上海市政府办公信息自动化管理系统（SOIS）通过鉴定并取得了良好的效果，在全国具有一定的示范性。在这一阶段，我国的单机应用水平与国外相近，并且基于此时国内通信设施落后、网络水平低的情况，国家已经开始对全国通信网络进行全面改造。

③ 快速发展阶段（1990 年以后）。进入 20 世纪 90 年代，随着网络技术、数据库技术的广泛应用，国内经济的飞速发展引发市场竞争的逐渐激烈，以及政府管理职能的扩大和优化，政府和企业对办公自动化产品的需求快速增长。这时，办公自动化开始进入一个快速的发展

阶段，我国办公自动化系统的发展也呈现网络化、综合化的趋势。在该阶段，我国办公自动化的发展有两大群体，一个是国家投资建设的经济、科技、银行、铁路、交通、气象、邮电、电力、能源、军事、公安及国家高层领导机关这 12 类大型信息管理系统，体系较为完整，具有相当的规模。另一个群体是各企业、各部门自行开发的或者是一些软件公司推出的商品化的办公自动化软件。这些软件系统是根据用户的具体需求开发的，往往侧重于某几个主要功能，或者适合于某种规模，或者满足某些特殊需要，所以它的功能比较完善，并能较好地满足用户的实际需要，在一些中、小型单位具有较大的市场。

总之，办公自动化发展到今天，它的定义已由原来简单的公文处理扩展到整个企事业单位的信息交换平台，并实现了与系统支持平台的无关性，其功能也有极大的提高。然而随着计算机技术水平的不断提高和用户需求的不断增长，我国办公自动化的道路还很漫长。愿我们共同努力，为我国的计算机技术在办公自动化领域得到更好的应用做出我们应有的贡献。

（2）我国办公自动化的现状。我国的办公自动化建设经历了一个较长的发展过程，目前各单位的办公自动化程度相差较大，大致可以划分为以下 4 类。

① 起步较慢，还停留在使用没有联网的计算机的阶段，使用 Microsoft Office 系列、WPS 系列应用软件以提高个人办公效率。

② 已经建立了自己的 Intranet（内联网），但没有好的应用系统支持协同工作，仍然是个人办公。网络处在闲置状态，单位的投资没有产生应有的效益。

③ 已经建立了自己的 Intranet，单位内部员工通过电子邮件交流信息，实现了有限的协同工作，但产生的效益不明显。

④ 已经建立了自己的 Intranet；使用经二次开发的通用办公自动化系统；能较好地支持信息共享和协同工作，与外界的联系畅通；通过 Internet 发布、宣传单位的有关情况；Intranet 已经对单位的管理产生明显的效益。现在正着手开发或已经在使用针对业务定制的综合办公自动化系统，实现科学的管理和决策，增强单位的竞争能力。

目前，构筑单位内部网络平台并联结 Internet、实现办公自动化，进而实现电子商务（e-business）或电子政务（e-government）已成为众多单位的当务之急；设计信息系统方案、添置硬件设备、建设网络平台、选择应用软件也已成为每个企事业单位领导和信息主管日常工作的重要组成部分。

（3）影响我国办公自动化发展的原因。我国办公自动化系统的发展，经历了和发达国家类似的过程。目前影响系统发展的主要因素有以下几个方面。

① 基础设施建设尚不完善。应用办公自动化产品的多数单位的计算机和网络基础设施建设尚不完善，仅依靠独立的个人计算机完成简单的文字处理和表格处理，或者利用网络进行简单的邮件交换，这并不能大幅度提高用户的工作效率。

② 系统的安全难以令人满意。自从第一台计算机诞生以来，安全就成了阻碍计算机应用的一个重要因素，尤其是在网络时代，Internet 的深入应用同时也意味着外部窥探的到来。对于办公系统来说，由于传输、处理、存储的信息具有很高的价值和保密性，往往成为黑客和病毒攻击的目标，直接与 Internet 相连的办公系统的安全难以得到保障。

③ 与办公自动化相适应的规章制度不健全。办公自动化系统不同于一般的管理软件，它处理的电子化公文存在法律效力的问题，目前国内尚无这方面的立法规定。同时，单位内部也没有建立和完善相应的规章制度来保证办公系统的正常运行。在运用软件的管理过程中，必须有一种制度对人的行为进行管理，建立责任、诚信制度。

④ 落后的管理模式与先进的计算机网络化管理不相适应。单位投入大量资金实现办公自动化，但如果管理人员和办公人员的计算机水平跟不上，员工使用计算机的热情不高，网络管理混乱，基础数据不完整，则必然会造成办公自动化效果不明显。办公过程中引入计算机管理系统，必然对现行的体制产生影响，一部分领导干部和工作人员产生疑问和抵触情绪，将会妨碍现代办公管理系统的应用。

⑤ 领导的重视和工作人员的支持不够。在目前形势下，应当对机关和企业办公自动化负全责的 CIO（Chief Information Official，首席信息官）或信息中心主任没有真正获得应有的权力和信任，既要面对单位领导的直接指导，又要面临基层部门来自传统的阻力。显然，办公自动化的实施必须取得领导的重视和业务人员的支持。

⑥ 软件应用相对滞后于硬件平台。过去，许多企业开发的办公软件功能过于单一，长期以来成熟的办公自动化软件产品还主要以文字、表格处理为主，没有将用户其他方面，尤其是其业务处理的需求结合在办公自动化系统中。软件应用相对滞后于硬件平台，导致"有路无车"现象，很多单位只限于单机应用或简单的网络应用。

⑦ 没有慎重选择适合自身条件的设备、软件和服务厂商。不同的单位都有自己的特殊之处，适用于其他单位的软件不一定适合自己。然而，一些单位在实施办公自动化之初，没有事先对单位需求进行分析和设计，没有对各种系统进行咨询和考察，没有慎重选择与单位条件相适应的体系结构、设备、软件系统和能及时提供服务支持的厂商，结果造成对软件系统的期望值过高，软件应用过于庞大，软件功能与单位需求相差甚远。尽管硬件系统比较完善，仍导致"有路坏车"的现象。

近几年，计算机技术尤其是网络技术、通信技术、数据库技术、多媒体技术、虚拟现实技术等的飞速发展和应用，使我国办公自动化的发展呈现出新的景象，为办公自动化的发展提供了契机。

项目小结

办公自动化是一种技术，也是一个系统工程。办公自动化是指办公人员利用先进的科学技术，不断使人的办公业务活动物化于人以外的各种设备中，并由这些设备与办公室人员构成服务于某种目标的人机信息处理系统，以达到提高工作质量及工作效率的目的。

办公自动化一般可以分为事务处理型、信息管理型、辅助决策型 3 个层次。整个办公过程包括信息输入、信息处理、信息反馈、信息输出 4 个环节。一个完整的办公自动化系统应该能够实现 7 个方面的功能：内部通信平台的建立、信息发布平台的建立、工作流程的自动化、文档管理的自动化、辅助办公、信息集成以及分布式办公的实现。

办公自动化的发展过程在技术设备的使用上经历了单机、局部网络、一体化、全面实现办公自动化 4 个阶段。其未来发展将体现以下几个特点：办公环境网络化、办公操作无纸化、办公服务无人化、办公业务集成化、办公设备移动化、办公思想协同化、办公信息多媒体化、办公管理知识化以及办公系统智能化。我国办公自动化发展已经经历了 3 个阶段，因种种原因的制约，各个单位办公自动化程度有所不同。

掌握办公自动化，需要学会 Word 高级排版、表格设计，Excel 表格处理、函数、图表，PowerPoint 幻灯片课件制作，网络办公基础等。

项目实训

办公自动化应用情况调查：请你利用节假日时间到一个具有一定规模的单位，了解其办公自动化的应用情况，并写出一篇调查报告。调查内容如下。

（1）该单位的基本情况。

（2）该单位是否有局域网？使用什么软件办公？

（3）使用何种办公自动化系统？是否安装 MIS 系统？办公自动化对该单位的办公带来了什么好处？

（4）你认为该单位办公自动化存在的主要问题是什么？是由什么原因产生的？

（5）给该单位的办公自动化提出一些建议。

PART 2

项目二 文档的基本处理

Word 2010 软件是微软公司发布的办公软件 Microsoft Office 2010 中重要的组件之一。作为文字处理软件，它是普及性较高且易掌握的一款软件，它适用于多种文档的编辑排版，如书稿、简历、公文、传真和信件等。

任务一　简单文档的处理

【任务目标】

（1）掌握录入文本内容的方法。

（2）掌握修改文本字体和段落格式的方法。

（3）掌握为文本添加编号的方法。

（4）掌握文档的创建、打开和保存以及文档保护等基本知识。

（5）熟练运用多种方法进行文档的基本编辑、排版以及打印等操作。

【任务分析】

在工作和学习中，经常要用计算机处理一些基本的文档，如公文、海报、招聘启事、合同等。利用 Word 2010 软件来制作和处理这些文档是最合适的。

本任务是制作一份学校内部下发的通知，其效果如图 2.1 所示。

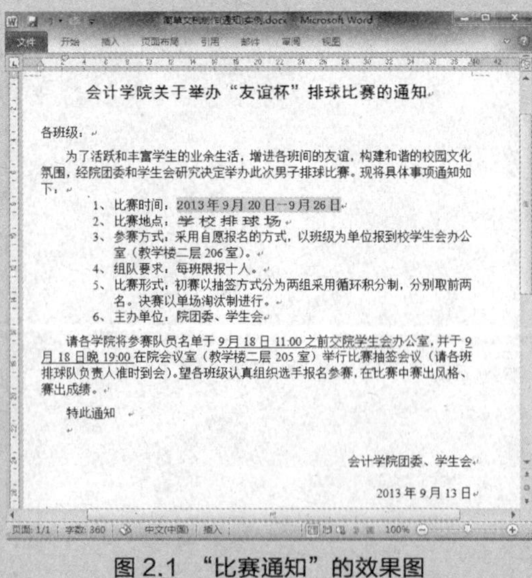

会计学院关于举办"友谊杯"排球比赛的通知

各班级：

为了活跃和丰富学生的业余生活，增进各班间的友谊，构建和谐的校园文化氛围，经院团委和学生会研究决定举办此次男子排球比赛。现将具体事项通知如下：

1、比赛时间：2013 年 9 月 20 日—9 月 26 日

2、比赛地点：学 校 排 球 场

3、参赛方式：采用自愿报名的方式，以班级为单位报到校学生会办公室（教学楼二层 206 室）。

4、组队要求：每班限报十人。

5、比赛形式：初赛以抽签方式分为两组采用循环积分制，分别取前两名。决赛以单场淘汰制进行。

6、主办单位：院团委、学生会

请各学院将参赛队员名单于 9 月 18 日 11:00 之前交院学生会办公室，并于 9 月 18 日晚 19:00 在院会议室（教学楼二层 205 室）举行比赛抽签会议（请各班排球队负责人准时到会）。望各班级认真组织选手报名参赛，在比赛中赛出风格、赛出成绩。

特此通知

会计学院团委、学生会

2013 年 9 月 13 日

图 2.1 "比赛通知"的效果图

【任务实施】

1. 新建一个 Word 2010 文档并保存

启动 Word 2010 软件后，系统自动建立一个空白文档，为了方便文档打开和防止以后文档内容的丢失，先将文档进行更名保存。操作步骤如下：单击“快速访问”工具栏上的“保存”按钮，此时打开一个“另存为”对话框，如图 2.2 所示。在“文件名”文本框中输入“通知”，单击“保存”按钮即新建一个文档名为“通知.docx”的文档。

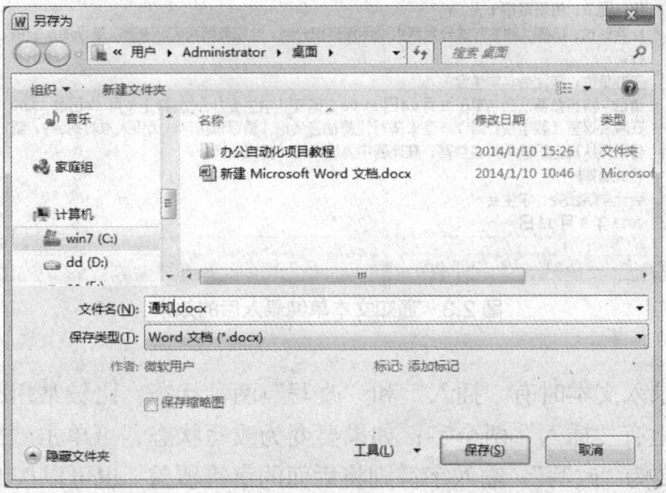

图 2.2 “另存为”对话框

> **说 明**
>
> 对于 Word 2010 这样经常使用的程序，最好在桌面上建立它的快捷方式，这样可以在以后启动它时节约很多时间。
>
> 在 Word 2010 界面中，可以自定义“快速访问”工具栏增加或删除命令按钮。

2. 文本的录入与编辑

（1）设置输入法。在录入文本之前，最好先设置好使用的中文输入法。使用快捷键 Ctrl+Shift 来选择一种中文输入法，如果文本中需要交替录入英文和中文，使用快捷键 Ctrl+Space 可以进行快速切换中、英文输入法。

> **说 明**
>
> 对于经常使用的中文输入法可以通过“控制面板”中的“输入法”来定义热键，或者将其设置为第一种中文输入法，这样以后在切换输入法时会很方便。

（2）录入通知的文本内容。文件建立之后，文档上有一个闪动的光标，这就是“插入点”，即文本的输入位置。选择好输入法后，直接输入文字即可。

由于目前的办公软件都具有强大的排版功能，因此，在文字和符号录入过程中，原则上首先应进行单纯录入，然后再运用排版功能进行有效排版。基本录入的原则如下。

① 不要用 Space 键进行字间距的调整以及标题居中、段落首行缩进的设置。

② 不要用 Enter 键进行段落间距的排版，当一个段落结束时，才按 Enter 键。

③ 不要用连续按 Enter 键产生空行的方法进行内容分页的设置。图 2.3 所示为通知文本单纯录入后的效果。

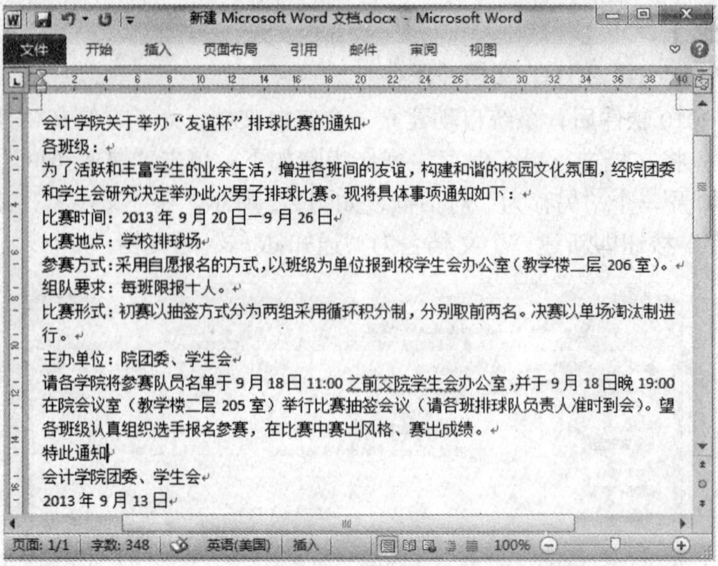

会计学院关于举办“友谊杯”排球比赛的通知
各班级：
为了活跃和丰富学生的业余生活，增进各班间的友谊，构建和谐的校园文化氛围，经院团委和学生会研究决定举办此次男子排球比赛。现将具体事项通知如下：
比赛时间：2013 年 9 月 20 日—9 月 26 日
比赛地点：学校排球场
参赛方式：采用自愿报名的方式，以班级为单位报到校学生会办公室（教学楼二层 206 室）。
组队要求：每班限报十人。
比赛形式：初赛以抽签方式分为两组采用循环积分制，分别取前两名。决赛以单场淘汰制进行。
主办单位：院团委、学生会
请各学院将参赛队员名单于 9 月 18 日 11:00 之前交院学生会办公室，并于 9 月 18 日晚 19:00 在院会议室（教学楼二层 205 室）举行比赛抽签会议（请各班排球队员责人准时到会）。望各班级认真组织选手报名参赛，在比赛中赛出风格、赛出成绩。
特此通知
会计学院团委、学生会
2013 年 9 月 13 日

图 2.3 通知文本单纯录入后的效果

> **说 明**
>
> 录入文本时有“插入”和“改写”两种状态。比较常用的为插入状态，状态栏上有“插入”两个字；如果要变为改写状态，可单击“插入”，此时，“插入”变为“改写”，输入字符则将后面的字符覆盖。也可以按 Insert 键在“插入”和“改写”两种状态之间进行切换。

（3）录入特殊符号。文档中除了文字外，有时还会根据内容需要输入各种标点和特殊符号（如×、♂、※、◎、№、§等）。符号的输入方法有很多种，通常使用菜单“插入”→“符号”即可插入曾经使用过的符号，如图 2.4（a）所示。如果没有出现想要的符号，则点击下方的“其他符号”弹出“符号”对话框，在“符号”对话框中可以找到我们所需要的符号（符号一般在“字体”的下拉项 Webdings、Wingdings 1 或 Wingdings 2 中）。例如，需插入特殊符号“×”，可在 Wingdings 2 中找到，如图 2.4（b）所示，选中它后，单击“插入”按钮即可。

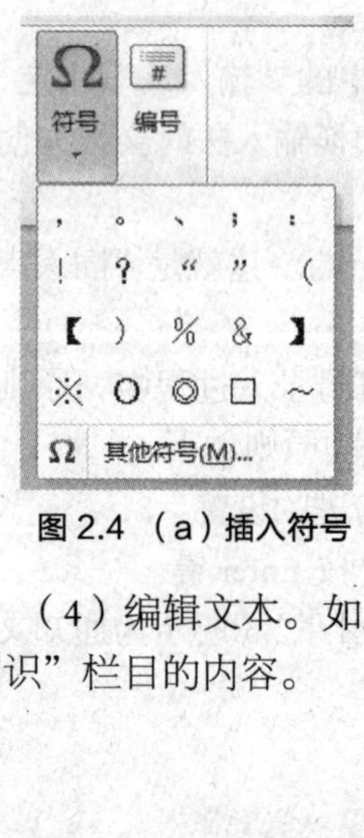

图 2.4 （a）插入符号

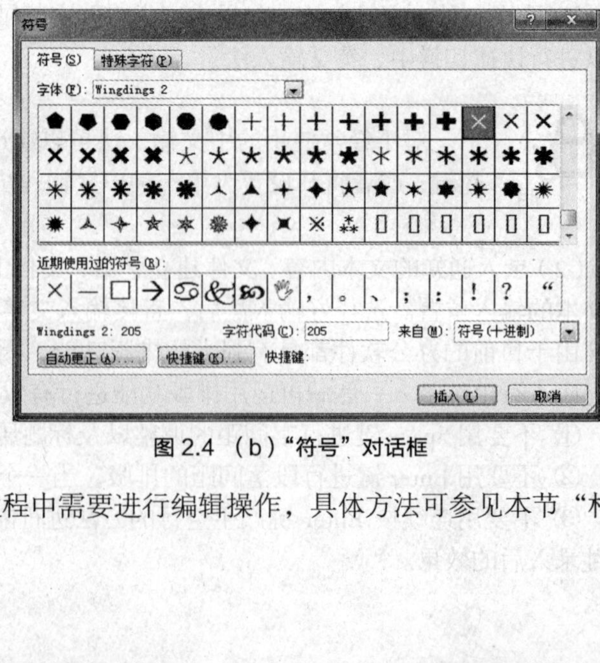

图 2.4 （b）“符号”对话框

（4）编辑文本。如果在文档录入过程中需要进行编辑操作，具体方法可参见本节“相关知识”栏目的内容。

3．设置字体和段落格式

文档中字体格式包括字体、字号、字形、文字效果、字间距等的设置；段落格式主要包括段落对齐、缩进、段间距、段前距、段后距等的设置。基本设置通过“格式”工具栏就可实现，复杂设置分别通过“格式”菜单下的“字体”、“段落”命令进行操作。图 2.5 和图 2.6 为“字体”对话框，图 2.7 是“段落”对话框。可以通过对话框上的选项对字体和段落进行设置，最后单击“确定”按钮即可。

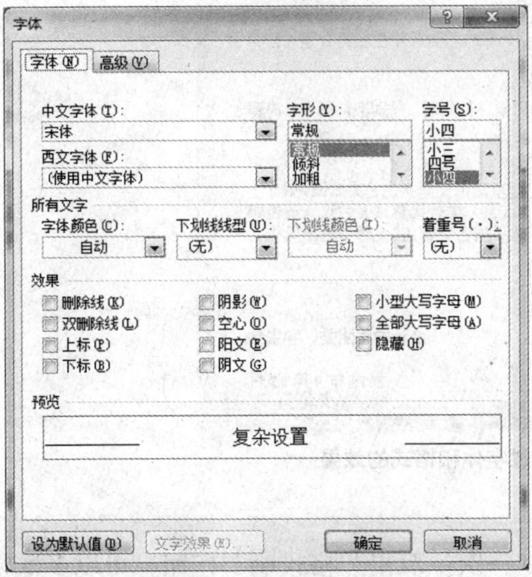

图 2.5 设置字体格式

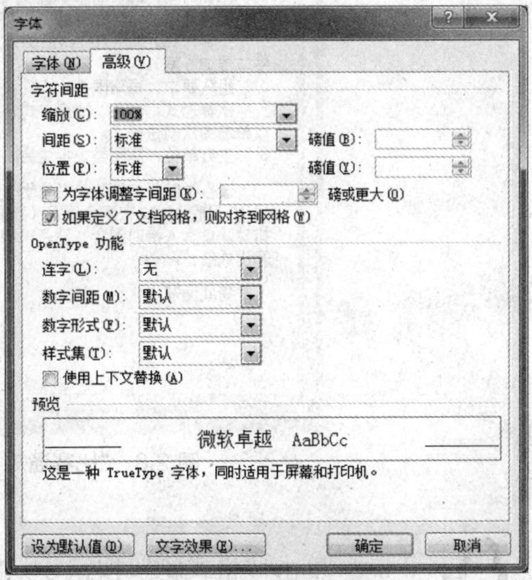

图 2.6 设置字符间距

本例按照下面的要求对文本进行字体和段落的设置。

（1）标题为三号黑体字，居中，段后距为 1 行。正文为宋体小四号字。

（2）第 3 段“比赛时间”后面的时间为红色、粗体、带底纹。第 4 段的“学校排球场”字符缩放为 150%，字间距加宽为 1.5 磅。

（3）第 9 段的时间部分加下划线。

（4）第 2、9、10 段为首行缩进 2 个字符且段前距为 1 行，第 3～8 段段落左缩进 2 个字符，第 11、12 段设置为右对齐方式且段前距为 1 行。

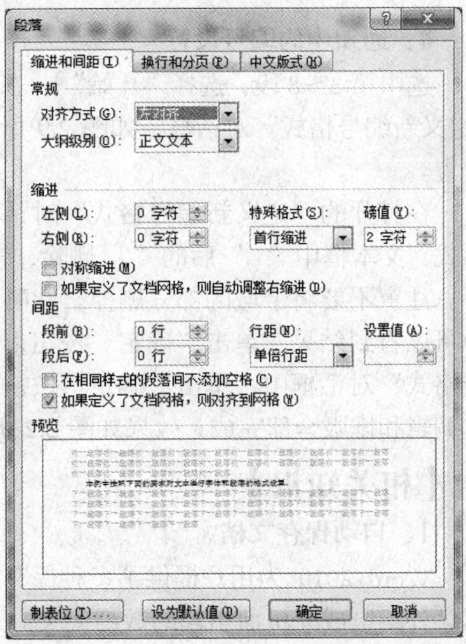

图 2.7 “段落”对话框

按照以上要求设置之后，比赛通知的效果如图 2.8 所示。另外，当一篇文章中某一些字体和段落的格式相同时，为提高排版效率而又能达到风格一致的效果，可使用“格式刷”按钮复制文本格式。具体操作步骤如下：首先选择要被复制格式的文本；然后单击“开始”→“格式刷”按钮，这时鼠标指针变成刷子形状；最后用刷子形状的鼠标指针选择需要复制格式的文本，这样被选择文本的格式就与原文本的格式相同。

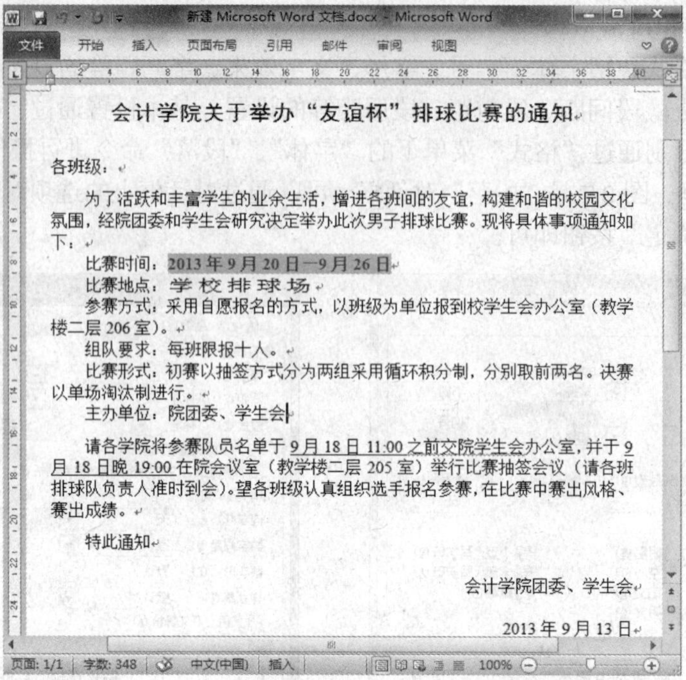

图 2.8 “比赛通知”设置过字体和格式的效果

> **说明**
>
> 单击“格式刷”按钮，只能复制一次，双击“格式刷”按钮，可以多次复制格式，想结束格式复制时，再次单击“格式刷”按钮即可。

4．通知中的编号设置

选中第 3～8 段，选择“开始”→“☰”命令，打开“定义新编号格式”对话框，如图 2.9 所示，进行自定义设置。

在打开的“定义新编号格式”对话框中，把“编号格式”文本框中“1.”后的“.”删除，输入一个“、”即可。注意不要将带域的部分删掉。此时，在“预览”框中可以看到结果。单击“确定”按钮，回到“定义新编号格式”对话框中，单击“确定”按钮即可。此时，文本编辑和排版全部完成，效果如图 2.2 所示。

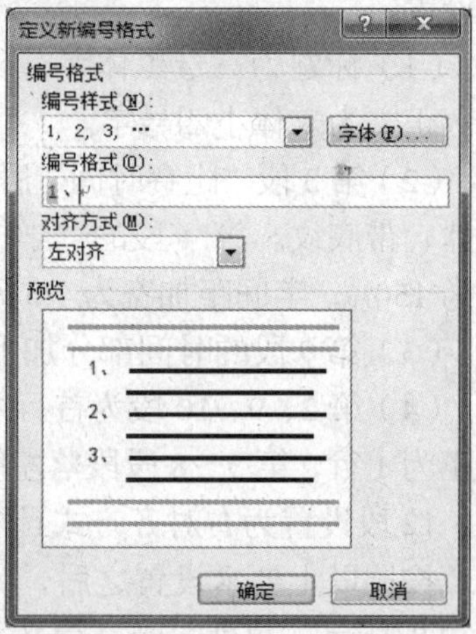

图 2.9 “自定义编号列表”对话框

【相关知识】

1．自动保存文档

Word 2010 为用户提供了多种保存方式，并且具有自动保存功能，可以最大限度地保护因意外断电或死机而引起的数据丢失。选择“文件”→“选项”命令，在打开的“选项”对话框中选择“保存”选项卡，如图 2.10 所示，选中“保存自动恢复信息时间间隔”复选框并设置自动保存的具体间隔时间，最后单击“确定”按钮即可。

2．文档保护

如果某个文档不希望被别人看到或修改，就可以为该文档设置密码将其保护起来。操作步骤如下。

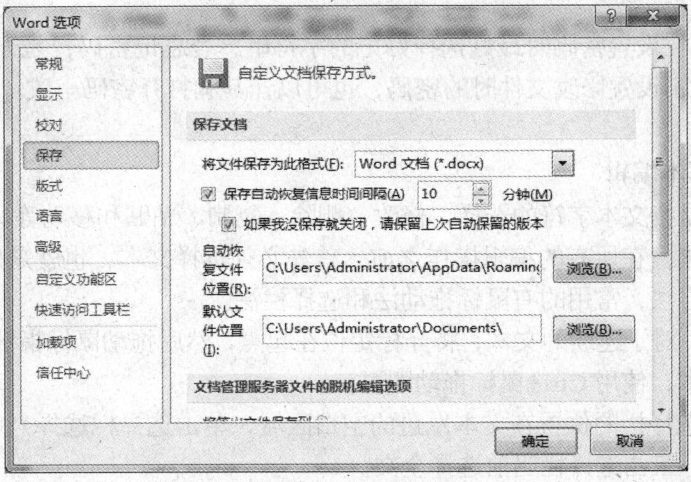

图 2.10　“保存”选项卡

（1）选择“文件”→“信息”命令，如图 2.11 所示，在打开的“保护文档”对话框中选择“用密码进行加密”选项卡。

（2）将文件“另存为”时，单击“另存为”对话框右下方的“工具”下拉按钮，再点击“常规选项”命令将弹出“常规选项”对话框，在“打开文件时的密码”和“修改文件时的密码”后面的文本框中分别输入密码字符（这两个密码可以是相同的，也可以不同），如图 2.12 所示。单击“确定”按钮后再次输入密码进行确认，即把刚才输入的密码再次输入一遍后，就完成了密码保护设置。

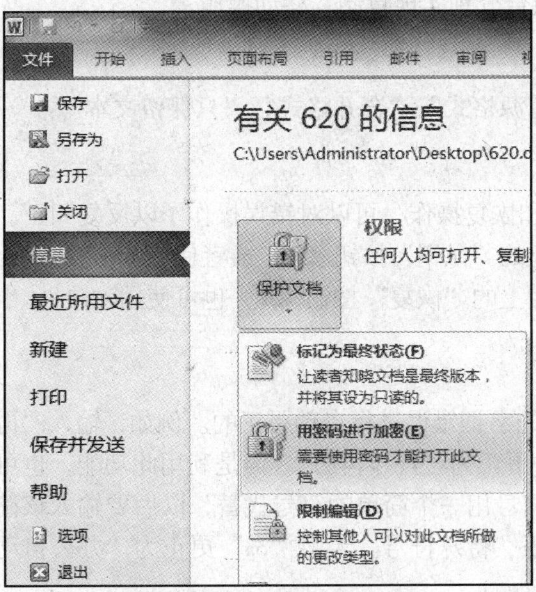

图 2.11　“安全性”选项卡

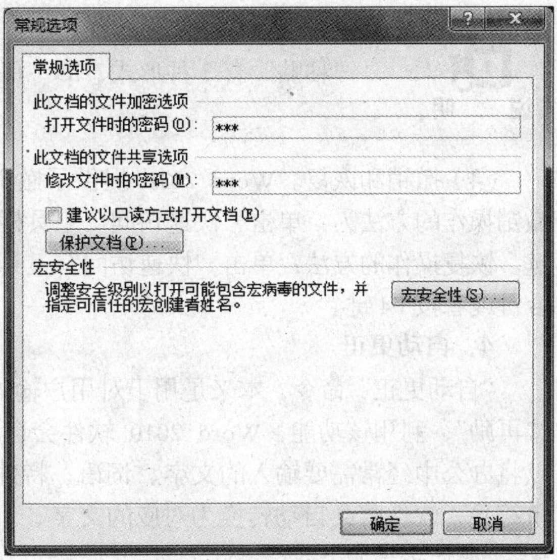

图 2.12　另存为文件时的“常规选项”对话框

（3）再次打开文档时，需输入打开文档的密码才能打开文档。若想修改文档，需输入修改密码才能修改。若只打开不修改文档，则文档以只读的形式打开。

（4）如果需要取消密码，则重复上面步骤（1）的操作，将文本框中原有的密码删除，保存即可。

> 说明　在设置密码时最好选择好记的字符串，若忘记密码，是无法打开文档的。可以不设置修改文件时的密码，也可以让其和打开密码一致。

3．文档的基本编辑

文本的编辑是指文本字符的选择、修改、删除、复制、粘贴和移动等。

（1）选择文本。在所有的编辑操作之前，首先必须选择文本，也就是确定编辑的对象。选择文本有多种方法，常用的有鼠标拖动法和选择栏法。

鼠标拖动法：对于连续的文本，将光标定位在起点，然后拖动鼠标指针到终点选中文本。对于不连续的文本，使用 Ctrl+鼠标拖动即可。

选择栏法：选择栏的位置在文本左边的空白区域，单击选择栏选择当前一行，双击选择栏当前选择一段，三击选择栏当前选择全文。

（2）修改文本。一般来说，修改文本是先将光标定位到错误字符之后按 BackSpace 键或将光标定位到错误字符之前按 Delete 键。也可以先选择出错内容的文本，然后直接输入新的文本，这样既可以删除所选文本，又在所选文本处插入新的内容。

（3）复制、移动、删除。必须先选择要进行操作的文本，才能进行复制、移动、删除操作。常用的操作方法有鼠标拖动法和快捷键法。

鼠标拖动法：移动鼠标将指针所选内容拖动到新的位置，就移动了文本；如果按住 Ctrl 键移动鼠标，将所选内容拖动到新位置，就复制了文本。

快捷键法：Ctrl+X 组合键用来剪切，Ctrl+C 组合键用来复制，Ctrl+V 组合键用来粘贴，Delete 键用来删除，复制与粘贴、剪切与粘贴组合分别实现复制、移动操作。

> 说明　“粘贴”有 3 种形式，即“保留源格式”、“合并格式”、“只保留文本”。

（4）撤销和恢复。Word 2010 提供了撤销和恢复操作，可以对错误操作予以反复纠正。撤销操作的方法为：单击“快速访问”工具栏上的“撤销”按钮，或者使用 Ctrl+Z 组合键。恢复操作的方法：单击“快速访问”工具栏上的“恢复”按钮，也可使用 Ctrl+Y 组合键或者按 F4 键。

4．自动更正

“自动更正”命令，本来是用于对用户输入的字词错误进行自动更正的。例如，输入“再接再励”，利用该功能，Word 2010 软件会自动更正为“再接再厉”。但是利用此功能，也可以将办公中经常需要输入的文字、词语、特殊符号用一个简单的符号代替，以后要输入该简单符号，软件将会自动转换为对应的文字、词语、特殊符号。若将“oa”更正为“办公自动化”，操作步骤如下。

选择“文件”→“选项”→“校对”→“自动更正选项”命令，打开“自动更正”对话框，如图 2.13 所示，在“替换”文本框中输入“oa”，在“替换为”文本框中输入“办公自动化”，单击“添加”按钮添加到自动更正词库里，此时“添加”按钮变为“替换”按钮，单击“确定”按钮即设置完毕。以后在文档上输入“oa”，则会自动出现“办公自动化”。

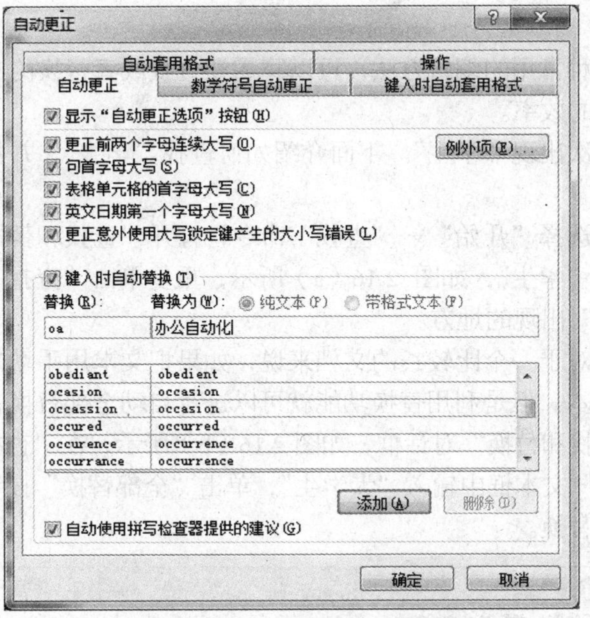

图 2.13 "自动更正"对话框

> **说明** 如果不想让文档录入时出现自动更正功能，则在"自动更正"对话框中取消选中"键入时自动替换"复选框即可。

5．拼写和语法

文本录入完成后，有时会出现一些不同颜色的波浪线，这是因为 Word 2010 具有联机校对的功能。对英文来说，拼写和语法功能可以发现一些很明显的单词、短语或语法错误。如果出现单词拼写错误，则英文单词下面自动加上红色波浪线；如果有语法错误，则英文句子下面自动加上绿色波浪线，如图 2.14 所示。但是对于中文来说，此项功能不太准确，所以用户可以选择忽略。

若将"I am a girl"写成"I is a girlll"则会出现图 2.14 所示的错误提示，选择"审阅"→"拼写和语法"命令，打开图 2.15 所示的对话框，此时可以对错误进行更改，也可以忽略。

图 2.14 联机校对后的结果

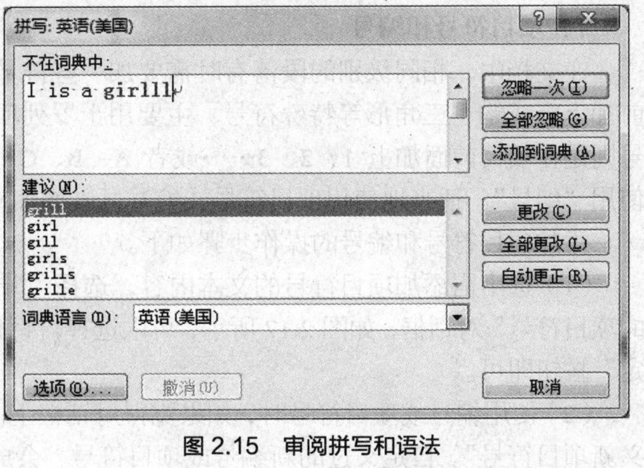

图 2.15 审阅拼写和语法

6. 查找和替换

查找和替换是一种常用的编辑方法，可以将需要查找或者替换的文字进行快速而准确的操作，从而提高编辑的效率。

例如，实例中多次出现“学生”。下面介绍如何查找“学生”，并把“学生”全部替换为“大学生”。

（1）查找文本。选择“开始”→“查找”命令，打开“查找和替换”对话框，在“查找内容”文本框中输入“学生”，如图 2.16（a）所示，重复单击“查找下一处”按钮即可详细定位到每一处“学生”出现的地方。

（2）替换文本。对于一个比较长的文档来说，如果把文本用手动的方法一个一个地替换可能会漏掉一部分文本。但是利用替换功能就可以进行自动全部替换，选择“开始”→“替换”命令，打开“查找和替换”对话框，如图 2.16（b）所示，在“查找内容”文本框中输入“学生”，在“替换为”文本框中输入“大学生”，单击“全部替换”按钮，就会对文档中所有出现的“学生”进行替换。

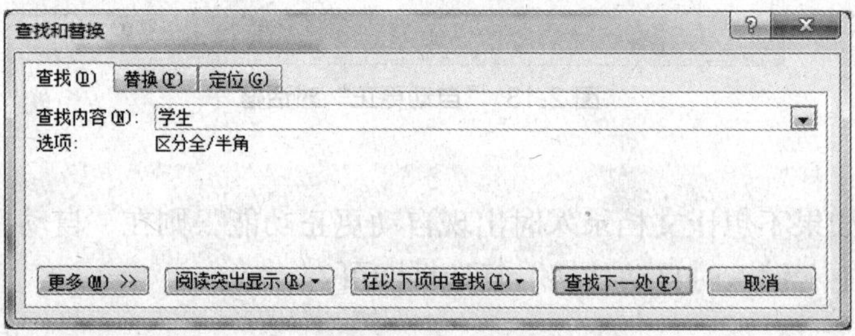

图 2.16 （a）查找文本

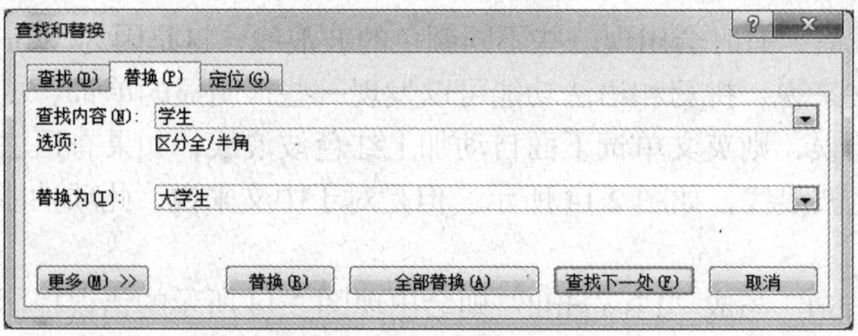

图 2.16 （b）替换文本

7. 项目符号和编号

在文档中，相同级别的段落有时需要加一些符号或者编号。项目符号是在每个条例项目前加上点或钩、三角形等特殊符号，主要用于罗列项目，各个项目之间没有先后顺序；而编号则是在项目前面加上 1、2、3……或者 A、B、C……一般在各个项目有一定的先后顺序时使用“编号”。适当地使用项目符号或编号可以增加文件的可读性。

添加项目符号和编号的操作步骤如下。

（1）选中需添加项目符号的文本内容，选择“开始”→“☰”命令，打开“最近使用过的项目符号”对话框，如图 2.17 所示，可以选择对话框中的某一种项目符号和编号，单击“确定”按钮即可。

（2）使用编号或项目符号时，如果觉得对话框上面列出的样式都不理想，还可以选择“定义新项目符号”。自定义过的新编号或项目符号，会成为“格式”工具栏上的默认形式，如图

2.18 所示，可以单击“格式”工具栏上的“编号”和“项目符号”按钮直接使用。

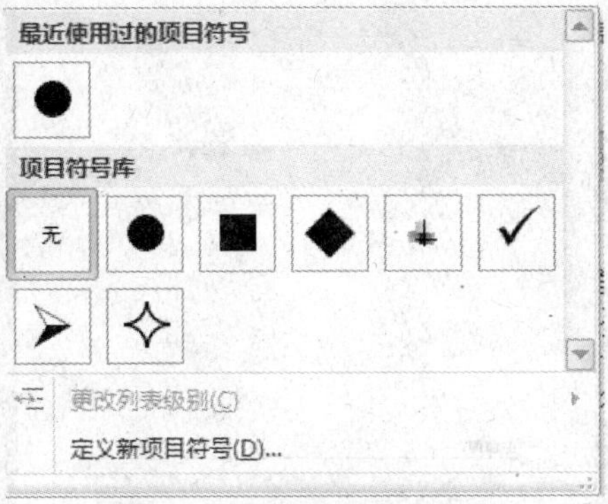

图 2.17　“项目符号”对话框

图 2.18　自定义的项目符号

添加过项目符号和编号的文本效果如图 2.19 所示。

8．根据模板创建公文

现代办公中，撰写公文可以说是最基本的工作之一。一般来说，公文都有规定的格式和专门的使用范围。公文一般由文头、正文、文尾 3 部分组成。

文头一般包括发文机关标识、发文字号、公文标题和主送机关等，在公文的上方。正文是公文最重要的主体部分，用来叙述公文的具体内容，位于文头的下方。文尾一般包括公文署名、用印和成文日期等，位于公文的右下角。

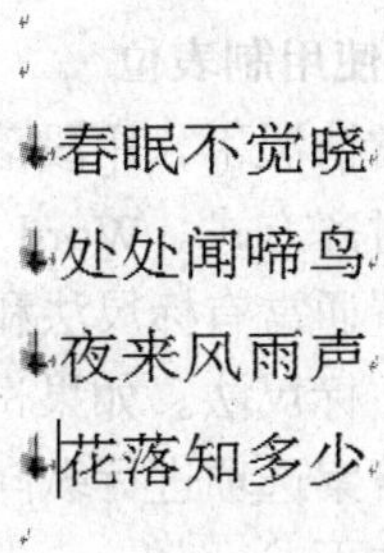

图 2.19　添加过项目符号的文本效果

公文都有统一的格式，但是如果直接去编辑会比较繁琐，Word 2010 提供了一系列的模板可以帮助用户制作公文。下面以一个政府公文为例来介绍利用模板制作公文的操作方法。

（1）选择“文件”→“新建”命令，在“Office.com 模板”中选择“行政公文、启事与声明”，在右边的对话框里选择“公文-通知”选项卡，如图 2.20 所示。

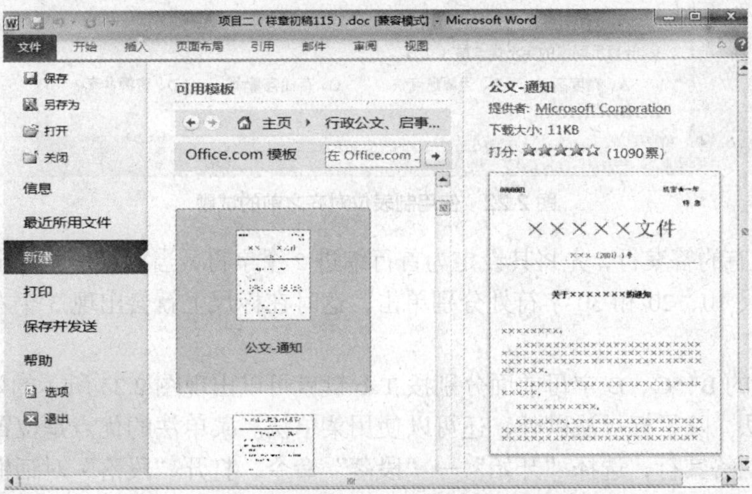

图 2.20　公文模板

（2）单击“下载”按钮，进行逐步的输入和设置，最后可生成如图 2.21 所示的公文。

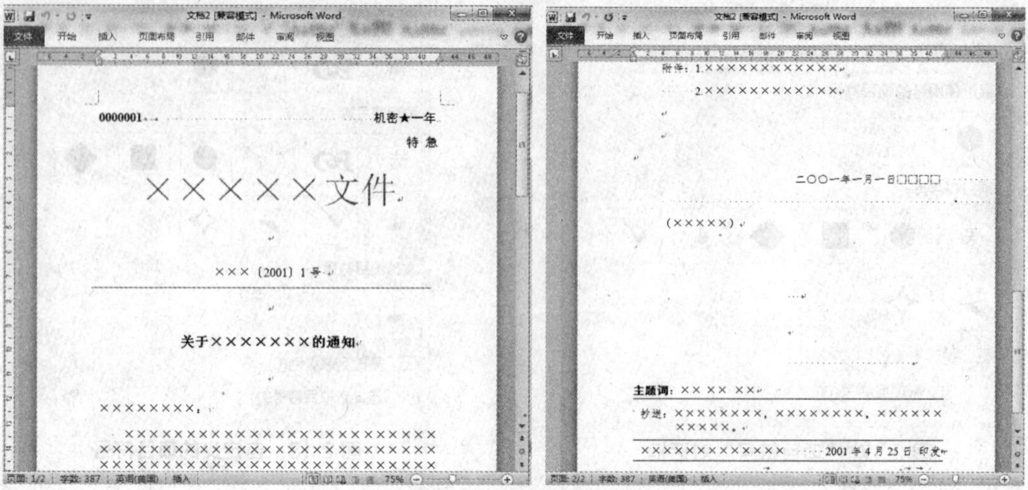

图 2.21　用模板生成的公文

9．使用制表位

通常情况下，用段落可以设置文本的对齐方式，但在某些特殊的文档中，需要在一行中有多种对齐方式。Word 2010 中的制表位就是可以在一行内实现多种对齐方式的工具。制表位的设置通常有标尺法和菜单法两种方法。

（1）标尺法。如果试卷中有选择题和判断题，在制作试卷选择题答案选项时，往往需要对多个答案选项进行纵向对齐，图 2.22 和图 2.23 为答案选项对齐前和对齐后的效果。具体操作步骤如下。

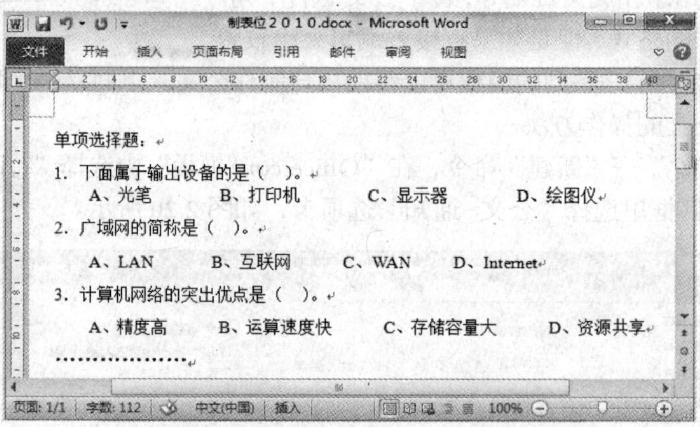

图 2.22　使用制表位对齐之前的试题

① 选中所有的答案行，先将其设定为首行缩进 2 个字符，当标尺最左端出现左对齐制表符时，在标尺 10、20 和 30 字符处分别单击，这时在标尺上就会出现 3 个左对齐的符号，如图 2.24 所示。

② 在答案的 B、C、D 字母前面分别按 Tab 键就可以出现图 2.23 所示的效果。

（2）菜单法。除了标尺法以外，还可以使用菜单法。菜单法的优点是位置更准确，如上例，选中所有的答案行，选择“开始”→“段落”命令，打开“段落”对话框，再单击“段落”对话框左下方的“制表位”按钮，打开“制表位”对话框，如图 2.25 所示。在“制表位位置”下分别输入 2、10、20、30 字符，对齐方式都选择“左对齐”，前导符都为“无”，每输入一个都要单击“设置”按钮。最后单击对话框中的“确定”按钮，再重复上面标尺法的步骤②即可。

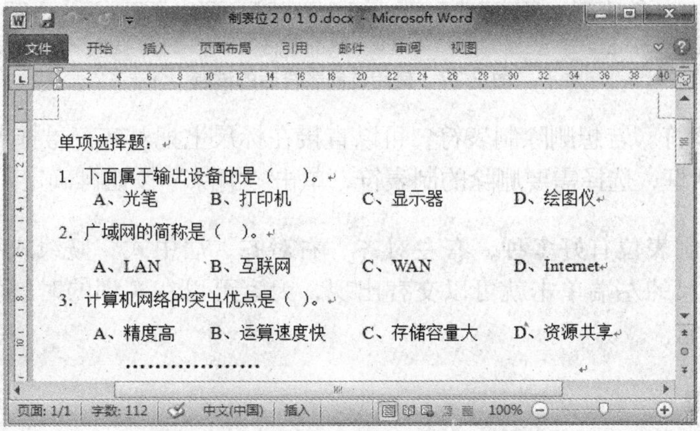

图 2.23 使用制表位对齐之后的试题

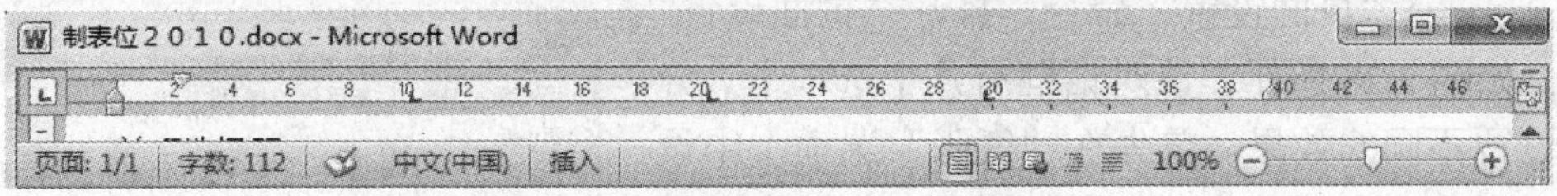

图 2.24 添加上制表符后的标尺

实际上，菜单法包含了所有标尺上的对齐制表符，还可以设置前导符，例如，判断题中括号前面的省略号就可以用制表位中的前导符来制作，而且可以先设置后输入。操作步骤如下。

① 将光标定位在需要输入判断题的行，选择“开始”→“段落”→“制表位”命令，打开“制表位”对话框，如图 2.26 所示，在“制表位位置”下输入“40 字符”，将对齐方式设置为“左对齐”，前导符设置为“2……”，单击“设置”按钮后确定。

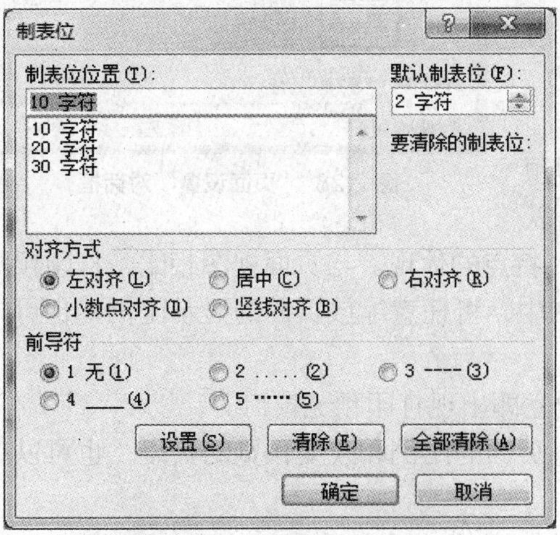

图 2.25 “制表位”对话框

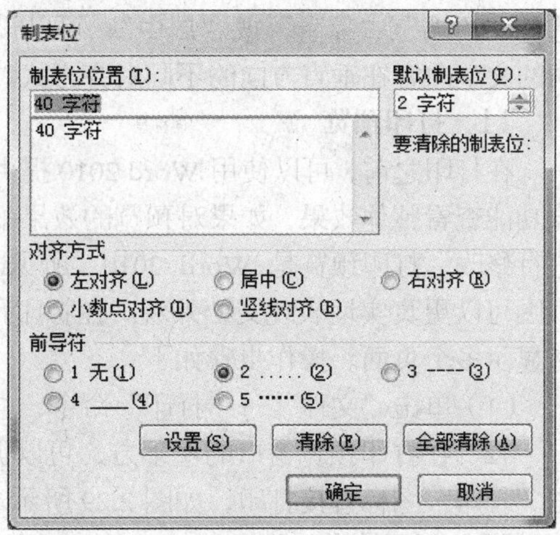

图 2.26 在“制表位”对话框中设置前导符

② 直接输入判断题的内容，输入完成后按 Tab 键，此时会出现“……”前导符，然后输入“()”，这样一道判断题就制作完毕了，如图 2.27 所示。按 Enter 键后制作下一道题，后面的试题制作以此类推。

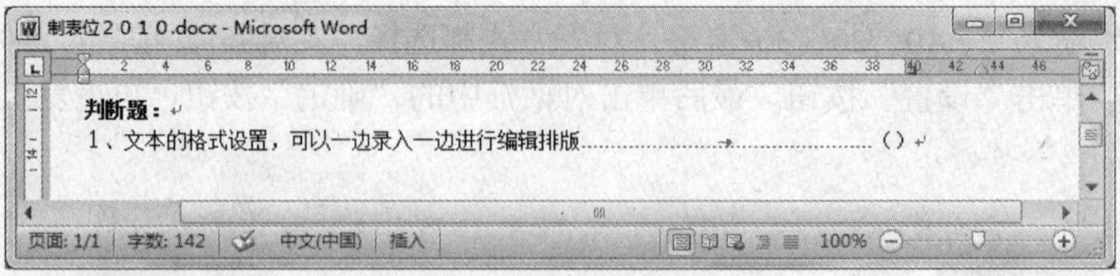

图 2.27　使用过制表符后的试题

（3）删除制表符。若想删除制表符，可以直接在标尺上把对齐符号拖曳下来，也可以打开“制表位”对话框，选择需要删除的制表符，单击“清除”按钮再确定即可。

> **说　明**　**制表位有好多种，有左对齐、右对齐、居中式、竖线式和小数点式等，在标尺的左端单击就可以交替出现，大家可以在实训的时候多做几种来熟练掌握它。**

10．页面设置

在文档打印输出之前，必须进行页面设置，这样打印出来的文档才能正确、美观。选择“页面布局”→“页面设置”命令，打开“页面设置”对话框，如图 2.28 所示，该对话框有几个选项卡，分别用来设置不同的效果。首先在“纸张”选项卡中设置纸型；在“页边距”选项卡中设置上、下、左、右 4 个方向的页边距和打印的方向。

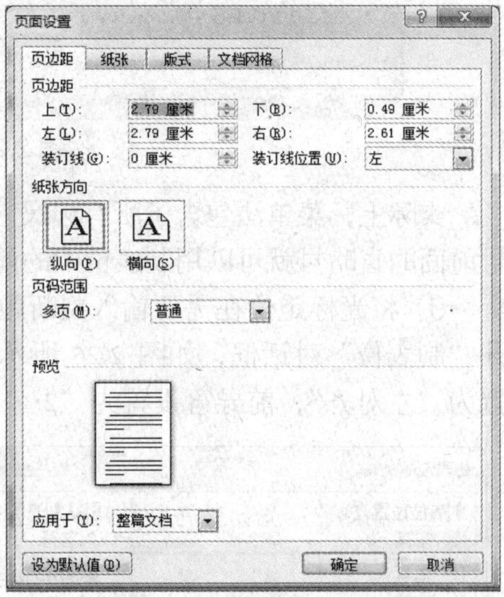

图 2.28　“页面设置”对话框

双击标尺上的灰色区域，也可以打开“页面设置”对话框。如果文档需要装订，则在“页边距”选项卡中设置装订线的位置和大小。在“版式”选项卡中选择“奇偶页不同”或“首页不同”；可以对首页或奇偶页设置不同的页眉、页脚；在“垂直对齐方式”中选择“顶端”、“靠上”或“居中”；可以设置同一页中的文字内容在垂直方向的不同对齐方式。

11．打印预览

在打印之前，可以使用 Word 2010 提供的打印预览功能查看整体效果，如果对预览的效果不满意可以进行修改。打印预览是 Word 2010“所见即所得”特点的体现。与页面视图相比，打印预览视图可以更真实地表现文档外观。在打印预览视图中，可任意缩放页面的显示比例，也可同时显示多个页面。操作步骤如下。

（1）单击“文件”→“打印”命令，屏幕右边立即出现打印预览窗口。

（2）在打印预览窗口的左下方，可以调整预览页面的比例和改变预览的页码，也可以单击“打印”图标直接打印，如图 2.29 所示。

12．打印输出

打印预览之后如果没有问题就可以打印了，Word 2010 中有多种打印方法，如果只打印一份文档，直接单击“快速访问”工具栏上的“快速打印”按钮即可。若打印多份或仅打印文档中的某几页，则用菜单法进行打印，具体操作步骤如下。

图 2.29 “打印预览”工具栏

（1）选择“文件”→“打印”命令，打开“打印”对话框。

（2）在“页面范围”选项区选择相应的选项，在“份数”栏内输入打印份数。

（3）单击“确定”按钮就可以开始打印了。

> 说 明
>
> “打印所有页”是指打印全部文档内容；“当前页”是指只打印光标所在的页面内容；“页数”是指准备打印的页面页码，如果是连续页码用“-”连接，不连续的用“,”分开，如“2-6，9，11”。

任务二 图文混排的文档制作

【任务目标】

（1）学会为段落设置首字下沉、分栏、边框和底纹。

（2）学会插入图片和艺术字、设置图片格式、将图片衬于文字下方、图文混排、设置艺术字格式和为艺术字设置阴影等。

（3）学会插入文本框，并为文本框内的文字添加项目符号。

（4）学会设置页面边框。

（5）学会设置页眉和页脚。

【任务分析】

Word 2010 还有一个强大的功能是图文混排。可以在文档中插入图形、图片、艺术字、文本框、页面边框等，还可以为文档分栏排版，真正做到“图文并茂”。

本任务以一篇“背影”散文为例，利用 Word 2010 对它进行图文混排，使文章更加彰显艺术效果。文档排版后的效果如图 2.30 所示。

图 2.30　图文混排的效果

【任务实施】

1．录入文档并进行基本排版

根据本项目任务一介绍的知识把文章录入后的效果如图 2.31 所示。然后为每段设置首行缩进两个字符，将正文的字体设置为楷体、字号为 4 号，将作者这一行的字体样式设置为黑体、小四号字、居中对齐。

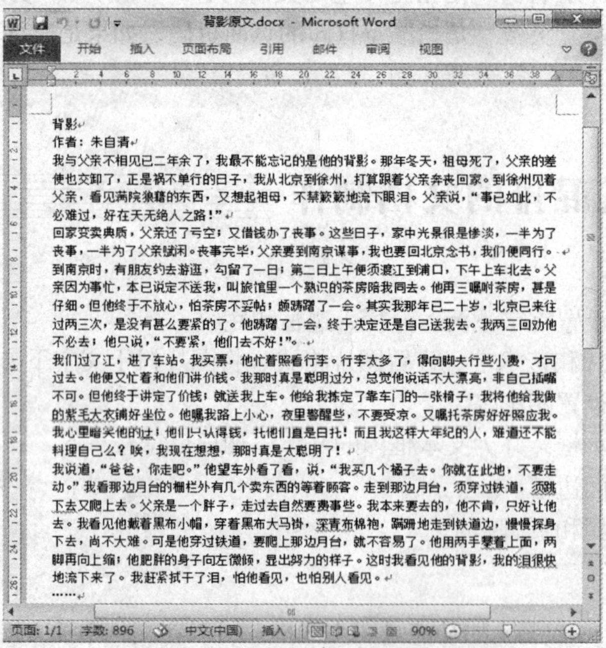

图 2.31　录入后的文本

2．设置首字下沉

为正文的第一段设置首字下沉，将光标定位在第一段中，选择“插入”→“文本”→“首字下沉”命令，打开“首字下沉”对话框，如图 2.32 所示，选择“下沉”，下沉的行数为“2”，单击“确定”按钮，并将下沉字选中，设置为蓝色字体、加字符底纹，结果如图 2.33 所示。

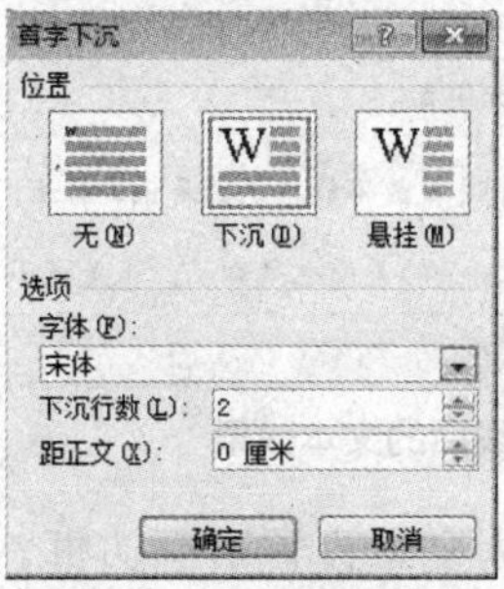

图 2.32 “首字下沉”对话框

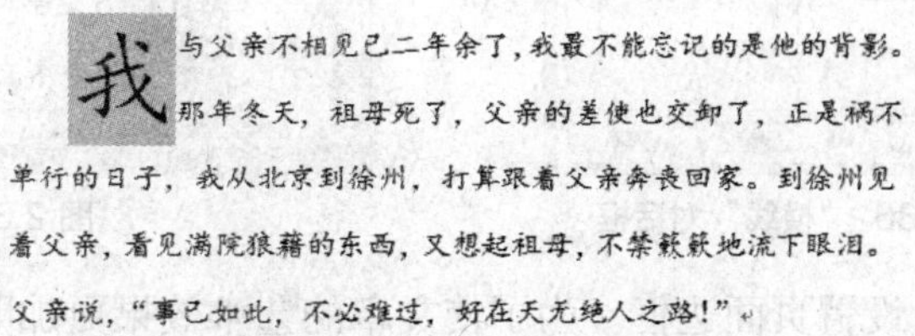

我与父亲不相见已二年余了，我最不能忘记的是他的背影。那年冬天，祖母死了，父亲的差使也交卸了，正是祸不单行的日子，我从北京到徐州，打算跟着父亲奔丧回家。到徐州见着父亲，看见满院狼藉的东西，又想起祖母，不禁簌簌地流下眼泪。父亲说，“事已如此，不必难过，好在天无绝人之路！”。

图 2.33 设置过首字下沉的文本效果

3．设置边框和底纹

（1）为段落设置边框和底纹。为文章的第二段加边框和底纹。方法如下：选中第二段，选择“页面布局”→“页面边框”命令，打开“边框和底纹”对话框，如图 2.34（a）、图 2.34（b）所示。在“边框”选项卡中，先在设置区选择“方框”，然后在“颜色”下拉列表选择“蓝色”、在“样式”列表选择“波浪线”；在“底纹”选项卡中的“填充”下拉列表选择“浅绿”，单击“确定”按钮，效果如图 2.35 所示。

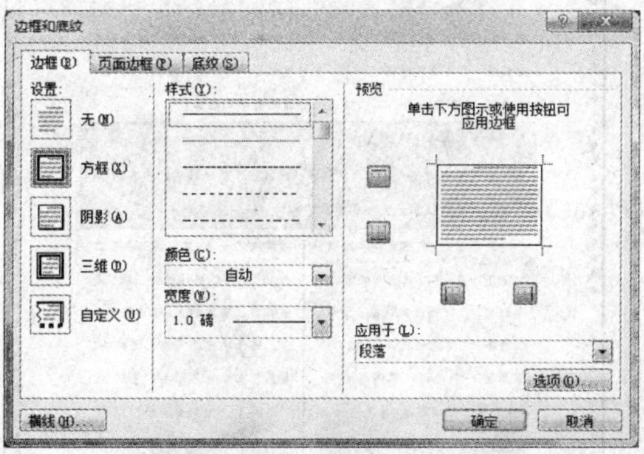

图 2.34（a）“边框”选项卡

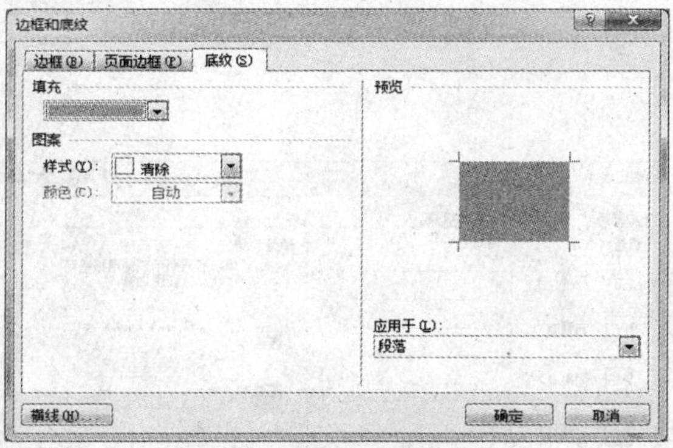

图 2.34（b）“底纹”选项卡

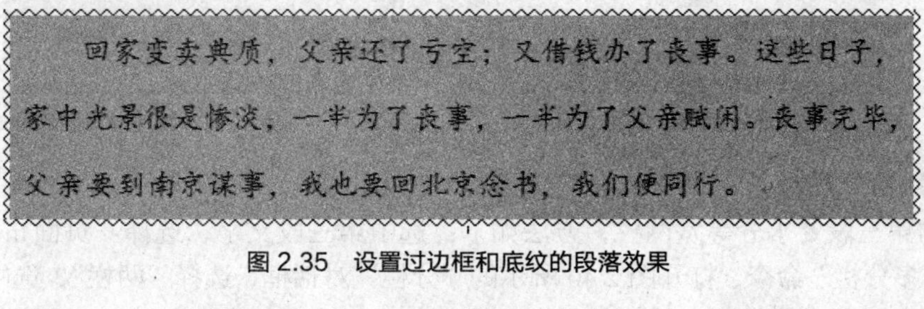

回家变卖典质，父亲还了亏空；又借钱办了丧事。这些日子，家中光景很是惨淡，一半为了丧事，一半为了父亲赋闲。丧事完毕，父亲要到南京谋事，我也要回北京念书，我们便同行。

图 2.35 设置过边框和底纹的段落效果

（2）插入横线。在“作者”下面插入一条横线的方法如下：将光标定位在文本“作者：朱自清”后，选择“页面布局”→“页面边框”命令，打开“边框和底纹”对话框，单击对话框底部的“横线”按钮，打开“横线”对话框，如图 2.36 所示，选择其中的一条横线，单击“确定”按钮即可插入一条横线，效果如图 2.37 所示。

图 2.36 “横线”对话框

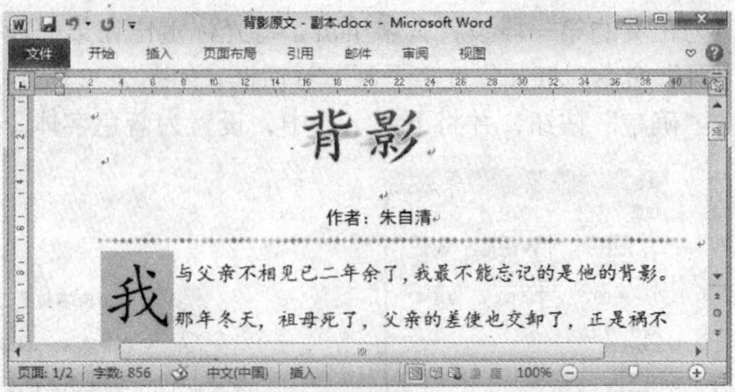

图 2.37 插入横线后的文本效果

（3）设置页面边框。为了使文章的艺术效果更加明显，可为文章设置页面边框，方法如下：选择“页面布局”→“页面边框”命令，打开“边框和底纹”对话框，选择“页面边框”选项卡，如图 2.38 所示，在“艺术型”下拉列表中选择一种图形，此时效果会出现在预览框中，单击“确定”按钮，效果如图 2.39 所示。

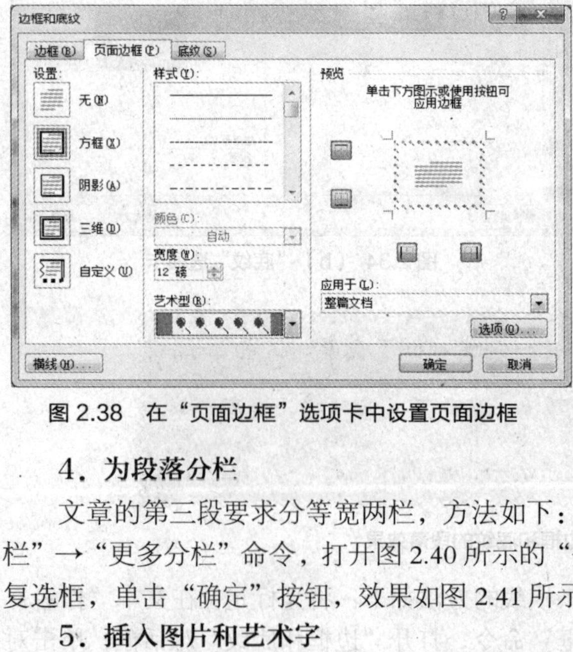

图 2.38 在“页面边框”选项卡中设置页面边框

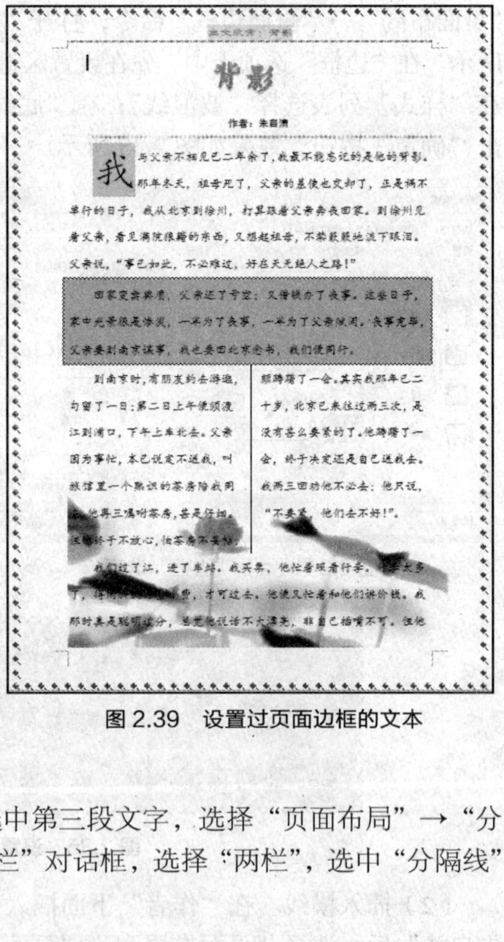

图 2.39 设置过页面边框的文本

4．为段落分栏

文章的第三段要求分等宽两栏，方法如下：选中第三段文字，选择“页面布局”→“分栏”→“更多分栏”命令，打开图 2.40 所示的“分栏”对话框，选择“两栏”，选中“分隔线”复选框，单击“确定”按钮，效果如图 2.41 所示。

5．插入图片和艺术字

（1）插入背景图片。在第三段和第四段的文字下方插入一个荷花图片，方法如下：将光标定位在第四段文本的前面，选择“插入”→“图片”命令，打开“插入图片”对话框，如

图 2.42 所示。查找到需要的文件，单击“插入”按钮，图片便被插入文章。此时，图片是嵌入在文档里的，不好移动，也没有起到背景的作用。插入图片的同时，“图片”工具栏也被打开，如图 2.43 所示，单击排列组的“自动换行”按钮，在打开的下拉菜单中选择“衬于文字下方”。再用鼠标拖动图片调整大小和位置，效果如图 2.44 所示。

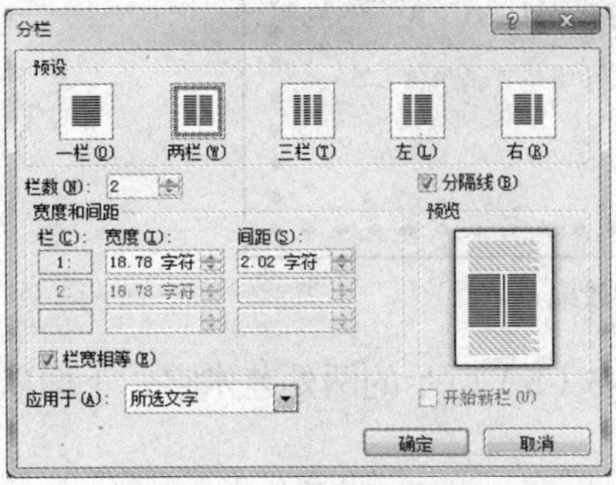

图 2.40 “分栏”对话框

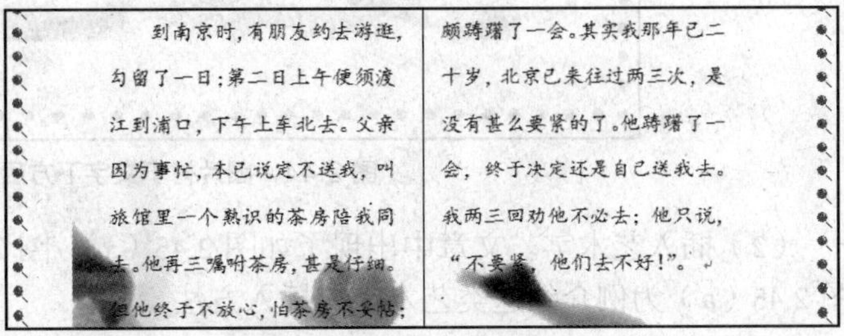

图 2.41 段落分两栏后的效果

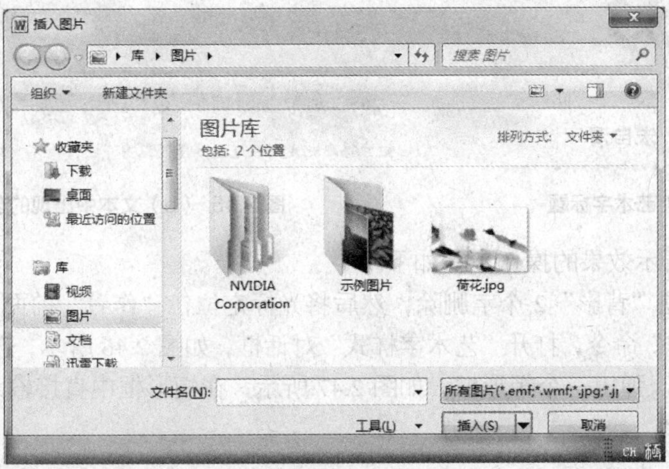

图 2.42 “插入图片”对话框

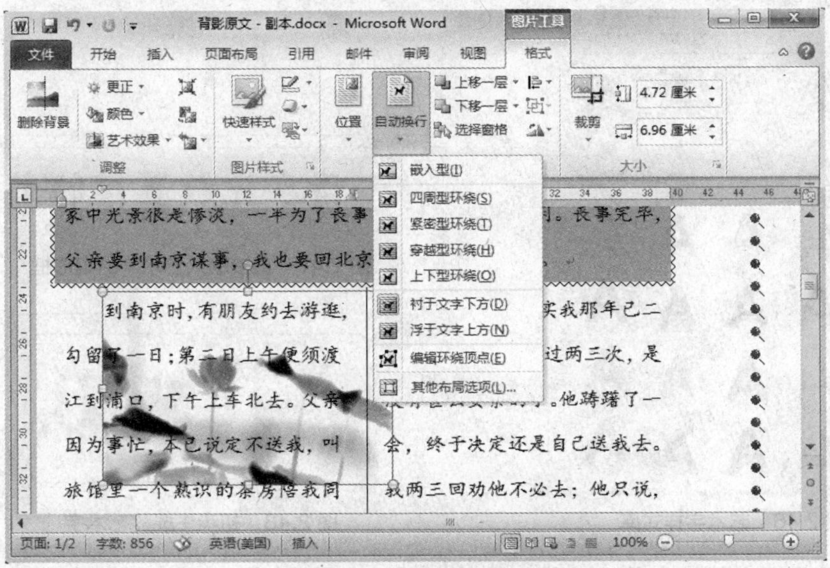

图 2.43 图片设置文字环绕方式

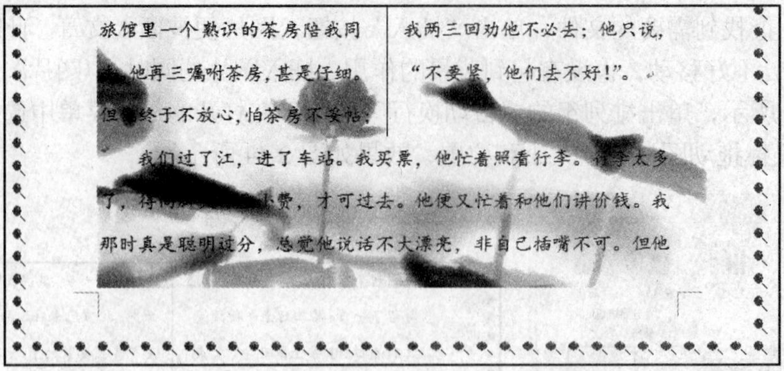

图 2.44　图片衬于文字下方后的效果

（2）插入艺术字。文章中出现了如图 2.45（a）、图 2.45（b）所示的两处艺术字，下面以图 2.45（a）为例介绍这类艺术字的插入方法。

图 2.45 （a）艺术字标题

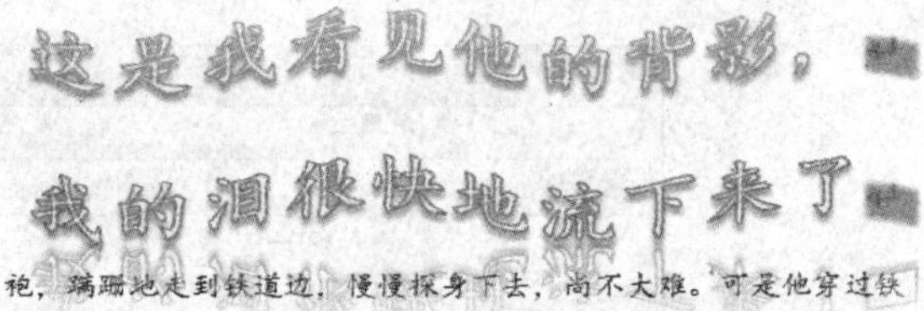

图 2.45 （b）文本中出现的艺术字

图 2.45（a）所示效果的操作步骤如下。

① 首先将标题“背影”2 个字删除，然后将光标定位在“作者”前面，选择“插入”→“文本”→“艺术字”命令，打开“艺术字样式”对话框，如图 2.46 所示，选择其中一种样式，单击“确定”按钮。弹出一个矩形框，如图 2.47 所示，在矩形框中直接输入“背影”2 个字，效果如图 2.48 所示。

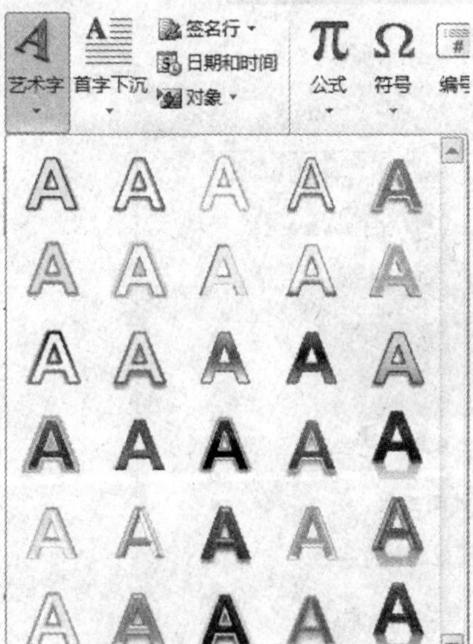

图 2.46　艺术字样式库

图 2.47　直接输入艺术字的矩形框

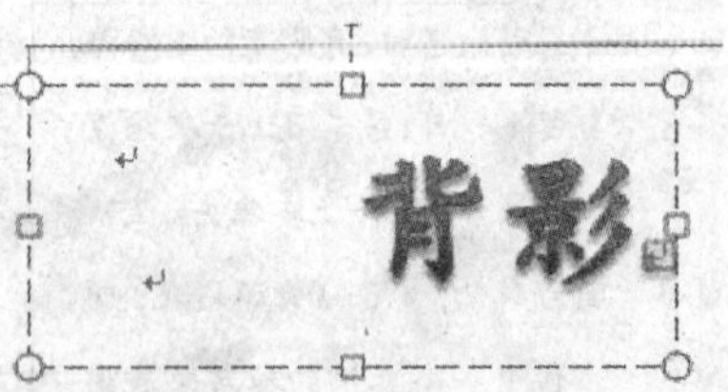

图 2.48　初步生成的艺术字

② 设置艺术字格式。将艺术字的“自动换行”设置为“四周型环绕”。在 Word 2010

中，艺术字的格式是用绘图工具格式进行处理的，如图 2.49 所示。单击“文本效果”可对艺术字进行阴影、映像、发光、三维旋转、转换等格式的设置。

实现图 2.45（b）所示效果的操作步骤与上述类似。

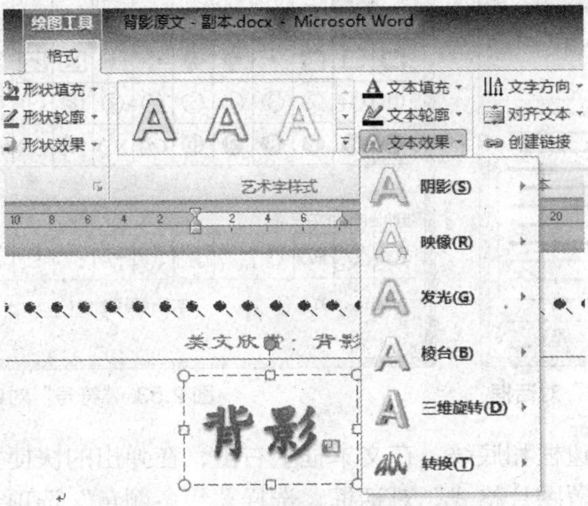

图 2.49　艺术字设置工具

说　明

插入图片时，默认的版式（有时称为自动换行）是嵌入式，嵌入式不容易移动，所以如果想做到真正的“图文混排”，图片、剪贴画、艺术字、图形、图表等类型的对象在和文本混排时最好设置为四周环绕型。

6．插入竖排文本框

文档中需插入一处竖排文本框，具体操作步骤如下。

（1）插入文本框。把鼠标指针定位在文档结尾处，选择“插入”→“文本框”→“绘制竖排文本框”命令，拖动鼠标，画一个文本框，这里向其中输入一首诗——“孩儿立志出乡关，学不成名誓不还，埋骨何须桑梓地，人生无处不青山”，设置字体为隶书、字号为小二，如图 2.50 所示。

（2）为文字添加项目符号。选中文本框里的文字，选择“开始”→ ☰ 旁边的向下箭头，出现如图 2.51 所示的项目符号对话框，单击“定义新项目符号”，打开“定义新项目符号”对话框，如图 2.52 所示。

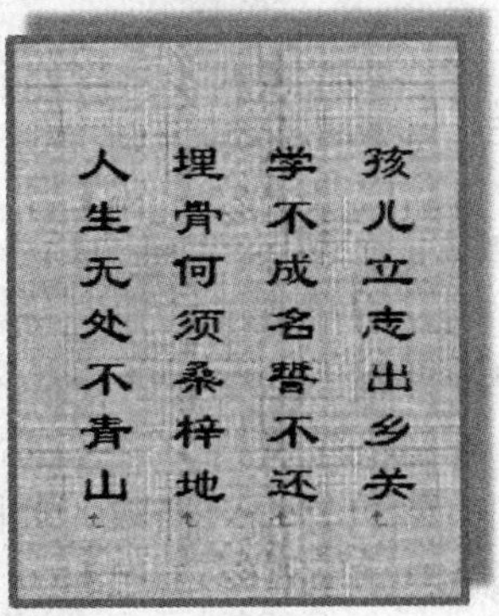

图 2.50　在文本框中输入文字

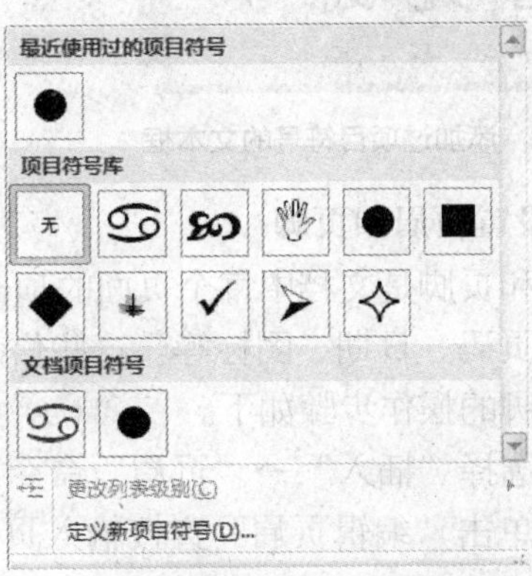

图 2.51　项目符号对话框

单击来选择需要的符号，如图 2.53 所示。单击“确定”按钮，效果如图 2.54 所示。

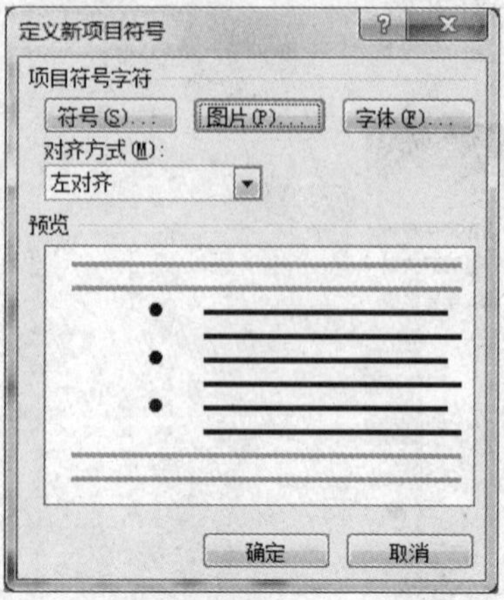

图 2.52 “定义新项目符号”对话框

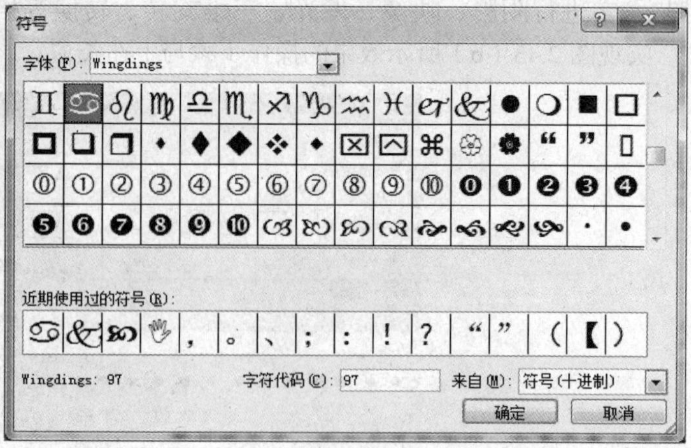

图 2.53 “符号”对话框

（3）为文本框设置边框和底纹。在文本框上右击，在弹出的快捷菜单中选择“设置形状格式”命令，打开“设置图片格式”对话框，选择“线条颜色”选项卡，将线条颜色设置为“天蓝色”，选择“线型”选项卡，将宽度设为“3 磅”，“填充”选择“图片或纹理填充”，在“纹理”下拉列表中选择一种纹理，在“阴影”选项卡为文本框设置一种阴影。具体如图 2.55 所示。

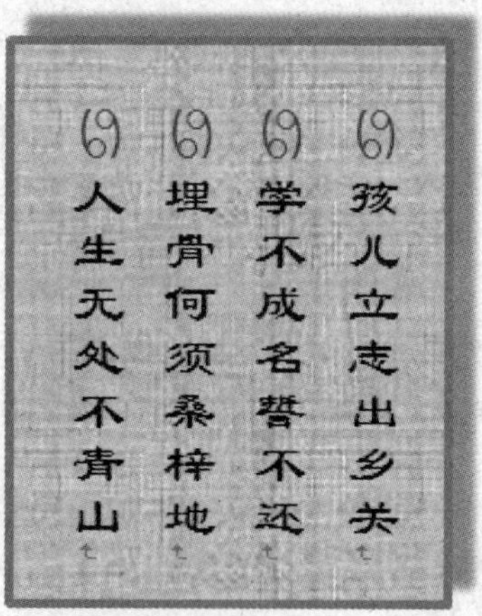

图 2.54 添加过项目符号的文本框

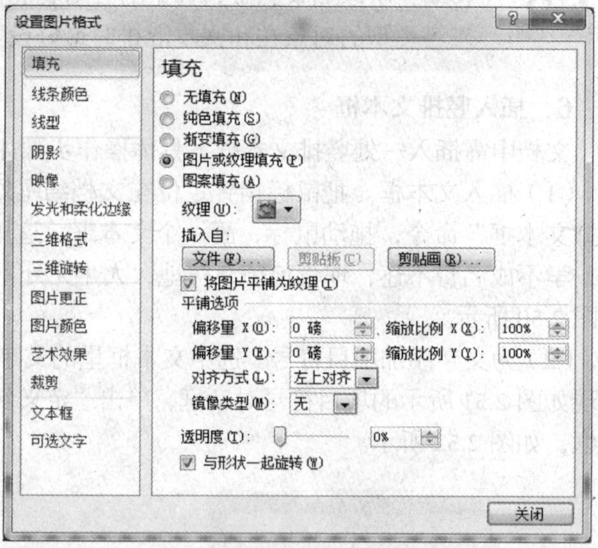

图 2.55 “设置图片格式”对话框

7．设置页眉和页脚

页眉和页脚是文档中每个页面的顶部和底部区域。可以在页眉和页脚中插入文本或图形，其中包括页码、日期、图标等。这些信息一般显示在文档每页的顶部或底部。在文档中插入页眉和页脚的操作步骤如下。

（1）选择“插入”→“页眉”命令，可以选择一种内置的页眉进行修改，如图 2.56 所示。也可单击“编辑页眉”直接输入页眉“美文欣赏：背影”几个字，并将其设置为隶书、四号字。

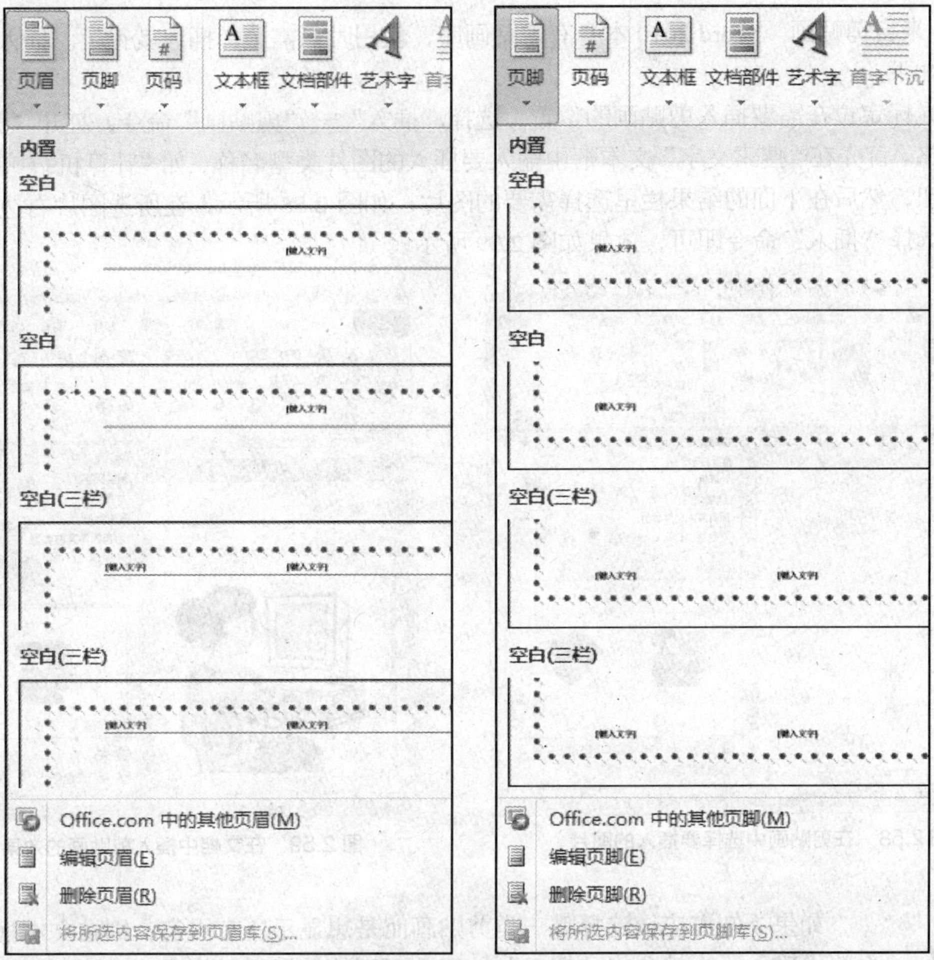

图 2.56 内置页眉、页脚样式

（2）选择“插入”→“页脚”命令，可以选择一种内置的页脚进行修改，也可单击“编辑页脚”直接输入页脚。

（3）单击工具栏上的“关闭”按钮，就完成了页眉和页脚的设置，如图 2.57 所示。

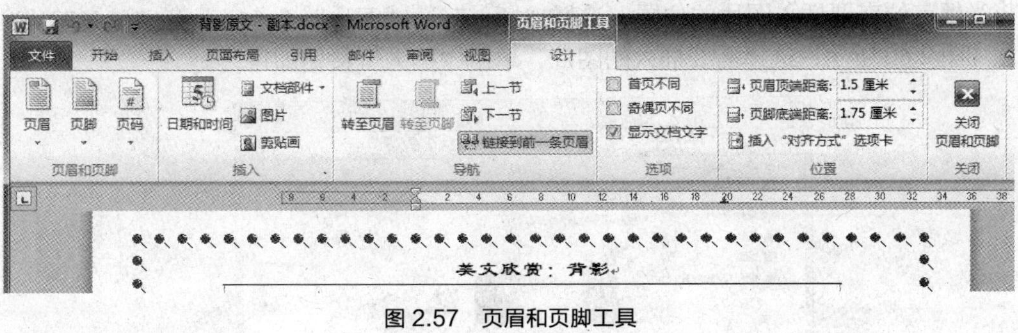

图 2.57 页眉和页脚工具

【相关知识】

1．图片

（1）在文档中插入图片。在文档中可以直接插入图片，一般情况下，图片的来源主要有两个，一是来自剪贴画，二是来自文件。

① 来自剪贴画。Word 2010 本身有剪贴画库，使用时只需选择插入就行了。插入剪贴画的方法如下。

将光标定位在需要插入剪贴画的位置，选择“插入”→“剪贴画”命令，打开“剪贴画”任务窗格。首先在“搜索文字”文本框中输入要插入的图片类型名称，如“计算机”，单击“搜索”按钮，然后在下面的结果栏里选择需要的图片，如图 2.58 所示，在所选图片右边的下拉菜单中选择“插入”命令即可，效果如图 2.59 所示。

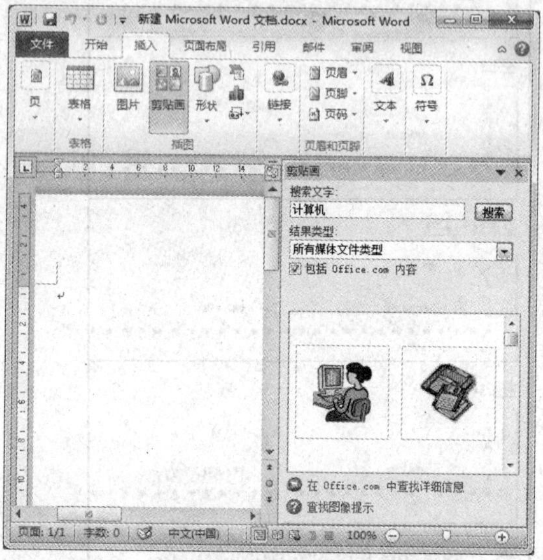

图 2.58　在剪贴画中选择要插入的图片

图 2.59　在文档中插入剪贴画的效果

说　明

如果不知道应该选择哪一类剪贴画而是想显示所有内容，则在文本框中什么也不输入，直接单击“搜索”按钮，下面的结果栏里将会列出所有的剪贴画内容。

② 来自文件。通过这种方法插入图片的前提是计算机磁盘或移动存储设备上必须有图片文件，插入方法如下。

将光标定位在要插入图片的位置，选择“插入”→“图片”命令，打开“插入图片”对话框，如图 2.60 所示，选择需要插入的图片，单击“插入”按钮即可。

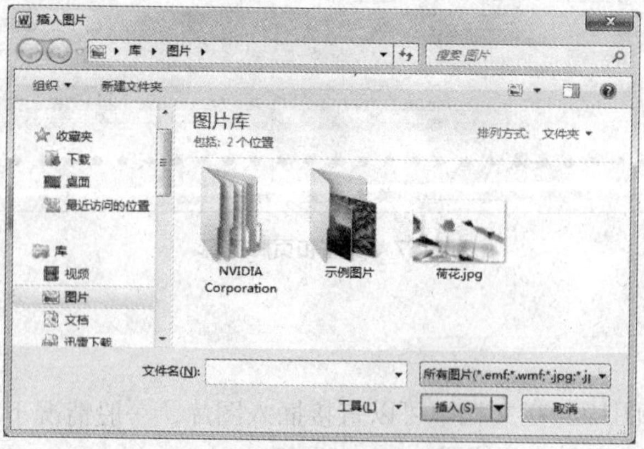

图 2.60　“插入图片”对话框

（2）调整图片的格式。插入图片后，图片的大小和位置一般都不太合适，还需要对其进行格式化设置。在 Word 2010 中可以通过“设置图片格式”对话框对图片格式进行处理，如图 2.61 所示。

在某一选中的图片上右击，从弹出的菜单中选择“大小和位置”命令来设置图片的大小、位置和文字环绕方式；选择“设置图片格式”命令可以给图片填充颜色（或纹理），还可以设置图片的阴影、映像等格式，如图 2.62 所示。

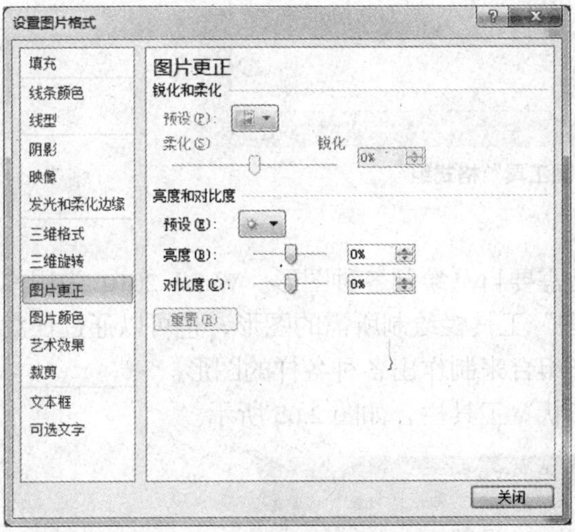

图 2.61 “设置图片格式”对话框

图 2.62 图片设置快捷菜单

①“大小”选项卡。包含“高度”、“宽度”“旋转”、“缩放”和“原始尺寸”等选项。原始尺寸指的是插入的剪贴画或来自文件或扫描仪的图片的尺寸，这是不可设置的。当选中“锁定纵横比”复选框时，图片的宽度和高度的比例固定。当选中“相对原始图片大小”复选框时，当前的尺寸和原始尺寸相关，即原始尺寸中的高度（或宽度）乘以“缩放”选项组“高度”文本框（或“宽度”文本框）中的比例等于“尺寸和旋转”选项组中“高度”文本框（或“宽度”文本框）中的值。具体设置如图 2.63 所示。

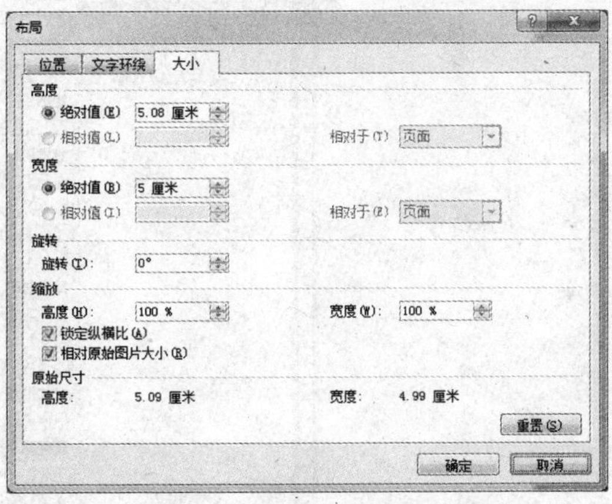

图 2.63 位置和大小对话框

②“文字环绕”选项卡。包含“环绕方式”和“水平对齐方式”两个选项组。“环绕方式”选项组提供了“嵌入型”、“四周型”、“紧密型”、“穿越型”、“上下型”“浮于文字上方”和“衬于文字下方”7 种文字环绕方式。

③“填充”选项组用于设置图片背景填充色。

④“线条颜色”选项卡有“无线条”、“实线”（可设置颜色）“渐变线”三种选项。

⑤“线型”选项组用来设置图片边框的线型和粗细，使图片看上去更漂亮。

（3）设置艺术字的属性。艺术字也有其特有的属性，Word 2010 中通过使用“绘图”工具栏来进行设置。

在插入艺术字的同时系统会自动显示出“绘图工具”格式组，如图 2.64 所示。利用“绘图工具”格式组的各个按钮可以对艺术字的格式、文字格式、大小、位置等进行任意修改。

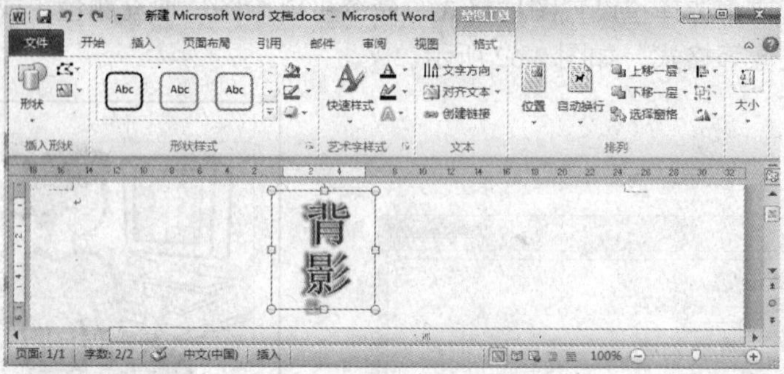

图 2.64 “绘图工具”格式组

2．图形

（1）绘制图形。在实际工作中，用户经常需要自己绘制各种图形。Word 2010 为用户提供了 100 多种自选图形。用户可以通过“绘图”工具栏绘制所需的图形，也可以通过任意改变图形的形状、大小、颜色，或者和其他图形组合来制作出各种各样的图形。

选择“插入”→“形状”命令，打开“形状”工具栏，如图 2.65 所示。

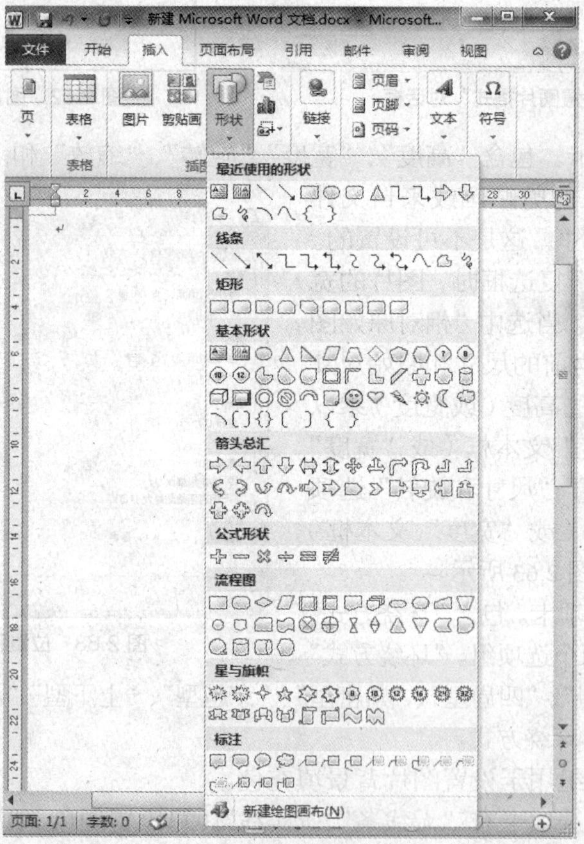

图 2.65 “形状”工具栏

“形状”工具栏分为“最近使用的形状”、“线条”“基本形状”、“箭头总汇”、“公式形状”、“流程图”、“星与旗帜”、“标注”等。

单击任意一种图形，鼠标指针变成十字形，在编辑区按住鼠标左键拖动，就可以画出一个基本形状。重复上面的操作，可以画出多个形状，如图 2.66 所示。

（2）为图形添加文字。图形里还可以添加文字，添加文字的方法如下：选中图形，右击，在弹出的快捷菜单中选择“添加文字”命令，此时光标会出现在图形中，直接输入文字就可以了。还可以通过“开始”工具栏来设置文字的各种格式和对齐按钮上的文本内容，如为图形添加文字“按钮 1”，对齐方式为居中对齐，效果如图 2.67 所示。

图 2.66　在文档中绘制多种基本图形

图 2.67　添加过文字的图形

（3）设置图形颜色。图形的颜色分为填充颜色和线条颜色。图形可以使用其他颜色、渐变颜色、纹理、图案或者图片进行填充。填充方法如下。

选择“绘图工具”格式组中的“形状填充”可以对图形进行颜色填充、图片填充、渐变填充、纹理填充，如图 2.68 所示。单击“绘图工具”格式组中的“形状轮廓”可以对线条进行颜色、粗细等的设置，如图 2.69 所示。

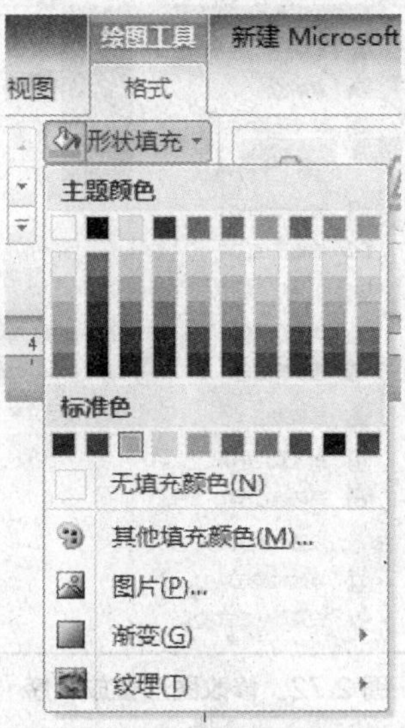

图 2.68　图形颜色填充

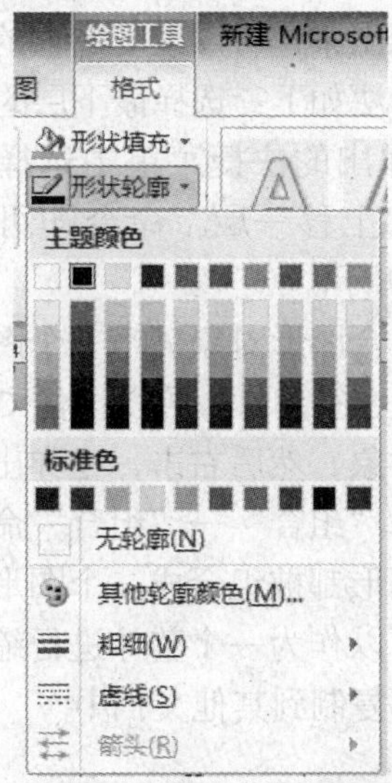

图 2.69　图形线条格式设置

上述之处，还可用以下的方法对图形和线条进行设置。

右击要填充颜色的图形，打开“设置形状格式”对话框，选择“填充”选项，右边对话框中有“无填充”、“纯色填充”、“渐变填充”、“图片或纹理填充”、“图案填充”5 个单选按钮。如选择“纯色填充”，然后可在“颜色”下拉列表中选择一种颜色，拖动“透明度”滑块选择一种透明度，如图 2.70 所示，可以对图形的填充色进行修改，觉得填充颜色满意后，单击“关闭”按钮即可。其他填充方式与“纯色填充”类似。

线条颜色可在“设置形状格式”对话框中选择“线条颜色”选项，此时右边的对话框中会出现“无线条”、“实线”、“渐变线”3个单选按钮。选中对应的单选按钮可进行线条颜色的设置，如图2.71所示。

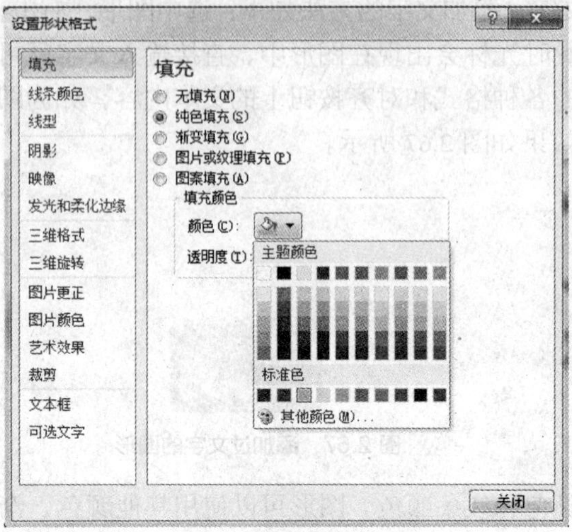

图 2.70　修改填充颜色

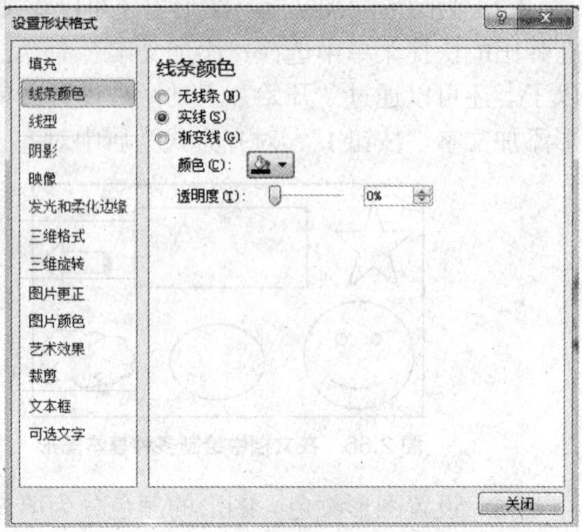

图 2.71　修改线条格式

（4）修改图形的叠放次序。当插入的图形叠放在一起时，后来绘制的图形可能会遮盖之前绘制的图形，如果想让被遮盖的图形显示出来，可以改变它们的叠放次序，操作方法如下：选择最下层的图形，右击，在弹出的快捷菜单中选择“置于顶层”或“上移一层”命令即可，效果如图2.72所示。

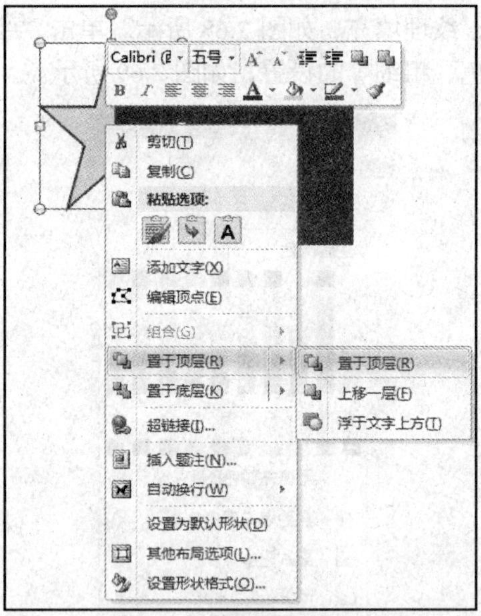

图 2.72　修改图形叠放次序

（5）组合图形对象。当一个图形是由多个图形组合得到时，可以按住Ctrl键再选择多个对象，然后右击，在弹出的快捷菜单中选择“组合”→“组合”命令，这样所有的图形都被组合成一个图形，组合过的图形可以作为一个整体进行缩放和移动，还可以复制到其他文档中。

说　明

对图形进行组合后还可以取消组合，取消组合的步骤和组合时一样。如果遇到复杂的图形，还可以分批组合。另外，在绘图工具“格式”菜单上也可以设置图形的叠放次序、对齐分布、环绕方式和组合等。

（6）SmartArt图形。利用Word 2010中的SmartArt图形，可以很方便地在文档中插入流程图、层次结构图（如组织结构图）、关系图、矩阵图等，如图2.73所示。

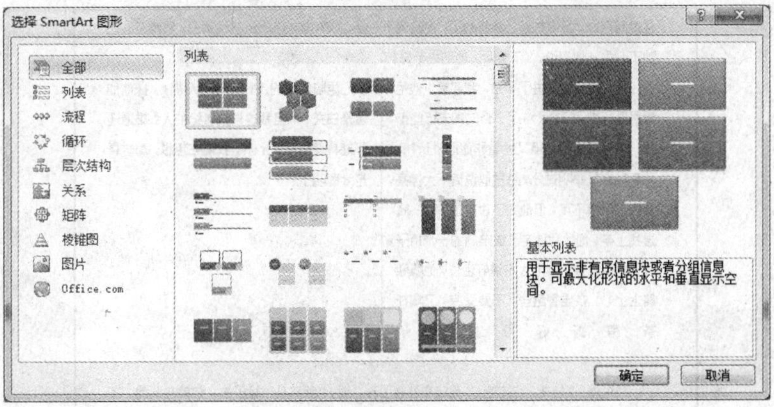

图 2.73 插入 SmartArt 图形

3. 分栏

在报刊和杂志上看到的文档正文，大都是以两栏甚至多栏的版式出现，使用 Word 2010 的分栏功能可以达到这样的效果。

（1）设置分栏。首先选取需要分栏的文本，然后选择“页面布局”→“分栏”命令，可以快速分为“两栏”、“三栏”、“偏左”、“偏右”；或单击最下方的“更多分栏”，打开“分栏”对话框，如图 2.74 所示。此时在“预设”中选择分栏的方式，可以是等栏宽地分为两栏、三栏或不等栏宽地分为两栏，如果不满意预设中的设置，可以通过自定义“栏数”以及“栏宽”和“间距”来确定分栏形式。选择是否带“分隔线”。可以从“预览”框中预览效果。最后，单击“确定”按钮回到文本编辑区，分栏设置完成。

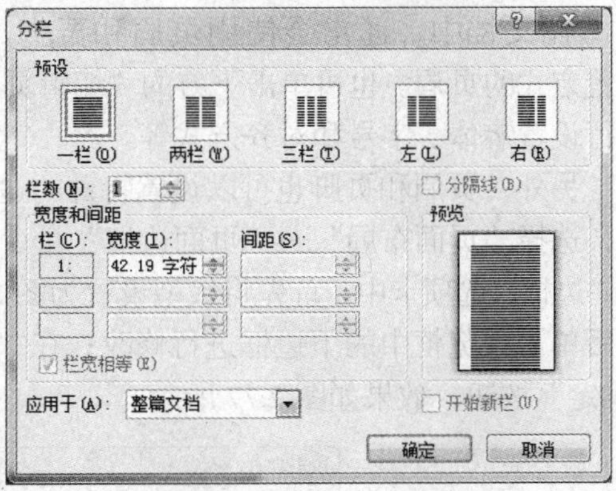

图 2.74 “分栏”对话框

说 明

分栏操作只有在页面视图下才能看到效果，在其他视图下见到的仍然是一栏，只不过栏宽是分栏的栏宽。

（2）删除分栏。在“分栏”对话框中，将“栏数”重新设置为“1”即可。

（3）调整栏宽。在“分栏”对话框中输入栏宽数据，或者拖动分栏后标尺上显示的制表符标记即可调整栏宽。如果要精确地设置栏宽，可以在按住 Alt 键拖动标尺上的制表符标记。

（4）单栏与多栏的混排。虽然多栏版面很好看，但是有时需要将文档的一部分设置为单栏，例如，文章标题和某些小标题往往是通栏的，这需要进行单栏、多栏的混排。它的设置方法有两种：第一种是分别选择所要分栏的文本，然后分别设置“栏数”和“栏宽”；第二种是将文档按分栏数目的不同分别分节，每节内部设置不同的分栏效果。

（5）强制分栏。分栏时，一般按栏长相等原则或自动设置多栏的长度。使用分栏符也可以对文档在指定位置强制分栏。操作时，将光标移动到需开始新一栏的位置，选择“页面布局”→“分隔符”命令，在打开的对话框中选择“分栏符”，则从光标处开始另起一栏，如图 2.75 所示。

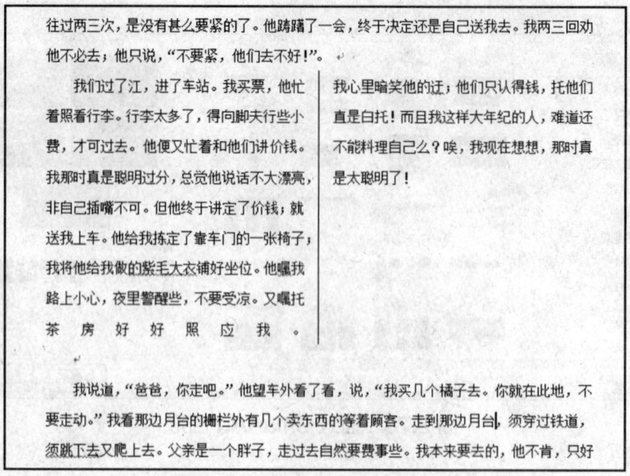
往过两三次，是没有甚么要紧的了。他踌躇了一会，终于决定还是自己送我去。我两三回劝他不必去；他只说，“不要紧，他们去不好！”。

我们过了江，进了车站。我买票，他忙着照看行李。行李太多了，得向脚夫行些小费，才可过去。他便又忙着和他们讲价钱。我那时真是聪明过分，总觉他说话不大漂亮，非自己插嘴不可。但他终于讲定了价钱；就送我上车。他给我拣定了靠车门的一张椅子；我将他给我做的紫毛大衣铺好坐位。他嘱我路上小心，夜里警醒些，不要受凉。又嘱托茶房好好照应我。我心里暗笑他的迂；他们只认得钱，托他们直是白托！而且我这样大年纪的人，难道还不能料理自己么？唉，我现在想想，那时真是太聪明了！

我说道，“爸爸，你走吧。”他望车外看了看，说，“我买几个橘子去。你就在此地，不要走动。”我看那边月台的栅栏外有几个卖东西的等着顾客。走到那边月台，须穿过铁道，须跳下去又爬上去。父亲是一个胖子，走过去自然要费事些。我本来要去的，他不肯，只好

图 2.75　强制分栏后的效果

4．页眉、页脚的设置

在文档中，通常会使用页眉和页脚，选择“插入”→“页眉”命令，可以快速插入内置方式的页眉。也可单击下方的“编辑页眉”，直接在页眉上输入内容，对页眉的内容可以进行设置字体、字号和对齐方式等。

另外，页眉和页脚也可以设置特殊的边框和底纹。例如，在本任务中，选中页眉中的文字，选择“页面布局”→“页面边框”命令，打开“边框和底纹”对话框，如图 2.76 所示。在“边框”选项卡中，首先将线型设置为图 2.76 中的样式、宽度为“3.0 磅”，应用于“段落”，然后单击预览框中的下边框进行修改；在“底纹”选项卡中，将填充色设置为浅灰色，单击“确定”按钮，效果如图 2.77 所示。

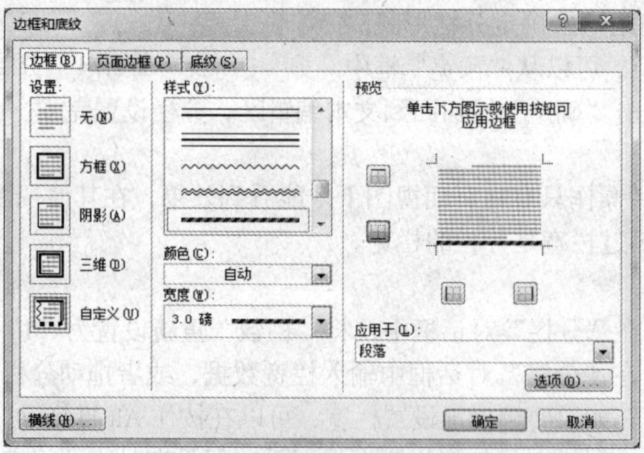

图 2.76　设置页眉区下方的边框和底纹

图 2.77　设置过边框和底纹的页眉

项目小结

本项目主要介绍的是文字处理软件 Word 2010 的基本编辑功能，介绍了编辑窗口和基本操作，使读者通过这一项目的学习能够独立完成普通文档的创建、编辑和打印操作。

基本文档处理操作有其一定的操作流程，制作办公文档时最好按照录入→编辑→排版→页面设置→打印预览→打印的流程进行。其中，在录入时，要采用单纯文本录入原则，注意一些常用符号的录入方法，文字录入完成后，最好进行联机校对；编辑操作包括添加、删除、修改、移动、复制以及查找、替换等，进行编辑操作首先需要选取操作对象，为此必须掌握一些快捷操作和选取技巧；基本的文档排版包括字体格式、段落格式排版等，排版时要掌握格式刷的使用以及单击与双击的不同效果，制表位的使用；页面设置主要是设置纸张、页边距大小以及其他内容，目的是保证文档的版心效果合适；在进行正式打印前需要先进行打印预览，以便确定效果是否满意；开始打印前需要进行打印设置，包括选取打印机、设置打印范围、打印份数等。

办公公文是现代办公中用得比较多的文档格式。对于办公公文，应该能够利用向导来快速建立。

通过本项目的学习，读者应该能够熟练进行办公事务处理中的文字处理工作，对日常工作中的公告文件、工作计划、年度总结、调查报告等文档能够进行娴熟的输入、编辑、排版和打印等操作。

项目实训

实训一　制作一份委托代征税款协议书

1．实训目的

（1）了解文档处理的基本流程。

（2）掌握 Word 2010 中制表位的使用、页面设置的方法和打印预览的使用方法。

（3）熟练掌握文档中字体、段落格式的设置，项目符号和编号的添加等操作方法。

2．实训内容及效果

本次实训内容为一份简单的文档处理，即制作一份委托代征税款协议书，最终效果如图 2.78 所示。

3．实训要求

（1）标题为黑体、二号字，段后距为 1 行。其他文本字体为黑色、宋体、小四号字，其中，标题和副标题位置为居中对齐。

（2）协议正文上方和下方的“乙方”的签字部分可以使用制表位来制作。

（3）协议正文全部为首行缩进 2 个字符，其中“1，2，3…”中的内容为左缩进 2 个字符。

（4）页面设置：纸型为 A4 纸，页面上、下、左、右的边距为 2.5cm。

（5）打印预览：将文档打印预览，设置为双页预览，效果如图 2.78 所示。

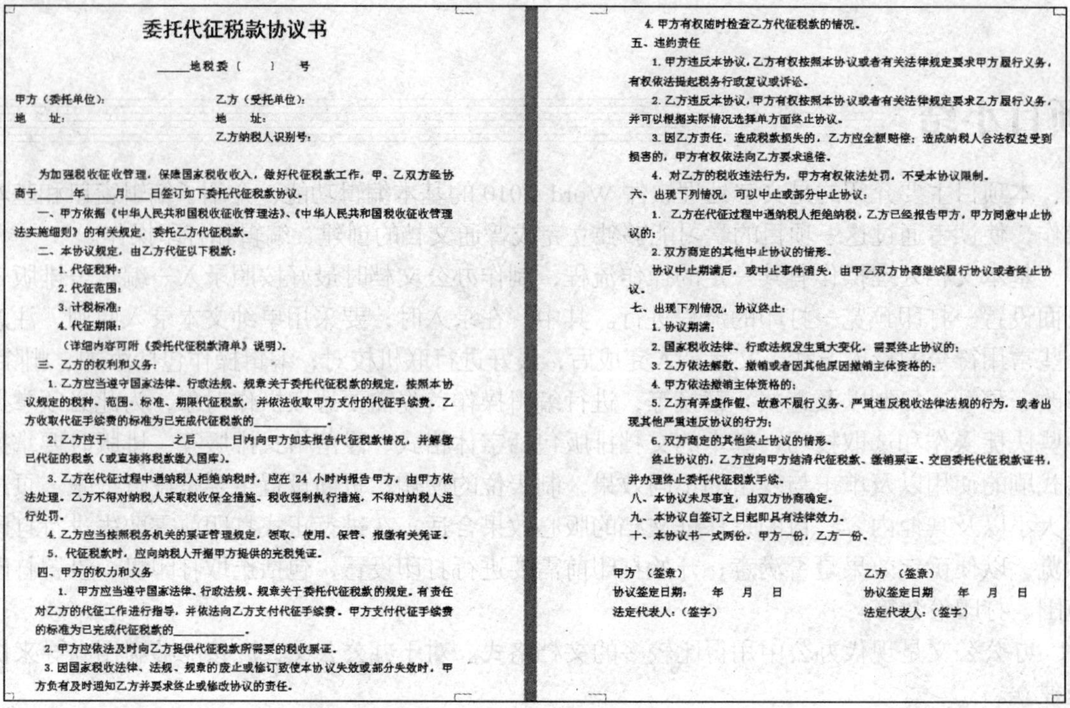

委托代征税款协议书

____地税委〔　　〕　号

甲方（委托单位）：　　　　乙方（受托单位）：
地　　址：　　　　　　　　地　　址：
乙方纳税人识别号：

为加强税收征收管理，保障国家税收收入，做好代征税款工作，甲、乙双方经协商于______年______月____日签订如下委托代征税款协议。

一、甲方依据《中华人民共和国税收征收管理法》、《中华人民共和国税收征收管理法实施细则》的有关规定，委托乙方代征税款。

二、本协议规定，由乙方代征以下税款：

1. 代征税种：

2. 代征范围：

3. 计税标准：

4. 代征期限：

（详细内容可附《委托代征税款清单》说明）。

三、乙方的权利和义务：

1. 乙方应当遵守国家法律、行政法规、规章关于委托代征税款的规定，按照本协议规定的税种、范围、标准、期限代征税款，并依法收取甲方支付的代征手续费。乙方收取代征手续费的标准为已完成代征税款的____________。

2. 乙方应于__________之后______日内向甲方如实报告代征税款情况，并解缴已代征的税款（或直接将税款缴入国库）。

3. 乙方在代征过程中遇纳税人拒绝纳税时，应在 24 小时内报告甲方，由甲方依法处理。乙方不得对纳税人采取税收保全措施、税收强制执行措施，不得对纳税人进行处罚。

4. 乙方应当按照税务机关的票证管理规定，领取、使用、保管、报缴有关凭证。

5. 代征税款时，应向纳税人开据甲方提供的完税凭证。

四、甲方的权力和义务

1. 甲方应当遵守国家法律、行政法规、规章关于委托代征税款的规定。有责任对乙方的代征工作进行指导，并依法向乙方支付代征手续费。甲方支付代征手续费的标准为已完成代征税款的__________。

2. 甲方应依法及时向乙方提供代征税款所需要的税收票证。

3. 因国家税收法律、法规、规章的废止或修订致使本协议失效或部分失效时，甲方负有及时通知乙方并要求终止或修改协议的责任。

4. 甲方有权随时检查乙方代征税款的情况。

五、违约责任

1. 甲方违反本协议，乙方有权按照本协议或者有关法律规定要求甲方履行义务，有权依法提起税务行政复议或诉讼。

2. 乙方违反本协议，甲方有权按照本协议或者有关法律规定要求乙方履行义务，并可以根据实际情况选择单方面终止协议。

3. 因乙方责任，造成税款损失的，乙方应全额赔偿；造成纳税人合法权益受到损害的，甲方有权依法向乙方要求追偿。

4. 对乙方的税收违法行为，甲方有权依法处罚，不受本协议限制。

六、出现下列情况，可以中止或部分中止协议：

1. 乙方在代征过程中遇纳税人拒绝纳税，乙方已经报告甲方，甲方同意中止协议的；

2. 双方商定的其他中止协议的情形。

协议中止期满后，或中止事件消失，由甲乙双方协商继续履行协议或者终止协议。

七、出现下列情况，协议终止：

1. 协议期满；

2. 国家税收法律、行政法规发生重大变化，需要终止协议的；

3. 乙方依法解散、撤销或者因其他原因撤销主体资格的；

4. 甲方依法撤销主体资格的；

5. 乙方有弄虚作假、故意不履行义务、严重违反税收法律法规的行为，或者出现其他严重违反协议的行为；

6. 双方商定的其他终止协议的情形。

终止协议的，乙方应向甲方结清代征税款、缴销票证、交回委托代征税款证书，并办理终止委托代征税款手续。

八、本协议未尽事宜，由双方协商确定。

九、本协议自签订之日起即具有法律效力。

十、本协议书一式两份，甲方一份，乙方一份。

甲方（签章）　　　　　　　乙方（签章）
协议签定日期：　年　月　日　　协议签定日期　年　月　日
法定代表人：（签字）　　　　法定代表人：（签字）

图 2.78　委托代征税款协议书的效果

实训二　利用制表位制作一份菜单

1. 实训目的

（1）掌握页面设置的方法。

（2）熟练掌握制表位中不同对齐方式的设置方法。

（3）熟练掌握制表位中前导符的设置方法。

2. 实训内容及效果

本次实训内容是制作一份菜单，最终效果如图 2.79 所示。

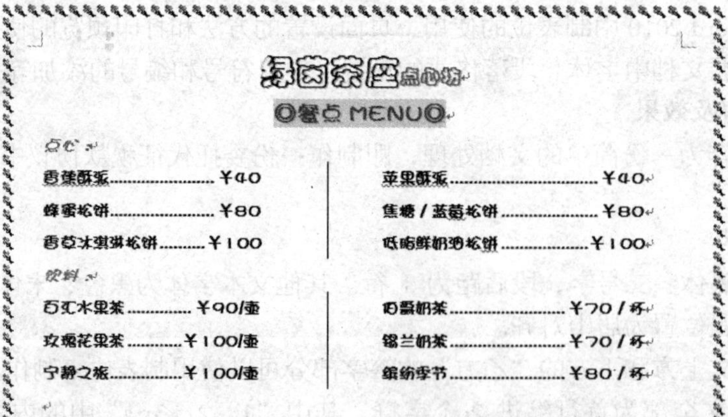

图 2.79 “菜单”文档的效果

3．实训要求

（1）标题部分："绿茵茶座"字体为蓝色、华文彩云、小初号字。"点心坊"为粉红色、华文彩云、二号字。"餐点 MENU"为紫色、华康少女体、小一号字，加灰色底纹。

（2）菜单部分为华康少女体、小二号字。分别在 20 字符、26 字符、31 字符和 55 字符处添加右对齐制表符、竖线制表符、左对齐制表符和右对齐制表符。其中两个右对齐制表符前加前导符。

（3）页面设置：方向为横向，纸型为 A4，添加艺术型页面边框。

说明　字体添加方法，先从网上下载字体：华康少女体.ttf。然后将该字体复制到操作系统 Windows 7 安装目录下的 Fonts 文件夹中（如 C:\Windows\Fonts）即可使用。

实训三　制作一个"回忆母校"散文的图文混排文档

1．实训目的

（1）熟练掌握 Word 2010 中首字下沉和分栏的操作。

（2）熟练掌握 Word 2010 中图片、艺术字和文本框的插入及其格式设置等操作。

（3）熟练掌握 Word 2010 中边框和底纹、页眉和页脚的设置。

2．实训内容及效果

本次实训内容是制作一篇图文混排的文档，最终效果如图 2.80 所示。

图 2.80　图文混排的文档效果

3．实训要求

（1）文本部分：标题为隶书、小初号字、蓝色；正文部分为宋体、小四号字，首行缩进 2 个字符。

（2）第一段使用首字下沉，下沉 3 行、颜色为粉色。

（3）为第二段添加边框和底纹，边框为黑色、实线，底纹为淡蓝色、图案为黑色下斜线。

（4）为第三段分两栏，有分隔线。第四段中间插入一个竖排文本框，文字为“回忆母校”，边框为绿色、3 磅的实线，底纹为粉色，字体为三号、隶书。

（5）文本结束处插入一张图片，版式为“四周型”，添加一段艺术字，内容为“回望母校，不尽依依”，版式为“四周型”，颜色为蓝色，阴影样式为 20。

（6）页眉页脚的设置：页眉为“散文欣赏”，居中、下边框为“′′′′′′′′′′”，页脚为“母校——我永远的牵挂”，居中、黑体、四号字。

（7）添加页面边框，如图 2.80 所示。

实训四　绘制一个组合图形

1．实训目的

（1）掌握 Word 2010 中组合图形绘制的基本流程。

（2）熟练掌握 Word 2010 中基本图形的绘制方法。

（3）熟练掌握 Word 2010 中图形格式的设置方法，如大小、填充颜色、线条颜色等。

（4）熟练掌握图形组合的方法。

2．实训内容及效果

本次实训的最终效果如图 2.81 所示。

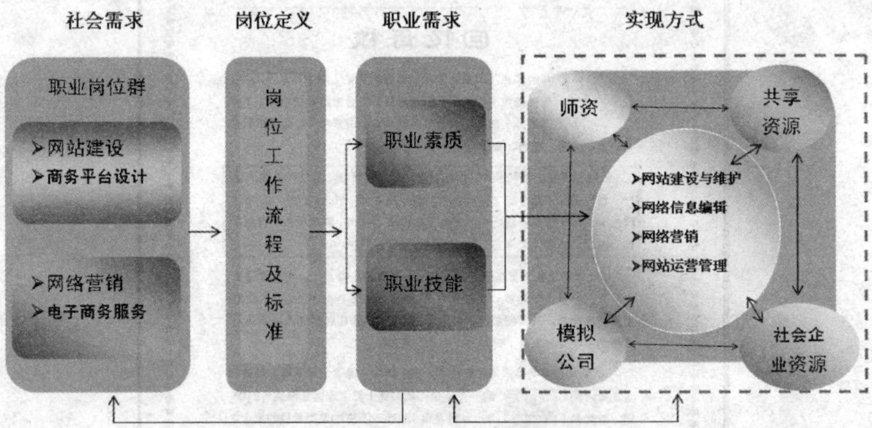

图 2.81　组合图形的效果图

3．实训要求

（1）绘制过程中需要用到多种图形和线型，图形的填充色也分为多种，一切以效果图为准，在此不再详细要求。

（2）图形绘制的过程中需要分批多次组合。

PART 3 项目三 文档的高级处理

在工作中，我们经常需要对简报、内部刊物、信函、论文、课题、著作等复杂文档进行处理和编排。它们通常篇幅较大、页码较多、结构复杂，往往要求格式统一，还可能包含目录、公式和图表等。

任务一 长文档的制作

【任务目标】

（1）掌握录入论文标题、摘要和关键字的方法。

（2）能设置标题的级别，并为其添加多级编号。

（3）能在标题下录入正文内容并设置其格式。

（4）掌握页码、页眉、页脚的制作方法。

（5）掌握论文目录的制作方法。

（6）能为文本插入脚注和尾注。

【任务分析】

本任务为一篇论文的制作，从这篇论文的制作过程中可以了解长文档的编排特点及学习长文档的制作方法。任务效果如图 3.1 所示。

编写论文时，通常是先写论文的题目、摘要、关键字，列出论文的各级标题，然后在各级标题下输入正文，最后为论文做目录。

在本任务中，首先录入论文的题目、摘要、关键字和各级标题，如图 3.2 所示。

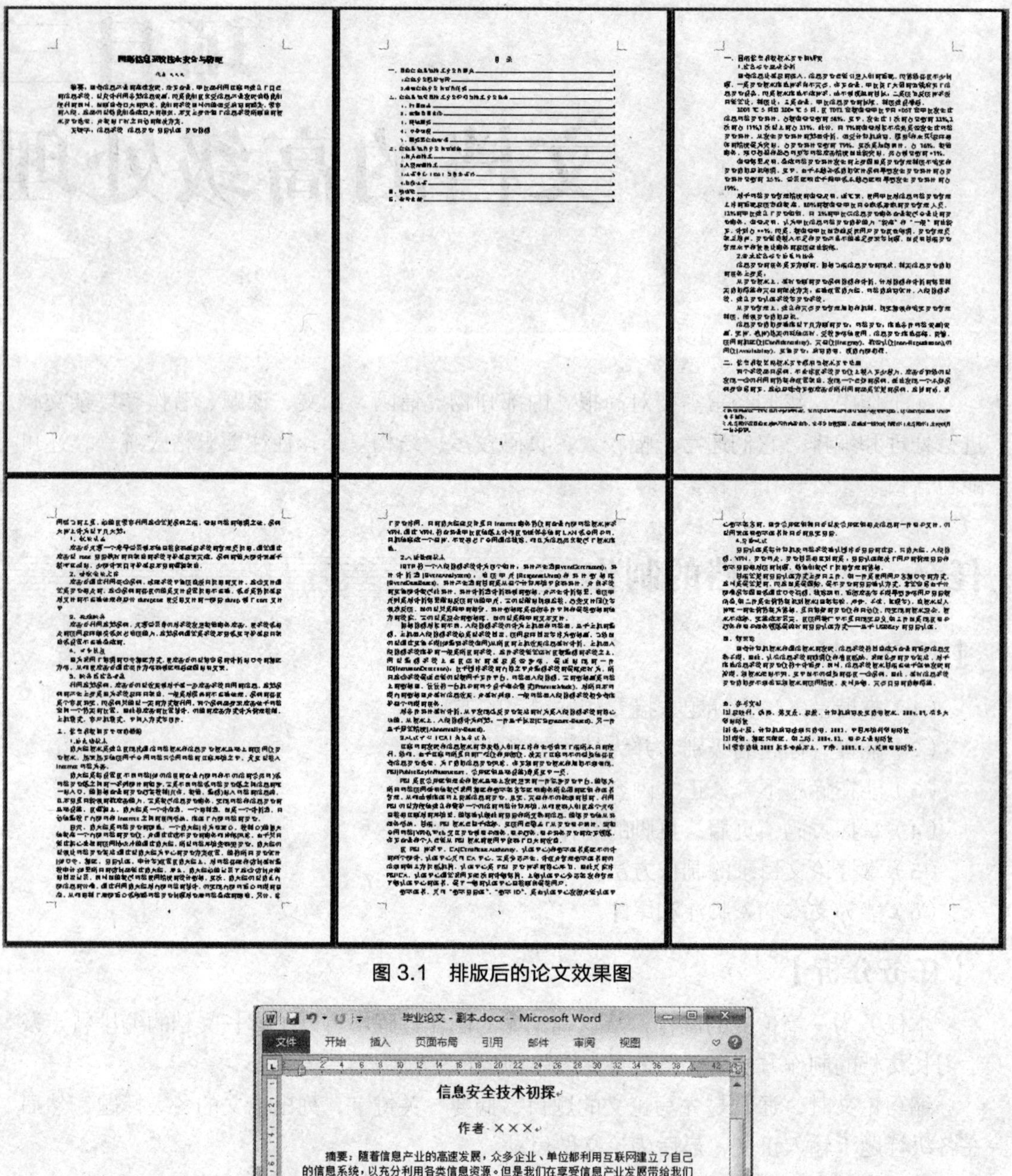

图 3.1　排版后的论文效果图

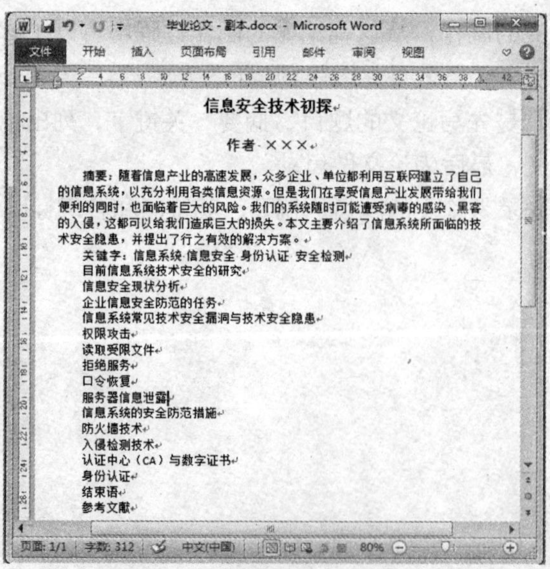

图 3.2　录入的论文标题、文本

【任务实施】

1．利用大纲视图设置小标题的多级编号

通常情况下，论文内有许多不同级别的小标题，每个小标题必须有编号，这些编号逐个输入会比较麻烦，并且如果中途想修改论文内容而增删小标题时，后面的小标题编号必须重新输入。如果能够自动进行多级编号，不管如何增减内容，编号都会自动调整，那就能够大大提高论文排版的效率。

Word 里提供了自动多级编号的功能，为了准确地设置多级编号，把视图切换到大纲视图，大纲视图可以将文档按标题的层次进行显示，这在长文档的组织和维护时非常方便。具体操作步骤如下。

（1）选择“视图”→“大纲视图”命令，将文档切换到大纲视图下，此时页面上会出现一个“大纲”工具栏，如图 3.3 所示。

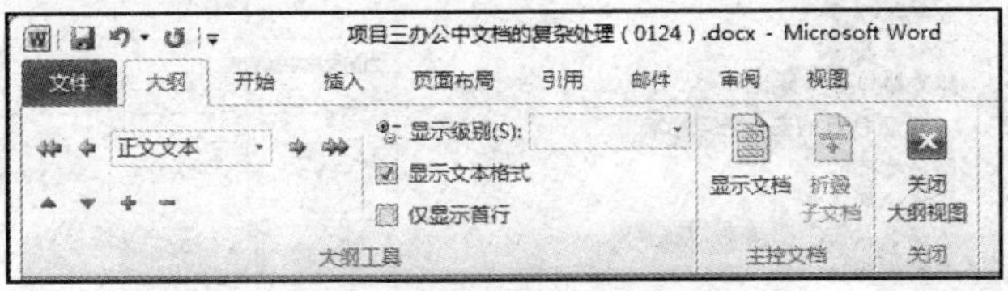

图 3.3 “大纲”工具栏

（2）将各级标题从高到低进行级别设置。设置的方法如下：先选中所有的标题，单击工具栏上的“提升到标题 1”按钮，将其全部设置为 1 级，然后按照层次单击“降级”按钮逐级设置，最后在“显示级别”处选择“显示级别 2”（因本文只设了 2 级标题），此时大纲视图中出现的是所有的标题，设置后的效果如图 3.4 所示。

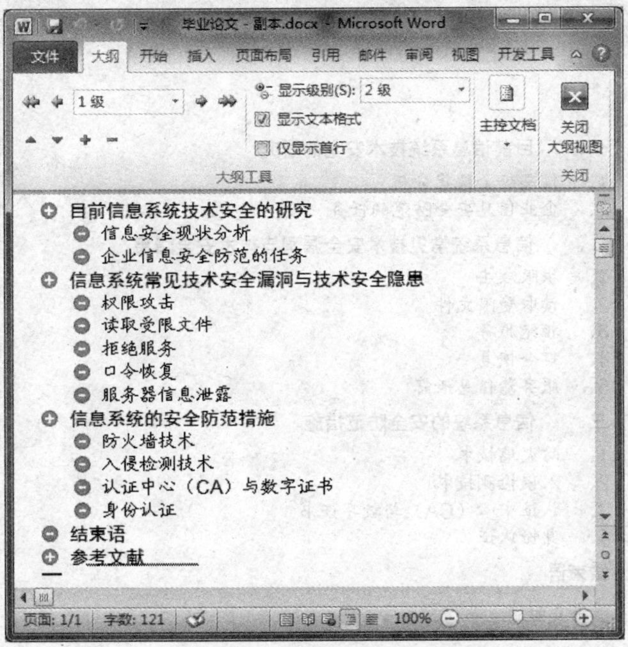

图 3.4 在大纲视图下为标题设置级别

（3）设置多级编号。本文中的标题共两个级别，我们规定把第一级标题设置为“一、二、…”，第二级标题设置为“1、2、…”。选中所有标题，单击“开始”，然后在“段落”组

中单击“多级列表”按钮“ ”，如图 3.5 所示。在列表库中选择一种编号列表，这时，多级编号就设置好了，如图 3.6 所示。

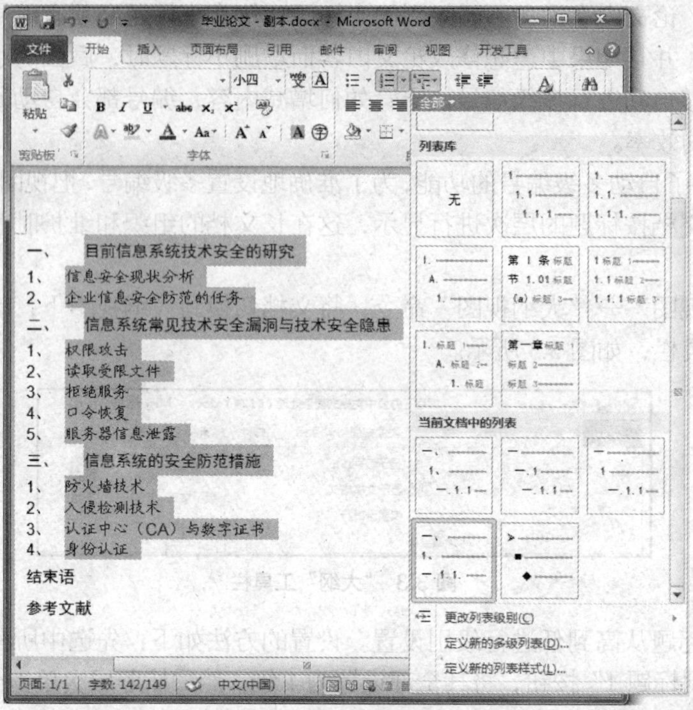

图 3.5 设置多级编号

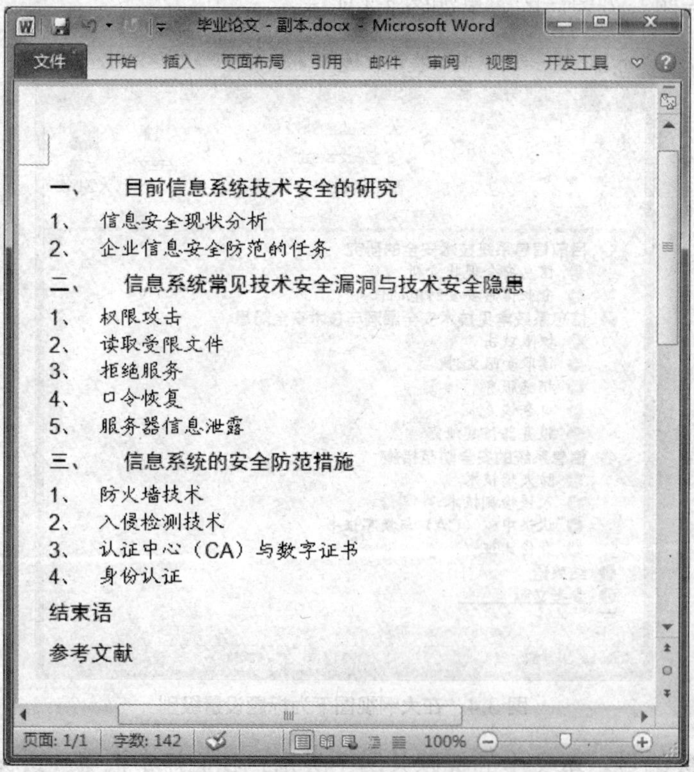

图 3.6 添加多级编号后的标题

如果对现有多级编号不满意，还可以自己定义新的多级列表。

2．使用样式修改小标题文本的格式

将文档切换到页面视图以后，会发现小标题字体很大，与文章的格式不符合。如果逐个设置会很麻烦，虽然用“格式刷”能提高效率，但“格式刷”中的格式不能保存，所以如果文档关闭后，想增加标题仍需要重新设置。

Word 中提供了“样式”功能，设置一个样式可以直接套用，以后还可永久保存。下面将本论文中的标题样式进行修改，操作步骤如下。

（1）打开文档，单击任意一级标题（如“目前信息系统技术安全的研究”），此时样式组中的“标题 1”显示被选中，如图 3.7 所示。

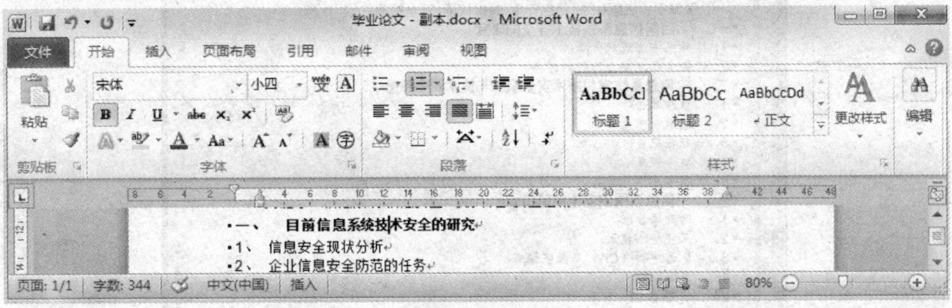

图 3.7 样式显示

单击样式组右下方的下拉菜单按钮，打开“样式”任务窗格，如图 3.8 所示。此时格式列表里显示了该文档使用的所有格式。

（2）修改“标题 1”的样式。打开任务窗格中“标题 1”右面的下拉菜单，选择“修改”命令，打开“修改样式”对话框。打开左下方的“格式”，可对“标题 1”的字体、段落、边框、文字效果等格式进行修改，如图 3.9 所示。单击“确定”按钮，则所有的标题 1 级别的内容都按照这个格式进行了修改。

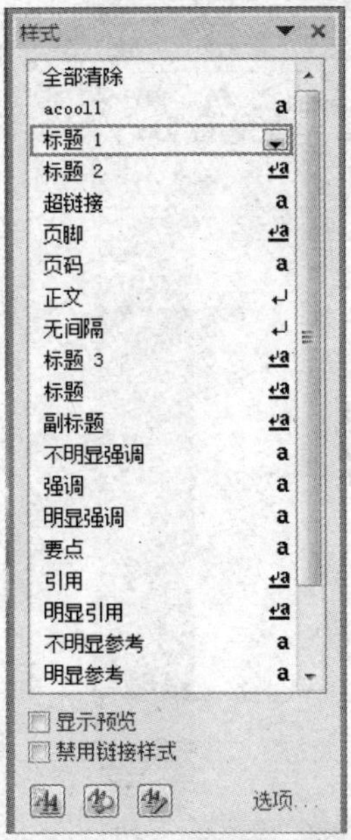

图 3.8 “标题 1”样式的下拉菜单

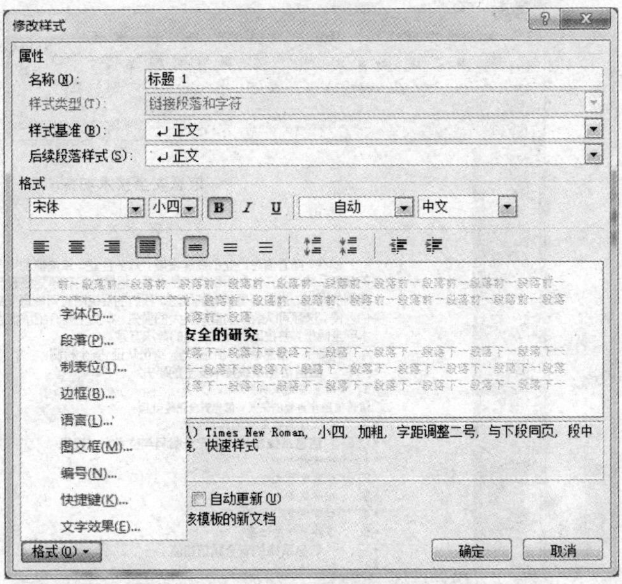

图 3.9 “修改样式”对话框

（3）重复上面的操作，把标题 2 也修改一下，修改格式如下：楷体，小四号字，段落格式和标题 1 一样。至此，所有的标题格式修改完毕，效果如图 3.10 所示。

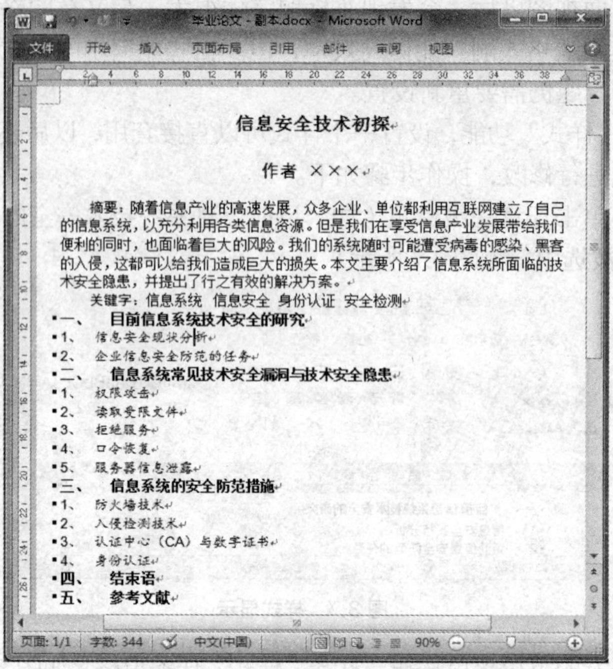

图 3.10　标题格式修改后的效果

论文题目和各级标题设置好以后，就可以输入论文内容了，如图 3.11 所示。在某个标题后按 Enter 键换行，一般情况下会自动地变为“正文”级别。如果要改变正文内容的格式，例如，将正文文本的字号改为小四号字，也要使用“样式”修改，方法和修改“标题 1”的方法一样，在此不再赘述。

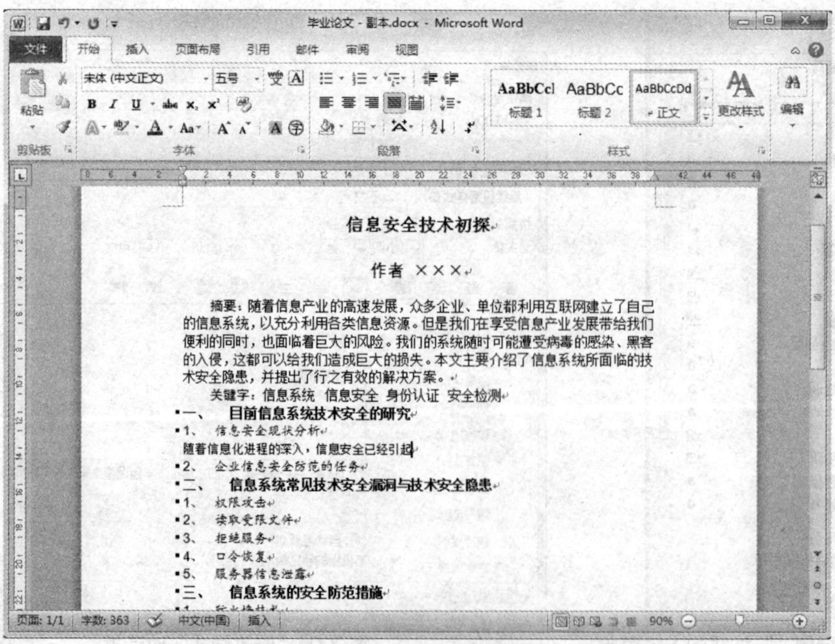

图 3.11　在标题下输入正文内容

3．插入页码和脚注

为了方便查阅和记录，一般的论文都要添加页码。要插入页码，选择“插入”→“页码”→“页面底端”命令，选择一种页码格式，插入即可。

该论文中还出现了两处脚注，分别在“蠕虫”和“木马”文本处。对“蠕虫”文本的脚注，先将光标定位在“蠕虫”的文本后面，选择“引用”→“插入脚注”命令，会在“蠕虫”的右上角自动添加脚注编号 1，并且光标会自动跳到页面底端，在此处输入脚注文字即可。添加其他脚注的步骤类似，效果如图 3.12 所示。

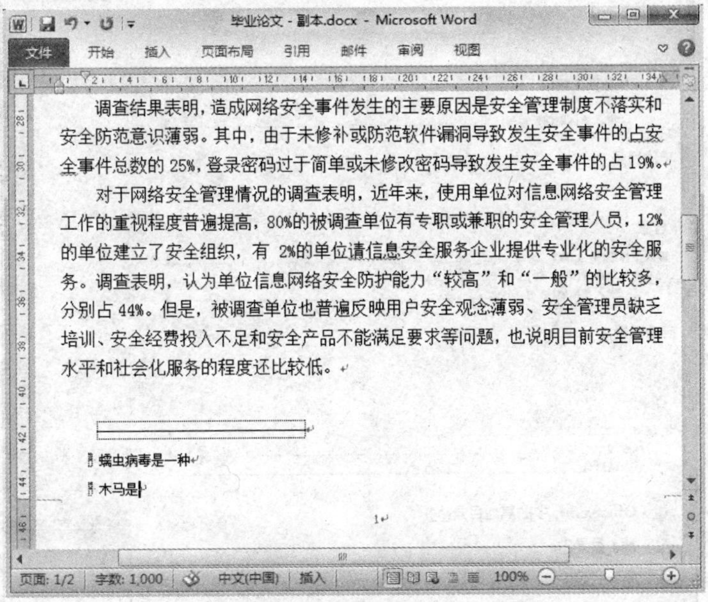

图 3.12　插入脚注后的页面

> 说　明
>
> 如果想删除脚注或尾注，不要直接删除脚注或尾注的内容，应该在脚注或尾注的插入处将编号删除。

4．目录的制作

有的论文写得比较长，为了方便查阅，在文章正文前面应该有一个目录。建立一个非常规范的目录，Word 就可以自动搜索文档中的标题，不仅操作快速方便，而且目录可以随着内容的变化而自动更新。

目录的生成是建立在标题的文本样式上的，必须是标题级别才能够生成目录，也就是说，如果标题的样式是除“标题 1、标题 2……标题 9”之外的样式，则生成的目录里不会出现该标题。

（1）制作目录的方法。以本论文为例，制作目录的操作步骤如下。

① 将光标定位在文章正文的最前面（关键词后面），选择“页面布局”→“分隔符”→“分节符”→“下一页”命令，重复插入两个下一页类型的分节符。此时论文题目和正文之间就多出一个空白页。

② 在空白页最上面输入“目录”两个字，设置段落居中。按 Enter 键换行，选择“引用”→“目录”命令，可以插入内置的手动目录或自动目录，如图 3.13 所示。在图 3.13 中还可以

选择“插入目录”命令，选择“目录”选项卡，然后插入目录，如图 3.14 所示。

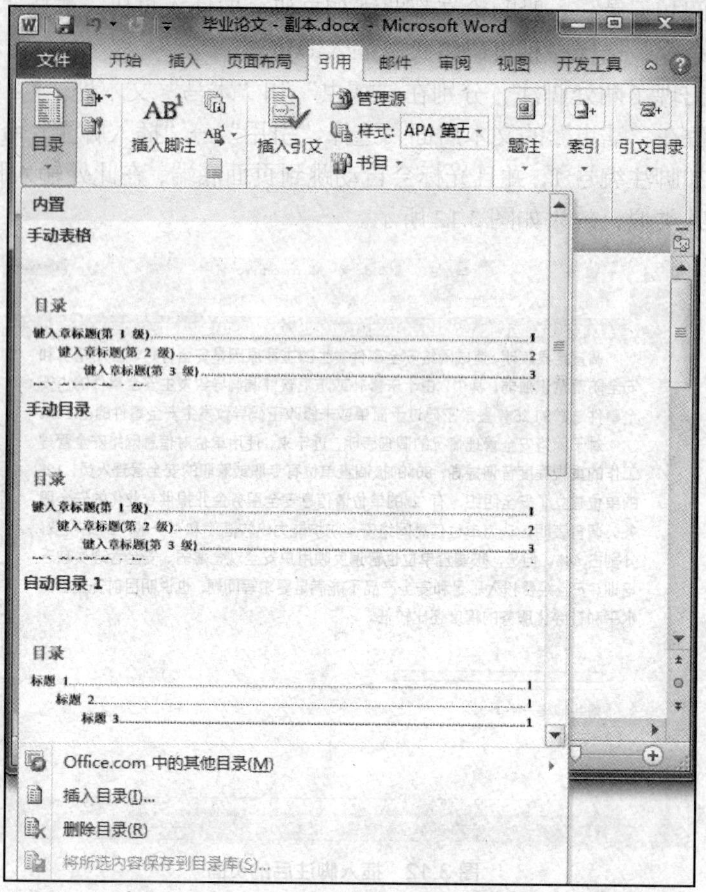

图 3.13　内置手动目录和自动目录

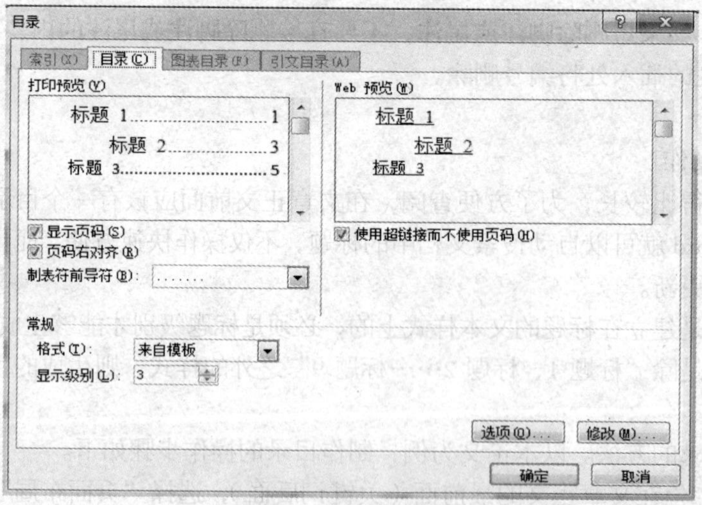

图 3.14　“目录”选项卡

③ 根据需要可以选择是否要页码、页码是否右对齐，并可以设置制表符前导符号、目录格式以及目录层次。通常情况下，论文要制作三级目录，没有特殊要求时，以上设置一般使用默认值即可，设置完毕后单击“确定”按钮。

此时，系统将会自动插入目录的内容。如图 3.15 所示，灰色的底纹效果表示目录是以“域”的形式插入的，该底纹在打印预览和打印时不起作用。

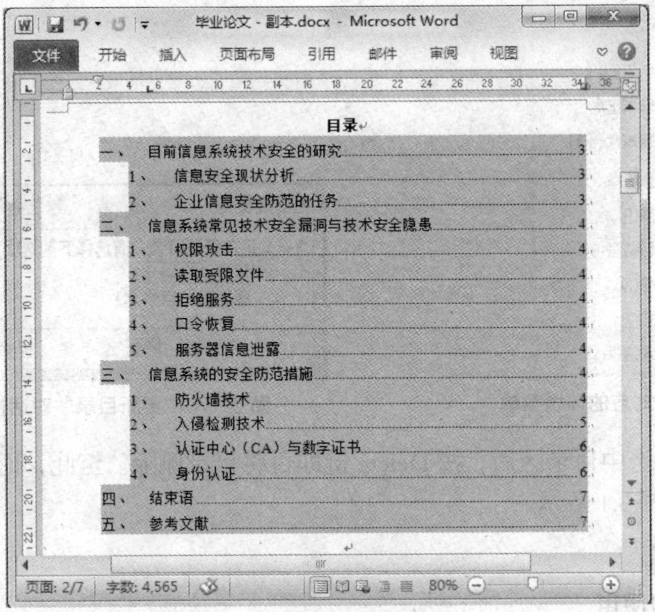

图 3.15　目录的制作效果

说　明

域是 Word 文档中的内容发生变化的部分，或者文档（模板）中的占位符。最简单的域如在文档中插入的页码，它可以显示文档共几页，当前为第几页，并且会根据文档的情况自动进行调整。其他常用的域还有：文档创建日期、打印日期、保存日期、文章中利用“插入”→“日期”命令输入的日期等时间信息，文档作者与单位、文件名与保存路径等文档信息，段落、字数等统计信息，以及本节用到的索引与目录等。利用域还可以在文档中插入某些提示文字和图形，提示使用者输入相应的信息。

（2）目录的使用技巧。

① 设置目录底纹不显示。如果不希望目录有底纹，可以通过选择“文件”→“选项”→“高级”命令，在“显示文档内容”组中，从“域底纹”框中选择“不显示”或“选取时显示”项来设置目录底纹的显示情况。

② 使用目录。目录除了是一个检索工具外，还具有超级链接功能。当按住 Ctrl 键将鼠标指针移动到需要查看的标题上时，鼠标指针将会成为小手状，此时单击，系统会自动跳转到指定内容的位置。从这个意义上来讲，目录也起到了导航条的作用。

③ 设置目录格式。目录插入以后，其格式是可以进行再次设置的。选中目录区的全部或部分行后，就可以对其进行字体和段落排版，排版方法和普通文本一样。

④ 更新目录。更新目录的最大好处是，当文章增删或修改内容时，会使页码或标题发生变化，不必手动重新修改页码，只要在目录区右击，从弹出的快捷菜单中选择“更新域”命令，如图 3.16 所示，然后在图 3.17 所示的“更新目录”对话框中，根据需要选择“只更新页码”或“更新整个目录”单选按钮（选择此项，则当修改、删减标题时，不仅页码更新，目录内容也会随着文章的变化而变化），最后单击“确定”按钮即可。

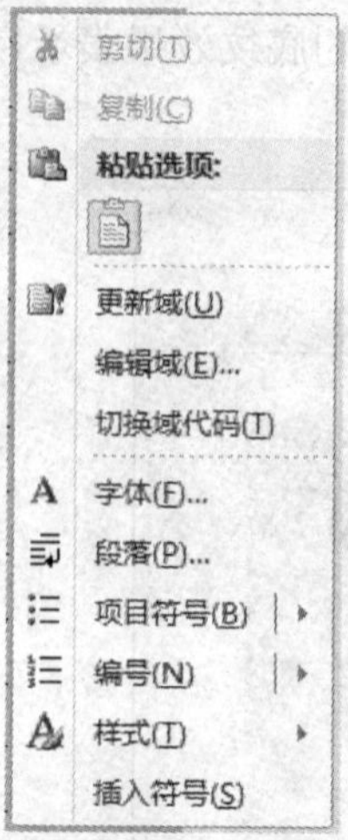

图 3.16　目录对应的环境菜单

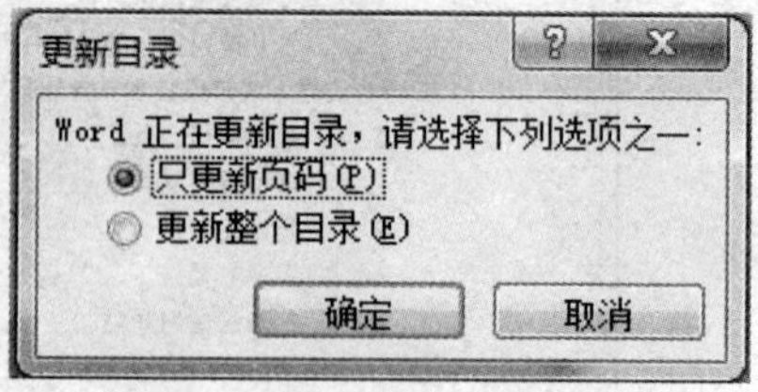

图 3.17　“更新目录”对话框

⑤ 删除目录。选中目录区后，按 Delete 键即可将目录删除。至此，论文排版的操作就全部完成了，效果如图 3.1 所示。

【相关知识】

1．导航窗格的使用

导航窗格是一个独立的窗格，能够显示文档的标题列表。使用导航窗格可以对整个文档进行快速浏览，同时还能跟踪标题在文档中的位置。

选择“视图”→“导航窗格”命令，打开导航窗格，如图 3.18 所示。

图 3.18　使用导航窗格进行浏览

导航窗格和大纲视图有点相似，在任意一个标题上右击，可以选择显示标题的级别数，也可以展开和折叠标题的列表，还可以在导航窗格中单击某个小标题，右边的编辑区就会显示相应的文档内容。

关闭导航窗格，只需取消选择“视图”→“导航窗格”命令即可。

2．公式的制作

在论文中，经常会出现各种数学、化学公式或表达式。公式常常会含有一些特殊符号，如积分符号、根式符号等。有些符号不但键盘上没有，在 Word 的符号集中也找不到，并且公式中符号的位置变化也很复杂，仅用一般的字符和字符格式设置无法录入和编排复杂公式。Word 2010 有两种方法插入公式：一种是直接插入公式，另一种是利用 Word 2010 提供的 Microsoft 公式 3.0，进而实现论文中各类复杂公式的编排。

（1）直接插入公式。选择“插入”→“公式”命令，可以插入常规、二次公式、二项式定理、傅里叶级数、三角恒等式等常用数学公式，如图 3.19 所示。也可选择下面的“插入新公式”命令，输入想要的公式，此时页面顶端会出现公式设计工具，如图 3.20 所示。

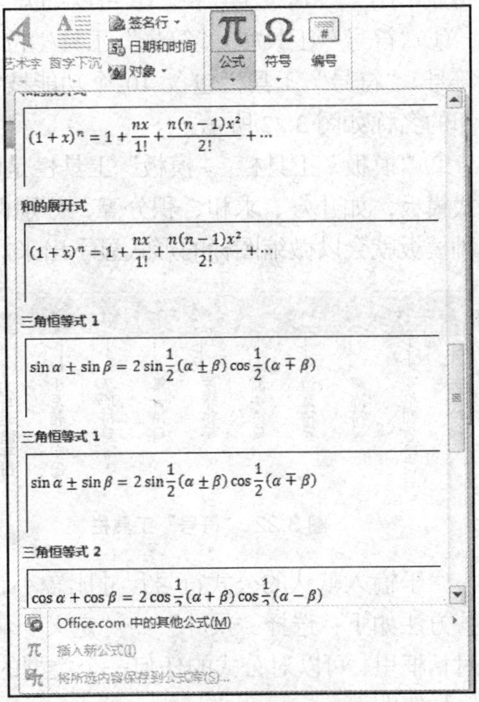

图 3.19　插入内置的常见公式

图 3.20　公式设计工具

（2）用 Microsoft 公式 3.0 编辑公式。在 Word 中，选择“插入”→“对象”命令，在打开的对话框的“对象类型”列表中选择“Microsoft 公式 3.0”选项，然后单击“确定”按钮。如图 3.21 所示，屏幕上会显示出公式编辑窗口，窗口中显示出“公式”工具栏，同时在文档中出现一个输入框，光标在其中闪动。输入公式时，输入框随着输入公式的长短而发生变化，整个表达式都被放置在公式编辑框中。窗口处于公式编辑状态时，菜单栏也跟着发生改变。

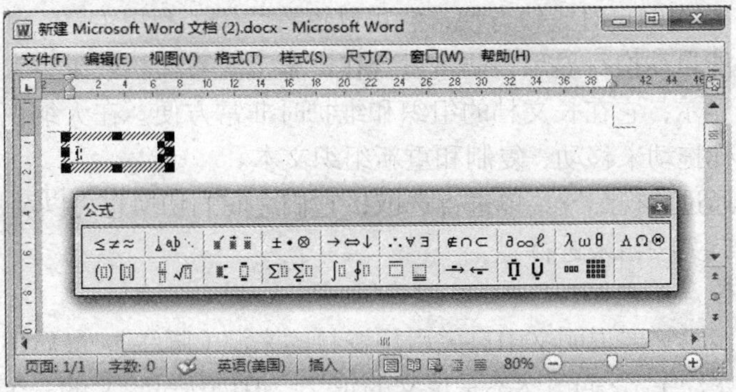

图 3.21　公式编辑窗口

启动公式编辑器后，Word 窗口将变为公式编辑器窗口，菜单项将发生变化。同时，窗口中将显示出“公式”工具栏，它可以细分为“符号”和“模板”两个工具栏。

①“符号”工具栏。“符号”工具栏位于“公式”工具栏的上方，它为用户提供了各种数学符号。“符号”工具栏包含 10 个功能按钮，每一个按钮都可以提供一组同类型的符号。各按钮的名称如图 3.22 所示。

②“模板”工具栏。“模板”工具栏是制作数学公式的工具栏，提供了百余种基本的数学公式模板，如开方、求和、积分等，分别保存在 9 个模板子集中。当单击某个子集按钮时，各种模板就会以微缩图标的形式显示出来。各按钮的名称如图 3.23 所示。

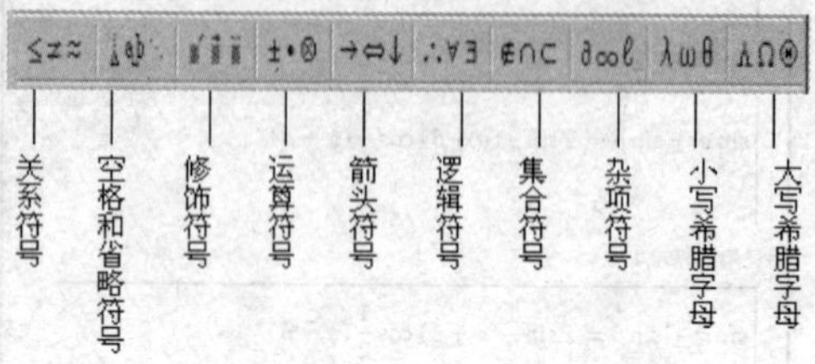

图 3.22 “符号”工具栏

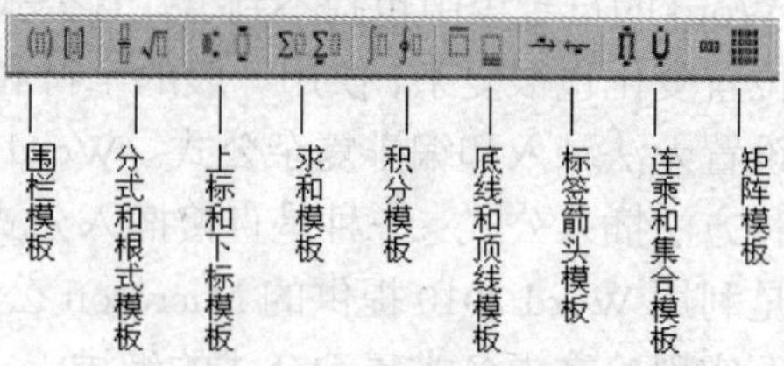

图 3.23 “模板”工具栏

由于输入默认的公式符号尺寸比较小，所以，通常情况下要先对公式的尺寸进行设置，设置方法如下：选择“尺寸”→“定义”命令，打开“尺寸”对话框，如图 3.24 所示。在这个对话框里，可以对公式的任何一个类型的符号进行字号大小的设置。设置完毕后，单击“确定”按钮即可。

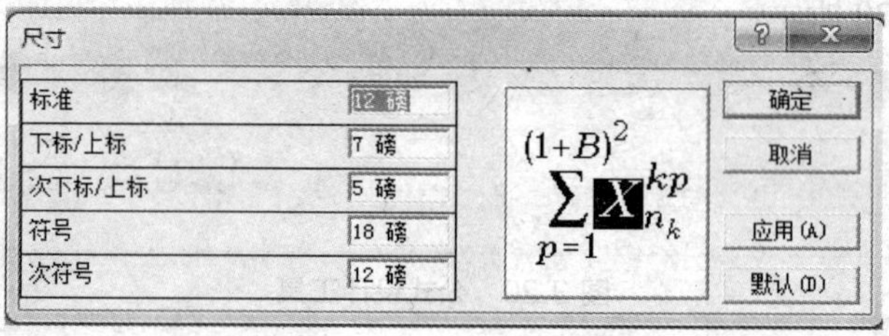

图 3.24 “尺寸”对话框

3．大纲视图的使用

Word 提供了几种不同的视图方式，各种方式具有不同的功能。一般使用比较多的是页面视图、Web 版式视图和大纲视图。其中页面视图在制作打印文稿时，用来查看页面效果较好，各种特殊效果的排版如页眉页脚、分栏效果、图文混排等只有在该方式下才有效；Web 版式视图在利用 Word 制作网页时比较方便，它可以设置背景，利用主题，并且该方式下文本的字体不论大小，都能自动换行显示，非常适合在屏幕上查看文档效果。大纲视图可以将文件按标题的层次进行显示，它在长文档的组织和维护时非常方便。在大纲视图中，可以查看文档的结构，通过鼠标拖动来移动、复制和重新组织文本。

视图方式可以通过“视图”菜单进行选取，它们之间的切换也可以利用 Word 屏幕左上角视图切换区中的有关按钮来进行。

4．脚注与尾注

论文页码下端经常需要说明文中有关引用资料的来源（脚注），最后还要列出论文撰写时的主要参考文献（尾注）。它们虽然不是论文的正文，但仍然是论文的一个组成部分，它们主要起补充、解释、说明的作用，也是对原著人员知识产权的尊重。在 Word 中，添加脚注与尾注的步骤如下。

（1）先将光标定位在需要插入脚注或尾注的位置，也就是需要解释的文字处。

（2）选择“引用”→“插入脚注”命令，即可快速插入脚注。同样，选择“引用”→“插入尾注”命令，即可快速插入尾注。利用“脚注和尾注”对话框，还可以选择脚注或尾注的编号格式、起始编号以及编号方式等，如图 3.25 所示。

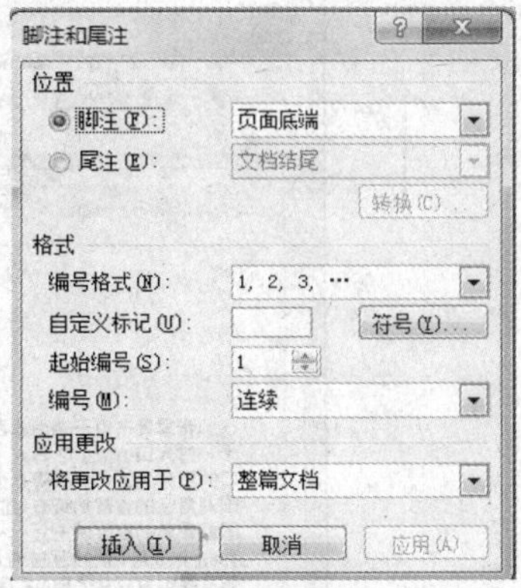

图 3.25 “脚注和尾注”对话框

（3）选择相应的格式后，单击“插入”按钮即可。

5．样式的使用

样式的使用除了修改样式之外，还可以新建样式和直接套用样式。

（1）直接套用样式。选定内容，单击“开始”，直接在样式组中选择一种快速样式，如图 3.26 所示；或打开“样式”任务窗格，选择一种样式。如图 3.27 所示，选定需要套用样式的文本内容，然后从“样式”任务窗格中的列表中选择需要设置的样式，单击即可将选取的内容设置为预先设置的样式效果。

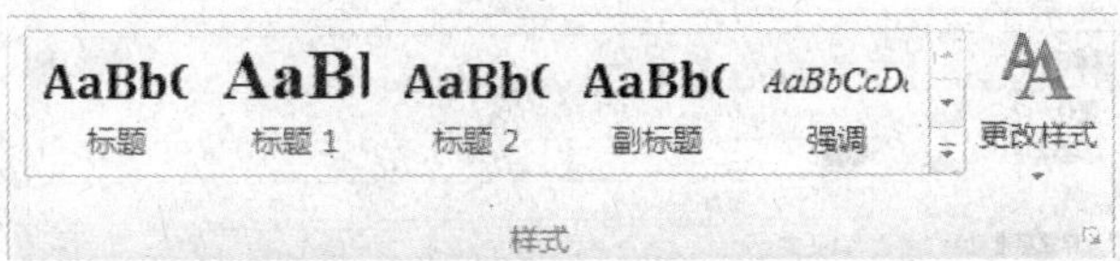

图 3.26　样式工具

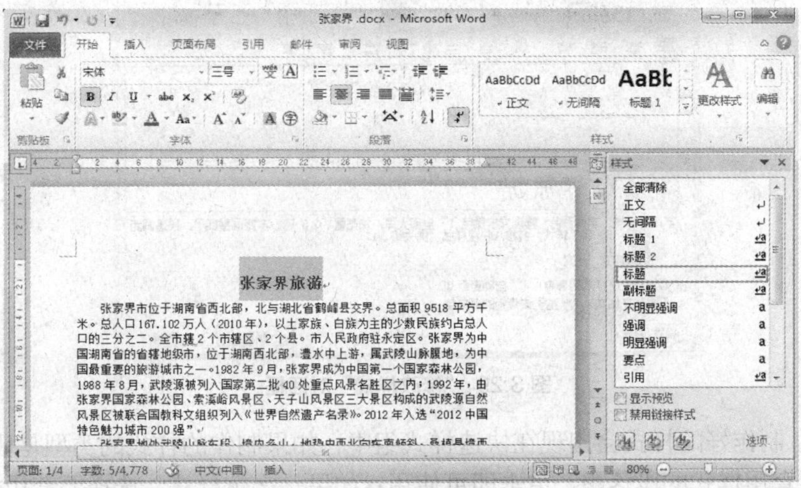

图 3.27　套用样式

（2）修改样式。如果直接套用系统的快速样式不能满足要求，可以修改样式，操作方法如下。

① 在“样式”组中，单击右下方斜向下的小箭头打开“样式”菜单，如图 3.28 所示。此时所选样式被选中（被蓝色矩形框框住），单击右边的向下三角形，弹出下级菜单，选择“修改”命令，弹出如图 3.29 所示“修改样式”对话框即可对样式进行修改。其中，在“名称”文本框里输入准备创建的样式名字，在“样式类型”中选择是段落样式还是字体样式，单击下面的“格式”按钮进行具体样式内容的设置。例如，可以设置“标题”样式的格式为中文宋体、一号字、颜色蓝色。单击“确定”按钮即可完成“标题”样式的设置。

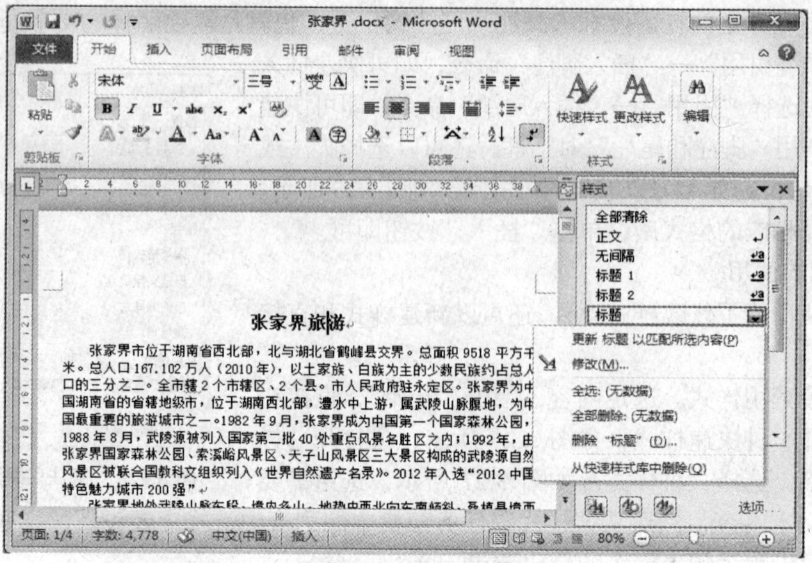

图 3.28 选中的样式

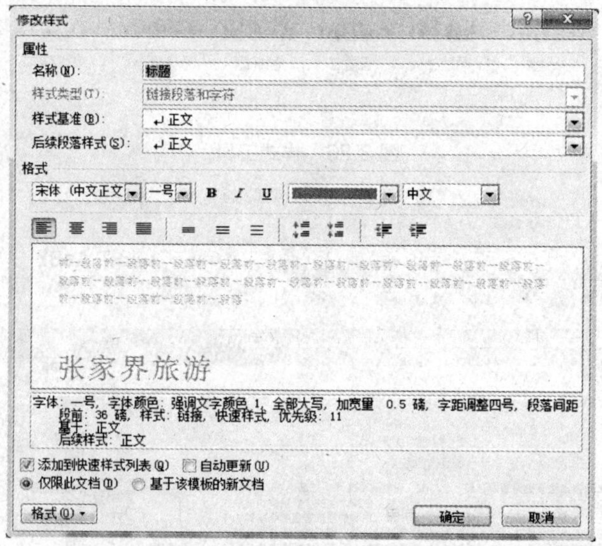

图 3.29 "修改样式"对话框

② 此时，制作好的样式会出现在快速样式组中，如果制作的样式的类型是段落样式，把光标定位在要套用样式的段落里，单击即可使用；如果是字体样式，选择要套用样式的文本，然后单击即可使用。

> **说明** 使用样式的一个好处是，当样式修改以后，凡是套用该样式排版的内容都会自动随样式的变化而变化。有人形象地把"样式"说成是"可以存储的格式刷"。但是当样式删除后，套用该样式的文本也会回到原来的状态。

6．奇偶页不同的页眉、页脚设置

在很多科研论文中，奇数页和偶数页的页眉和页脚是不同的。例如，本任务中奇数页页眉为论文题目，页脚为页码，两者均为左对齐；偶数页页眉为论文的性质，页脚为页码，两者均为右对齐。另外，封面和目录页面不设置页眉和页脚，页码从正文开始。设置方法如下。

（1）先分别在封面底端和目录底端插入分节符，将文档分为三节（封面为一节、目录为一节、正文为一节）。插入分节符的方法是：选择“页面布局”→“分隔符”→“分节符”（下一页）命令，如图 3.30 所示。

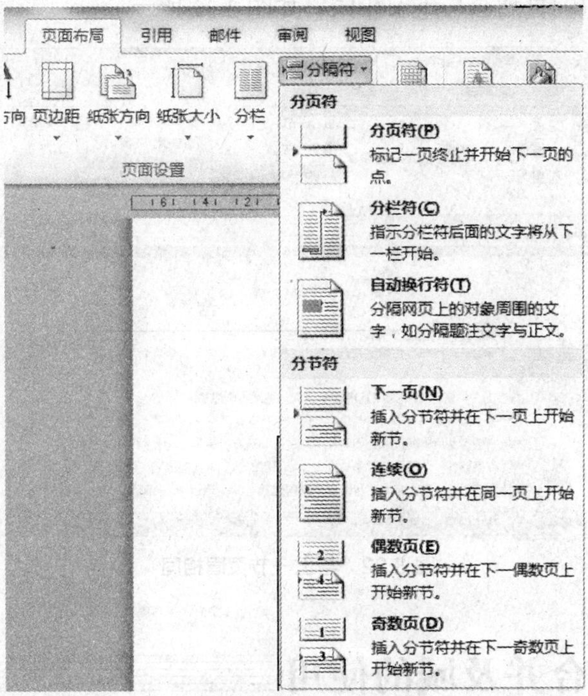

图 3.30　插入分节符

若想使封面和目录没有页眉和页脚，需先选择“插入”→“页眉”→“编辑页眉”命令，打开“页眉和页脚工具”，将“首页不同”勾选上，如图 3.31 所示，然后单独对首页设置或取消页眉和页码的编排。由于封面和其他内容分别属于两个“节”，所以设置这两个节均为“首页不同”，并且不设页眉和页脚即可。

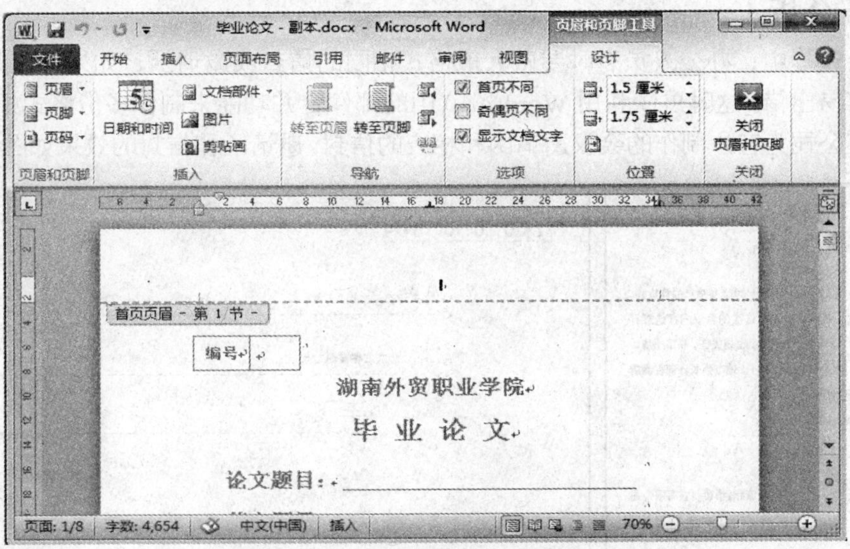

图 3.31　设置首页不同和设置奇偶页不同

（2）若想使正文中奇偶数页页眉不同，操作时只要将“奇偶页不同”选项选中，然后再设置页眉和页脚，系统就会提示单独输入奇数页、偶数页的不同页眉和页脚。

（3）由于每一节的页眉和页脚不一样，设置时要注意单击“链接到前一条页眉”按钮来取消链接，要不然设置的页眉会与上节相同，如图 3.32 所示。

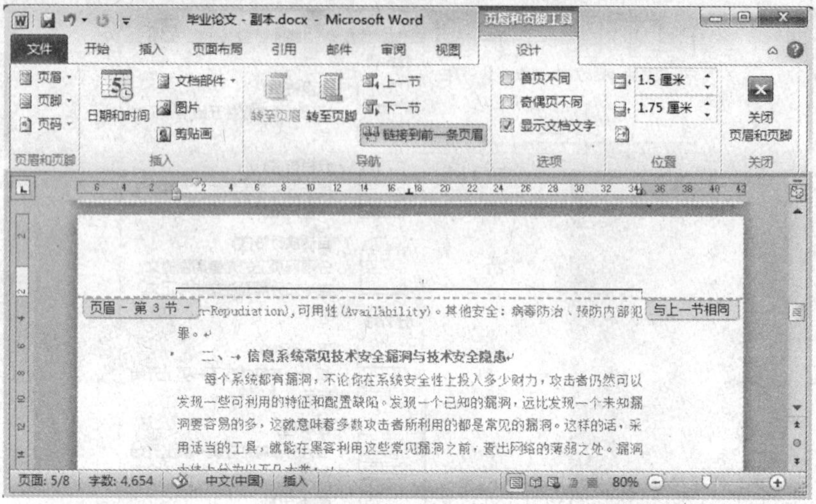

图 3.32　与上一节页眉相同

任务二　邮件合并及域的使用

【任务目标】

（1）能录入邀请函的内容并设置其格式。

（2）能使用邮件合并工具栏制作称呼，最终生成多张信函。

（3）能使用中文信封向导制作信封模板，并生成多张信封。

【任务分析】

在办公过程中，办公人员有时要做大量格式相同的信封或邀请函，如果逐个制作，既浪费时间又容易出错。这时可以利用 Word 2010 中的邮件合并功能来制作多份格式相同的文件。本任务是某公司为客户制作的会议邀请函和相应的信封。邀请函和信封的效果如图 3.33 所示。

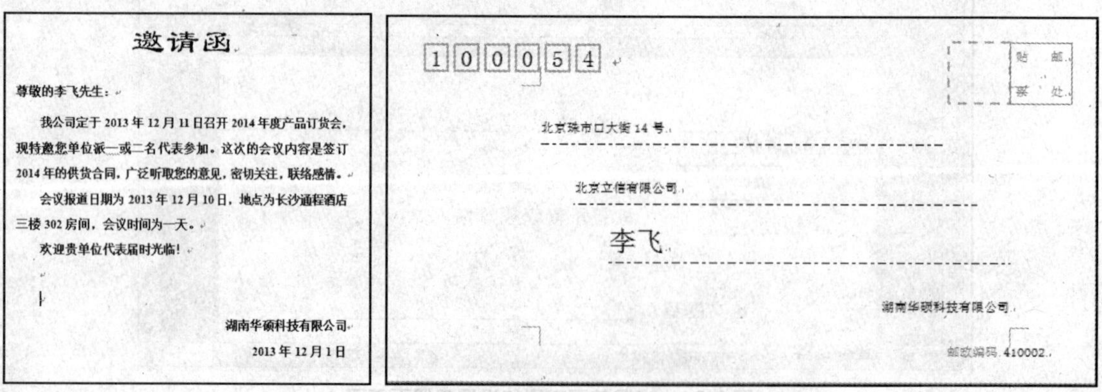

图 3.33　邀请函和信封的效果

【任务实施】

1．创建数据源

批量制作邀请函的前提是有一个客户信息表，也就是数据源。利用 Word 或 Excel 制作数据源都可以，但批量制作信封时要求用 Excel 作为数据源。本任务中使用 Excel 制作一份客户信息表，如图 3.34 所示。

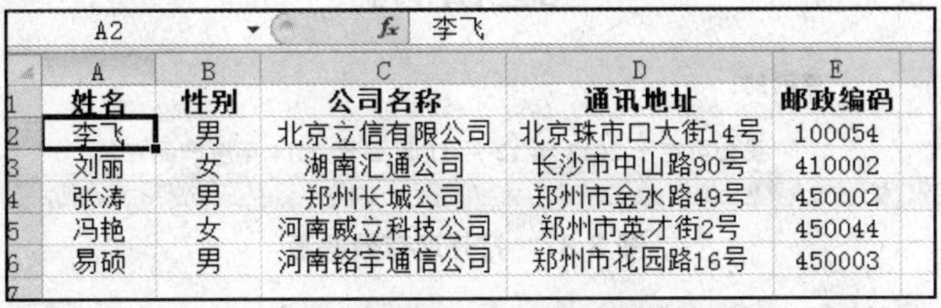

姓名	性别	公司名称	通讯地址	邮政编码
李飞	男	北京立信有限公司	北京珠市口大街14号	100054
刘丽	女	湖南汇通公司	长沙市中山路90号	410002
张涛	男	郑州长城公司	郑州市金水路49号	450002
冯艳	女	河南威立科技公司	郑州市英才街2号	450044
易硕	男	河南铭宇通信公司	郑州市花园路16号	450003

图 3.34　客户信息表

2．制作邀请函

（1）新建一个 Word 文档，输入邀请函的基本内容并做基本排版，如图 3.35 所示。和效果图相比，没有输入“姓名”和“先生/女士”。

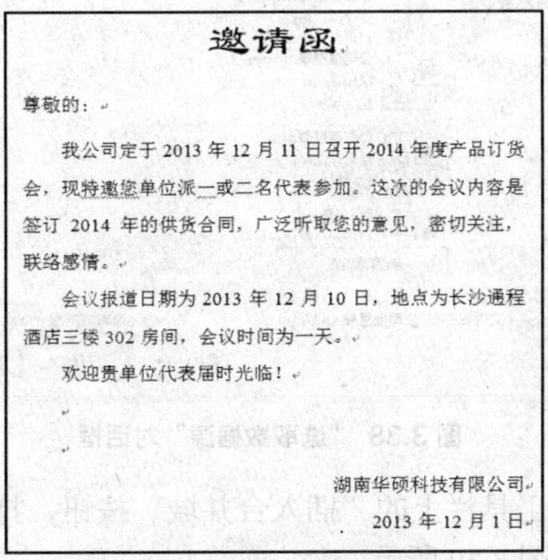

邀请函

尊敬的：

我公司定于 2013 年 12 月 11 日召开 2014 年度产品订货会，现特邀您单位派一或二名代表参加。这次的会议内容是签订 2014 年的供货合同，广泛听取您的意见，密切关注，联络感情。

会议报道日期为 2013 年 12 月 10 日，地点为长沙通程酒店三楼 302 房间，会议时间为一天。

欢迎贵单位代表届时光临！

湖南华硕科技有限公司

2013 年 12 月 1 日

图 3.35　输入信函的文本内容

（2）单击“邮件”菜单，打开“邮件合并”工具栏，如图 3.36 所示，单击“选择收件人”下拉按钮，打开“使用现有列表”对话框，将之前创建在桌面上的数据源（公司信息表.xlsx）打开，如图 3.37 和图 3.38 所示。

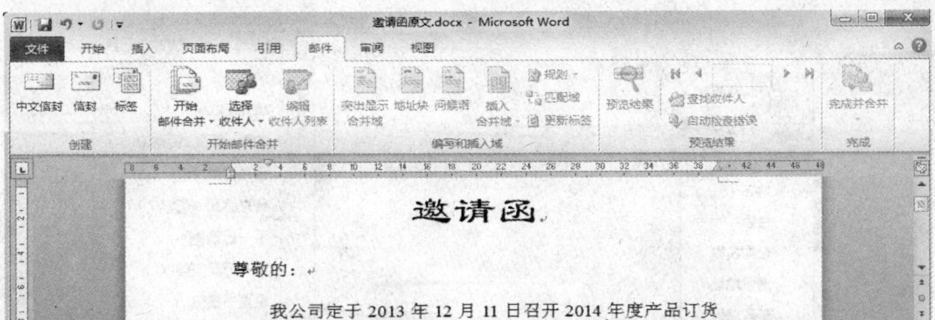

图 3.36　“邮件合并”工具栏

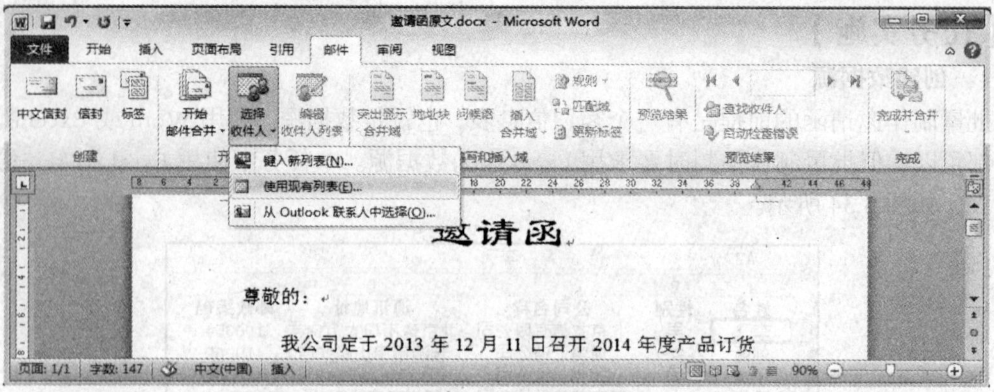

图 3.37　打开现有数据源

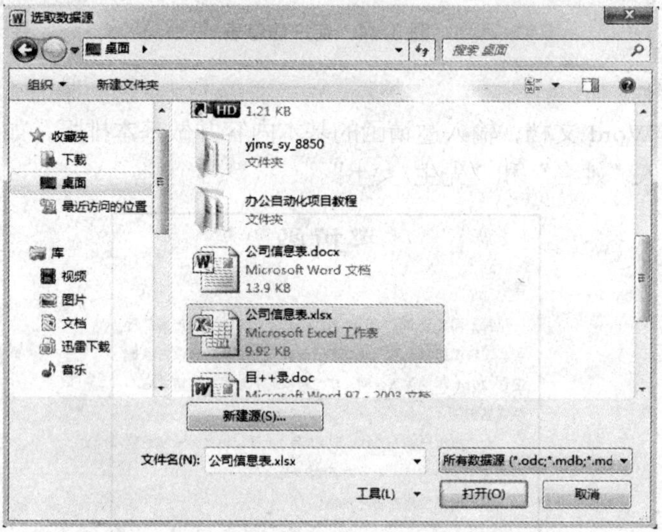

图 3.38　“选取数据源”对话框

（3）在光标定位处单击工具栏上的“插入合并域”按钮，打开“插入合并域”对话框，选择“姓名”将其插入，如图 3.39 所示。

（4）在姓名后插入称呼。先将光标定位在“尊敬的（姓名）”之后，再单击工具栏上的“规则”下拉按钮，如图 3.40 所示。在打开的下拉菜单中选择“如果…那么…否则”命令，打开如图 3.41 所示的对话框，根据收信人的性别来确定称呼。在本任务中，如果性别为“男”，则插入文字“先生”，否则插入文字“女士”。

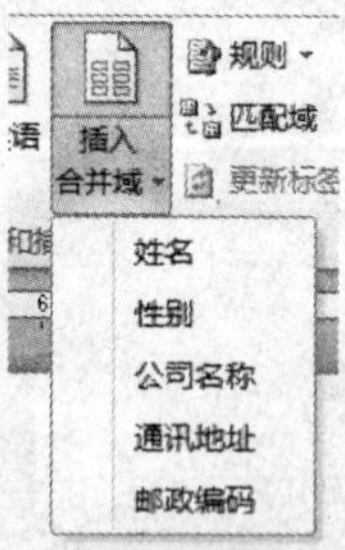

图 3.39　“插入合并域”菜单

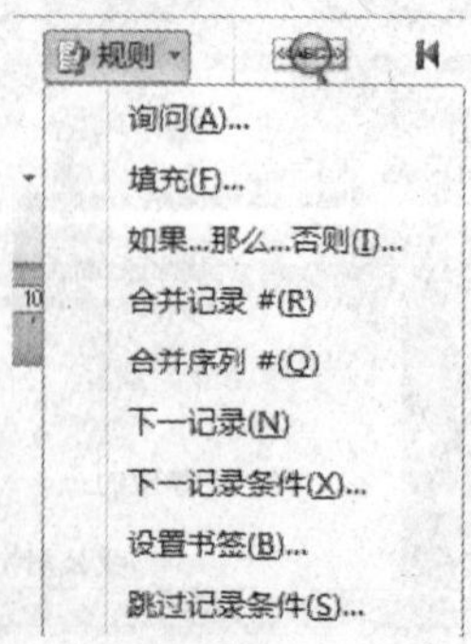

图 3.40　“规则”下拉按钮

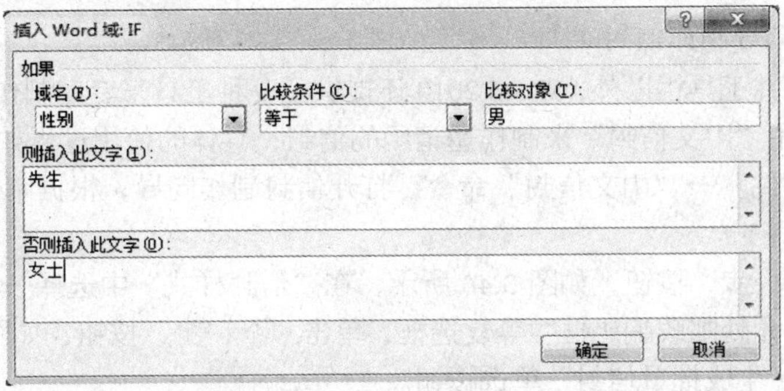

图 3.41　“插入 Word 域：IF”对话框

（5）对插入的域进行简单的排版并对文档进行核对检查后，单击工具栏上的“完成并合并”下拉按钮，如图 3.42 所示。选择“编辑单个文档”命令，打开图 3.43 所示的“合并到新文档”对话框，选择“全部”单选按钮，单击“确定”按钮即可生成全部的文档，如图 3.44 所示。或者单击图 3.42 中的“打印文档”命令，将合并结果直接送到打印机进行打印。

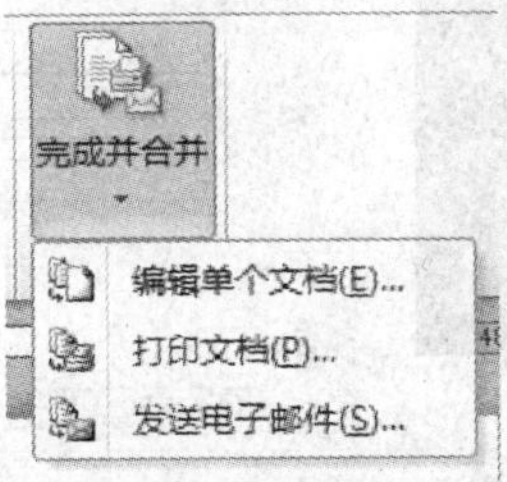

图 3.42　“完成并合并”下拉按钮

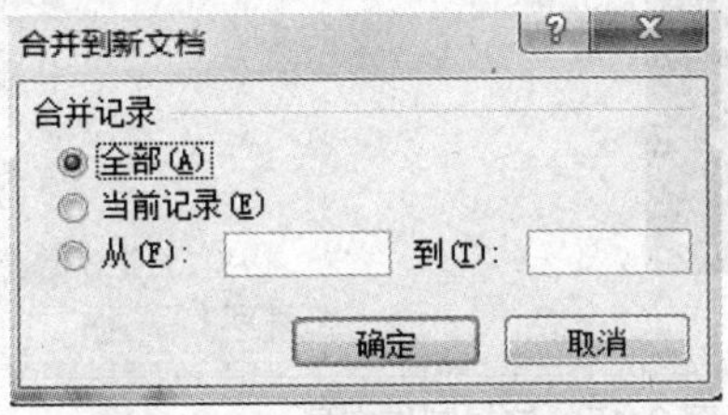

图 3.43　“合并到新文档”对话框

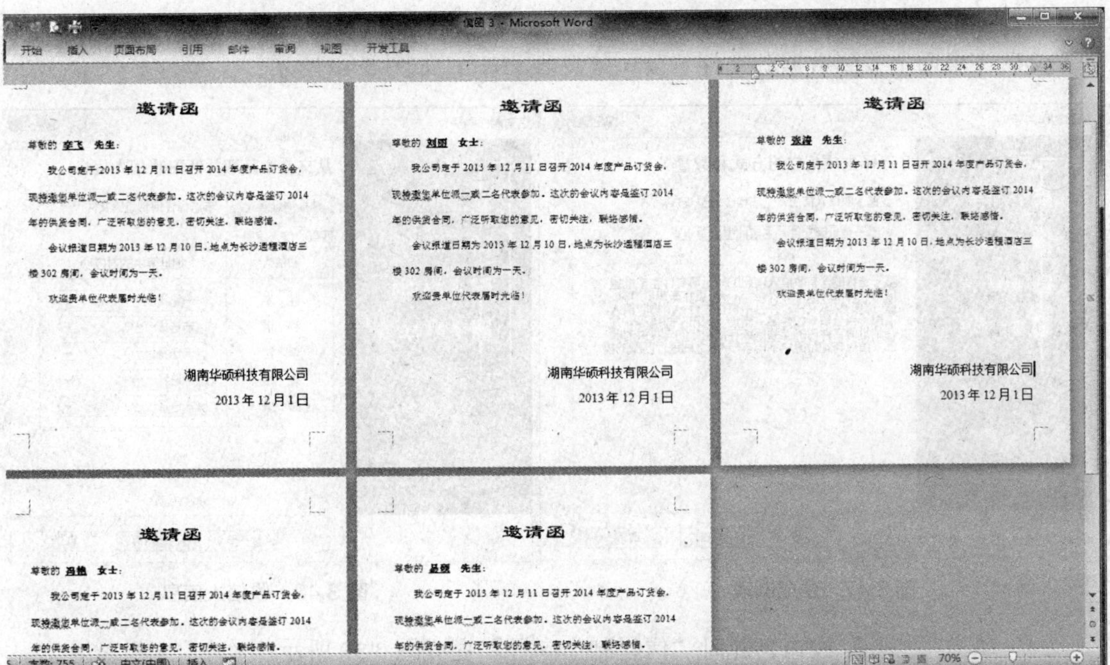

图 3.44　全部文档生成后的效果

3．使用中文向导制作信封

除了用邮件合并工具栏以外，Word 2010 还提供了一种工具来专门制作信封，那就是“中文信封”。下面利用“中文信封”来制作邀请函的信封，具体的使用过程如下。

（1）选择“邮件”→“中文信封”命令，打开信封制作向导，根据制作向导进行设置，如图 3.45 所示。

（2）单击“下一步”按钮，如图 3.46 所示，在“信封样式”中选择一种需要的类型，并且选择“打印左上角处邮政编码框”等复选框，单击“下一步”按钮，如图 3.47 所示，选择“基于地址簿文件，生成批量信封”单选按钮。

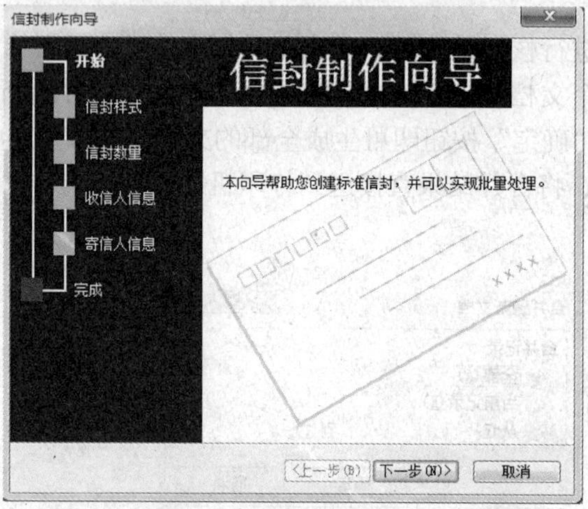

图 3.45　信封制作向导

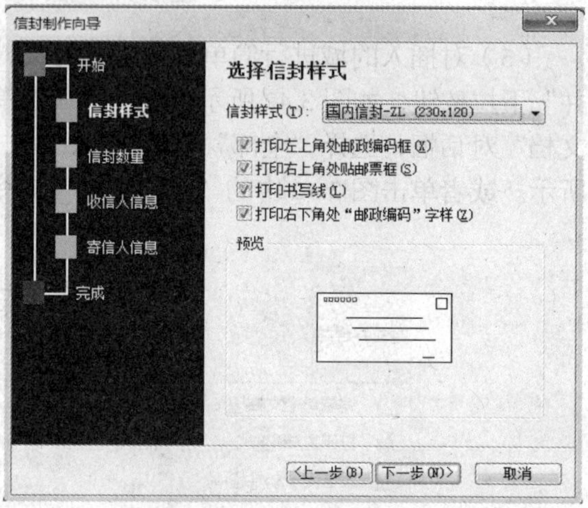

图 3.46　选择信封的样式

（3）单击“下一步”按钮，打开图 3.48 所示的对话框，单击“选择地址簿”按钮，打开地址簿数据源（桌面上的“公司信息表.xlsx”）。在“打开”对话框的右下方选择 Excel 文件类型，然后在桌面上找到数据源文件“公司信息表.xlsx”，如图 3.49 所示。

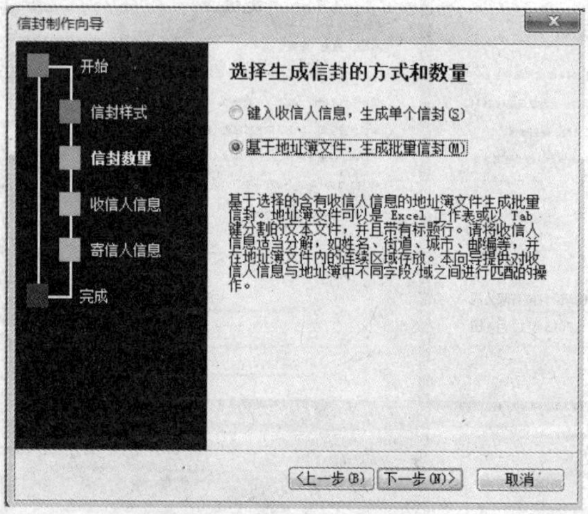

图 3.47　生成选项

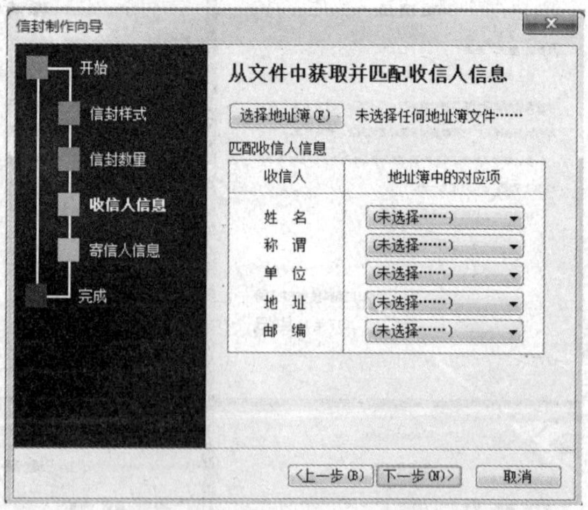

图 3.48　收信人信息

（4）单击“打开”按钮，此时“信封制作向导”变成图 3.50 所示。

（5）在图 3.50 中通过下拉按钮分别将收信人的姓名、称谓、单位名称、通讯地址、邮政编码选好，如图 3.51 所示。

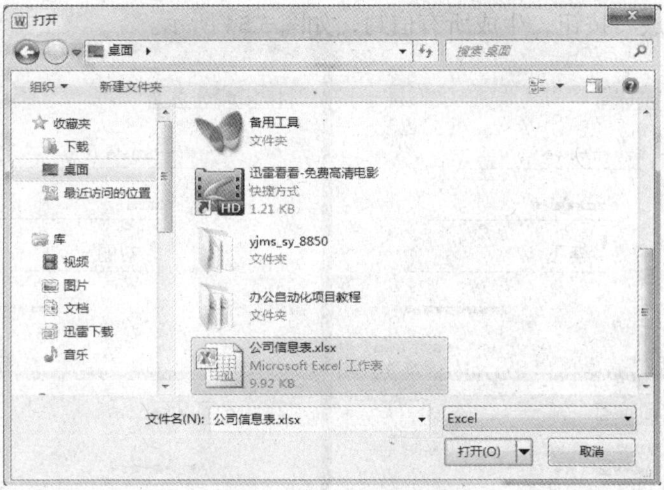

图 3.49 “打开”对话框

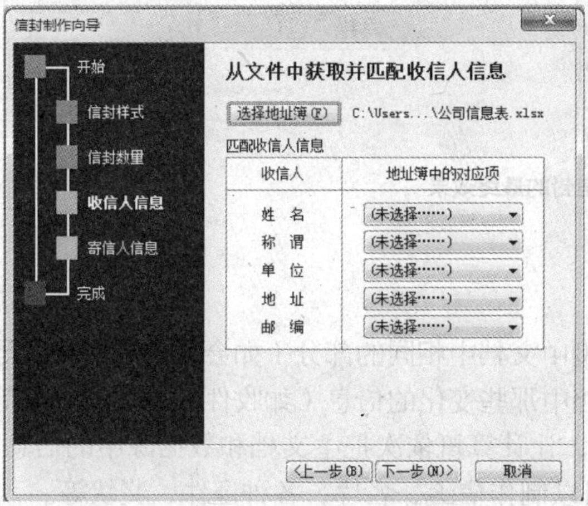

图 3.50 加载收信人数据源后的对话框

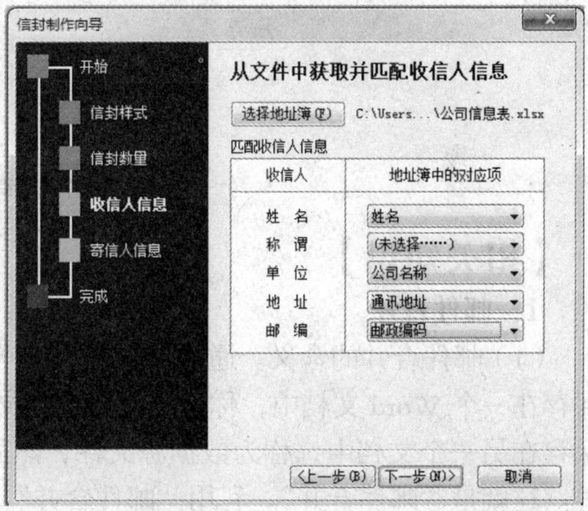

图 3.51 从数据源中选择收信人的信息

（6）单击“下一步”按钮，弹出“输入寄信人信息”对话框，可在其中输入寄信人的相应信息，如图 3.52 所示。

（7）单击“下一步”按钮，弹出“完成”对话框，如图 3.53 所示。

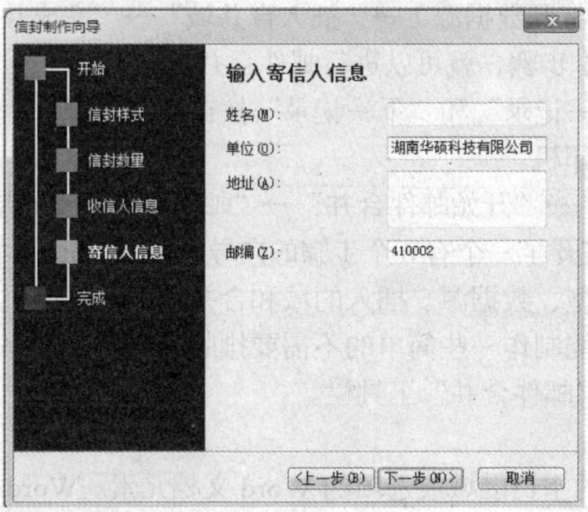

图 3.52 填写寄信人信息

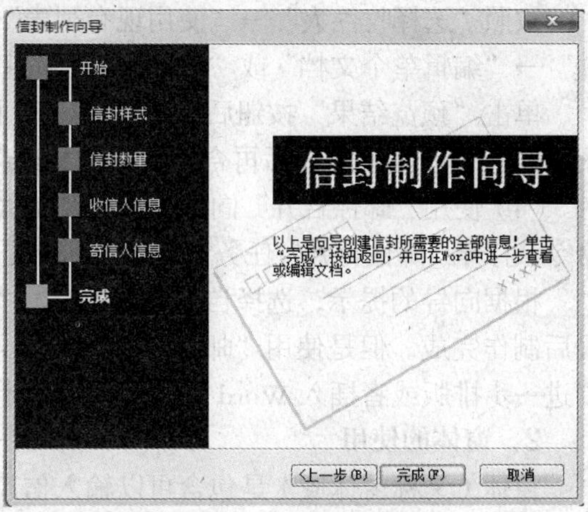

图 3.53 “完成”对话框

（8）单击“完成”按钮，生成所有信封，如图 3.54 所示。

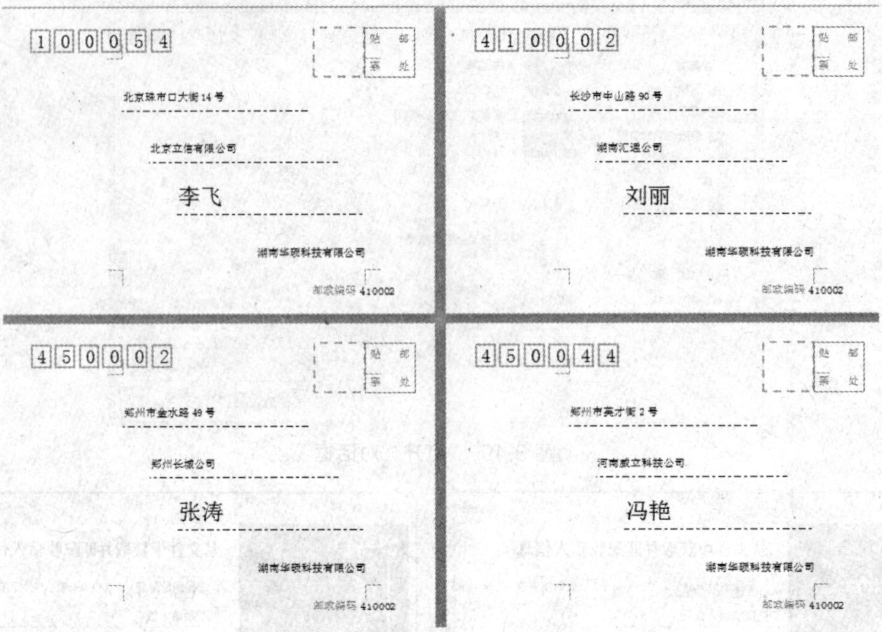

图 3.54 所有信封的最终效果

【相关知识】

1．邮件合并

（1）邮件合并的含义。通常情况下，把上例中文档中相同的部分（如会议内容和格式等）保存在一个 Word 文档中，称为主文档，把文档中那些变化的信息（如收件人姓名、邮编等）保存在另一个文档中，称为数据源文件，然后，让计算机依次把主文档和数据源中的信息合并。这就是“邮件合并”。利用“邮件合并”可以制作信函、名片、各种证件、奖状等。

（2）数据源文件。能作为主文档的数据源文件有很多种，如利用 Word、Excel 创建的表格，数据库文件等。

（3）“邮件”菜单使用的基本过程。单击“邮件”菜单命令，打开“邮件合并”工具栏，如图 3.36 所示，其中列出了一些基本功能。

按照“选择收件人”→“使用现有列表”（打开数据源）→“插入合并域”→“完成并合并”→“编辑单个文档”或“打印文档”的基本步骤，就可以进行邮件合并了。

单击“预览结果”按钮后，可以单击“上一记录”和“下一记录”按钮来核对记录，如图 3.55 所示。正确无误后再合并到新文档或打印机。

（4）使用“邮件合并”向导。选择“邮件”→“开始邮件合并”→“邮件合并分步向导”命令，打开“邮件合并”任务窗格，实际上是打开了一个有 6 个步骤的向导，如图 3.56 所示。

根据向导的提示，选择自己需要的文档类型、数据源、插入的域和合并文档或打印机，最后制作完成。但是使用“邮件合并”向导只能制作一些简单的不需要排版的文档。如果需要进一步排版或者插入 Word 域，还要借助于“邮件合并”工具栏。

2．窗体的使用

窗体（又称窗体域）是包含可以输入信息的空白区域或选项的 Word 文档元素。Word 中共有 3 种窗体：文字型窗体域、下拉型窗体域和复选框型窗体域。文字型窗体域可以限制输入内容的类型，如文本的长度、日期、数字格式甚至计算公式，这样可以减少输入错误。复选框型窗体域和下拉型窗体域可以方便选择使用内容。窗体填充和选择的结果比一般的文档更容易收集到数据库中以便汇总和分析。此外，窗体保护功能可以防止对文档正文的意外更改。

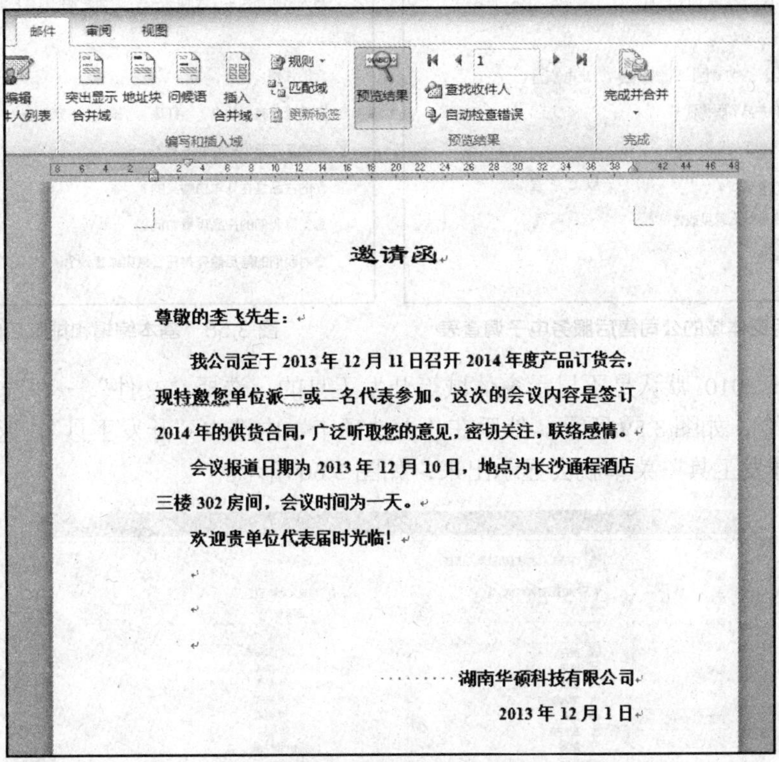

图 3.55　预览邮件合并结果

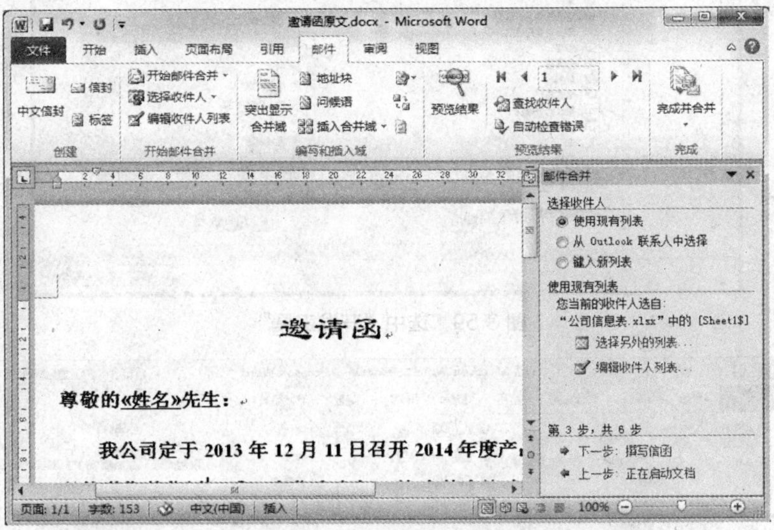

图 3.56　显示“邮件合并”任务窗格的文档

利用窗体可以制作联机电子文档等类型的文档。下面介绍利用添加窗体域制作一个公司售后服务电子调查表，效果如图 3.57 所示，操作步骤如下。

（1）先将文本输入并做基本的排版，如图 3.58 所示。

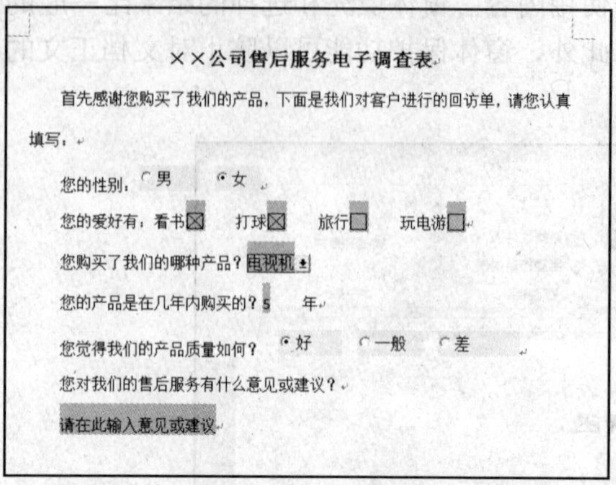

图 3.57 使用窗体域的公司售后服务电子调查表

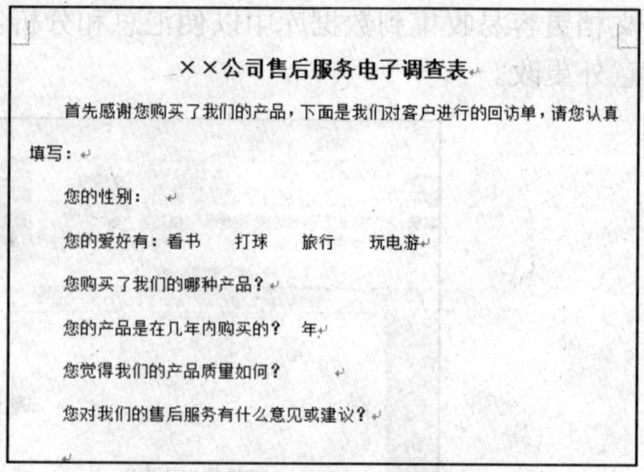

图 3.58 基本编辑和排版后的文档

（2）Word 2010 默认是不显示窗体域等开发工具的。选择“文件”→“选项”→“自定义功能区”命令，如图 3.59 所示。然后在“主选项卡”中选中“开发工具”，返回 Word 2010 文档窗口，“开发工具”菜单就会显示出来，如图 3.60 所示。

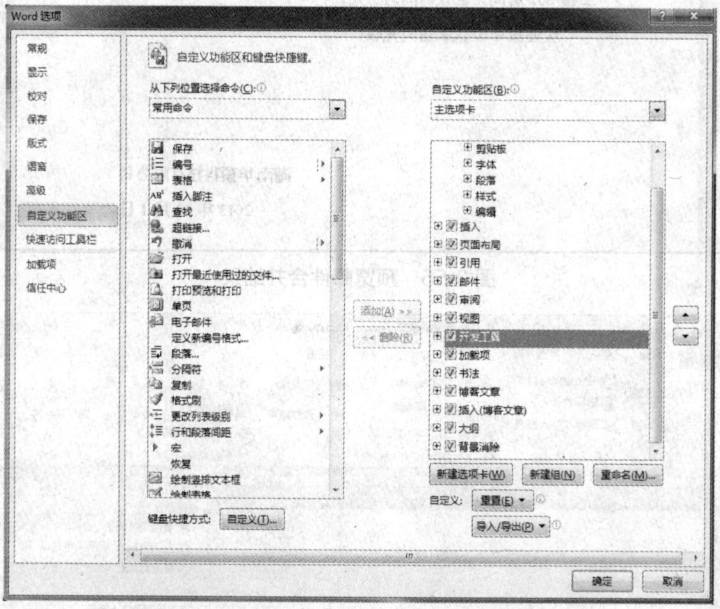

图 3.59 选中“开发工具”

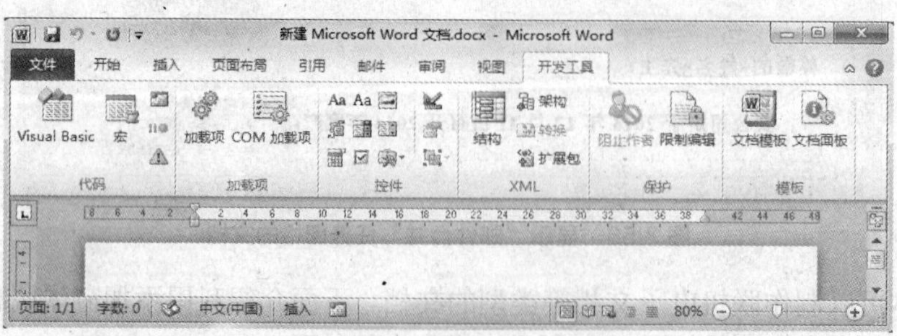

图 3.60 “开发工具”菜单

（3）打开“开发工具”菜单，在控件组中打开“旧式窗体”工具栏，如图 3.61 所示。

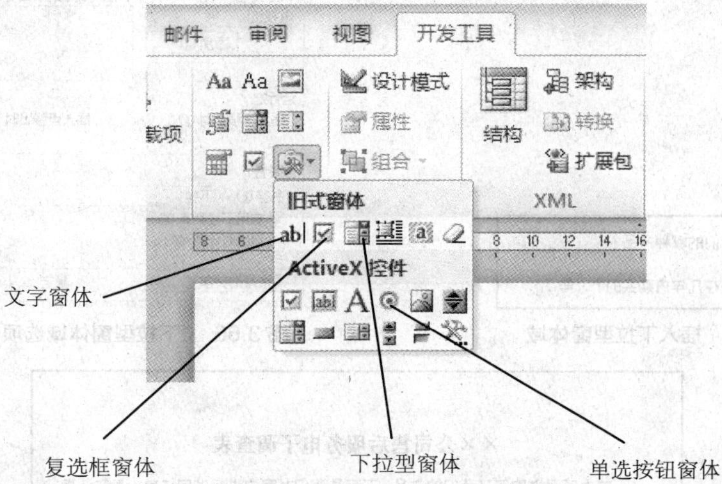

图 3.61　“旧式窗体”工具栏

（4）插入文字型窗体域。首先将光标定位在文档的结尾处，单击“文本窗体域”按钮，插入一个空的文字型窗体域，如图 3.62 所示。在窗体域上右击，在弹出的快捷菜单中选择“属性”命令，打开“文字型窗体域选项”对话框，如图 3.63 所示，在“类型”后面的“默认文字”文本框中输入“请在此输入您的意见或建议”。单击“确定”按钮，效果如图 3.64 所示。

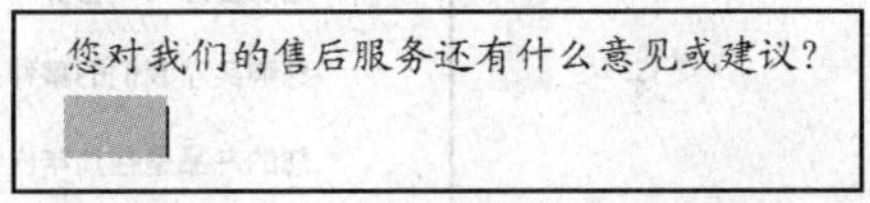

图 3.62　在文本中插入文字型窗体

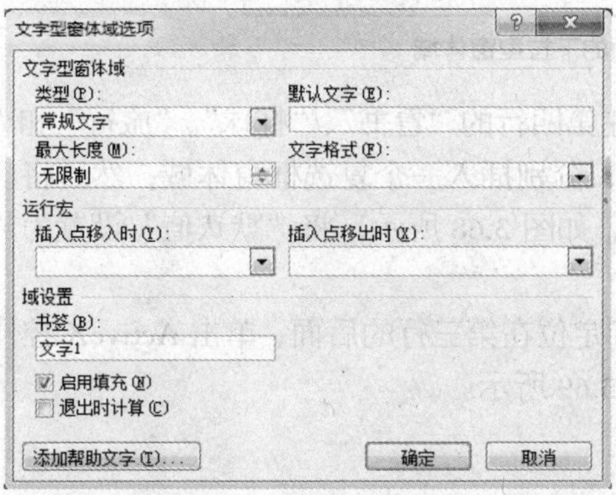

图 3.63　“文字型窗体域选项”对话框

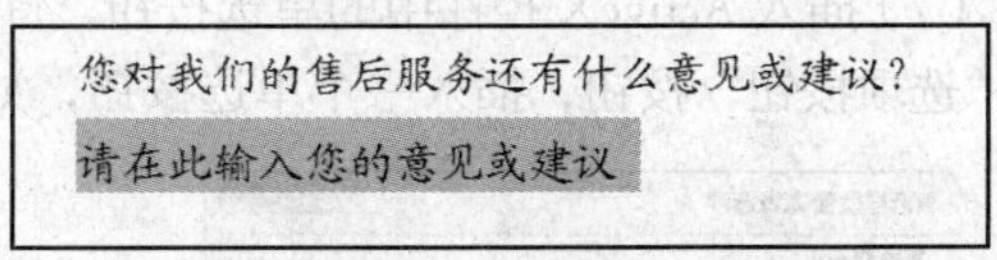

图 3.64　显示默认文字的文字型窗体域

（5）插入下拉型窗体域。将光标定位在第五行的结尾处，单击“下拉型窗体域（组合框窗体）”，插入一个空的下拉型窗体域，如图 3.65 所示。在窗体域上右击，在弹出的快捷菜单中选择“属性”命令，打开“下拉型窗体域选项”对话框，在“下拉项”文本框中输入一种产品类型，然后单击“添加”按钮，这时，右边的“下拉列表中的项目”框中就会出现该项，如图 3.66 所示。重复输入多种产品类型，也可以利用上下移动按钮对下拉列表中的项目顺序做一些调整，最后单击“确定”按钮即可，效果如图 3.67 所示。第六行中的年限设置和上面的方法相同，在此不再赘述。

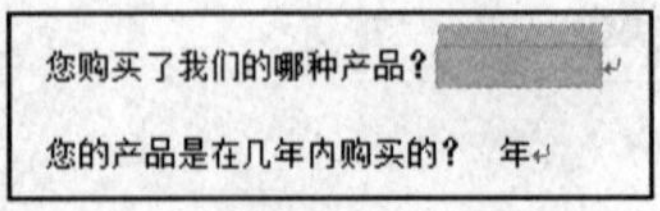

图 3.65　插入下拉型窗体域

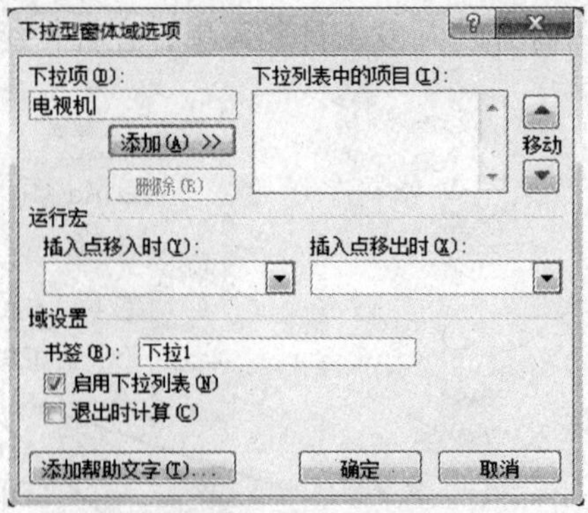

图 3.66　“下拉型窗体域选项”对话框

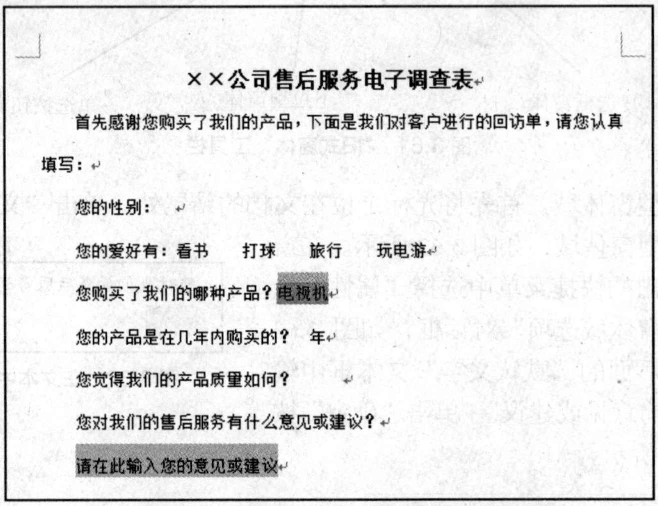

图 3.67　添加过下拉项的下拉型窗体域

（6）插入复选框型窗体域。将光标分别定位在第四行的“看书”、“打球”、“旅行”和“玩电游”的后面，再单击“复选框型窗体域”按钮，分别插入一个复选框窗体域，然后将“看书”后面的“复选框型窗体域选项”对话框打开，如图 3.68 所示，将“默认值”设置为“选中”。

（7）插入 ActiveX 控件中的单选按钮。将光标定位在第三行的后面，单击 ActiveX 控件中的“选项按钮”按钮，插入一个单选按钮，如图 3.69 所示。

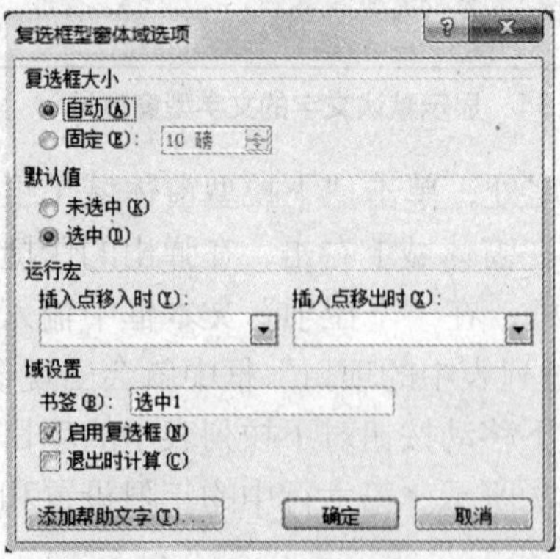

图 3.68　“复选框型窗体域选项”对话框

图 3.69　在文本中插入单选按钮（ActiveX 控件）

在单选按钮窗体域上右击，在弹出的快捷菜单中选择“属性”命令，打开单选按钮“属性”对话框，如图 3.70 所示。

在上述对话框中，将其中的“Caption”属性的“OptionButton1”改为“男”，在“GroupName”属性的空格中添加“1”，即“GroupName”属性为“1”。

在上述单选按钮后，再添加一个单选按钮，将其中的“Caption”属性的“OptionButton2”改为“女”，在“GroupName”属性的空格中添加“1”，即“GroupName”属性为“1”。

在第七行的后面插入 3 个单选按钮，如图 3.71 所示。将它们的“Caption”属性由“OptionButton3”、“OptionButton4”、“OptionButton5”分别改为“好”、“一般”、“差”，将它们的“GroupName”全部改为“2”，如图 3.72 所示。

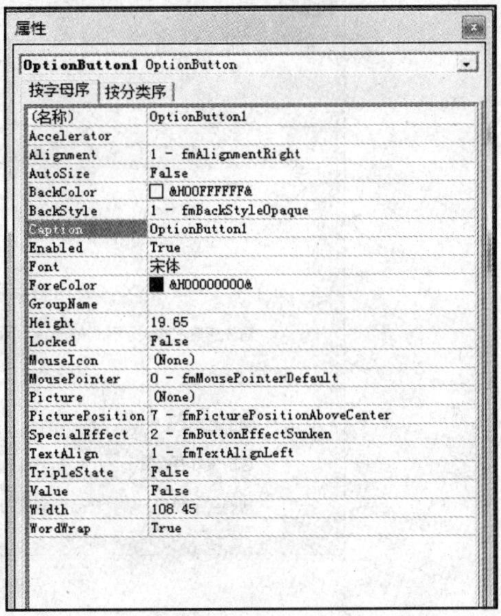

图 3.70　单选按钮“属性”对话框

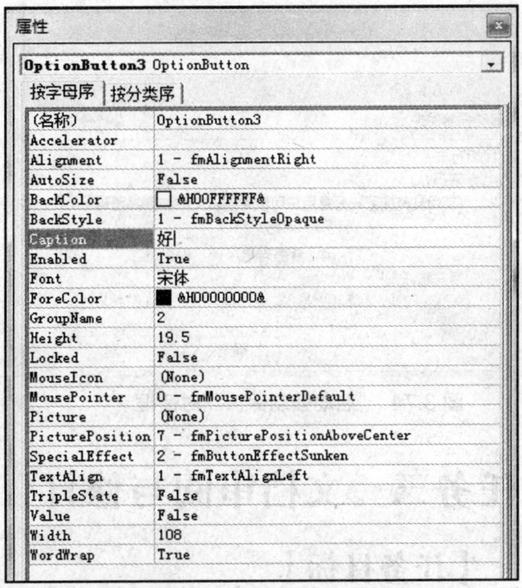

图 3.71　插入 3 个单选按钮

图 3.72　修改单选按钮属性

（8）经过上面几步，窗体域就制作好了，但是还不能使用。先单击“开发工具”控件组中“设计模式”按钮，退出设计模式。然后单击保护组中的“限制编辑”按钮，这时，在文档右边将弹出“限制格式和编辑”窗格，如图 3.73 所示。选中“仅允许在文档中进行此类型的编辑”复选框，并在下面的下拉列表中选择“填写窗体”选项，然后单击“是，启动强制保护”铵钮。此时将弹出“启动强制保护”对话框，在其中输入密码，单击“确定”按钮，如图 3.74 所示。这样，电子调查表便制作好了。除了在窗体域中能进行内容输入或选择之外，其他的地方都不能进行编辑。经过保护后的窗体如图 3.75 所示。

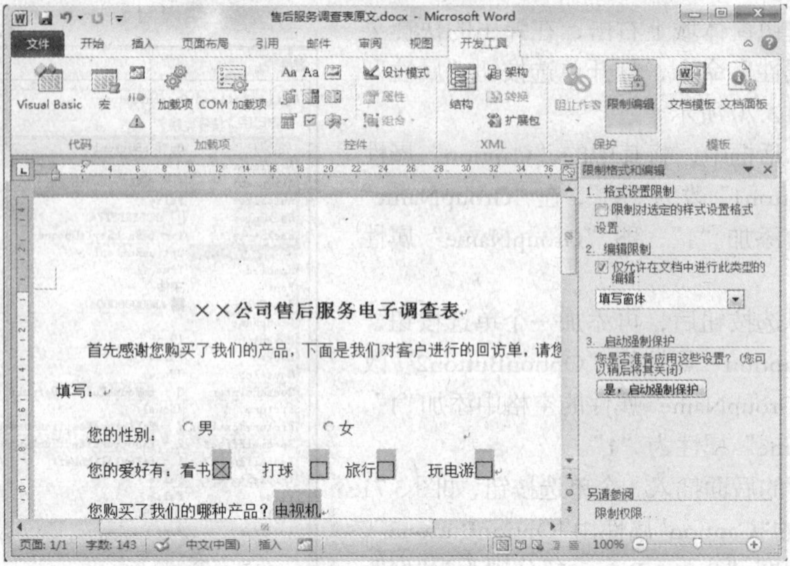

图 3.73　保护窗体

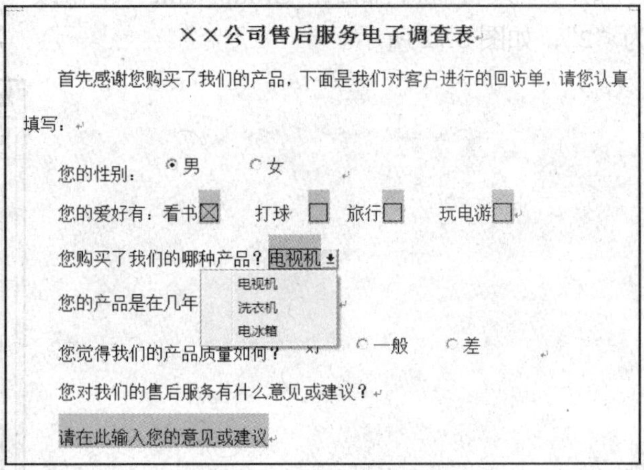

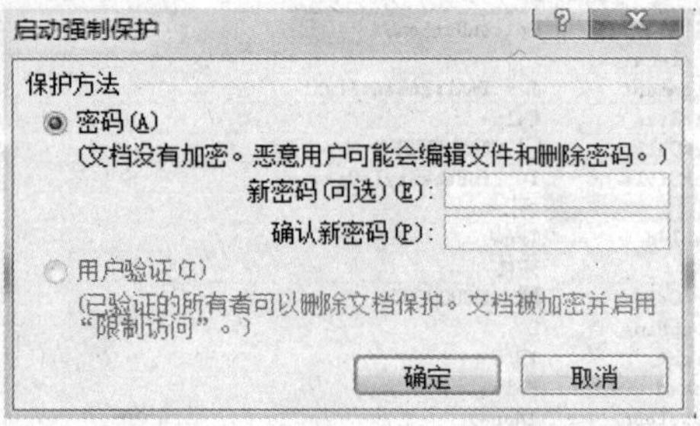

图 3.74　“启动强制保护”对话框

图 3.75　保护后的窗体

任务三　文档审阅与修订

【任务目标】

（1）掌握多个用户对同一文档进行审阅和修订的方法。
（2）掌握查看指定用户所做的修订的方法。
（3）掌握插入批注的方法。
（4）掌握接受或拒绝修订的方法。

【任务分析】

在审阅别人的文档时，如果想对文档进行修订，但又不想破坏原文档的内容或者结构，可以使用 Word 提供的修订工具，它可以使多位审阅者对同一篇文档进行修订，作者只需要浏览每个审阅者的每一条修订内容，决定接受或拒绝修订的内容即可。

修订内容包括正文、文本框、脚注和尾注以及页眉和页脚等的格式，可以添加新内容，也可以删除原有的内容。为了保留文档的版式，Word 在文档的文本中只显示一些标记元素，而其他元素则显示在页边距上的批注框中。

本任务是由两位审阅者对同一篇文档进行审阅和修订，通过这个任务可以掌握文档审阅和修订的方法，经过审阅和修订的文档如图 3.76 所示。

图 3.76　经过两位审阅者修订过的文档

【任务实施】

1．设置用户信息

一篇文档可以有多个审阅者，每个审阅者都有自己的标记，所以，在修订文档之前，需对用户信息进行设置或修改。操作方法如下。

选择“审阅”→“修订”→“更改用户名”命令，如图 3.77 所示。在弹出的“Word 选项”对话框中，选择“常规”选项卡，如图 3.78 所示，在“用户名”文本框内输入“李明”、“缩写”为“LM”，单击“确定”按钮即可。在随后的修订过程中，缩写会显示在批注框内，姓名和一些其他信息也会随着鼠标移动到批注框上而显示出来。

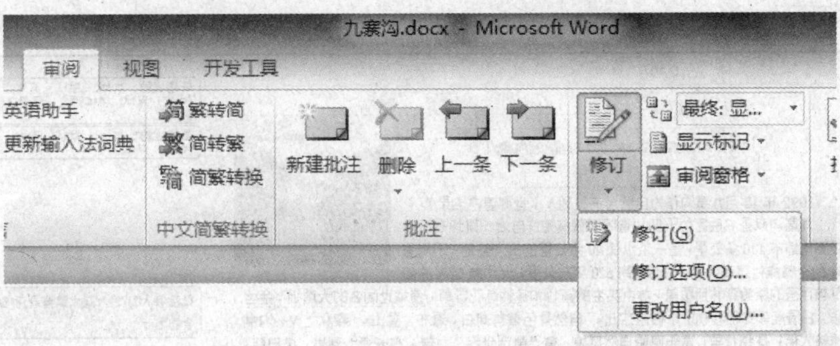

图 3.77 “更改用户名”

2．审阅与修订

（1）打开“审阅”工具栏。对文档进行修订，首先要打开“审阅”工具栏。选择“审阅”命令，打开“审阅”工具栏。此时，文档并不处于修订状态，单击工具栏上的“修订”按钮，文档才处于修订状态，如图 3.79 所示。

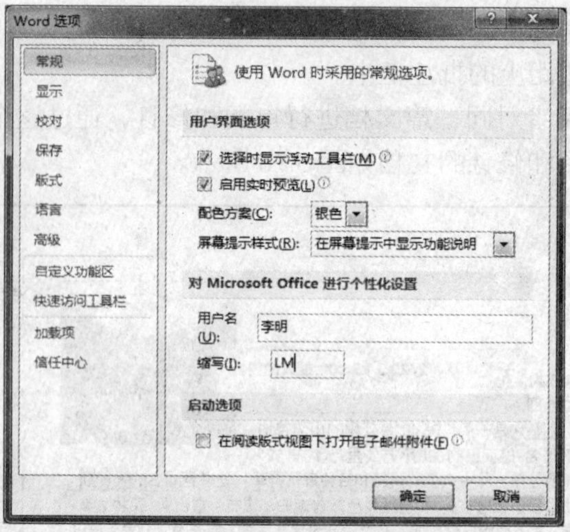

图 3.78 修改用户信息

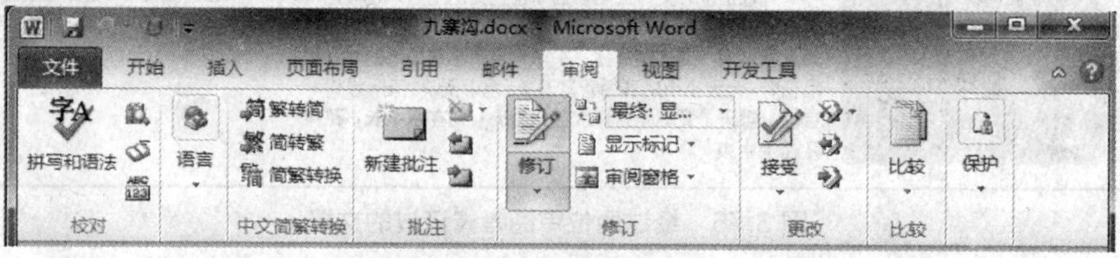

图 3.79 “审阅”工具栏

（2）对文章进行修订和插入批注。当文档处于修订状态时，可以对文档直接进行修改，修改的结果就是修订的内容。插入批注的方法为先选中需要插入批注的文本，然后单击“审阅”工具栏上的“新建批注”按钮插入批注框，之后直接在批注框里输入批注内容即可。

本任务中用户“李明”对文章按下面的要求进行修订。

① 标题修改为黑体三号字、蓝色。

② 将第一段中的“12 月”删除。

③ 为第二段中的“箭竹”插入批注“箭竹是大熊猫最爱吃的食物之一”。此时，修订结果如图 3.80 所示。

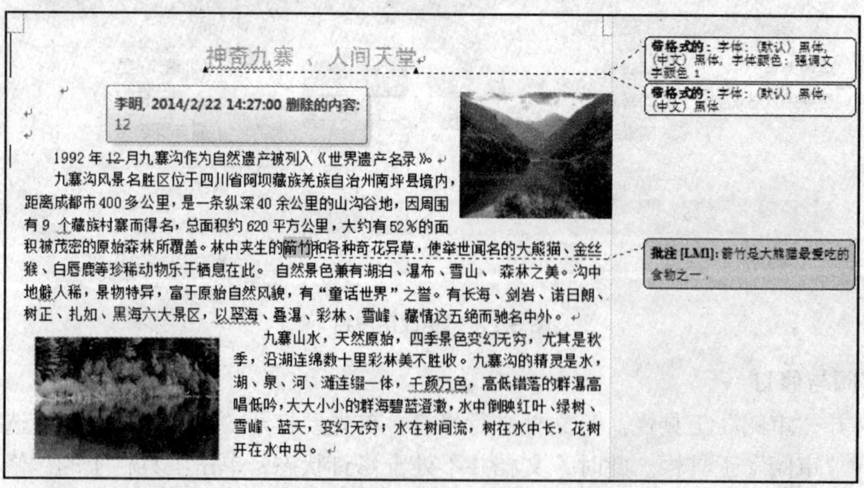

图 3.80 用户“李明”修订过的文档

根据上面的方法，将用户信息修改为姓名“王飞”、缩写“W”，再对文章按照下面的要求进行修订。

① 在第三行的“是一条”前插入“九寨沟”。

② 为第二段的“箭竹”插入批注“九寨沟内有一个海的名字就叫箭竹海”。

③ 为第二段的“大熊猫”插入批注“大熊猫是我国的国宝”。这样就会出现如图 3.81 所示的结果。

（3）接受/拒绝修订。修订完毕后，作者要根据需要对修订进行接受或拒绝。本例中接受第一处和第三处修订，拒绝第二处修订。将光标定位在需要接受的修订处，单击“接受”按钮即可；将光标定位在需要拒绝的修订处，单击“拒绝”按钮，效果如图 3.81 所示。

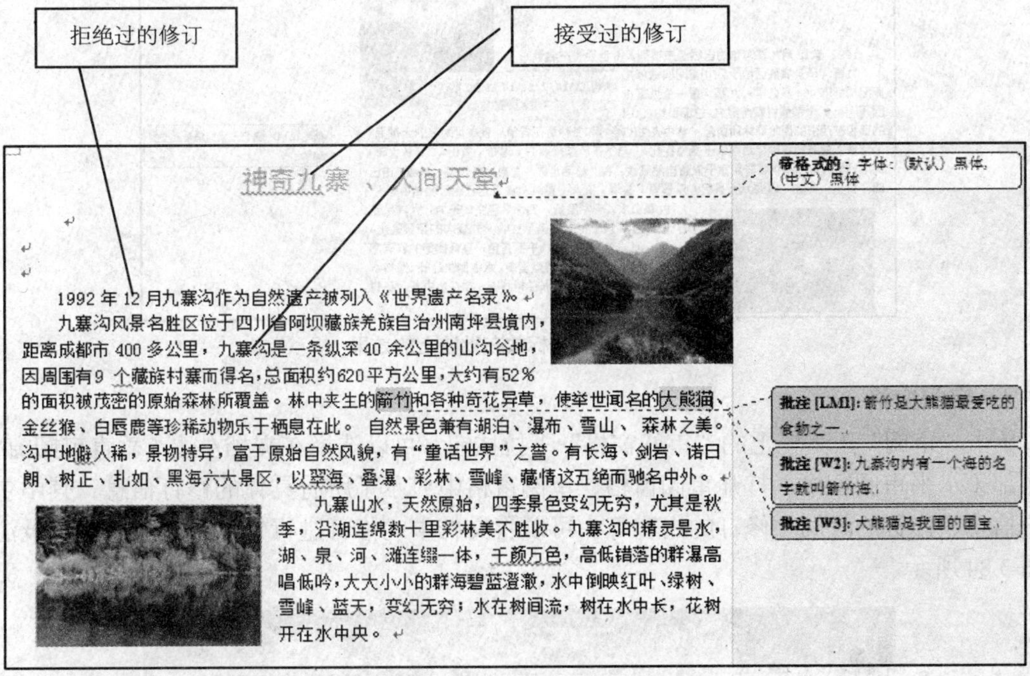

图 3.81　接受过部分修订的文档

【相关知识】

1．按审阅者查看修订内容

如果一篇文章被两个人修订过，作者还可以按审阅者来查询和浏览修订的内容。例如，只显示用户“李明”修订的内容，单击“审阅”工具栏上的“显示标记”下拉菜单，选择“审阅者”→“李明”命令，如图 3.82 所示，则文章中显示的修订就是李明所做的所有修订内容。在李明所做的批注框中，如果标记是“[LM1]”，意味着这是用户“李明”做的第一个批注。将光标放在批注框上，则显示详细的信息，如图 3.83 所示。

说　明

如果想显示全部审阅者修订的内容，则选择“所有审阅者”命令即可。

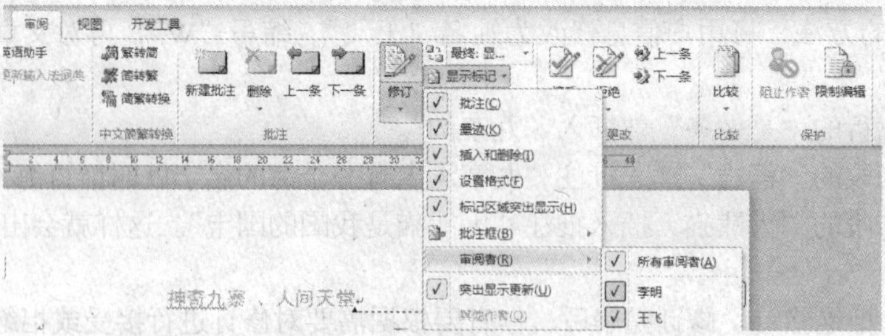

图 3.82　选择审阅者

图 3.83　将光标放在批注上的效果

2．审阅窗格

单击"审阅"工具栏上的"审阅窗格"下拉按钮，可以选择在文档左边（垂直审阅窗格）或底部（水平审阅窗格）打开审阅窗格，审阅窗格中显示了所有具体的修订信息，其中包括用户信息、修订的时间、修订的内容等。可以将文档中的修订进行定位，也可以删除批注，如图 3.84 所示。

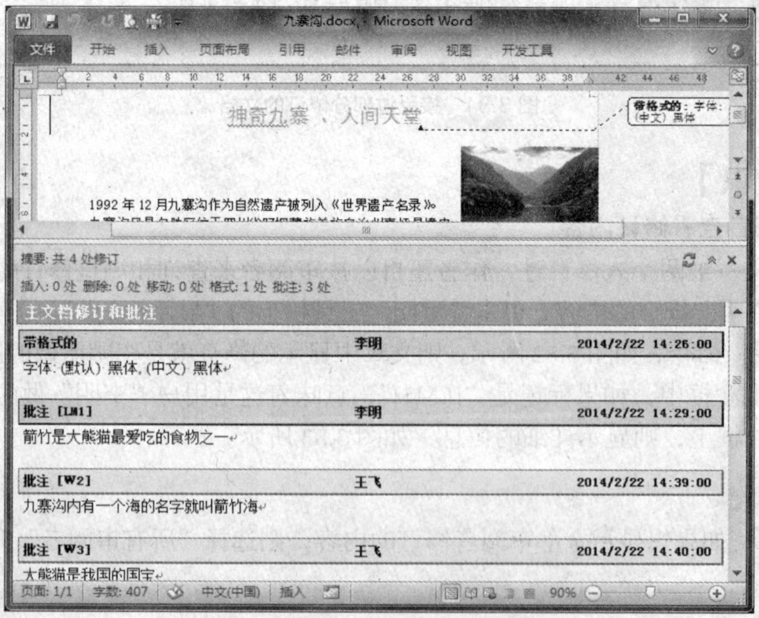

图 3.84　显示水平审阅窗格的文档

3．接受/拒绝修订

作者在查看完审阅者做的修订之后，需决定是否接受这些修订，可以使用“审阅”工具栏上的“上一条”和“下一条”按钮进行查看。如果同意修改，则单击“接受”按钮，在打开的下拉菜单中进行选择，如图 3.85 所示，可以选择“接受并移到下一条”命令接受某一处修订，也可以选择“接受所有显示的修订”接受全部修订。

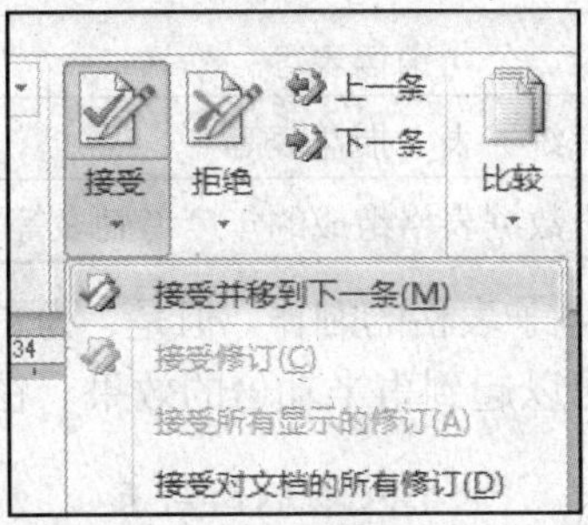

图 3.85　接受修订

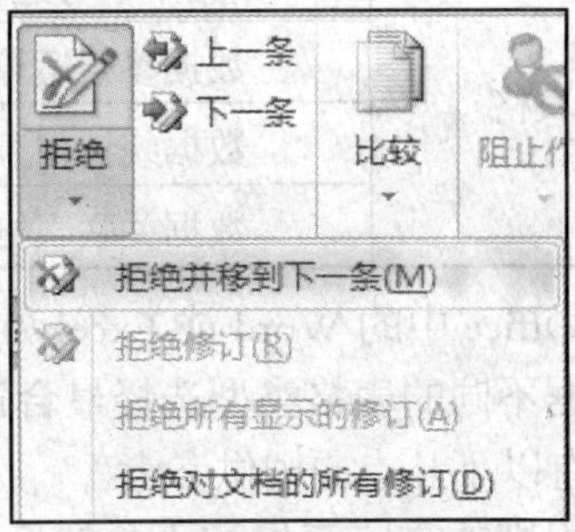

图 3.86　拒绝修订

如果不同意修订结果，则单击“拒绝”按钮，在打开的下拉菜单中进行选择，如图 3.86 所示，可以选择“拒绝并移到下一条”命令来拒绝某一处修订，也可以选择“拒绝对文档的所有修订”命令拒绝全部修订。

4．删除批注

批注不必接受，如果不需要该批注只需将其删除即可。删除的方法有以下几种。

（1）选择某一批注，单击“审阅”工具栏上的“删除”按钮，打开下拉菜单，选择“删除”命令。如果想删除所有批注，则选择“删除所有显示的批注”或“删除文档中的所有批注”命令，如图 3.87 所示。

（2）选择某一批注，右击，在弹出的快捷菜单中选择“删除批注”命令即可。

（3）选择某一批注，打开审阅窗格，单击“拒绝”按钮即可。

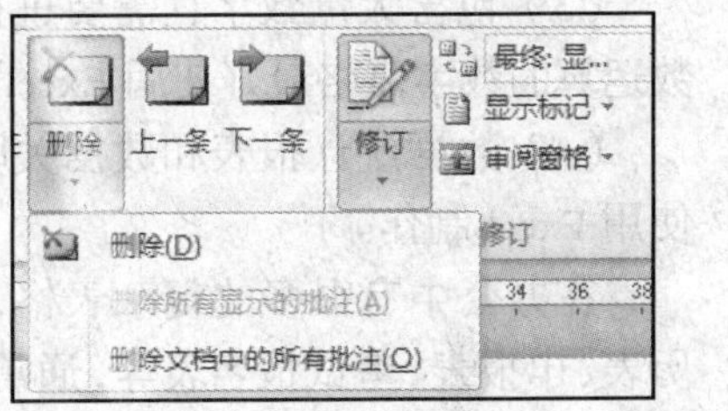

图 3.87　删除批注

任务四　Word 中的表格处理

【任务目标】

（1）学会插入（绘制）表格并修改结构。

（2）学会输入特殊符号和图片。

（3）学会修饰表格

【任务分析】

在日常办公中，经常将各种复杂的信息以表格的形式进行简明、扼要、直观的表示，如课程表、成绩表、简历表、工资表及各种报表等。

根据对办公业务中表格使用的调查分析，办公中的电子表格可以分为两大类：表格内容以文字为主的文字表格和以数据信息为主的数字表格，如表 3.1 所示。

表 3.1 电子表格的常见类型

类　型	详细分类	举　例
文字表格	规则文字表格	课程表、日程安排表等
	复杂文字表格	个人简历表、项目申报表等
数字表格	数据不参与运算	出货单、发货单等
	数据参与运算	学生成绩表、公司销售表等
	数据统计报表	产品出入库统计表、损益表等
	数据关联表格	由各个月份数据表格组成的年度考勤表等

利用 Office 中的 Word 或 Excel 可以完成以上各类电子表格的制作。但是，为了提高工作效率，根据不同的表格类型选择最合适的制作软件，可以起到事半功倍的效果。在选取制作软件时，有以下几点原则供参考。

（1）规则的文字表格和不参与运算的数字表格用 Word 中的“插入表格”方法，也可以直接利用 Excel 填表完成。

（2）复杂的文字表格若单元格大小悬殊，可利用 Word 的“绘制表格”方法制作。若大单元格由若干小单元格组成，也可选取 Excel 软件的“合并居中”来实现。

（3）包含大量数字且需要进行公式、函数运算的数字表格最好使用 Excel 制作。

（4）数据统计报表和数据关联表格适合使用 Excel 制作。

在办公中有很多的复杂表格，如个人简历表、申报表、考试报名表等，通常采用 Word 的表格制作功能来实现。本任务介绍个人求职简历表的制作。

简历是一个人的“活名片”，利用简明直观的框架、清新亮丽的色彩等方式，有重点地表述个人简历有助于求职的成功。个人求职简历表效果如图 3.88 所示。

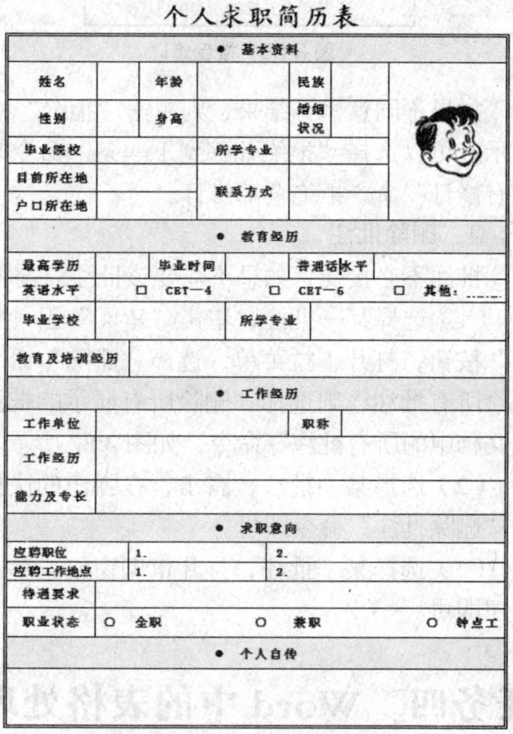
个人求职简历表
● 基本资料
姓名 年龄 民族
性别 身高 婚姻状况
毕业院校 所学专业
目前所在地 联系方式
户口所在地
● 教育经历
最高学历 毕业时间 普通话水平
英语水平 □ CET—4 □ CET—6 □ 其他：
毕业学校 所学专业
教育及培训经历
● 工作经历
工作单位 职称
工作经历
能力及专长
● 求职意向
应聘职位 1. 2.
应聘工作地点 1. 2.
待遇要求
职业状态 ○ 全职 ○ 兼职 ○ 钟点工
● 个人自传

图 3.88 个人求职简历表效果

说明

网上有很多提供简历模板的网站。这些网站会提供简历模板、校徽库、自荐信和求职信范文、简历和求职信书写技巧等内容。其中，简历模板往往提供中文、英文等多种语言和 Word、PPT 等多种格式的简历，还针对不同岗位（如导游、贸易等）、不同工作经验类型（如应届毕业生、一年工作经验等）进行简历类型的区分。

【任务实施】

在制作个人求职简历表之前，首先要明确表格的行列布置，做到心中有数，然后再着手制作，以减少不必要的更改。本实例按“建立表格框架→输入表格内容→修饰表格→设置表头”的顺序进行操作。

1．建立表格框架

建立表格框架的具体步骤如下。

（1）启动 Word 程序，新建一个名为“个人求职简历表”的文档。

（2）在当前文档中，选择“插入”→“表格”命令，打开“插入表格”对话框，如图 3.89 所示。在对话框中将列数设置为“1”，将行数设置为“10”，单击“确定”按钮，即可插入一个“1×10”的表格，如图 3.90 所示。

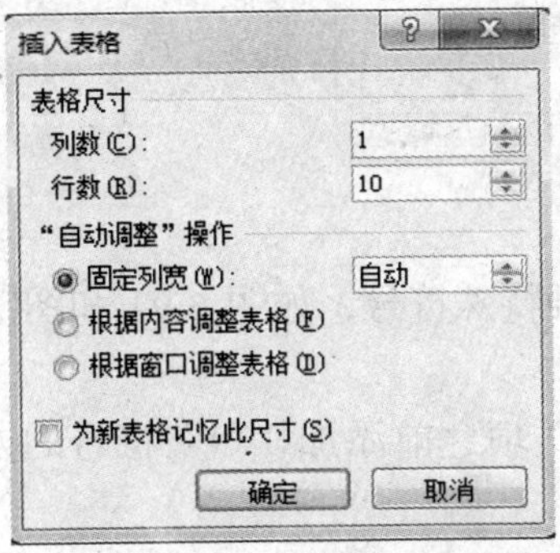

图 3.89 “插入表格”对话框

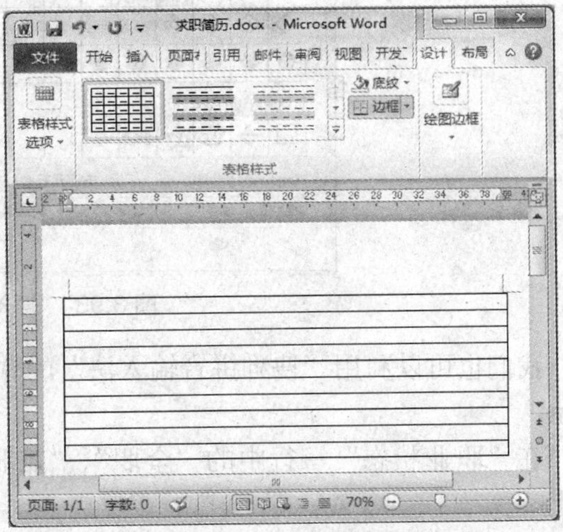

图 3.90 “1×10”表格

（3）在插入的表格中依照图 3.88，适当调整第 2、4、6、8、10 行的行高。调整方法为：将鼠标指针置于需要调整的行上，当鼠标指针呈双向箭头状时，拖动鼠标进行调整。

（4）选择“表格工具”→“设计”（见图 3.91）或“表格工具”→“布局”（见图 3.92），按图 3.88 所示绘制出行数、列数符合要求的表格，并对行高和列宽做适当的调整。

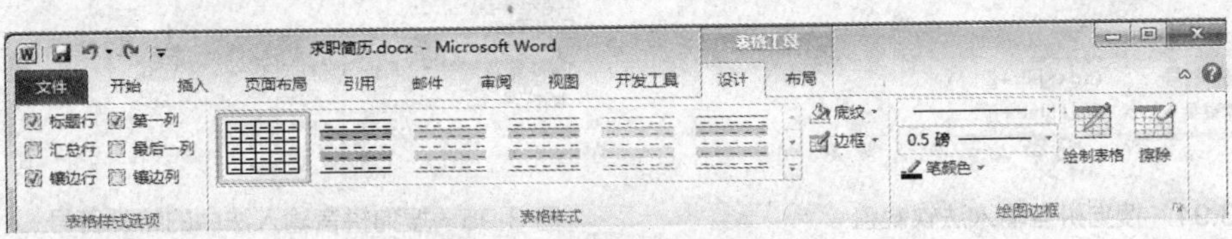

图 3.91 表格设计工具栏

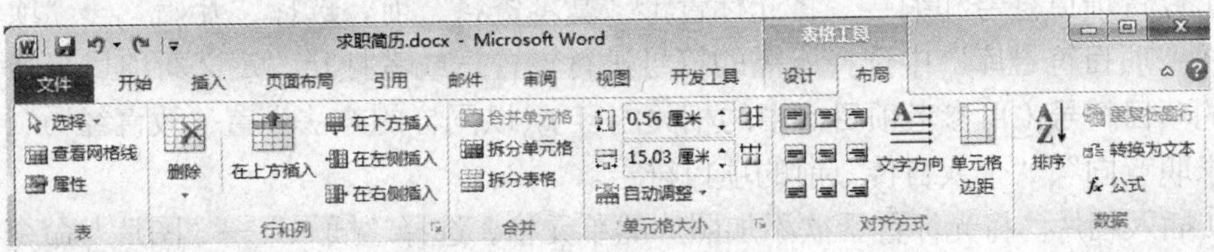

图 3.92 表格布局工具栏

2．输入表格内容

输入表格内容的具体步骤如下。

（1）完成表结构的创建后，输入图 3.88 所示的文字及数字内容。

（2）在表格内输入特殊符号。将光标置于“英语水平”一行中的“CET-4”之前，选择“插入”→“符号”→“其他符号”命令，在打开的“符号”对话框中选择“符号”选项卡，如图 3.93 所示。在字体下拉列表中的“Wingdings 2”中选择“□”符号后，单击“插入”按钮，即可将“□”符号插入“CET-4”之前。以同样的方法在“CET-6”、“其他：____”项之前添加“□”符号。

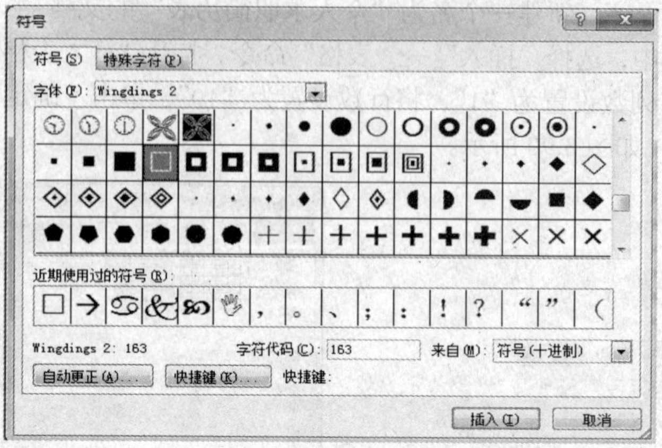

图 3.93 “插入符号”对话框

我们也可以利用“搜狗拼音输入法”的软键盘输入各种特殊符号，如图 3.94 和图 3.95 所示。

在“职业状态”一行中的“全职”、“兼职”、“钟点工”项之前添加“○”符号的方法同上。

图 3.94 搜狗拼音输入法软键盘

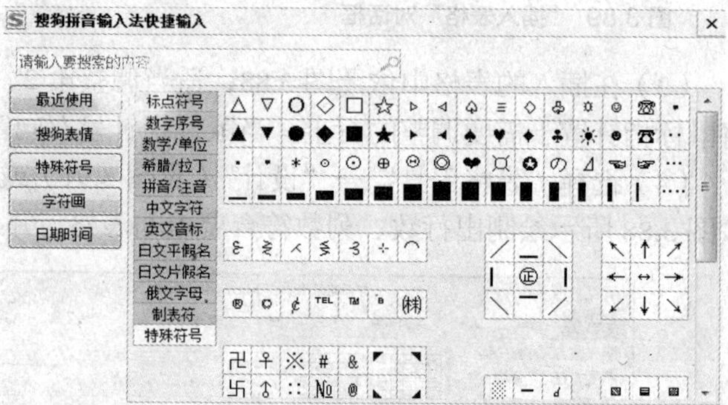

图 3.95 搜狗拼音输入法中的特殊符号

（3）设置项目符号和编号。将光标置于“基本资料”前，选择“开始”→“项目符号”命令，在“项目符号库”中选择所需的符号进行设置，或者打开“定义新项目符号”对话框定义新的项目符号（可参考项目二中的相关内容）。以同样的方法设置“教育经历”、“工作经历”、“求职意向”、“个人自传”前的项目符号。

（4）插入图片。将光标置于欲添加照片的单元格，选择“插入”→“图片”命令打开“插入图片”对话框，如图 3.96 所示。找到需要插入的图片，单击“插入”按钮，即可将图片添加到单元格中。对添加后的图片进行适当调整，使其适应单元格的大小。

3．修饰表格

修饰表格的具体步骤如下。

（1）设置表格内文本对齐方式。单击表格左上角的小方块（“移动表格”控点）全选表格，右击，在弹出的快捷菜单中选择“单元格对齐方式”命令的下一级菜单中的“中部居中”按钮，如图 3.97 所示，则所有文本均在表格中以垂直和水平居中方式显示。

图 3.96 “插入图片”对话框

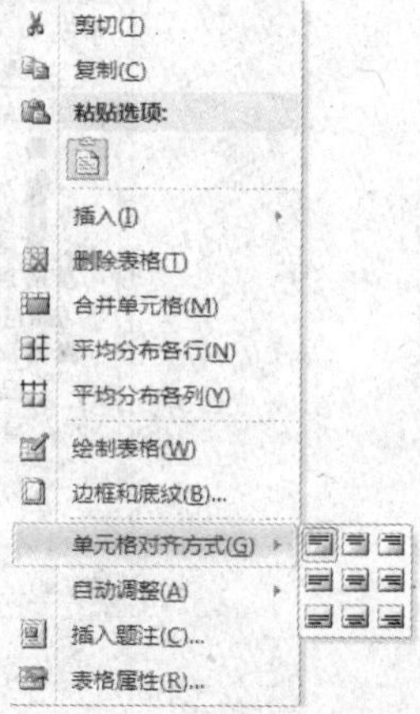

图 3.97 单元格对齐方式选择

（2）设置边框和底纹。本任务中，设置表格外边框为黑色双线、0.5 磅，“基本资料”行下边框为黑色实线、1.5 磅，“教育经历”、“工作经历”、“求职意向”、“个人自传”行上下边框为黑色实型、1.5 磅，其余内边框为黑色实线、0.5 磅。

选中整个表格，右击，在弹出的快捷菜单中选择“边框和底纹”命令，在打开的对话框中选择“边框”选项卡，在“设置”项中选择“自定义”，在“样式”中选择线型；在“宽度”下拉列表中选择 0.5 磅；在“颜色”下拉列表中选定颜色，在右边的预览中确定线的位置，在“应用于”下拉列表中使上述设置应用于表格或者是单元格。采用同样的方法，可以对内边框及有特殊要求的边框线进行设置，如图 3.98 所示。

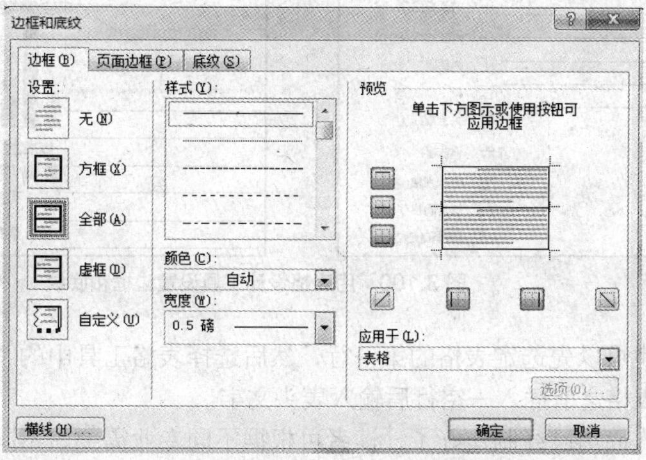

图 3.98 设置表格或单元格的边框线

边框设置好后，可对本任务中“基本资料”、“教育经历”、“工作经历”、“求职意向”、“个人自传”行进行底纹设置。选择需要设置底纹的单元格，选择“底纹”选项卡，如图 3.99 所示，在打开的颜色板上选择“浅青绿”按钮。

4．设置表头

将光标置于表中第一行的第一个字符之前，按 Enter 键，即可在表格之前插入一个空行。输入“个人求职简历表”，进行字体、字号的适当设置。

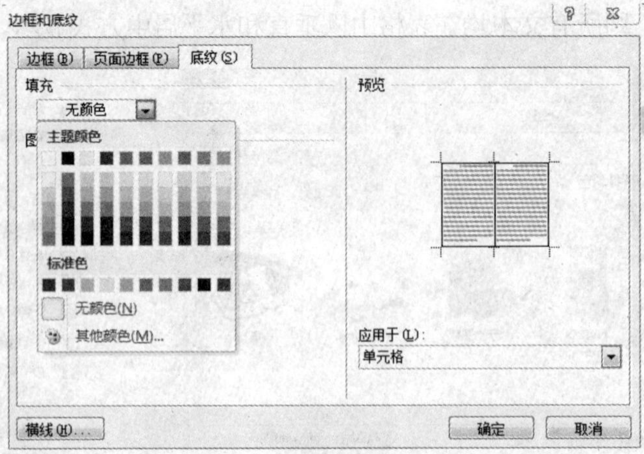

图 3.99　设置单元格底纹颜色

说　明

运用表格设计工具也可以对表格的边框和底纹进行设置，如图 3.100 所示。

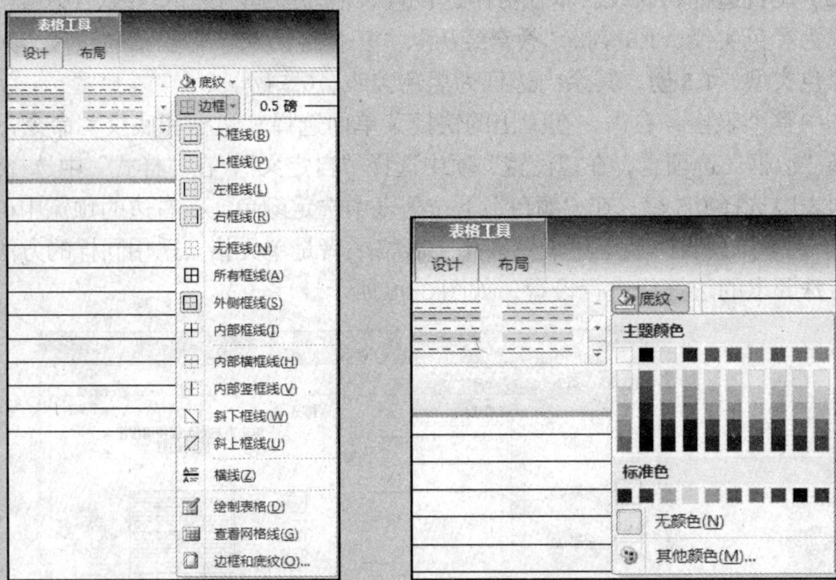

图 3.100　用表格设计工具设置边框和底纹

设置表头时，也可以先选定表格的第一行，然后选择表格工具中的“布局”→“拆分表格”命令，实现在表格之前插入一空行后输入表头文字。

至此，一份个人简历已经制作好了，读者可根据不同专业需要、不同应聘职业要求制作各种各样的简历，也可以使用 Word 提供的个人简历模板来制作。

【相关知识】

1．表格框架的建立与编辑

在 Word 中建立表格框架有两种方法：插入表格和绘制表格。在本任务复杂表格的制作中，综合使用了这两种方法。首先利用插入表格方法制作总体框架，确定表格的行、列数，然后再使用绘制表格方法进行表格的复杂制作。修改表格框架可利用表格工具中的“布局”→“合并单元格”和“拆分单元格”命令进行单元格的合并与拆分；也可选定单元格后，右击，利用弹出的快捷菜单中的“合并单元格”和“拆分单元格”命令进行局部修改，提高建立表格框架的效率。

> **说明** 如果希望在表格中某位置快速插入新的一行，可将光标置于该行结束标记处，按 Enter 键。如果希望在表格末尾快速添加一行，可将光标移动到最后一行的最后一个单元格内，按 Tab 键，或在尾行结束标记处按 Enter 键。

2．表格内容的输入与编辑

表格框架建立好之后，除了按要求输入文字、数字等内容之外，还可以插入符号、特殊符号、图片、日期和时间、超链接等对象。

文本在移动和复制时，可以利用“开始”菜单中的“剪切”、“复制”、“粘贴”命令实现；或右击，利用快捷菜单中的“剪切”、“复制”和“粘贴”命令来实现，也可以通过鼠标拖动的方法来实现。

3．表格属性的设置

在对表格的设置、修饰和美化时，可通过“表格属性”对话框完成各项操作。选择表格工具中的“布局”→“属性”命令，打开“表格属性”对话框，如图 3.101 所示。

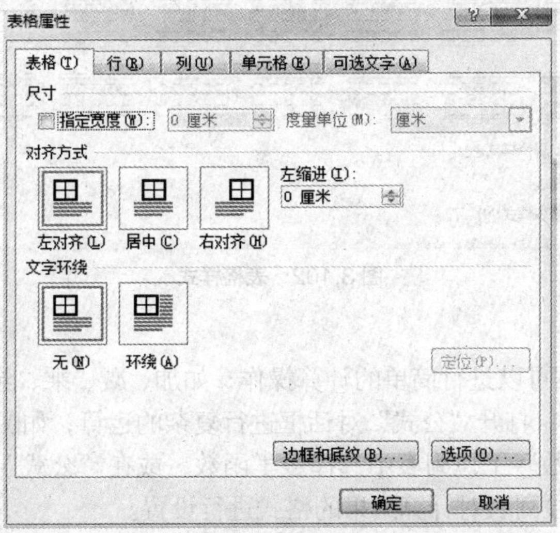

图 3.101 “表格属性”对话框

在“表格”选项卡中，可对表格进行对齐方式、文字环绕方式、边框和底纹等设置。在“行”和“列”选项卡中，可进行行高、列宽、是否允许跨页断行、是否在各页顶端以标题行形式重复出现等的设置。在“单元格”选项卡中，可设置单元格的大小，以及单元格中内容的垂直对齐方式。

4．拆分、合并表格

若要将一个表格拆分成两个表格，可先选定作为第二个表格的首行，然后选择表格工具中的“布局”→“拆分表格”命令即可。若将已拆分的两个工作表合并，则将光标置于两个表格中间回车符处，按 Delete 键，即可合并两张工作表。

5．表格自动套用格式

如果想快速设置表格格式，可直接利用 Word 中提供的多种预先设定的表格样式。单击表格中任意一个单元格，选择表格工具中“设计”菜单下的某种样式即可，还可自己动手修改表格样式和新建表格样式，如图 3.102 所示。

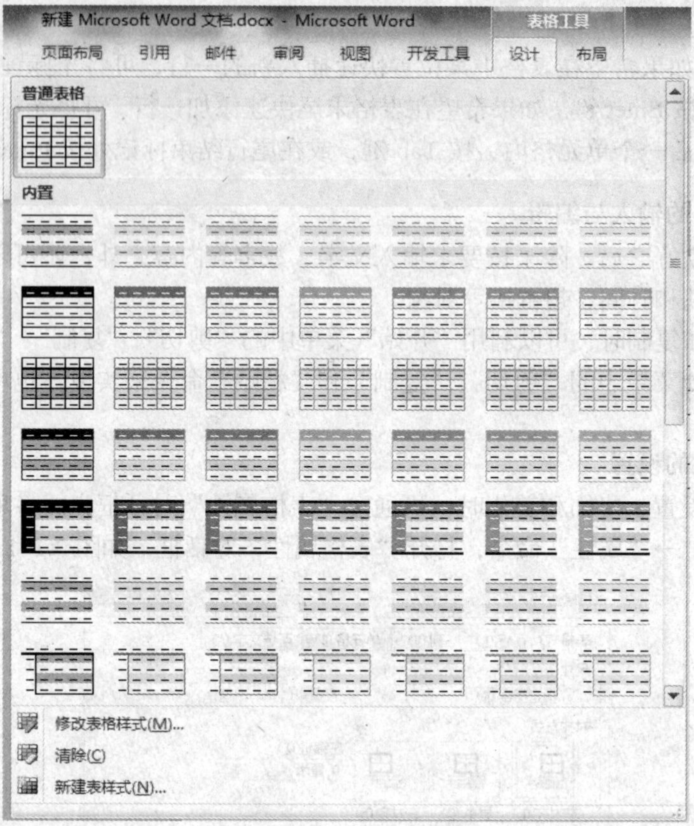

图 3.102　表格样式

6．用表格计算

Word 表格中的数据可以进行简单的计算操作，如加、减、乘、除等。利用表格工具中的“布局”→“公式”命令，打开“公式”对话框进行复杂的运算，如图 3.103 所示。在“公式”对话框中可从“粘贴函数”下拉列表中选择数学函数，或在“公式”栏中输入自定义公式，可以在“编号格式”下拉列表对计算结果的格式进行设置。

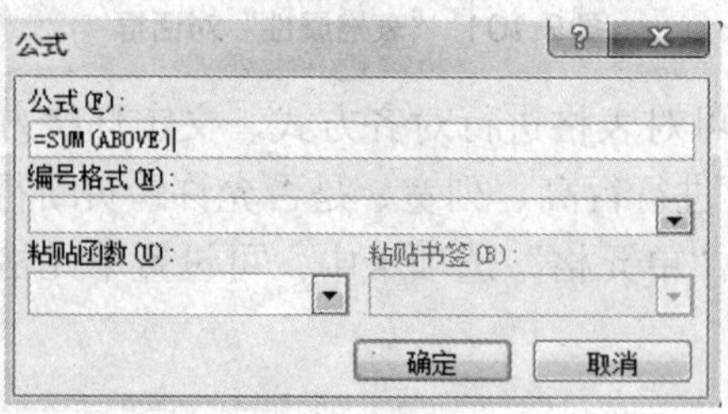

图 3.103　“公式”对话框

7．排序操作

在 Word 中，可以对表格中的内容进行适当的排序。具体操作步骤如下。

（1）选择要排序的列或单元格。

（2）选择表格工具中的“布局”→“排序”命令，打开“排序”对话框，在对话框中选择排序依据和类型，若有多个排序依据和类型，要依次选定，单击“确定”按钮即可，如图

3.104 所示。

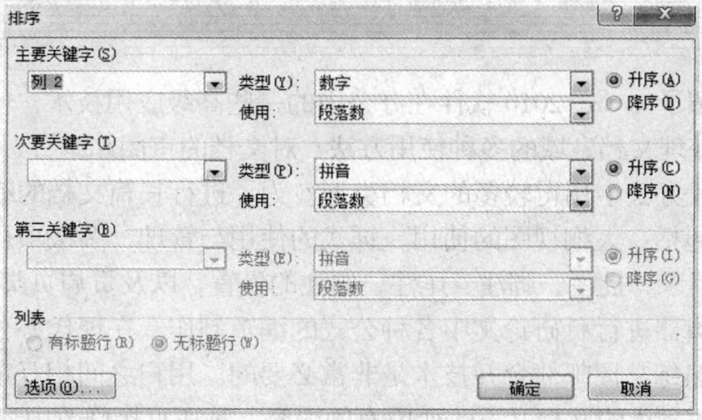

图 3.104 “排序”对话框

8．表格与文本互转

（1）将表格转换成文本。选定要转换的表格，选择表格工具中的“布局”→“转换为文本”命令，弹出“表格转换成文本”对话框，选择对话框中一种文字分隔符后，单击“确定”按钮即可，如图 3.105 所示。

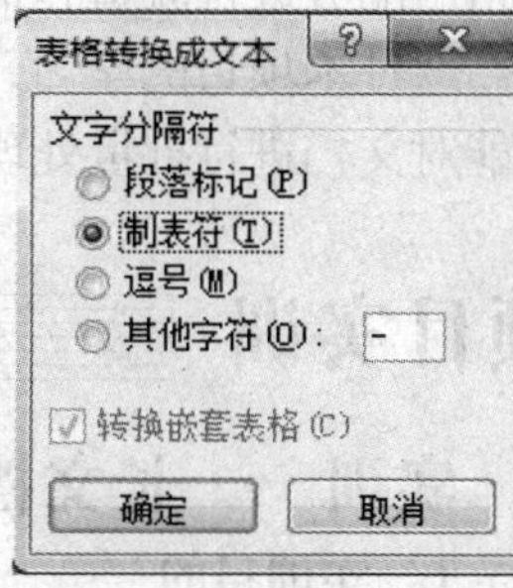

图 3.105 表格转成文本

（2）将文本转换成表格。将已经输入的文字转换成表格时，需要使用分隔符标记列的开始位置，使用段落标记标明表格的换行。具体操作方法：在要划分列的位置插入所需分隔符，分隔符可以为逗号、空格等；在需要表格换行处，直接按 Enter 键，然后选定要转换为表格的文本，选择“插入”→“表格”→“文本转换成表格”命令，如图 3.106 所示，就会弹出“将文字转换成表格”对话框，如图 3.107 所示。在“文字分隔位置”栏中，选择所使用的分隔符选项，单击“确定”按钮即可实现转换。

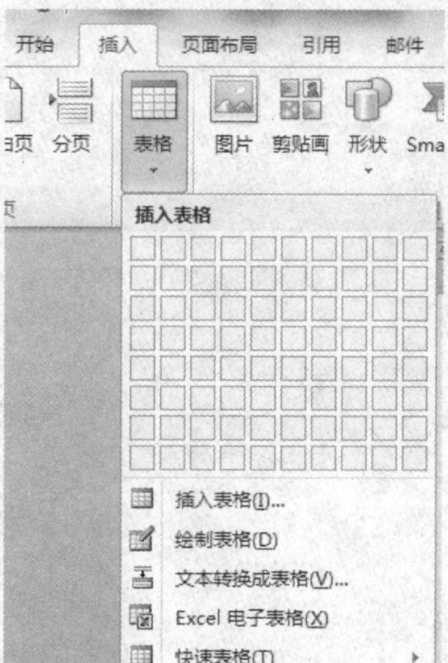

图 3.106 文本转换成表格

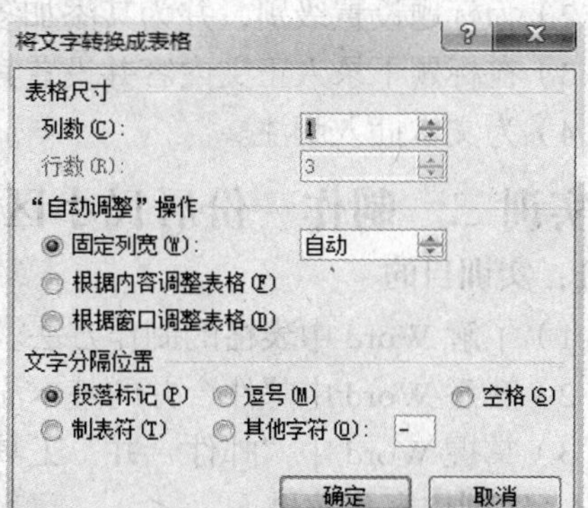

图 3.107 文字转换成表格

项目小结

本项目主要介绍了 Word 2010 软件在办公中的一些高级应用技术，使用户学会长文档的制作和处理、批量处理文档、域的多种使用方法、对文档的审阅和修订、表格的制作和处理。

长篇文档是现代办公中用得较多的文档类型。为了进行长篇文档的编排，必须掌握长篇文档的编辑方法，包括：大纲视图的使用，样式的使用与管理，多级项目符号的设置，封面的制作，自动提取目录，批注、脚注、尾注、题注的设置，以及页眉页脚、页码的综合设置，会熟练运用公式编辑器进行科研论文中各种公式的编辑制作。在现代办公中，批量处理文档也很常用，因此，熟练掌握邮件合并技术是非常必要的。用户之间相互审阅和修订在现代办公中也很普遍，修改别人的文档又不改变原有的内容，是在直接修改内容的基础上的提高。

在制作表格时，首先要了解常用表格的类型，对于文字表格和不参与运算的数字表格，以及复杂的文字表格常采用 Word 软件中表格制作功能来实现。利用 Word 制作表格框架有两种方法：插入表格与绘制表格，在实际操作中经常使用两种方法完成表格的制作。制作好的表格中能够进行编辑和格式化设置。

通过本项目的学习，用户应该能够熟练地对长文档进行输入、编辑、排版和打印操作，并能对文档进行批量处理以及审阅、修订。

项目实训

实训一　长文档的排版

1．实训目的

（1）了解 Word 中长文档的概念。

（2）熟悉 Word 中长文档排版的基本流程。

（3）掌握长文档的排版方法。

2．实训内容及效果

将本项目任务中的论文制作一遍（包括目录）。

3．实训要求

（1）录入论文的题目、摘要、关键字和标题。

（2）为标题设置级别，并为其添加多级编号。

（3）在标题下录入正文内容并设置其格式。

（4）为文本插入脚注。

实训二　制作一份居民小区物业催缴单

1．实训目的

（1）了解 Word 中表格的制作方法。

（2）熟悉 Word 中邮件合并的基本流程。

（3）掌握 Word 中“邮件合并”工具栏的使用方法。

2．实训内容及效果

本实训内容为制作物业费催缴单，因为催缴单可能是针对多位业主的，所以结果是生成多份物业费催缴单。实训最终效果如图 3.108 所示。

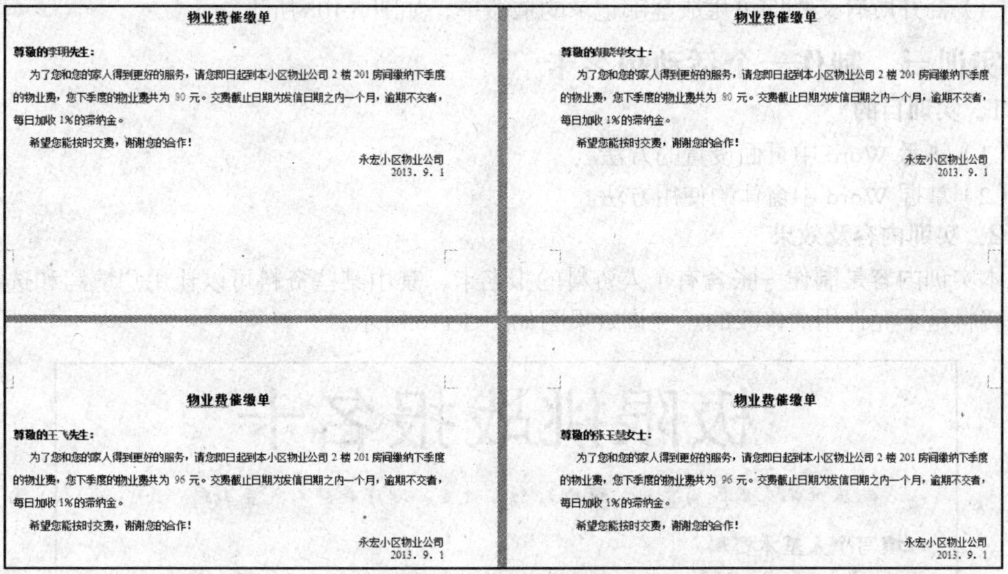
物业费催缴单

尊敬的李明先生：

为了您和您的家人得到更好的服务，请您即日起到本小区物业公司 2 楼 201 房间缴纳下季度的物业费，您下季度的物业费共为 80 元。交费截止日期为发信日期之内一个月，逾期不交者，每日加收 1%的滞纳金。

希望您能按时交费，谢谢您的合作！

永宏小区物业公司
2013. 9. 1

物业费催缴单

尊敬的胡晓华女士：

为了您和您的家人得到更好的服务，请您即日起到本小区物业公司 2 楼 201 房间缴纳下季度的物业费，您下季度的物业费共为 80 元。交费截止日期为发信日期之内一个月，逾期不交者，每日加收 1%的滞纳金。

希望您能按时交费，谢谢您的合作！

永宏小区物业公司
2013. 9. 1

物业费催缴单

尊敬的王飞先生：

为了您和您的家人得到更好的服务，请您即日起到本小区物业公司 2 楼 201 房间缴纳下季度的物业费，您下季度的物业费共为 96 元。交费截止日期为发信日期之内一个月，逾期不交者，每日加收 1%的滞纳金。

希望您能按时交费，谢谢您的合作！

永宏小区物业公司
2013. 9. 1

物业费催缴单

尊敬的张玉慧女士：

为了您和您的家人得到更好的服务，请您即日起到本小区物业公司 2 楼 201 房间缴纳下季度的物业费，您下季度的物业费共为 96 元。交费截止日期为发信日期之内一个月，逾期不交者，每日加收 1%的滞纳金。

希望您能按时交费，谢谢您的合作！

永宏小区物业公司
2013. 9. 1

图 3.108　物业费催缴单效果

3．实训要求

（1）制作一份业主物业费管理表格，如表 3.2 所示。

表 3.2　物业费管理表格

姓　名	性　别	面积（平方米）	单价（元/平方米）
刘敏	女	80	0.8
李长浩	男	80	0.8
李明	男	100	0.8
胡晓华	女	120	0.8
王飞	男	120	0.8
张玉慧	女	120	0.8

（2）制作图 3.109 所示的物业费催缴单，页面设置为 B5 纸，横向。

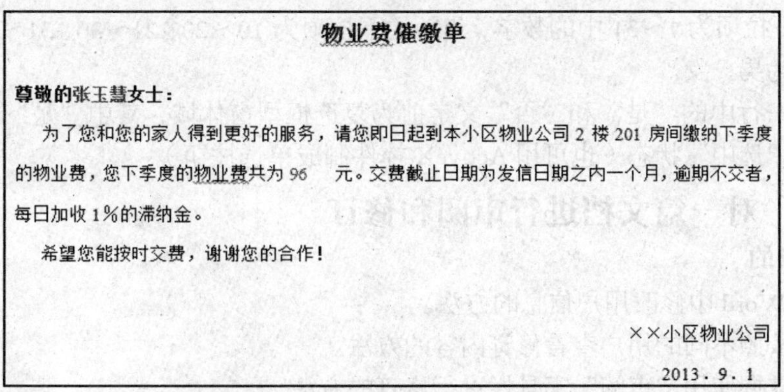
物业费催缴单

尊敬的张玉慧女士：

为了您和您的家人得到更好的服务，请您即日起到本小区物业公司 2 楼 201 房间缴纳下季度的物业费，您下季度的物业费共为 96　元。交费截止日期为发信日期之内一个月，逾期不交者，每日加收 1%的滞纳金。

希望您能按时交费，谢谢您的合作！

××小区物业公司
2013．9．1

图 3.109　物业费催缴单内容

（3）利用“邮件合并”工具栏输入姓名、女士/先生及金额。

（4）合并所有文档即可生成全部记录的催缴单，如图 3.108 所示。

实训三　制作一个活动报名卡

1．实训目的

（1）熟悉 Word 中页面设置的方法。

（2）掌握 Word 中窗体的使用方法。

2．实训内容及效果

本实训内容是制作一张含有个人资料的报名卡，其中某些资料可以让用户填写和选择，某些资料是不允许用户修改的。实训效果图如图 3.110 所示。

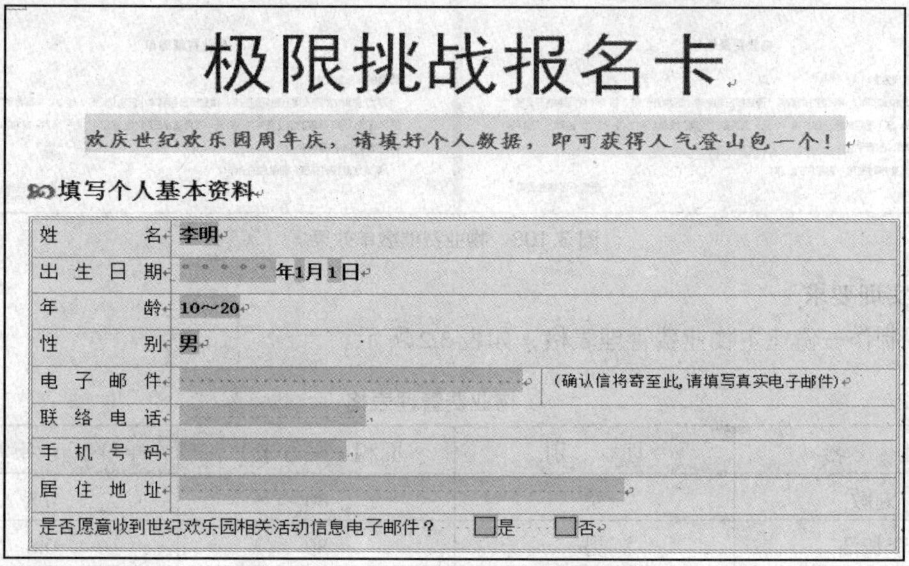

极限挑战报名卡

欢庆世纪欢乐园周年庆，请填好个人数据，即可获得人气登山包一个！

填写个人基本资料

姓　　名	李明	
出生日期	年1月1日	
年　　龄	10～20	
性　　别	男	
电子邮件		(确认信将寄至此，请填写真实电子邮件)
联络电话		
手机号码		
居住地址		
是否愿意收到世纪欢乐园相关活动信息电子邮件？ □是 □否		

图 3.110　利用窗体制作的报名卡

3．实训要求

（1）将页面设置成 A4、横向。

（2）在报名卡中，姓名、出生日期中的年份、电子邮件、联络电话、手机号码和具体地址均为文字型窗体域。

（3）出生日期中的月和日、年龄、性别均为下拉型窗体域，其中月的下拉项为 1～12 中的数字，日的下拉项为 1～31 中的数字，年龄的下拉项为 10～20、21～30、31～40 和 41～50，性别的下拉项为男、女。

（4）最后一行中的“是”和“否”文字前为复选框型窗体域，其中“是”前面的复选框的默认属性为“选中”状态（也可用 ActiveX 控件制成单选按钮）。

实训四　对一篇文档进行审阅和修订

1．实训目的

（1）掌握 Word 中修改用户信息的方法。

（2）掌握按照不同的用户查看修订内容的方法。

（3）熟练掌握使用“审阅”工具栏进行修订的方法。

（4）熟练掌握接受或拒绝修订的方法。

2．实训内容及效果

本实训内容是对一篇文档进行审阅和修订。修订前和修订后的文档分别如图 3.111 和图 3.112 所示。

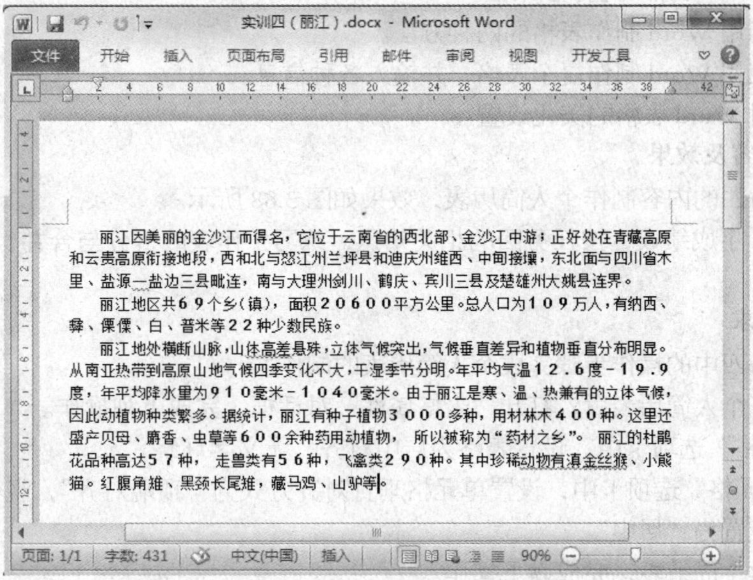

图 3.111　审阅前的文档

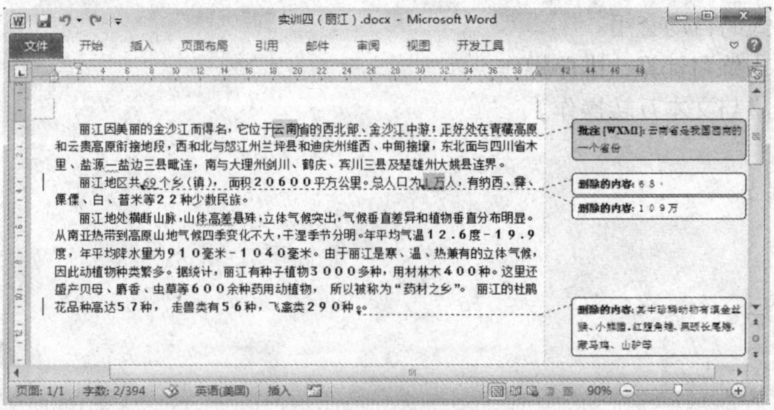

图 3.112　审阅后的文档

3．实训要求

（1）共有两位审阅者对文章进行审阅，分别是王小明和张玉，姓名缩写分别为 WXM 和 ZHY，其中，王小明做的修改如下。

① 为第一段中的“云南”插入一个批注“云南省是我国西南的一个省份”。

② 将第二段中的“68”修改为“69”。

③ 将第三段中的最后一句话“其中珍稀动物有滇金丝猴、小熊猫、红腹角雉、黑颈长尾雉，藏马鸡、山驴等”删除。

审阅者张玉做的修改是将第二段中的“109”修改为“120”。

（2）分别浏览两个审阅者的修改内容（按审阅者浏览）。

（3）接受所有的修订。

实训五　表格的制作与美化

1．实训目的

（1）熟悉 Word 表格的编辑操作。

（2）熟悉利用 Word 制作表格的两种方法。

（3）能够使用 Word 制作复杂表格，并输入各种信息。

（4）掌握对 Word 表格的美化设置。

2．实训内容及效果

（1）按任务四的内容制作个人简历表，效果如图 3.88 所示。

（2）自制学生成绩表，按任务四的相关知识，练习工作表的拆分与合并、计算、排序等操作。

3．实训要求

（1）按任务四中的操作步骤完成个人简历表的制作。

（2）制作好个人简历表后，打开“表格属性”对话框，完成下列操作。

① 在“表格”选项卡中，设置表格为居中对齐、无文字环绕。

② 在“单元格”选项卡中，设置单元格垂直对齐方式为“顶端对齐”，观察表格变化后，再将对齐方式设置为“居中”。

（3）制作学生成绩表，完成以下操作。

① 练习工作表的拆分。

② 练习格式的自动套用。

③ 在表格中练习计算、排序操作。

④ 练习表格与文本互转操作。

PART 4

项目四 数据处理

在日常办公事务中，经常有大量的数据需要处理。例如，职工工资表中数据的计算、汇总和分析；企业产品销售数据的分析和处理、统计图表的制作等。Excel 2010 是微软办公套装软件 Office 2010 的一个重要的组成部分，它可以进行各种数据的处理、统计分析和辅助决策操作，广泛地应用于管理、统计、财经、金融等众多领域。

任务一　Excel 表格的基本应用

【任务目标】

（1）学会创建 Excel 表框架。

（2）学会利用输入技巧快捷地录入数据。

（3）学会对工作表进行格式化设置。

（4）学会打印工作表。

【任务分析】

在日常工作中，经常会对大量数据进行统计和管理，电子表格软件 Excel 是处理此类问题的有效工具。本实例以员工档案管理表的制作为主线，介绍 Excel 表框架的建立、数据录入、格式化工作表等操作。

本任务是制作一份员工档案管理表。员工档案管理表一般包括员工编号、姓名、部门、家庭住址等信息。对员工的档案管理尽可能做到翔实，可以实现单位对人力资源的有效管理。效果如图 4.1 所示。

潇湘宏发贸易公司--员工档案管理表

编号	姓名	身份证号	出生日期	性别	婚姻	学历	工作时间	年龄	工龄	部门
0001	李浩明	4260419710416053	1971年04月16日	男	已婚	中学	1995年5月2日	43	19	办公室
0002	邓子建	4280219730506035	1973年05月06日	男	已婚	小学	1996年3月2日	41	18	后勤部
0003	陈华伟	4210419720426021	1972年04月26日	男	已婚	中学	1996年2月3日	42	18	制造部
0004	杨　明	4250119750905055	1975年09月05日	男	已婚	本科	1997年2月1日	39	17	销售部
0005	张铁明	4260719780317054	1978年03月17日	男	已婚	研究生	2006年3月1日	36	8	销售部
0006	谢桂芳	4220519761016052	1976年10月16日	女	已婚	中学	1996年8月1日	38	18	后勤部
0007	刘济东	4260419750610022	1975年06月10日	男	已婚	研究生	2004年10月1日	39	10	后勤部
0008	廖时静	4240119791212021	1979年12月12日	女	已婚	中学	1997年6月1日	35	17	后勤部
0009	陈　果	4270719800816051	1980年08月16日	男	已婚	本科	2001年3月1日	34	13	销售部
0010	赵　丹	4300219790725013	1979年07月25日	女	已婚	中学	1999年4月1日	35	15	销售部

图 4.1　员工档案管理表

【任务实施】

在创建“员工档案管理表”之前，首先要考虑好该表应包含的表头和各字段标题，然后再着手操作。制作过程主要包括设计员工档案管理表的整体框架、设计特殊单元格格式与数据有效性、输入员工基本档案信息、格式化设置工作表、打印工作表等。下面介绍具体的操作步骤。

1．创建 Excel 工作表框架

创建 Excel 工作表框架的具体步骤如下。

（1）打开 Excel 文件，新建一个工作簿，命名为“员工档案管理表”，如图 4.2 所示，并将其中的 Sheet1 工作表更名为“员工档案信息”。

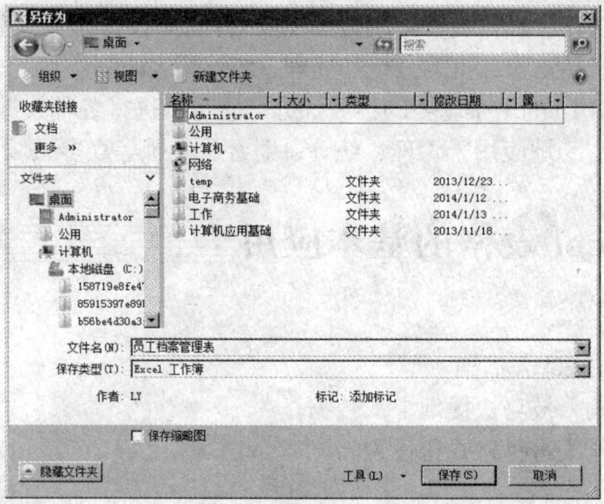

图 4.2　新建工作簿“员工档案管理表”

（2）在 A1 单元格中输入“中原商贸有限责任公司—员工档案信息表”，在第二行 A2、B2……M2 单元格分别输入“编号”、“姓名”……“家庭住址”等相关字段。

> 说　明
>
> 在输入标题时，由于开始不知道标题占有多少列，可先在 A1 单元格中输入，以后根据需要再单击“开始”工具栏上的“合并及居中”按钮进行合并。如果知道需要合并到哪一列，可以先选取单元格进行合并，再输入标题。

（3）调整行高和列宽。将光标定位到第 1 行和第 2 行的行标中间，当鼠标指针变成形状↕后，拖动鼠标到合适的高度。利用同样的方法，当鼠标指针变成↔形状后调整字段列的宽度。

若要进行精准列宽尺寸设定，按住 Shift 键，选中从 A 列到 M 列，或按 Ctrl 键选择其中某几列，选择“开始”→“单元格”→“格式”→“列宽”，在打开的“列宽”对话框中输入列宽为“10”，单击“确定”按钮。精准行高尺寸设定方法同列宽的设定，设置路径为“开始”→“单元格”→“格式”→“行高”。

> 说　明
>
> 在列（行）标上的列–列（行–行）之间双击，可以将前一列（行）的列宽（行高）调整到合适的尺寸。

（4）设置字体和对齐方式。选中合并后的 A1 单元格，设置标题文字字体格式为宋体、24 号、黑色、加粗。

选中从 A2 到 M2 的单元格，设置其字体格式为新宋体、14 号、黑色、加粗。

选中从 A 列到 M 列，选择“开始”→“对齐方式”→“居中”（或“垂直居中”）命令，进行文本对齐方式的水平对齐和垂直对齐设置。

2．设置特殊单元格格式与数据有效性

在员工档案管理表中，有些特定的数据需要事先设置好格式和数据有效性后，才能正确和快速地输入，如身份证号、出生日期、工作时间等。

（1）设置字段的数据格式。将编号、姓名、身份证号、性别、婚姻、学历、年龄、工龄、部门、职位、家庭住址的列单元格格式设置为“文本”型，出生日期、工作时间的列设置为“日期”型。

按住 Ctrl 键选择编号、姓名……家庭住址等列，选择“开始”→“单元格”→“格式”→“设置单元格格式”命令，选择“数字”选项卡，在“分类”列表框中选择“文本”，单击“确定”按钮。

将工作表中的出生日期、工作时间的列设置为“分类”中的“日期”型格式，如图 4.3 所示。当在单元格中输入“2014/1/28”时，会自动转换为“2014 年 1 月 28 日”。

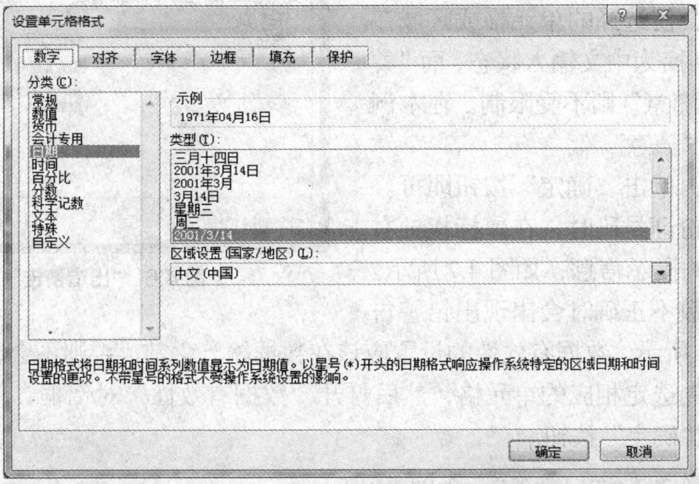

图 4.3 “设置单元格格式”对话框

（2）设置身份证号列的数据有效性。选择“身份证号”项下的单元格区域，如 C3：C25 单元格区域（假设表中有 23 条记录，实际操作时需要根据记录具体人数选取），选择“数据”→“数据有效性”命令，打开“数据有效性”对话框，如图 4.4 所示。在“设置”选项卡中设置“允许”为“文本长度”、“数据”为“等于”、“长度”为“18”。在“输入信息”选项卡中，选中“选定单元格时显示输入信息”复选框，在“标题”文本框中输入“提示:”，在“输入信息”文本框中输入“请输入 18 位身份证号码!”，如图 4.5 所示。

单元格或单元格区域设置输入提示信息后，如果用户选择对应的单元格，系统就会出现提示信息，输入人员可以根据输入信息的提示向其中输入数据，避免数据超出范围。

在“出错警告”选项卡中，选中“输入无效数据时显示出错警告”复选框，将“标题”设置为“身份证号码位数不对”，将“错误信息”设置为“输入的身份证号码不是 18 位，请重新输入”，“样式”中共有 3 个选项：停止、警告、信息，一般设置为“停止”，如图 4.6 所示。

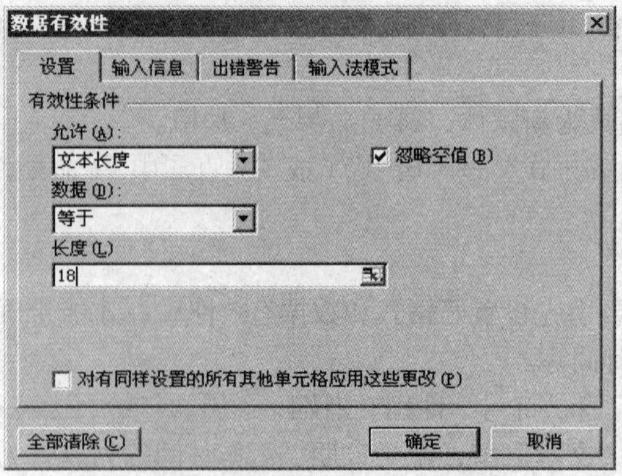

图 4.4 “数据有效性”对话框

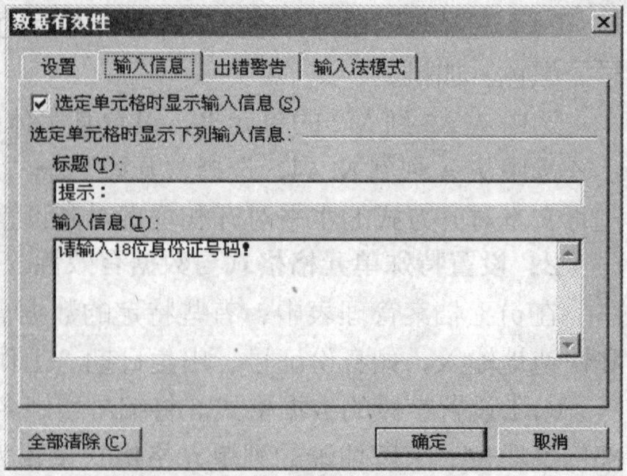

图 4.5 “输入信息”选项卡

在单元格或单元格区域设置出错警告信息后，如果选择对应的单元格，输入超出范围的数据时，系统将会发出警告声音，同时自动出现错误警告信息。

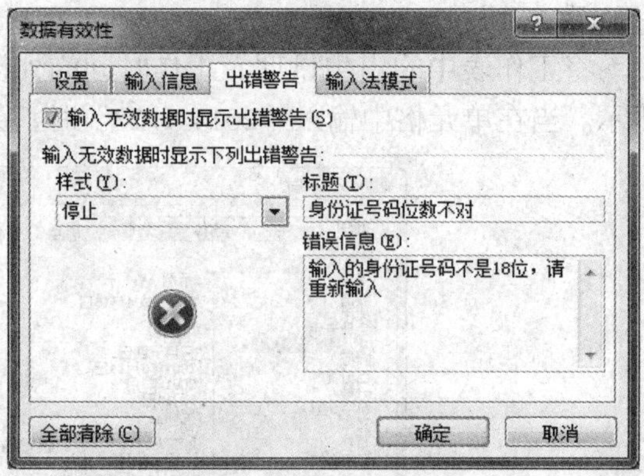

图 4.6 “出错警告”选项卡

在“输入法模式”选项卡中有随意、打开和关闭（英文模式）3 种输入法模式。其中选择“打开”将会使选择的单元格或区域在被选中时，自动切换为中文输入状态，而“关闭”与它相反，“随意”则不受限制。在本例中，将其设置为“随意”。

设置完成后，单击“确定”按钮即可。这样，当输入身份证号码时，在鼠标指针右下角会出现相应的提示信息，如图 4.7 所示。当输入的号码位数不正确时会出现出错警告对话框，如图 4.8 所示。数据有效性的设置应该在数据输入之前，否则不会起作用。取消有效性设置的方法：先选定相应的单元格，然后打开“数据有效性”对话框，单击“全部清除”按钮，最后单击“确定”按钮。

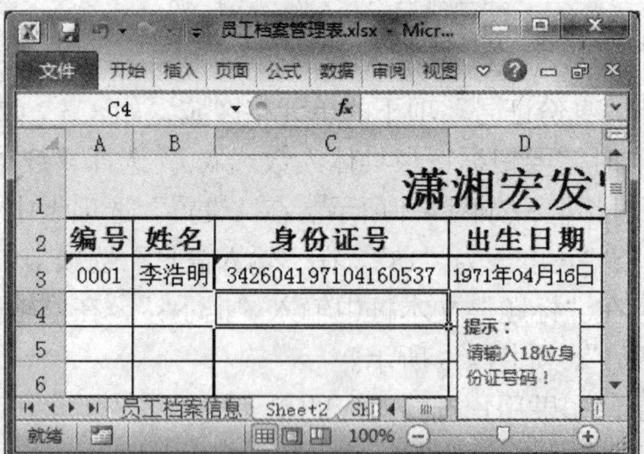

图 4.7 提示信息示意图

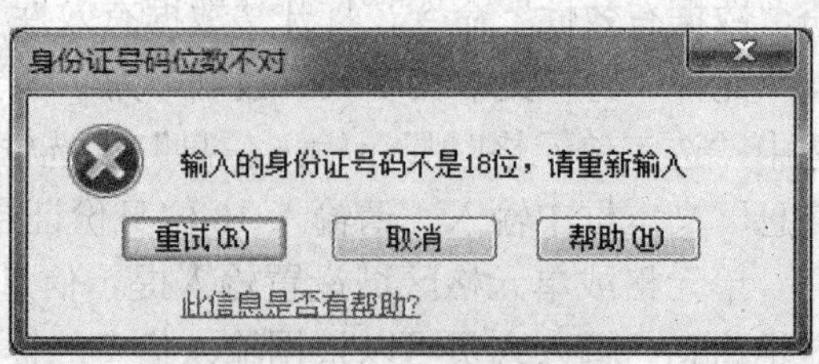

图 4.8 出错警告对话框

3．输入员工档案基本信息

在完成了以上设置后，可以将员工信息输入制作的表格。在输入信息时，为了提高工作效率，可以利用 Excel 输入技巧快捷地录入数据。在员工档案信息表中，编号字段可以按序列填充方式输入；姓名、身份证号、工作时间、家庭住址需要管理员自行录入；性别、婚姻、学历、部门、职位可以通过数据有效性设置进行选择录入；出生日期、工龄、年龄可以利用函数实现自动填充。

（1）利用数据填充功能输入员工编号。在 A3 单元格中输入第 1 位员工的编号，如“0001”。将鼠标指针移到 A3 单元格的右下角，向下拖动填充柄，即可完成员工编号的快速输入。

（2）利用数据有效性设置进行数据的选择性录入。选中 C3∶C25 单元格区域，选择“数据”→“数据有效性”命令，打开“数据有效性”对话框，如图 4.9 所示。

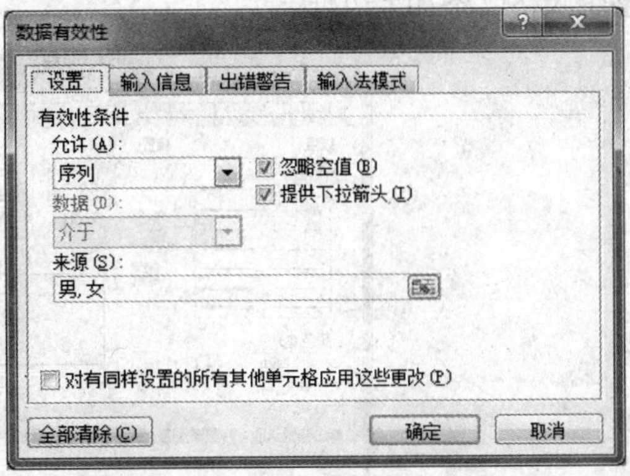

图 4.9 “数据有效性”对话框

在“设置”选项卡下的“允许”项中选择“序列”，在“来源”框中输入“男，女”，序列中的各项以英文状态的逗号分隔，单击“确定”按钮。在数据输入时，其单元格右侧会出现下拉按钮，提供数据信息的选择性输入，如图 4.10 所示。

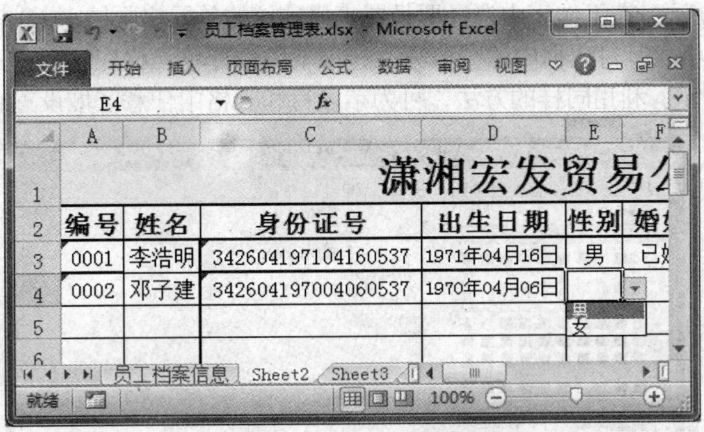

图 4.10 选择性输入示意

同样，可设置婚姻（已婚、未婚）、学历（研究生、本科、中学、小学）、部门（办公室、后勤部、销售部、制造部）、职位（董事长、总经理、部门经理、职工、临时工）的数据有效性信息，进行选择性输入。

4．修饰工作表

工作表数据输入完成后，要对工作表进行必要的修饰和美化。可利用前面介绍的方法进行工作表的设置。选中 A3∶M25 区域，选择“字体”功能区，设置字体为宋体、黑色、12 号。在“对齐方式”功能区中选择“居中”和“垂直居中”，单击该功能区右下角的扩展按钮，在“文本控制”区域选中“缩小字体填充”。接着选择“单元格”→“格式”→“行高”命令，在打开的“行高”对话框中设置行高为“20”。选择“单元格”→“格式”→“自动调整列宽”命令。

下面介绍如何设置表格边框和底纹。选择所有的员工记录，选择“单元格”→“格式”

→“设置单元格格式”命令，打开“设置单元格格式”对话框，在“边框”选项卡中设置表格的内边框和外边框，如图 4.11 所示。设置内部框线为细线，外边框线为粗线，还可对边框线条的具体样式和颜色做进一步选择。设置完毕后，单击“确定”按钮，返回工作表，此时整个表格已添加上边框。

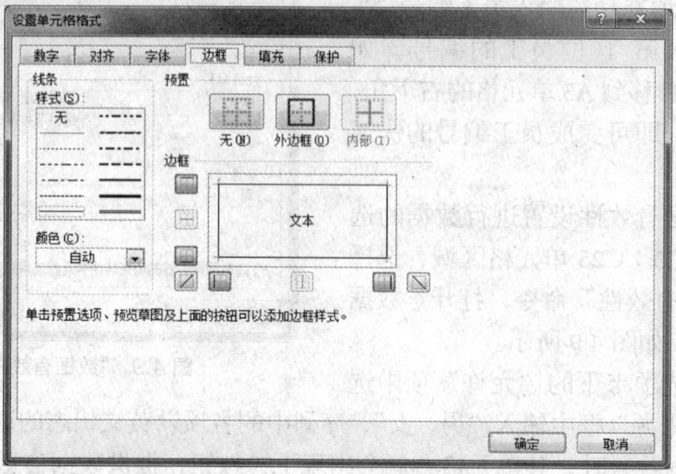

图 4.11 “边框”选项卡

设置单元格底纹。在工作表中选择要设置表格底纹的单元格区域，如合并后的 A1 单元格。在“设置单元格格式”对话框中的“填充”选项卡中选择单元格底纹颜色，单击“确定”按钮，如图 4.12 所示。利用同样的方法，可为字段行和表格中任意区域设置底纹填充效果。

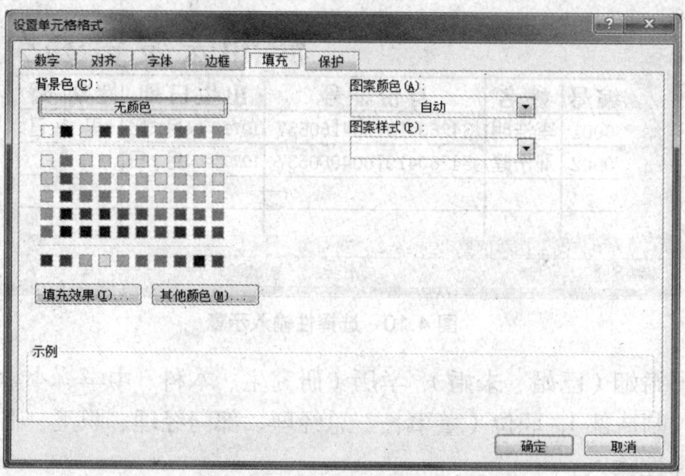

图 4.12 “填充”选项卡

说明

Excel 工作表默认的网格线并不是真正意义的表格线，仅是编辑时的参考依据，在预览与打印时均不显示出来，只有设置了边框的表格才能在打印时有表格线。在编辑过程中，如果不想看到网格线，可以选择“视图”选项卡，取消选中“网格线”复选框即可。

5．打印工作表

在制作好员工档案信息表之后，可以将工作表打印出来。在打印前需要对工作表进行必要的页面设置和打印预览。

选择“页面布局”选项卡，“纸张方向”设置为“横向”，“纸张大小”设置为“A4”，“页边距”中，选择“自定义边距”，选中“居中方式”中的“水平”和“垂直”复选框，如图 4.13 所示。

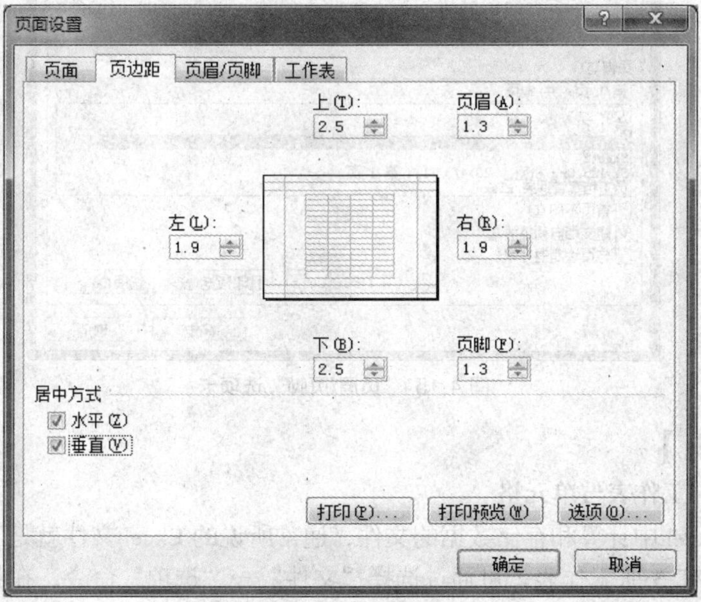

图 4.13　设置“页边距”

在“页面布局”选项卡下，单击“页面设置”右下角的扩展按钮，打开“页面设置”对话框，选择其中的“页眉/页脚”选项卡，单击“自定义页眉”按钮，打开“页眉”对话框，如图 4.14 所示。在中间编辑框中输入自定义页眉“员工档案信息”，单击“确定”按钮即可。在“页脚”下拉列表框中选择页脚格式为“第 1 页，共？页”，如图 4.15 所示。在“工作表”选项卡中，设置打印区域、打印标题、打印顺序等。

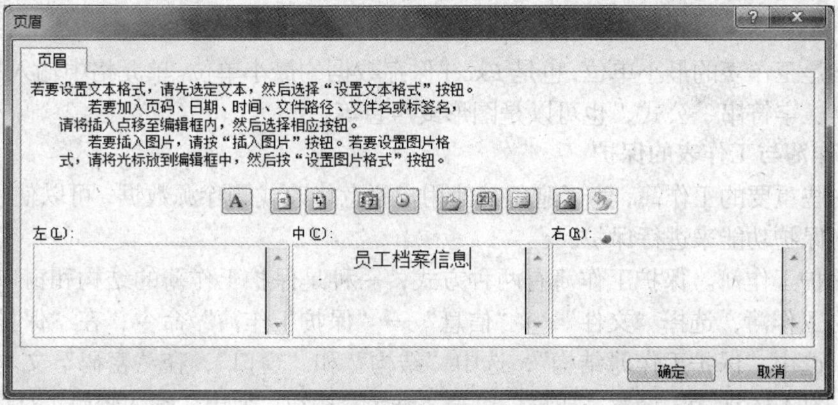

图 4.14　“页眉”对话框

选择“文件”→“打印”命令，在右边打印预览窗口可以看到表格的页面设置效果。如果不太满意，可以回到其他选项卡重新进行设置，也可以在打印预览窗口的“设置”区域直接进行相关设置，直至满意为止。

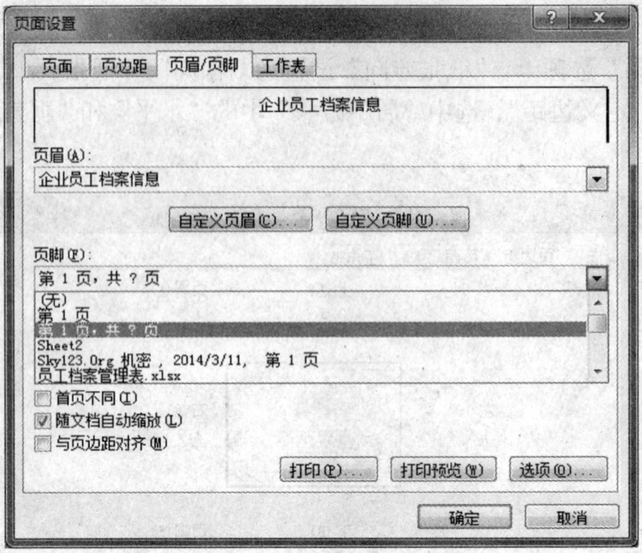

图 4.15 “页眉/页脚”选项卡

【相关知识】

1．工作簿、工作表与单元格

工作簿是 Excel 中计算和存储数据的文件，通常所说的 Excel 文件就是工作簿文件。每个工作簿文件默认有 3 张工作表，可通过选择“文件”→“选项”命令，在打开的“选项”对话框中的“常规”选项卡中，对“包含的工作表数”进行设置，它最多包含 255 张工作表。

默认情况下，工作簿以“工作簿 1”命名，工作表以“Sheet1”、“Sheet2”、“Sheet3”的命名方式加以区分。Excel 中处理的各种数据是以工作表的形式存储在工作簿文件中的。

工作表是一个二维表格，最多可以包含 65 536 行和 256 列，其中行是自上而下从 1 到 65 536 进行编号，列号则由左到右采用 A、B、C……Z，Z 列之后，使用两个字母表示，即 AA、AB、AC……AZ、BA、BB……ZZ 来表示。每一格称为一个单元格，它是存储数据的基本单位。每个单元格均由其所处的行和列来命名其单元格地址（名字），例如，C 列第 5 行的单元格地址为“C5”。

单元格是工作表的最小单位，也是 Excel 保存数据的最小单位。单元格中输入的各种数据，可以是数字、字符串、公式，也可以是图形或声音等。

2．工作簿与工作表的保护

对于一些重要的工作簿，为了避免其他用户恶意修改或删除源数据，可以使用 Excel 中自带的工作簿保护功能来进行保护。

（1）保护工作簿。保护工作簿有两种方式，一种是保护工作簿的结构和窗口。首先打开将要保护的工作簿，选择“文件”→“信息”→“保护工作簿”命令，在“保护工作簿”下拉列表中，选中“保护工作簿结构”，选中“结构”和“窗口”，在“密码”文本框中输入保护密码，如图 4.16 所示。设置完成后，单击“确定”按钮，弹出“确认密码”对话框，在“重新输入密码”文本框中再次输入工作簿保护密码。再次打开工作簿后，不能对工作簿的结构和窗口进行修改，即不能添加、删除工作表和改变工作表的窗口大小。

另一种是设置工作簿保护密码。在当前工作簿中，选择“文件”→“另存为”命令，在打开的“另存为”对话框中选择“工具”按钮下的“常规选项”命令，打开“常规选项”对话框，如图 4.17 所示。在“打开权限密码”和“修改权限密码”文本框中输入保护密码，也可以根据需要设置其中一种保护密码。

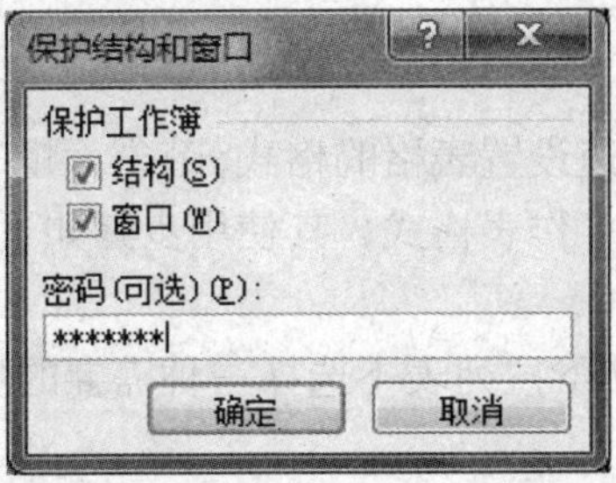

图 4.16 “保护工作簿”对话框

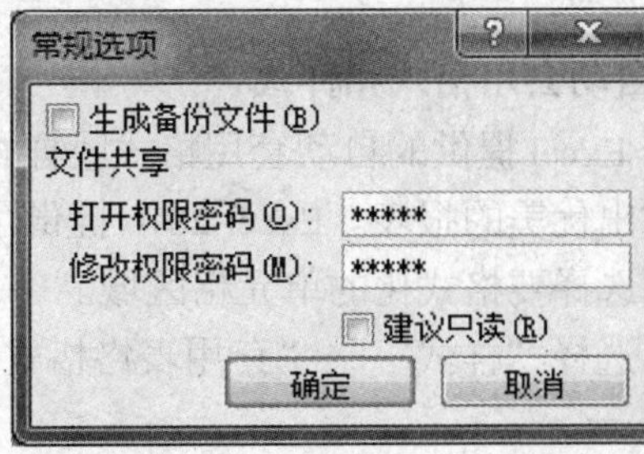

图 4.17 “保存选项”对话框

设置完成后，单击“确定”按钮，会依次打开两个确认密码对话框，确认打开权限密码和修改权限密码。确认后回到“另存为”对话框，在“文件名”文本框中输入保存文件名，单击“保存”按钮即可。当关闭工作簿后再次打开时，会弹出“密码”提示框，在输入正确的密码后，才能打开工作簿。

（2）保护工作表。保护工作表功能可以实现对单元格、单元格格式、插入行、删除列等操作的锁定，防止其他用户随意修改。打开工作表，选择“文件”→“信息”→“保护工作簿”→“保护当前工作表”命令，打开“保护工作表”对话框，如图 4.18 所示。在“取消工作表保护时使用的密码”文本框中输入工作表保护密码，在“允许此工作表的所有用户进行”列表框中取消选中所有的复选框，输入完成后单击“确定”按钮，在弹出的“确认密码”对话框中再次输入密码，单击“确定”按钮即可。

当需要撤销工作表保护时，选择“文件”→“信息”→“保护工作簿”→“取消保护”命令，然后在打开的“撤销工作表保护”对话框中输入保护密码，单击“确定”按钮即可，如图 4.19 所示。

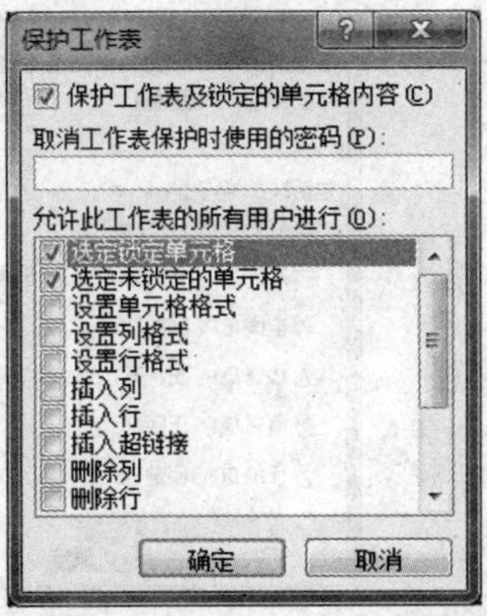

图 4.18 “保护工作表”对话框

图 4.19 取消保护

3. 设置数据的格式

Excel 中提供了丰富的数据格式，包括常规、数值、货币、会计专用、日期、时间、百分比、分数、科学记数、文字和特殊等。此外，还可以从中自定义数据格式。

“数值”格式可以选择小数点的位数、是否使用千位分隔符和负数的表示方法；“货币”格式可以选择货币符号；“会计专用”格式可对一列数值设置所用的货币符号和小数点对齐方式；自定义则提供了多种数据格式。

此外，还可以利用“数字”功能区上的按钮设置选定单元格或单元格区域的数据格式，这些按钮分别为“货币样式”、“百分比样式”、“千位分隔符样式”、“增加小数位数”、“减小小数位数”等。

4．自动套用格式和样式

利用 Excel 提供的自动套用格式或样式功能可以快速设置表格的格式，节省大量的操作时间，制作出优美的报表。Excel 2010 提供了多种不同的工作表格式，其使用步骤如下。

（1）选择要格式化的单元格区域。

（2）选择“样式”→“套用表格格式”命令，在其下拉列表下选择一种需要的样式，如图 4.20 所示。

如果不希望完全采用自动套用格式的所有设置，选定一种样式后，在“表格样式选项”功能区中，有“标题行”、“第一列”、“汇总行”、“最后一列”等 6 个选项，从中清除不需要套用的格式选项即可。

对于经常使用的格式，可以将其设定为样式。设定样式的方法有 3 种：使用已经存在的样式、使用菜单命令更改样式以及合并其他工作簿中存在的样式。操作步骤如下。

（1）选择需要格式化的单元格区域。

（2）选择“样式”→“单元格样式”→“新建单元格样式”命令，打开“样式”对话框，如图 4.21 所示。

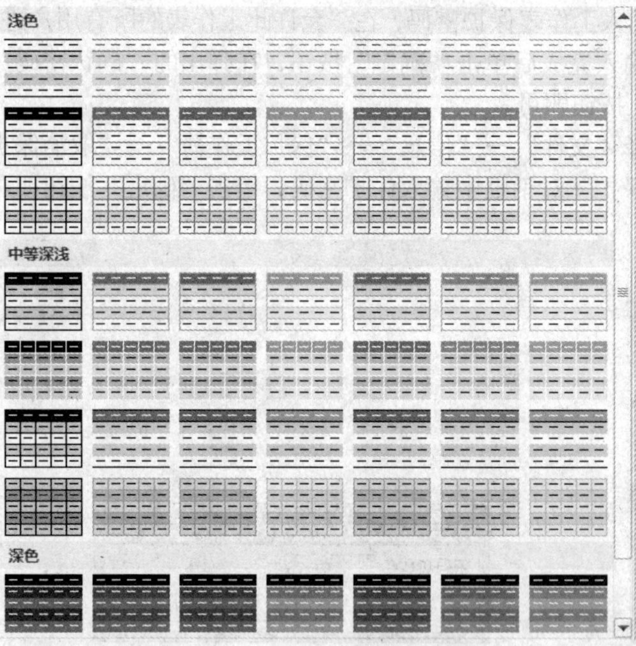

图 4.20 “自动套用表格格式”

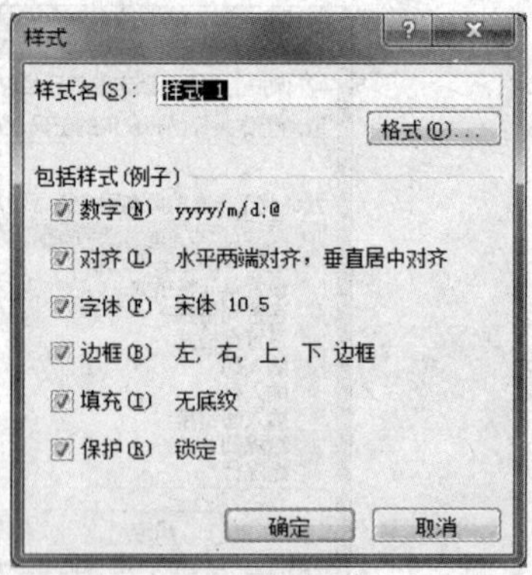

图 4.21 “样式”对话框

（3）应用已经存在的样式是指在“样式名”文本框中设置要使用的样式名称。使用菜单更改样式的步骤为：“开始”→“单元格样式”，在弹出的某种样式上单击鼠标右键，再在弹出的级联菜单上单击“修改”按钮，在出现的“样式”对话框中按需要设置数字格式、字符格式、对齐方式等内容，在“样式包括”选项中选择相应的设定。

合并其他工作簿中存在的样式是指单击“单元格样式”下拉框中的“合并样式”按钮，出现“合并样式”对话框，在其中的“合并样式来源”列表框中选择所需的工作簿文件，单击“确定”按钮。

5．分页和分页预览

在 Excel 中，对于超过一页的工作表，系统能够自动设置分页，但有时用户希望按自己的需要对工作表进行人工分页。人工分页的方法就是在工作表中插入分页符，分页符包括垂直人工分页符和水平人工分页符。

（1）插入分页符。选定要开始新的一页的单元格，选择“页面布局”→“分隔符”命令，选择“插入分页符”项，在该单元格的上方和左侧就会各出现一条虚线表示分页成功。

（2）删除分页符。要删除人工分页符时，应选定分页虚线下一行或右一列的任意单元格，在“分隔符”下拉框下选择“删除分页符”项即可。如果要删除全部分页符，应选中整个工作表，然后选择“页面布局”→“分隔符”→“重设所有分页符”命令。

（3）分页预览。选择“视图”→“分页预览”命令，出现分页预览视图，视图中蓝色粗实线表示分页情况，只要将鼠标指针移到打印区域的边界，鼠标指针变为双向箭头时，拖曳鼠标就可以改变打印区域的大小；将鼠标指针移到分页线上，鼠标指针变为双向箭头时，拖曳鼠标可以改变分页符的位置。

6．设置顶端标题行和打印选定区域

用 Excel 分析处理数据后，如果要求在打印工作表时，每页都有表头和顶端标题行，操作步骤如下。

（1）设置顶端标题行。选择“页面布局”→“打印标题行”命令，在打开的“页面设置”对话框中选择“工作表”选项卡，单击“顶端标题行”文本框右侧的“压缩”按钮，在工作表中选定表头和顶端标题所在的单元格区域，再单击该按钮，返回“页面设置”对话框，单击“确定”按钮。打印时，即可在每页的顶端出现所选定的表头和标题行。

（2）打印区域的选择。在工作表中选定要打印的单元格区域，选择“文件”→“打印”命令，从右边的“打印”功能区中选中“打印选定区域”，即可打印所选定区域的内容。

任务二　Excel 图表的制作

【任务目标】

（1）掌握 Excel 中各类图表的制作方法。

（2）掌握 Excel 中数据透视表和数据透视图的制作方法。

【任务分析】

Excel 可以将工作表中的数据以图表的形式表示出来，这样可以使数据更加直观、生动，还可以帮助用户分析和比较数据。

（1）在学校的教学工作中，对学生的成绩制作图表是一项经常性的工作。在 Excel 中，可以利用图表的形式直观地反映学生成绩分布情况。例如，利用学生单科成绩统计分析表中的数据，可以制作各门课程 90 分以上的学生人数比例的饼图，效果如图 4.22 所示。

（2）产品销售情况是每一个企业所关注的。使用 Excel 的图表、数据透视等处理工具对销售数据进行图表制作，能为企业管理者提供直观的信息，方便其理解业务数据并做出正确决策。例如，要利用图表分析销售员的销售情况，可根据已知数据源，建立嵌入式销售员销售情况统计图表，如图 4.23 所示。

图 4.22　单科成绩统计图

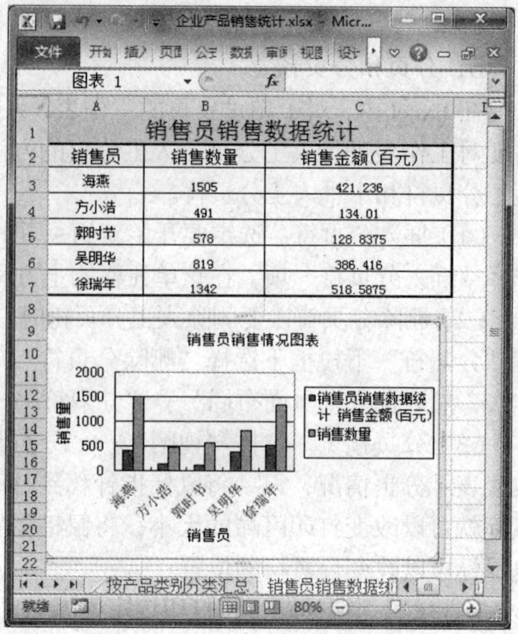

图 4.23　销售情况统计图表

（3）利用数据透视表对数据的交互分析能力，可全面、灵活地对销售业绩数据进行分析、汇总，通过改变字段信息的相对位置，可得到多种分析结果，效果分别如图 4.24 和图 4.25 所示。

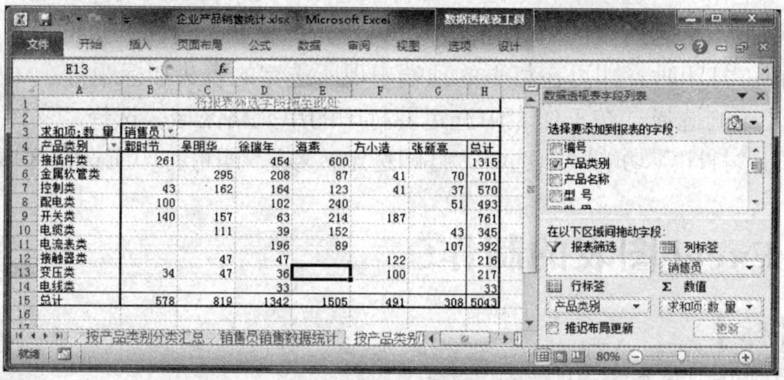

图 4.24　按产品类别统计销售员的销售数量

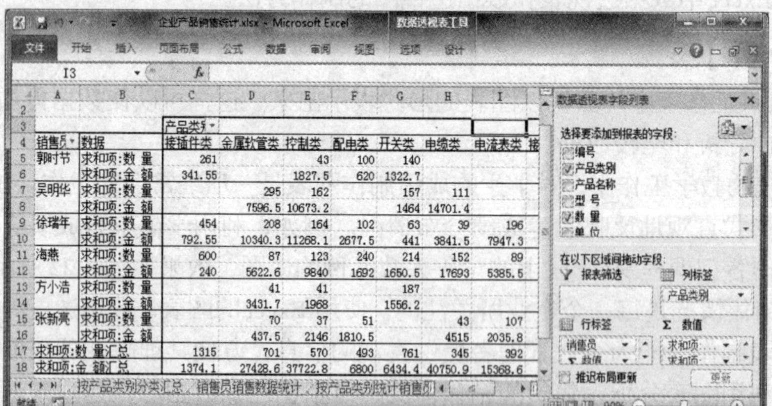

图 4.25　按销售员统计销售数量和金额

【任务实施】

1．创建“单科成绩统计图”，实现不连续区域图表的制作

启动 Excel，假设在制作本图之前，已在工作簿内创建好一个“单科成绩分析表”，表内已统计好各项单科成绩的最高分、最低分、各分数段人数与比例等内容。将其中一个空白工作表名改为“单科成绩统计图”，以“学生成绩处理”为名保存工作簿。选择“单科成绩统计图”工作表，将光标置于表中任一单元格，选择“插入”选项卡，从“图表”功能区的图表类型中选择“饼图”，从出现的子图表类型中选择“分离型三维饼图”，在“数据”功能区选择“选择数据”，打开“选择数据源”对话框，如图 4.26 所示。

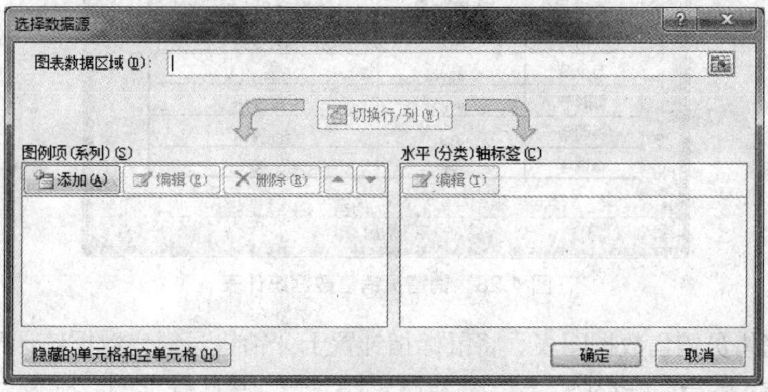

图 4.26 “选择数据源”对话框

在对话框中单击右侧的浏览按钮，选择“单科成绩分析”表，在其中按住 Ctrl 键选择不连续区域 A2∶H2 和 A9∶H9，则数据区域文本框中自动显示所选择单元格的内容。单击“确定”按钮，则生成单科成绩统计图雏形。

在“布局”选项卡，“标签”功能区中选择“图表标题”→“图表上方”命令，然后设置标题标签的内容为“90 分以上人数比例”命令；选择“图例”→“在右侧显示图例”命令；选择“数据标签”→“其他数据标签选项”命令，在“标签包括”选项中去掉“值”，改选“百分比”，单击“关闭”按钮。在“属性”功能区中把“图表名称”改为“单科成绩统计图”。回到“设计”选项卡，单击“位置”功能区的“移动图表”按钮，打开“移动图表”对话框，如图 4.27 所示。

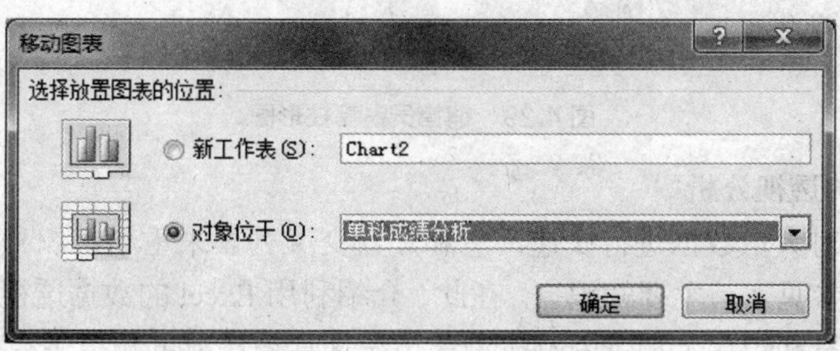

图 4.27 “移动图表”对话框

在打开的对话框中选择放置图表的位置为“对象位于”，然后在其后的下拉列表中选择“单科成绩统计图”，单击“确定”按钮，将在“单科成绩统计图”工作表中插入一个图表。如果要详细设置所制作的图表，在“布局”或“格式”选项卡中，在“当前所选内容”功能区中选择好相应的图表区域，再详细设置所选内容的格式。最后，把所生成的图表调整到合适的

位置，效果如图 4.22 所示。

2．使用图表直观显示每位销售员的销售数量和销售金额

（1）建立图表数据源。在创建销售员销售数据图表前，需要建立图表的数据源。新建一个“销售员销售数据统计”表，效果如图 4.28 所示。

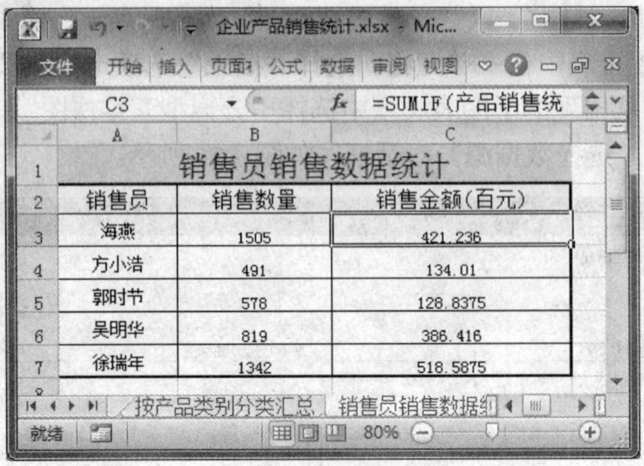

图 4.28　销售员销售数据统计表

（2）创建销售员销售数据图表。将鼠标指针置于“销售员销售数据统计”表中任一单元格上，选择“插入”→“柱形图”→“二维柱形图”→“簇状柱形图”命令，在“图表布局”功能区中，选择“布局 1”选项，把图表标题改为“销售员销售情况图表”，创建销售员销售柱形图，效果如图 4.29 所示。

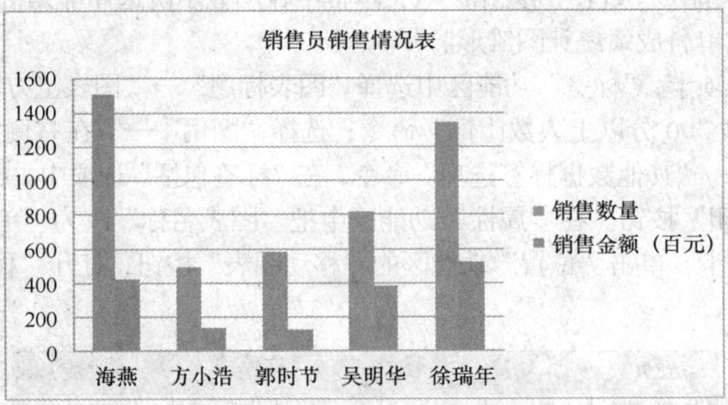

图 4.29　销售员销售柱形图

3．销售数据的透视分析

数据透视可以对大量数据进行快速汇总和建立交叉列表来重新组织和显示数据。有关数据透视的详细介绍参见本节主要知识点。在此，介绍利用 Excel 的数据透视功能按产品类别统计销售员的销售数量和销售金额，以及按销售员统计其销售数量和销售金额。

（1）建立按产品类别统计销售员的销售数量的数据透视表。在创建销售员销售数据透视表前，需要建立透视表的数据源。新建一个“企业产品销售统计”表，效果如图 4.30 所示。将鼠标指针定位在“产品销售统计”表中的任一单元格上，选择“插入”→“数据透视表”命令，打开“创建数据透视表”对话框。输入或选取要建立数据透视表的数据源区域，本例中就按默认值，选择位置也按默认值“新工作表”，如图 4.31 所示。

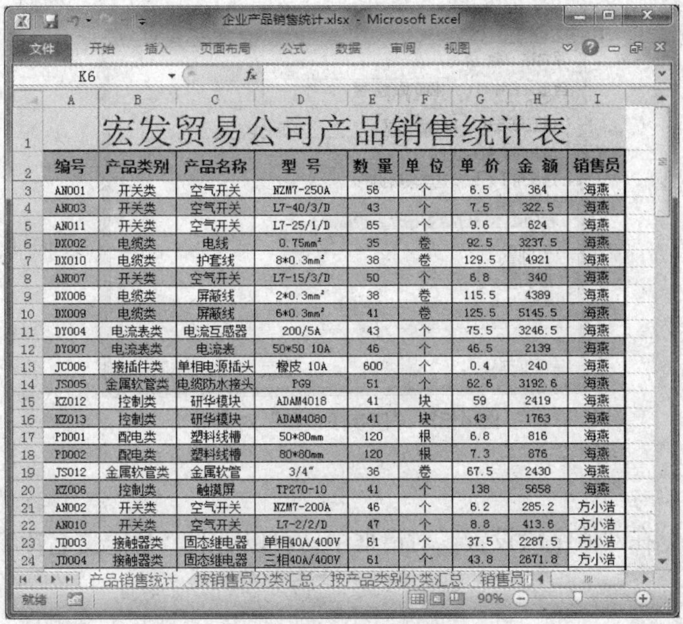

	A	B	C	D	E	F	G	H	I
1	宏发贸易公司产品销售统计表								
2	编号	产品类别	产品名称	型 号	数 量	单 位	单 价	金 额	销售员
3	AN001	开关类	空气开关	NZM7-250A	56	个	6.5	364	海燕
4	AN003	开关类	空气开关	L7-40/3/D	43	个	7.5	322.5	海燕
5	AN011	开关类	空气开关	L7-25/1/D	65	个	9.6	624	海燕
6	DX002	电缆类	电线	0.75mm²	35	卷	92.5	3237.5	海燕
7	DX010	电缆类	护套线	8*0.3mm²	38	卷	129.5	4921	海燕
8	AN007	开关类	空气开关	L7-15/3/D	50	个	6.8	340	海燕
9	DX006	电缆类	屏蔽线	2*0.3mm²	38	卷	115.5	4389	海燕
10	DX009	电缆类	屏蔽线	6*0.3mm²	41	卷	125.5	5145.5	海燕
11	DY004	电流表类	电流互感器	200/5A	43	个	75.5	3246.5	海燕
12	DY007	电流表类	电流表	50*50 10A	46	个	46.5	2139	海燕
13	JC006	接插件类	单相电源插头	橡皮 10A	600	个	0.4	240	海燕
14	JS005	金属软管类	电缆防水接头	PG9	51	个	62.6	3192.6	海燕
15	KZ012	控制类	研华模块	ADAM4018	41	块	59	2419	海燕
16	KZ013	控制类	研华模块	ADAM4080	41	块	43	1763	海燕
17	PD001	配电类	塑料线槽	50*80mm	120	根	6.8	816	海燕
18	PD002	配电类	塑料线槽	80*80mm	120	根	7.3	876	海燕
19	JS012	金属软管类	金属软管	3/4"	36	卷	67.5	2430	海燕
20	KZ006	控制类	触摸屏	TP270-10	41	个	138	5658	海燕
21	AN002	开关类	空气开关	NZM7-200A	46	个	6.2	285.2	方小浩
22	AN010	开关类	空气开关	L7-2/2/D	47	个	8.8	413.6	方小浩
23	JD003	接触器类	固态继电器	单相40A/400V	61	个	37.5	2287.5	方小浩
24	JD004	接触器类	固态继电器	三相40A/400V	61	个	43.8	2671.8	方小浩

图 4.30　产品销售统计表

单击“确定”按钮，将出现一个空白的数据透视表，如图 4.32 所示。由蓝色的线条分出 4 个区域，分别为“报表筛选”字段、行字段、“列字段和值”字段区域，同时还显示“数据透视表字段列表”对话框。将“数据透视表字段列表”中的“产品类别”字段拖放到“行字段”处，将“销售员”字段拖放到“列字段”处，将“数量”拖放到“数值”处。在行列字段交叉单元格内（即左上角“求和项：数量”所在的 A3 单元格）右击，在弹出的快捷菜单中选择“值字段设置”命令，打开“值字段设置”对话框，如图 4.33 所示。选择汇总方式为“计数”后单击“确定”按钮，则在行列交叉单元格内显示“计数项：数量”，在“列字段”处显示“汇总”项，即可得到按产品类别统计销售员销售数量的透视表效果，如图 4.24 所示。

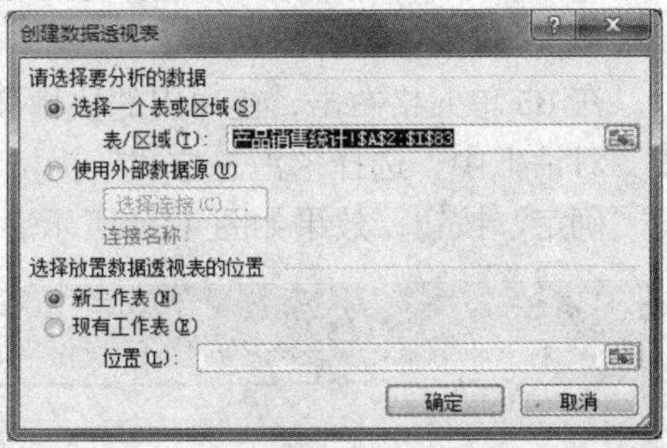

图 4.31　创建数据透视表对话框

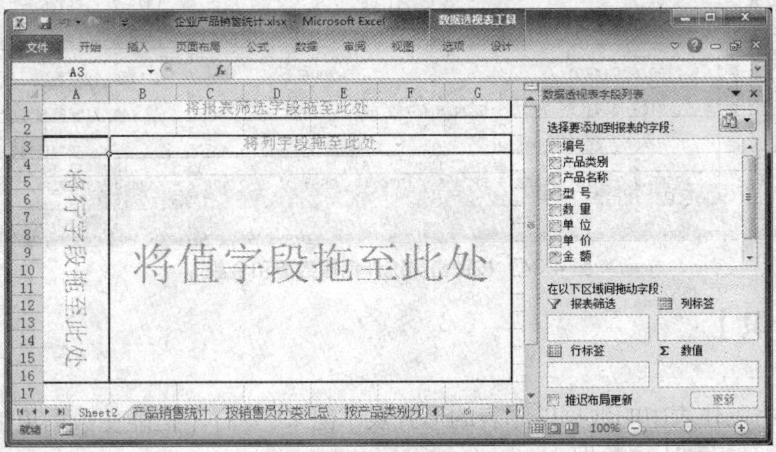

图 4.32　数据透视表框架图

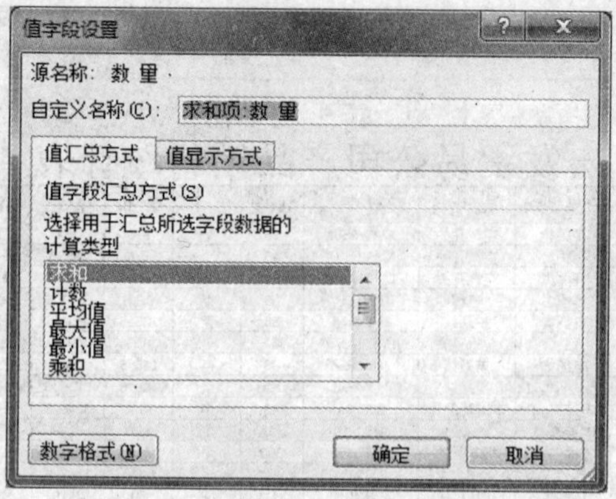

图 4.33 “值字段设置”对话框

> **说明** 在“值字段设置”对话框中，可以更改“自定义名称”框的内容。

（2）建立按销售员统计销售商品的销售数量和销售金额的数据透视表。用鼠标将“销售员”字段拖动到“行标签”处，将“产品类别”字段拖放到“列标签”处，将“数量”及“金额”字段依次拖放到“数值”区域，则新建一工作表，将其命名为“按销售员统计销售数量和金额”，效果如图 4.25 所示。

在 B5 单元格右击，在弹出的快捷菜单中选择“值字段设置”命令，在打开的“值字段设置”对话框中，选择“汇总方式”为“计数”，则将“数量”的汇总方式更改为“计数”。单击“确定”按钮，效果如图 4.34 所示。

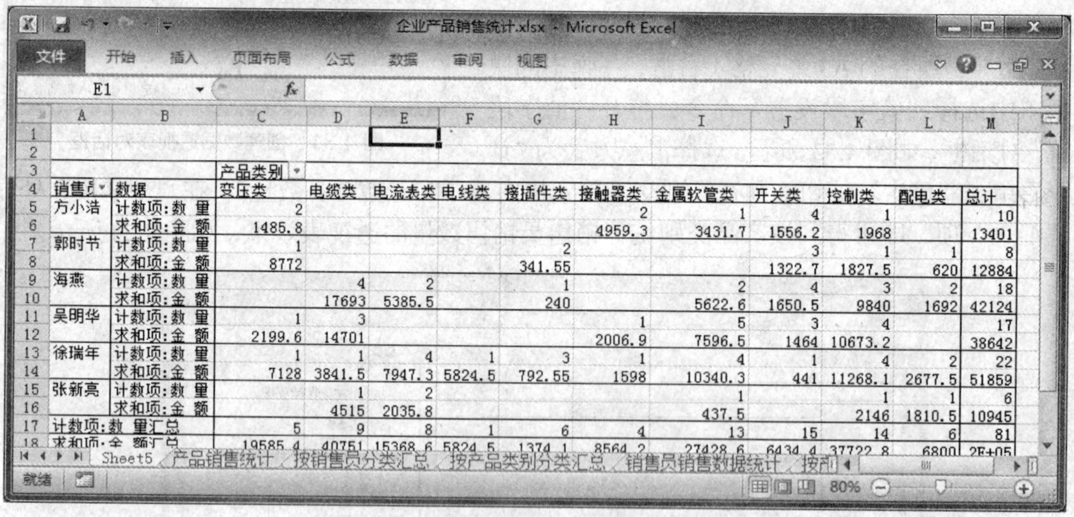

图 4.34 按销售员统计销售数量和金额

【相关知识】

1. 图表

Excel 可以将工作表中的数据以图表的形式表示出来，这样不但能使数据更加直观、生动，还可以帮助用户分析和比较数据。

（1）创建图表。创建图表有两种方法，一是利用“插入”选项卡下“图表”功能区中的选项；二是利用 F11 键或 Alt+F1 组合键快速制作单独的柱形图表。前面是在“图表”功能区中直接创建图表的，在此介绍第二种创建图表的方法。

选中单科成绩分析表中的 A2∶H2 区域和 A8∶H8 区域，按 F11 键或 Alt+F1 组合键，自动产生一个单独的柱形图表，如图 4.35 所示。

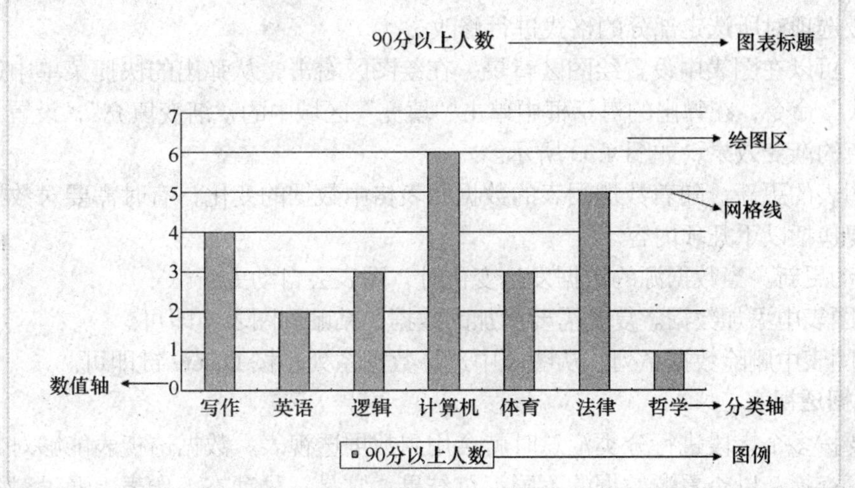

图 4.35　单独的柱形图表

Excel 的图表有嵌入式图表和工作表图表两种类型。嵌入式图表与创建图表的数据源在同一张工作表中，打印时也同时打印。本例中的单科成绩统计图表可作为嵌入式图表嵌入单科成绩分析表。工作表图表是只包含图表的工作表，打印时与数据表分开打印。无论哪种图表都与创建它们的工作表数据相连接，当修改工作表数据时，图表会随之更新。

（2）图表类型。Excel 提供了丰富的图表功能，标准类型有柱形图、条形图、饼图等，每一种还有二维、三维、簇状、百分比图等供选择。迷你图则有“折线图”、“柱形图”、“盈亏”等。对于不同的数据表，应选择最适合的图表类型，才能使表现的数据更生动、形象。主要的图表类型及特点如下。

柱形图：用于描述数据随时间变化的趋势或各项数据之间的差异。

条形图：与柱形图相比，它强调数据的变化。

折线图：显示在相等时间间隔内数据的变化趋势，它强调时间的变化率。

面积图：强调各部分与整体间的相对大小关系。

饼图：显示数据系列中每项占该系列数值总和的比例关系，只能显示一个数据系列。

XY 散点图：一般用于科学计算，显示间隔不等的数据的变化情况。

气泡图：XY 散点图的一种特殊类型，它在散点的基础上附加了数据系列。

圆环图：类似于饼图，也可以显示部分与整体的关系，但能表示多个数据系列。

股市图：用来分析和说明股市的行情变化。

雷达图：用于显示数据系列相对中心点以及相对彼此数据类别间的变化。

曲面图：用来寻找两组数据间的最佳组合。

（3）图表的编辑与格式化。图表创建好之后，可根据需要对图表进行修改或对其某一部分进行格式设置。在数据图表区域，将鼠标指针置于任一一个区域，稍做停留，即会出现区域名称的自动提示。

当需要对图表进行编辑时，有以下几种方法。

① 选择好待编辑的图表，会出现三个选项卡“设计”、“布局”和“格式”，利用这三个功能选项卡，选择相应命令进行图表的重新设置。

② 在图表区域右击，在出现的快捷菜单上选择相关命令进行图表编辑。

③ 右击需要修改的部分，在出现的快捷菜单上选择“××格式”，可以在打开的对话框中选择相应选项对所选定部分的格式进行修改。

例如，可以在图表中设置绘图区背景，在绘图区右击，从弹出的快捷菜单中选择“设置绘图区格式”命令，在弹出的对话框中单击“填充”区域中的“渐变填充”，设置为黄色、白色两种颜色的渐变效果，如图 4.33 所示。

（4）图表的更新。随着数据图表的数据源表格中数据的变化，有时需要对数据图表进行更新，主要包括以下几项内容。

① 自动更新。当数据源的数据发生变化时，图表会自动更新。

② 向图表中添加数据。复制需要添加的数据，粘贴到图表中即可。

③ 从图表中删除数据系列。从图表中选择数据系列，按 Delete 键即可。

2．数据透视表

当需要按多个字段进行分类汇总时就会用到数据透视表。数据透视表能够对数据表中的行与列进行交换，以查看源数据的不同汇总结果。它是一种动态工作表，通过对数据的重新组织与显示，提供了一种以不同角度观察数据清单的方法。

（1）数据透视表的结构。数据透视表一般由报表筛选字段、报表筛选字段项、值字段、数据值项、行字段、列字段及数据值区域 7 部分组成。

① 报表筛选字段：数据透视表中指定为页方向的源数据清单中的字段。

② 报表筛选字段项：源数据清单中的每个字段值、列条目或数值是页字段列表中的一项。

③ 值字段：指含有数据值的源数据清单中的字段。

④ 数据值项：数据透视表中的各个数据值。

⑤ 行字段：数据透视表中指定为行方向的源数据清单中的字段。

⑥ 列字段：数据透视表中指定为列方向的源数据清单中的字段。

⑦ 数据值区域：数据透视表中含有汇总数据值的区域。

（2）数据透视表的编辑与修改。对于制作好的数据透视表，有时还需要进行编辑操作。编辑操作包括设置数据透视表的格式、修改布局、添加/删除字段等。数据透视表的许多编辑操作都可以通过“数据透视表工具”所包括的两个选项卡“选项”和“设计”中的功能项来实现。默认情况下，这两个选项卡是看不到的，但只需在有效数据区域的任意单元格内单击，便可显示出这两个功能选项卡，如图 4.36 所示。例如，可以利用“设计”选项卡中的功能项为数据透视表设置不同的数据透视报告格式，使数据透视表更加美观。此外，还可以利用“选项”卡中的功能项，根据用户需要对数据透视表的格式进行设置。

如果对建立的数据透视表布局并不满意，对结构中的行、列、数据值项等需要修改，那还可以对其进行一系列修改操作。Excel 具有动态视图的功能，允许用户随时更改透视表的结构，可以通过直接单击数据透视表中要调整的字段，按住鼠标左键将其拖放到合适的位置来修改透视表。例如，行列字段位置互换时，将行字段拖放到列字段中，列字段拖放到行字段中即可。还可以通过拖动的方法添加或删除字段：添加字段时将需要添加的字段从字段列表中拖放到数据透视表的适当位置；删除字段时将要删除的字段名拖放到透视表数据区以外即可。删除某个字段后，与之相关的数据会从数据透视表中删除。需要时，可将已删除的字段再次添加。

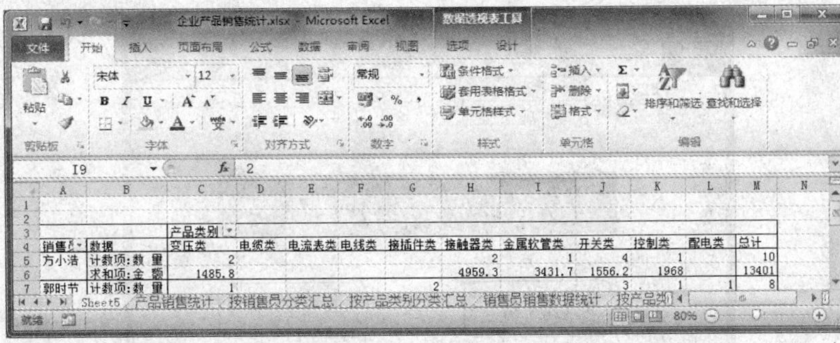

图 4.36 数据透视表工具

如果要删除数据透视表，操作步骤如下。

① 单击要删除的数据透视表中的任一单元格。

② 在“数据透视表工具”中的“选项”卡，选择“整个数据透视表”。

③ 选择“清除”→“全部清除”命令，即可删除数据透视表。

（3）创建数据透视图。方法是单击数据透视表有效区域，在“数据透视表工具”的“选项”卡上，有一个“工具”功能区，选择其中的“数据透视图”命令，打开“插入图表”对话框，与创建其他类型的图形一样，按照向导提示进行操作。

（4）数据透视表的数据更新。数据透视表的数据来源于数据库表，不能在透视表中直接修改；即使源数据库中的数据被修改了，透视表中的数据也不会自动更新，必须执行更新数据操作，数据透视图也是这样。这一点与 Excel 中图表制作时数据变动会引起对应图表的自动更新不同。

更新数据透视表有以下 3 种方法。第一种是选择“数据”选项卡，选择“全部刷新”→“刷新”命令；第二种是在数据区域的快捷菜单中选择“刷新”命令；第三种是在“数据透视表”右下角单击“更新”按钮。

任务三 Excel 公式与函数的使用

【任务目标】

（1）掌握 Excel 公式的使用。

（2）掌握 Excel 常用函数的使用。

【任务分析】

利用 Excel 提供的公式和函数功能，可以对大量数据进行快捷的计算和统计，从而简化工作，大大提高工作效率。本任务利用 Excel 建立实现员工工资管理功能的多张表格，并通过关联表的制作完成各张表之间的关联。

为了实现工资管理的完整性，在此，建立“员工工资管理”工作簿。在该工作簿中，包含“主界面”、“员工基本信息”、“计算比率及标准”、“员工基本工资”、“补贴补助”、“社会保险”、“工资”、“个人工资”这 8 张工作表。其中，“员工基本信息”来源于项目四任务一中制作的员工档案管理表；“补贴补助”、“工资”两张表在实训中按实训步骤操作完成；“个人工资条”表的制作在项目四的任务五中完成。“主界面”用于在“员工工资管理”工作簿中实现各工作表之间的切换和链接，效果如图 4.37 所示。

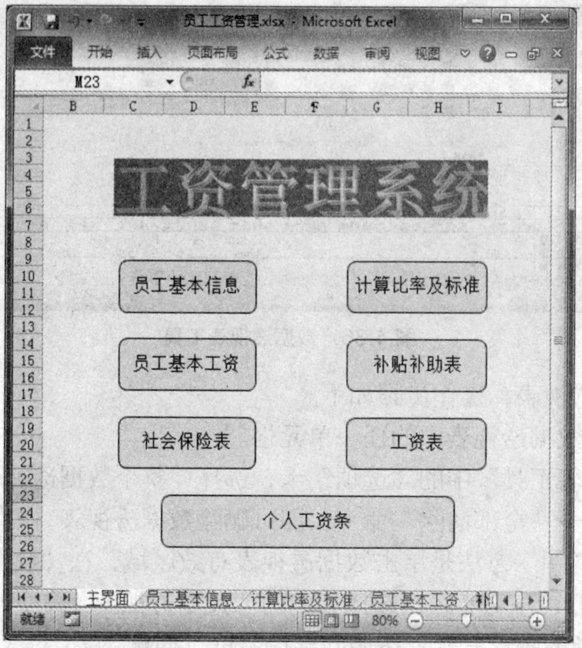

图 4.37　主界面的效果

“员工基本信息”表是利用 Excel 中工作表的复制、粘贴功能，将“员工档案管理”表复制到该表中，并将其中部分字段利用函数来实现数据的录入，效果如图 4.1 所示。

根据国家计算标准发布的社会保险、住房公积金、个人所得税等计算标准，创建在工资管理中相关的计算比率表和企业内部制度规定的其他计算标准表。在“计算比率及标准”表中包含“社会保险及住房公积金比率”表、“单位工资标准”表、“个人应税薪金税率”表和“员工补贴标准”表等，效果如图 4.38 所示。

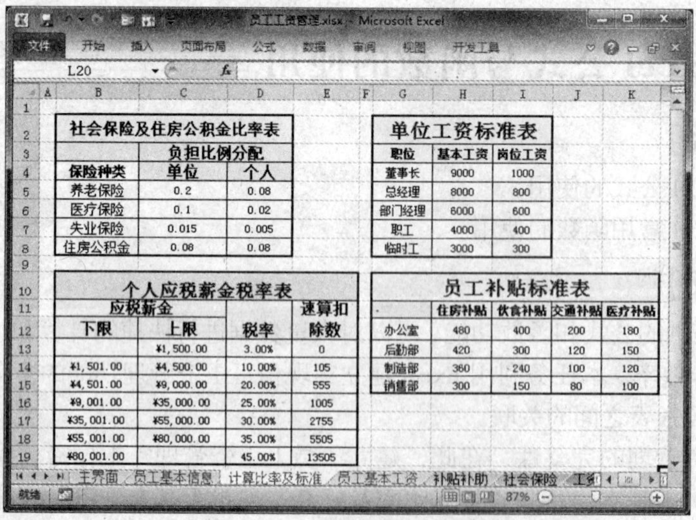

图 4.38　计算比率与标准表

“员工基本工资”表主要包含员工的“基本工资”、“岗位工资”、“工龄工资”等信息，反映了每位员工的基本工资金额，如图 4.39 所示。

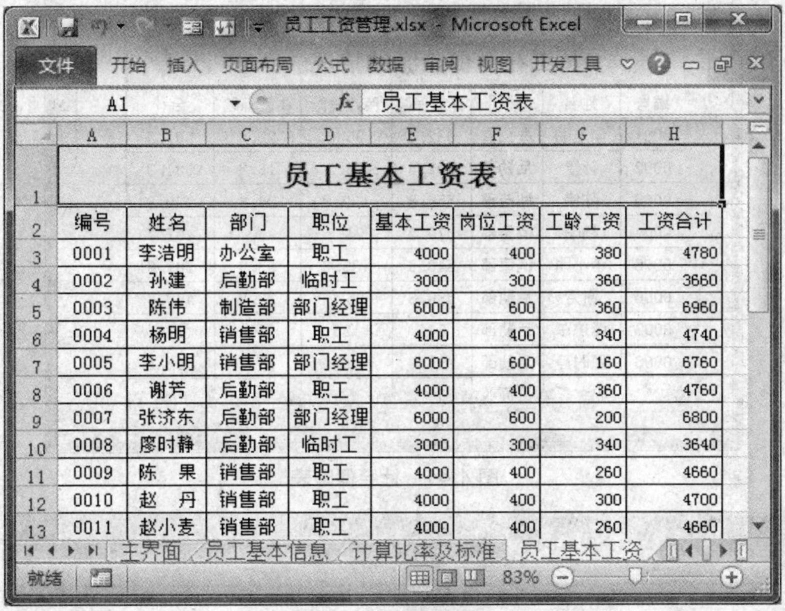

员工基本工资表

编号	姓名	部门	职位	基本工资	岗位工资	工龄工资	工资合计
0001	李浩明	办公室	职工	4000	400	380	4780
0002	孙建	后勤部	临时工	3000	300	360	3660
0003	陈伟	制造部	部门经理	6000	600	360	6960
0004	杨明	销售部	职工	4000	400	340	4740
0005	李小明	销售部	部门经理	6000	600	160	6760
0006	谢芳	后勤部	职工	4000	400	360	4760
0007	张济东	后勤部	部门经理	6000	600	200	6800
0008	廖时静	后勤部	临时工	3000	300	340	3640
0009	陈　果	销售部	职工	4000	400	260	4660
0010	赵　丹	销售部	职工	4000	400	300	4700
0011	赵小麦	销售部	职工	4000	400	260	4660

图 4.39　员工基本工资表

员工的“补贴补助”表反映了单位员工的福利情况，是社会保障中基本保障之外的补充保障。根据企业规模和效益不同，对员工的福利保障水平有所不同。本例以员工所属部门来约定住房补贴、伙食补贴、交通补贴和医疗补贴的金额，具体数据如图 4.40 所示。

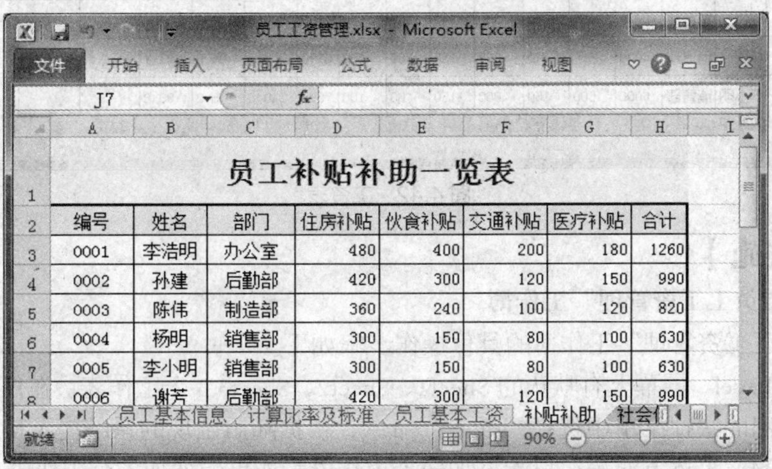

员工补贴补助一览表

编号	姓名	部门	住房补贴	伙食补贴	交通补贴	医疗补贴	合计
0001	李浩明	办公室	480	400	200	180	1260
0002	孙建	后勤部	420	300	120	150	990
0003	陈伟	制造部	360	240	100	120	820
0004	杨明	销售部	300	150	80	100	630
0005	李小明	销售部	300	150	80	100	630
0006	谢芳	后勤部	420	300	120	150	990

图 4.40　员工补贴补助一览表

员工的“社会保险”表反映了员工社会保险中个人需要承担部分的计算。“社会保险”包括养老保险、医疗保险、失业保险等部分，其中，个人需要承担的部分是在“基本工资”的基础上计算的。例如，养老保险的计算公式为养老保险=基本工资×养老保险个人负担比例（8%），效果如图 4.41 所示。

“工资”表是将“员工基本工资”表、“补贴补助”表、“社会保险”表中的数据逐一提取到该表中，从而统计出本月员工应发工资、应扣工资和实发工资信息，效果如图 4.42 所示。

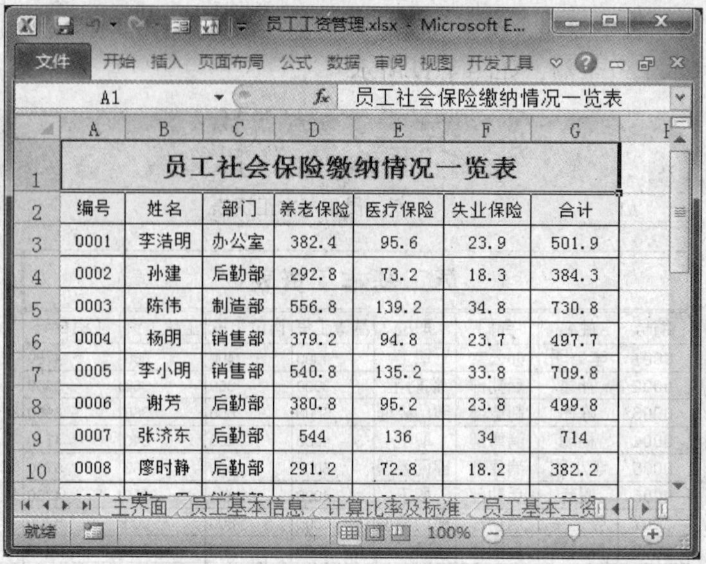

员工社会保险缴纳情况一览表						
编号	姓名	部门	养老保险	医疗保险	失业保险	合计
0001	李浩明	办公室	382.4	95.6	23.9	501.9
0002	孙建	后勤部	292.8	73.2	18.3	384.3
0003	陈伟	制造部	556.8	139.2	34.8	730.8
0004	杨明	销售部	379.2	94.8	23.7	497.7
0005	李小明	销售部	540.8	135.2	33.8	709.8
0006	谢芳	后勤部	380.8	95.2	23.8	499.8
0007	张济东	后勤部	544	136	34	714
0008	廖时静	后勤部	291.2	72.8	18.2	382.2

图 4.41　社会保险表

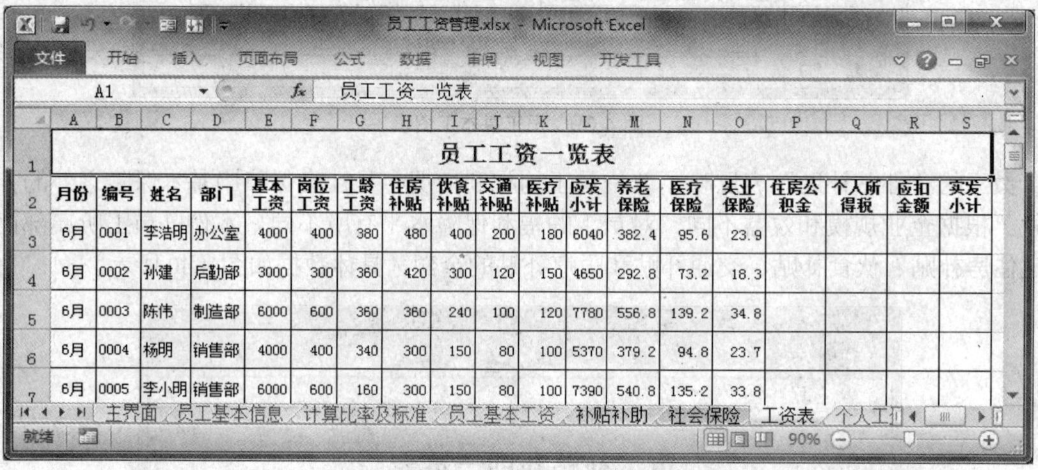

员工工资一览表																		
月份	编号	姓名	部门	基本工资	岗位工资	工龄工资	住房补贴	伙食补贴	交通补贴	医疗补贴	应发小计	养老保险	医疗保险	失业保险	住房公积金	个人所得税	应扣金额	实发小计
6月	0001	李浩明	办公室	4000	400	380	480	400	200	180	6040	382.4	95.6	23.9				
6月	0002	孙建	后勤部	3000	300	360	420	300	120	150	4650	292.8	73.2	18.3				
6月	0003	陈伟	制造部	6000	600	360	360	240	100	120	7780	556.8	139.2	34.8				
6月	0004	杨明	销售部	4000	400	340	300	150	80	100	5370	379.2	94.8	23.7				
6月	0005	李小明	销售部	6000	600	160	300	150	80	100	7390	540.8	135.2	33.8				

图 4.42　工资表

【任务实施】

1．新建“员工工资管理”工作簿

创建“员工工资管理”工作簿的具体操作步骤如下。

（1）启动 Excel，屏幕上有默认的 Sheet1、Sheet2、Sheet3 3 个工作表。在任意工作表标签上右击，从弹出的快捷菜单中选择“插入”命令，根据随后出现的系统提示操作，添加一个新工作表 Sheet4。上述方法一次只能添加一个工作表，如果想添加多个工作表，可利用 Shift 键选取多个工作表，再右击，在快捷菜单中选择“插入”命令，则会快速添加与选取个数一样多的工作表。本例中添加 5 个工作表。

（2）将 8 张工作表的名称依次更改为“主界面”、“员工基本信息”、“计算比率及标准”、“员工基本工资”、“补贴补助”、“社会保险”、“工资表”、“个人工资条”。

（3）保存工作簿，并以“员工工资管理”为名存盘。

2．制作“主界面”工作表

制作“主界面”工作表的具体操作步骤如下。

（1）选取“主界面”工作表。选择“视图”选项卡，在窗口选项内容中取消选中“网格线”复选框，从而取消了工作表中的网格线。

（2）选择整个工作表，单击“开始”，在“字体”组中单击“填充”按钮，设置工作表填充颜色为浅青绿色。

（3）利用插入艺术字的方法，插入艺术字“工资管理系统”，并进行适当的格式设置。

（4）选择“插入”→“形状”命令，选择圆角矩形，拖动鼠标绘制出圆角矩形，并进行填充效果、线条颜色以及图形大小的设置。将绘制好的圆角矩形复制 5 个，并将它们按效果图位置放置好。操作时，可以借助“绘图工具”（格式）“排列”栏上的“对齐”命令来进行对齐和分布的设置。

在圆角矩形上右击，从弹出的快捷菜单中选择“编辑文字”命令，输入相应的文字，选中输入的文字后右击，从弹出的快捷菜单中选择“设置文字效果格式”命令，弹出“设置文本效果格式”对话框，如图 4.43 所示。在该对话框中设置好文本的效果，然后单击“关闭”按钮。

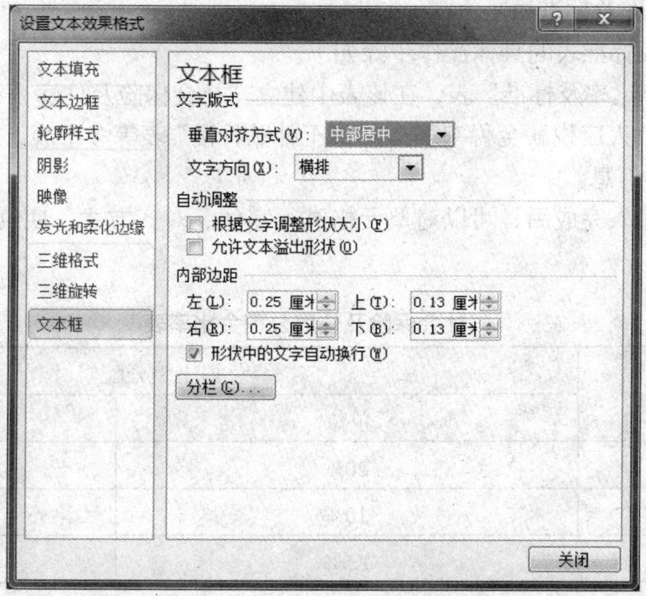

图 4.43 “设置文本效果”对话框

（5）设置圆角矩形图与对应工作表的超级链接。例如，选择“员工基本信息表”矩形，选择“插入”→“超链接”命令，在打开的“编辑超级链接”对话框中选择“员工基本信息表”即可。

3．创建员工基本信息表

复制项目四任务一中创建的“员工档案管理”表，并将内容和格式全部粘贴到“员工基本信息”表中。在该表中完成出生日期、年龄、工龄的计算。

（1）利用函数从身份证号中自动提取出生日期。身份证号与一个人的性别、出生年月、籍贯等信息是紧密相连的。按照规定，18 位身份证号的第 7、8、9、10 位为出生年份（四位数），第 11、12 位为出生月份，第 13、14 位代表出生日期。在 D3 单元格中输入：“=CONCATENATE(MID(C5,7,4),"年",MID(C5,11,2),"月",MID(C5,13,2),"日")”，按 Enter 键后，即可从身份证号中提取员工的出生日期。将光标移到 D3 单元格右下角，拖动填充柄复制公式，即可从员工的身份证号中提取其他员工的出生日期。

说明

CONCATENATE（text1，text2…）函数的作用是将多个文本字符串合并为一个文本字符串。MID（text，d1，d2）函数的作用是从文本字符串 text 的第 d1 位开始提取 d2 个特定的字符。例如，MID（C3，7，4）表示从身份证号码的第 7 位号码开始提取 4 位号码，表示出生的“年”。最后，利用 CONCATENATE 函数对提取的号码进行组合，得到员工的出生日期。

（2）利用公式计算员工工龄和年龄。当档案信息表中员工的工作时间和出生日期确定后，可通过编辑公式直接计算出员工的工龄和年龄。

将鼠标指针置于 J3 单元格中，输入“=YEAR(TODAY())−YEAR(H3)”，按 Enter 键即可计算出第一位员工的工龄。复制公式计算出所有员工的工龄。

利用同样的方法，在 I3 单元格中输入“=YEAR(TODAY())−YEAR(D3)”，进行员工年龄的计算。

4．创建计算比率及标准表

创建计算比率及标准表的具体操作步骤如下。

（1）选择“计算比率及标准”表，在该表中建立“社会保险及住房公积金比率”表、“单位工资标准”表、“个人应税薪金税率”表、“员工补贴标准”表等多个表，并分别输入表 4.1～表 4.4 中对应的数据信息。

（2）相关数据输入完成后，可以对单元格进行字体、对齐方式、底纹、边框等设置，效果如图 4.38 所示。

表 4.1　　　　社会保险及住房公积金比率表

保险种类	负担比例分配	
	单位	个人
养老保险	20%	8%
医疗保险	10%	2%
失业保险	1.5%	0.5%
住房公积金	8%	8%

表 4.2　　　　个人应税薪金税率表

应税薪金		税率	速算扣除数
下限	上限		
	¥1 500.00	3.00%	0
¥1 501.00	¥4 500.00	10.00%	105
¥4 501.00	¥9 000.00	20.00%	555
¥9 001.00	¥35 000.00	25.00%	1 005
¥35 001.00	¥55 000.00	30.00%	2 755
¥55 001.00	¥80 000.00	35.00%	5 505
¥80 001.00		45.00%	13 505

表 4.3　　单位工资标准表　　单位：元

职位	基本工资	岗位工资
董事长	9000	1000
总经理	8000	800
部门经理	6000	600
职工	4000	400
临时工	3000	300

表 4.4　　员工补贴标准表　　单位：元

部门	住房补贴	伙食补贴	交通补贴	医疗补贴
办公室	480	400	200	180
后勤部	420	300	120	150
制造部	360	240	100	120
销售部	300	150	80	100

5．创建员工基本工资表

创建员工基本工资表的具体操作步骤如下。

（1）选择“员工基本工资”表，分别输入标题和各字段名，并对标题及字段行进行格式设置，包括合并单元格、字体、对齐方式、边框和底纹设置等。

利用公式自动获取“编号”、“姓名”、“部门”、“职位”信息。选中 A3 单元格，在“公式”编辑栏中输入公式“=员工基本信息!A3”，按 Enter 键即可从“员工基本信息表”中自动提取员工的编号。拖动填充柄复制公式即可从“员工基本信息表”中自动提取其他员工的编号。

按同样的方法，在 B3 单元格中输入公式“=员工基本信息!B3”，在 C3 单元格中输入公式“C3=员工基本信息!K3”，在 D3 单元格中输入公式“D3=员工基本信息!L3”，完成“姓名”、“部门”、“职位”字段信息的自动获取。

（2）根据“计算比率及标准表”中“单位工资标准表”中的工资发放标准，确定员工“基本工资”和“岗位工资”。

在 E3 单元格中输入公式“=IF(D3="董事长",计算比率及标准!$H$4,IF(D3="总经理",计算比率及标准!$H$5,IF(D3="部门经理", 计算比率及标准!$H$6,IF(D3="职工",计算比率及标准!$H$7,IF(D3="临时工",计算比率及标准!$H$8, "")))))”，按 Enter 键，获取该员工基本工资。复制公式，获得其他员工的基本工资。

读者可利用同样方法计算员工岗位工资。

> 说明　在使用 IF 函数时要注意，IF 函数多层嵌套时，括号要成对出现；公式中的符号必须使用英文输入法下的符号。

（3）计算员工的工龄工资。员工的工龄工资是根据员工在单位工作时间的长短而设立的工资项。员工在单位的工龄越高，所得的工龄工资就越高。例如，每增加一年工龄，其工龄工资将增加 20 元。

在 G3 单元格中输入公式“=(YEAR(TODAY())-YEAR(员工基本信息!H3))*20”，按 Enter 键即可根据员工的工龄计算出员工的工龄工资。利用公式填充功能计算出所有员工的工龄工资。

（4）计算所有员工的基本工资合计额。在 H3 单元格输入公式“=SUM（E3：G3）”，按 Enter 键，计算出该员工的工资合计额。利用公式填充功能可计算出所有员工的工资合计额，如图 4.39 所示。

6．创建员工社会保险表

创建员工社会保险表的具体操作步骤如下。

（1）在“社会保险”表中分别输入标题和各字段名，并对单元格进行字体、对齐方式、边框和底纹等设置。利用前面所述方法自动获取“编号”、“姓名”、“部门”等字段信息。使用公式计算每位员工应扣的养老保险、医疗保险、失业保险金额。应扣各项保险金额是根据员工应发基本工资的总和，乘上国家规定的计算系数，从而得到的应扣金额。在此，根据“计算比率及标准”表中“社会保险及住房公积金比率表”所列系数进行计算。

在 D3 单元格中输入公式“=ROUND(员工基本工资!H3*计算比率及标准!$D$5，2)”，按 Enter 键，即可计算出该员工养老保险金额。利用公式填充功能，可计算出其他员工的养老保险金额。按照上述方法，在 E3 单元格中输入公式“=ROUND(员工基本工资!H3*计算比率及标准!$D$6,2)”，可计算员工医疗保险金额。

在 F3 单元格中输入公式“=ROUND(员工基本工资!H3*计算比率及标准!$D$7,2)”，可计算员工失业保险金额。

（2）合计每位员工应扣社会保险总金额。在 G3 单元格中输入公式“=SUM(D3:F3)，按 Enter 键，即可计算该员工应扣的社会保险总金额。利用公式复制功能合计出每位员工应扣社会保险总金额，如图 4.41 所示。

【相关知识】

1．公式与函数

使用公式与函数是 Excel 表格区别于 Word 表格的主要特点之一。在数据报表中，计算与统计工作是必不可少的，Excel 在这方面体现了强大的功能。在单元格中输入了正确的公式或函数后，计算结果会立即在单元格中显示。如果修改了公式与函数，或工作表中与公式、函数有关的单元格数据时，Excel 会自动更新计算结果，这是手工计算无法比拟的。

在 Excel 中，公式的建立由用户根据需要自行编辑及输入，方法是首先选中存放公式计算结果的单元格，在编辑栏输入“=”，再输入公式的运算符和运算对象，然后按 Enter 键，或单击编辑栏中的“√”按钮，即在选中单元格中显示计算结果。

函数是 Excel 预定义的内置公式，使用时可由用户直接调用。函数形式如下：函数名（[参数 1][，参数 2]……）。

它是由函数名和括号内的参数组成的，括号内可以有一个或多个参数，参数间用逗号分隔。参数可以是数据、单元格或单元格区域。

函数也可以没有参数（如 today()、now()），但函数名后面的圆括号是必需的。

Excel 中常用的函数调用方法有以下 4 种。

（1）在菜单栏中选择“公式”→“插入函数”命令，打开“插入函数”对话框，在对话框中选择所需函数，单击“确定”按钮后打开“函数参数”对话框，在该对话框中确定函数参数。

（2）单击编辑栏上的 f_x 按钮，打开“插入函数”对话框，做进一步设置。

（3）在编辑区输入“=”，在编辑栏左侧名称框内出现函数列表，从中选择相应的函数后，打开“函数参数”对话框，做进一步设置。

（4）单击“公式”→“自动求和”按钮下方的下拉按钮，可进行“求和”、“平均值”、“计数”、“最大值”、“最小值”等快速运算选择，单击“其他函数”按钮，弹出“插入函数”对话框，这时可以输入我们想要的各种函数。

对于一些简单函数，可以像编辑公式一样，直接在单元格内输入。

2．常用函数介绍

在 Excel 中，常用的函数有 200 多个，为方便使用，在函数向导中将它们分为常用函数、日期时间函数、财务函数、信息函数、逻辑函数、查找和引用函数、数学和三角函数、统计函数、文本函数以及数据库函数共 10 类。

下面列举几个常用函数和本书中所使用的函数，如表 4.5 所示。当用到其他函数时，可利用函数向导来了解和学习它们的用法。

表 4.5　Excel 常用函数

函 数 名	功 能
SUM(A1,A2,…)	求各参数的和。A1，A2 等可以是数值或含有数值的单元格引用，至多 30 个
AVERAGE(A1,A2,…)	求各参数的平均值。A1，A2 等可以是数值或含有数值的单元格引用
MAX(A1,A2,…)	求各参数中的最大值
MIN(A1,A2,…)	求各参数中的最小值
COUNT(A1,A2,…)	求各参数中数值型参数和包含数值的单元格个数
COUNTA(A1,A2,…)	求各参数中非空白单元格的个数
COUNTBLANK(A1,A2,…)	求各参数中空白单元格的个数
COUNTIF(A,B)	求参数 A 中满足指定条件 B 的单元格个数，A 可以为一个或者多个连续数据区域，B 为指定的满足条件的表达式
ROUND(A1,A2)	对数值项 A1 进行四舍五入 其中，A2＞0 表示对数值 A1 保留 A2 位小数 A2=0 表示对数值 A1 保留整数 A2<0 表示对数值 A1 从个位向左对第｜A2｜位进行四舍五入
IF(P,T,F)	其中 P 为逻辑表达式，结果为真（TRUE）或假（FALSE）。T 和 F 是表达式。若 P 为真（TRUE），则取 T 表达式的值；否则，取 F 表达式的值。IF 函数可以嵌套使用，最多可嵌套 7 层
TODAY()	返回当前的系统日期（以计算机自身时钟日期显示），为一个无参数函数。显示出来的日期格式可以通过单元格格式进行设置
YEAR(A)、MONTH(A)、DAY(A)	返回日期型参数 A 中所对应的年、月、日。返回值为数值型数据

续表

函 数 名	功 能
NOW()	返回当前系统的时间，为一个无参数函数
MID(S,A,B)	取子串函数，从文本字符串 S 的第 A 位开始提取 B 个特定的字符
CONCATENATE(A1,A2,A3 …)	字符串合并函数，将 A1、A2、A3 等多个文本字符串合并为一个文本字符串
RANK(number,ref,order)	排序函数，指数字 number 在一组数 ref 中进行排序。其中 number 为需要排位的数字，ref 为包含一组数字的数组或引用，ref 中的非数值型参数将被忽略。order 为一数字，指明排位的方式，如果 order 为 0 或省略，将 ref 按降序排列。如果 order 不为 0，将 ref 按升序排列
FREQUENCY(A,B)	频率分布函数，是一个数组函数，A 为要进行数据统计的区域，B 为统计依据所在的区域，指在数据区域 A 中按 B 区域所列条件进行频度统计分析

3．相对引用与绝对引用

在使用公式或函数时，可以引用本工作表、本工作簿中单元格的数据，还可以引用其他工作表、工作簿中单元格的数据。此时，应该输入的是单元格的地址，而不是单元格中具体的值，这就是单元格的引用。引用后，公式或函数的运算值随着被引用单元格的值的变化而变化。为了提高数据计算的速度和效率，可以对单元格中的公式或函数进行复制。复制的结果与单元格的引用方式有关，常用的单元格引用有以下 3 种。

（1）相对引用。在公式或函数的复制过程中，所引用的单元格地址随着目标单元格的变化而变化，这种引用方式为相对引用。变化的规律：在复制公式时，如果目标单元格的行（列）号增加 1，则公式中引用的单元格地址的行（列）也对应地增加 1。

例如，在“员工基本工资”表中，在 H3 单元格中输入公式“=SUM(E3:G3)”，按 Enter 键，即可计算出该员工的工资合计额。当将该单元格中公式复制到 H4 单元格时，H4 中显示公式为：=SUM(E4:G4)。公式在复制时，列号不变，行号增加 1。

（2）绝对引用。在公式或函数的复制过程中，所引用的单元格地址不随目标单元格的变化而变化，这种引用方式为绝对引用。绝对引用时，需要在被引用单元格的行号和列号前加上“$”符号，如$A$2，$B$4:$D$6 等。

例如，在“员工基本工资”表中，若将 H3 单元格中的公式变为“=SUM($E$3:$G$3)”，当将该公式复制到 H4 时，H4 中显示结果与 H3 一致。

本实例“员工社会保险”表中员工“养老保险”金额在计算时，计算比率及标准值是一个固定值，在引用时要采用绝对引用。

（3）混合引用。在公式引用时，根据需要单元格的行号和列号有一个为相对引用，而另一个为绝对引用，这种引用方式即混合引用。复制公式后，相对引用的行号或列号随着目标单元格的变化而变化，而绝对引用的行号或列号不随着目标单元格的变化而变化。

例如，若在员工基本工资表中，将 H3 单元格中的公式改为“=SUM($E3:$G3)”，则当将公式复制到 H4 单元格时，公式变为“=SUM($E4:$G4)”，当将公式复制到 I3 单元格时，公式为“=SUM($E3:$G3)”。

说明

利用 F4 功能键能够实现 3 种引用方式的表达方法之间的快速切换。

在同一个工作表中的引用称为内部引用，而对工作表以外的单元格（包括本工作簿和其他工作簿）的引用称为外部引用。引用同一个工作簿内不同工作表中的单元格，其格式为“工作表名！单元格地址”。例如，员工基本工资表中 A3 单元格内的公式“=员工基本信息!A3”。引用不同工作簿中的工作表中的单元格，其格式为“[工作簿名]工作表名！单元格地址”。

4．Excel 中公式出错的处理

在 Excel 中输入计算公式或函数后，经常会因为某些错误，在单元格中显示错误信息。最常见的一些错误信息，以及可能发生的原因和解决的方法如表 4.6 所示。

表 4.6　Excel 中错误提示信息的含义及解决方法

序　号	错误类型	错误原因	解决办法
1	#####	输入到单元格中的数值太长或公式产生的结果太长，单元格容纳不下	适当增加列的宽度
2	#DIV/0!	当公式被 0 除时产生的错误信息	修改单元格引用，或在用做除数的单元格中输入不为 0 的值
3	#N/A	当在函数或公式中没有可用的数值时产生的错误信息	如果工作表中某些单元格暂时没有数值，在其中输入“#N/A”，公式在引用这些单元格时，将不进行数值计算，而是返回“#N/A”
4	#NAME?	在公式中使用了 Excel 不能识别的文本	如果所需的名称没有列出，则添加相应的名称。如果名称存在拼写错误，则修改错误
5	#NULL!	当试图为两个并不相交的区域指定交叉点时，将产生错误	如果要引用两个不相交的区域，则使用合并运算符
6	#NUM!	当公式或函数中某些数字有问题时，将产生该错误信息	检查数字是否超出限定区域，确认函数中使用的参数类型是否正确
7	#REF!	当单元格引用无效时，将产生错误信息	更改公式，或在删除或粘贴单元格之后立即单击“撤销”按钮以恢复单元格
8	#VALUE!	使用错误参数或运算对象类型，或者自动更改公式功能不能更正公式	确认公式或函数所需的参数或运算符是否正确，并确认公式引用的单元格均有效

任务四　Excel 数据处理

【任务目标】

（1）学会利用“记录单”输入数据。

（2）学会利用公式和函数对数据进行计算、统计和分析。

（3）学会实现数据的自动筛选和高级筛选。

【任务分析】

Excel 具有强大的数据库功能。“数据库”是指以一定的方式组织、存储在一起的相关数据的集合。在 Excel 中，可以在工作表中建立一个数据库表格，对数据库表中的数据进行排序、筛选、分类汇总等各种数据管理和统计分析。数据库表中每一行数据被称为一条记录，每一列被称为一个字段，每一列的标题为该字段的字段名。使用 Excel 的数据库管理功能在创建 Excel 工作表时，必须遵循以下准则。

（1）避免在一张工作表中建立多个数据库表，如果工作表中还有其他数据，数据库表应与其他数据之间至少留出一个空白列和一个空白行。

（2）数据库表的第一行应有字段名，字段名使用的格式应与数据表中其他数据有所区别。

（3）字段名必须唯一，且数据库表中的同一列数据类型必须相同。

（4）任意两行的内容不能完全相同，单元格内容不要以空格开头。

本任务由两个实例组成。实例一为学生成绩表的数据处理。在学校的教学工作中，对学生的成绩进行统计分析是一项非常重要的工作。利用 Excel 强大的数据处理功能，可以迅速完成对学生成绩的处理。实例二为企业产品销售数据的处理。产品销售情况是每一个企业所关注的，是企业发展的根本。按季度或按月对产品销售数据进行统计、分析和处理，可以对企业后期的产品生产、销售及市场推广起到重要的作用。

实例一的要求如下。

（1）为了便于在屏幕上查看，需要将数据表格中单元格文字、数字的格式（字体、边框、底纹等）进行适当处理。

（2）为了保障数据准确，在各类原始成绩数据输入前要进行数据有效性设置。

（3）为了直观显示优秀和不及格学生的考试成绩，利用数据的条件格式化对高于 90 分和低于 60 分的成绩采用不同的字体和颜色显示。

（4）对工作表中需要进行计算的数据，最好使用公式和函数。

实例一包括以下内容。

（1）制作本学期成绩综合评定表。在综合评定表中包含学生的各科成绩、综合评定、综合名次、奖学金等，效果如图 4.44 所示。

（2）筛选出优秀学生名单和不及格学生名单，效果如图 4.45 和图 4.46 所示。

（3）单科成绩统计分析。统计单科成绩的最高分、最低分、各分数段人数与比例等，效果如图 4.47 所示。

实例二的要求如下。

利用 Excel 表格处理功能统计原始销售数据，使用 Excel 的分类汇总、图表、数据透视等分析工具对销售数据进行统计分析，从而为企业决策者提供各类有用的数据信息，协助其做出正确的决策。

实例二包括以下内容。

（1）制作企业产品销售统计表。该表中包含产品销售的基础数据，主要字段有编号、产品类别、产品名称、型号、数量、单位、单价、金额、销售员等，效果如图 4.48 所示。

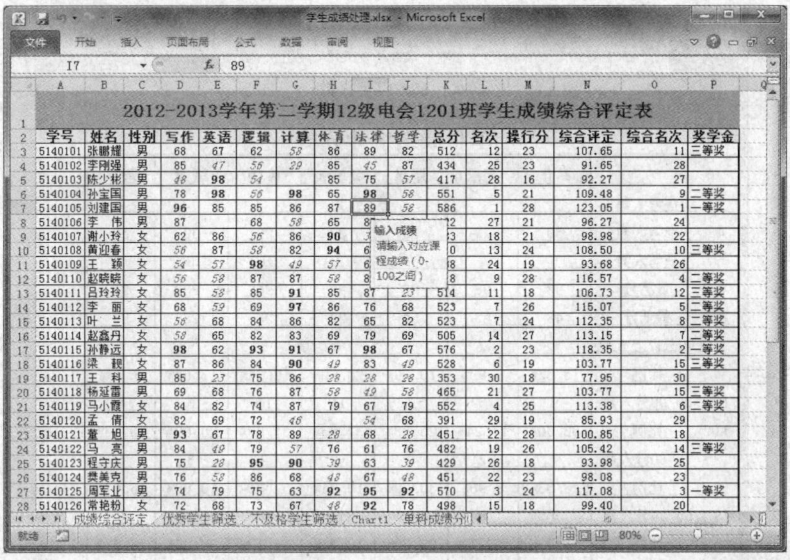

图 4.44 成绩综合评定表

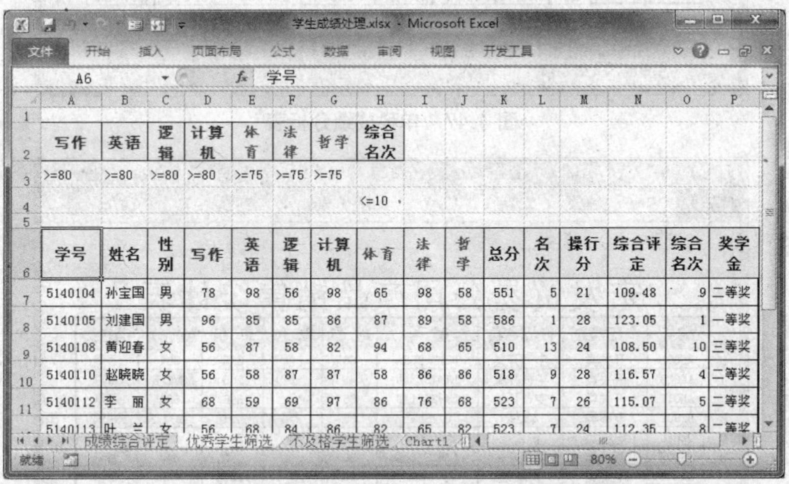

图 4.45 优秀学生筛选表

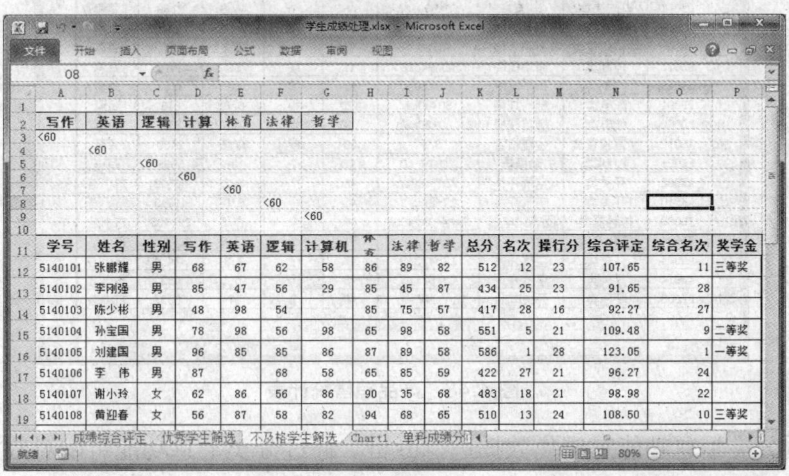

图 4.46 不及格学生筛选表

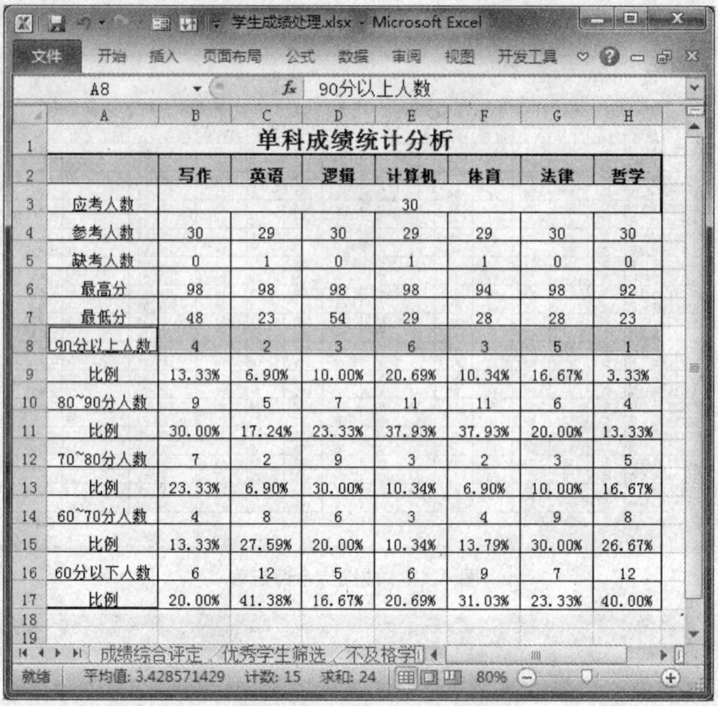

	写作	英语	逻辑	计算机	体育	法律	哲学
单科成绩统计分析							
应考人数	30						
参考人数	30	29	30	29	29	30	30
缺考人数	0	1	0	1	1	0	0
最高分	98	98	98	98	94	98	92
最低分	48	23	54	29	28	28	23
90分以上人数	4	2	3	6	3	5	1
比例	13.33%	6.90%	10.00%	20.69%	10.34%	16.67%	3.33%
80~90分人数	9	5	7	11	11	6	4
比例	30.00%	17.24%	23.33%	37.93%	37.93%	20.00%	13.33%
70~80分人数	7	2	9	3	2	3	5
比例	23.33%	6.90%	30.00%	10.34%	6.90%	10.00%	16.67%
60~70分人数	4	8	6	3	4	9	8
比例	13.33%	27.59%	20.00%	10.34%	13.79%	30.00%	26.67%
60分以下人数	6	12	5	6	9	7	12
比例	20.00%	41.38%	16.67%	20.69%	31.03%	23.33%	40.00%

图 4.47 单科成绩分析表

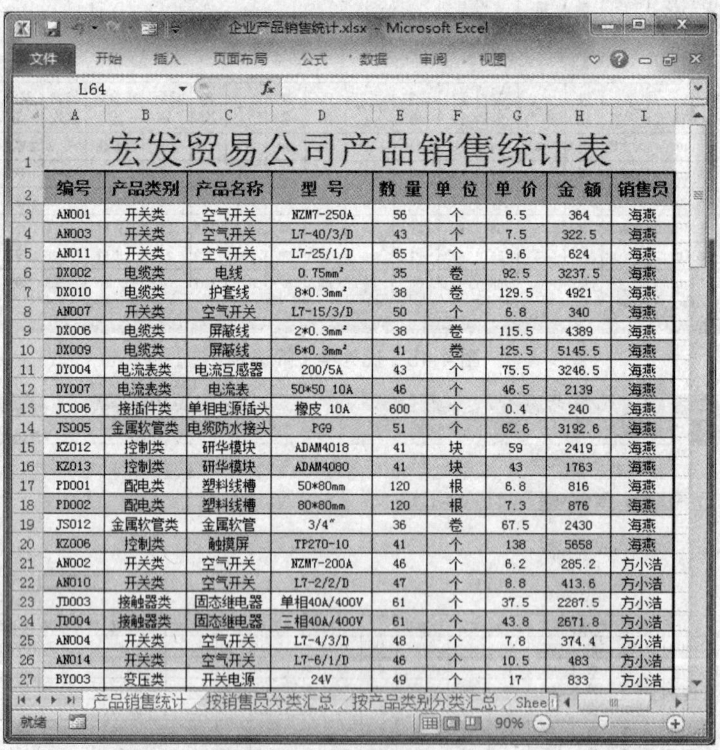

宏发贸易公司产品销售统计表

编号	产品类别	产品名称	型 号	数 量	单 位	单 价	金 额	销售员
AN001	开关类	空气开关	NZM7-250A	56	个	6.5	364	海燕
AN003	开关类	空气开关	L7-40/3/D	43	个	7.5	322.5	海燕
AN011	开关类	空气开关	L7-25/1/D	65	个	9.6	624	海燕
DX002	电缆类	电线	0.75mm²	35	卷	92.5	3237.5	海燕
DX010	电缆类	护套线	8*0.3mm²	38	卷	129.5	4921	海燕
AN007	开关类	空气开关	L7-15/3/D	50	个	6.8	340	海燕
DX006	电缆类	屏蔽线	2*0.3mm²	38	卷	115.5	4389	海燕
DX009	电缆类	屏蔽线	6*0.3mm²	41	卷	125.5	5145.5	海燕
DY004	电流表类	电流互感器	200/5A	43	个	75.5	3246.5	海燕
DY007	电流表类	电流表	50*50 10A	46	个	46.5	2139	海燕
JC006	接插件类	单相电源插头	橡皮 10A	600	个	0.4	240	海燕
JS005	金属软管类	电缆防水接头	PG9	51	个	62.6	3192.6	海燕
KZ012	控制类	研华模块	ADAM4018	41	块	59	2419	海燕
KZ013	控制类	研华模块	ADAM4080	41	块	43	1763	海燕
PD001	配电类	塑料线槽	50*80mm	120	根	6.8	816	海燕
PD002	配电类	塑料线槽	80*80mm	120	根	7.3	876	海燕
JS012	金属软管类	金属软管	3/4"	36	卷	67.5	2430	海燕
KZ006	控制类	触摸屏	TP270-10	41	个	138	5658	海燕
AN002	开关类	空气开关	NZM7-200A	46	个	6.2	285.2	方小浩
AN010	开关类	空气开关	L7-2/2/D	47	个	8.8	413.6	方小浩
JD003	接触器类	固态继电器	单相40A/400V	61	个	37.5	2287.5	方小浩
JD004	接触器类	固态继电器	三相40A/400V	61	个	43.8	2671.8	方小浩
AN004	开关类	空气开关	L7-4/3/D	48	个	7.8	374.4	方小浩
AN014	开关类	空气开关	L7-6/1/D	46	个	10.5	483	方小浩
BY003	变压类	开关电源	24V	49	个	17	833	方小浩

图 4.48 产品销售统计表

（2）利用分类汇总功能对销售数据进行分析。通过分类汇总功能可以对数据做进一步的总结和统计，从而增强表格的可读性，以方便、快捷地获取重要数据。按销售员分类汇总和按产品类别分类汇总的操作效果分别如图 4.49、图 4.50 所示。

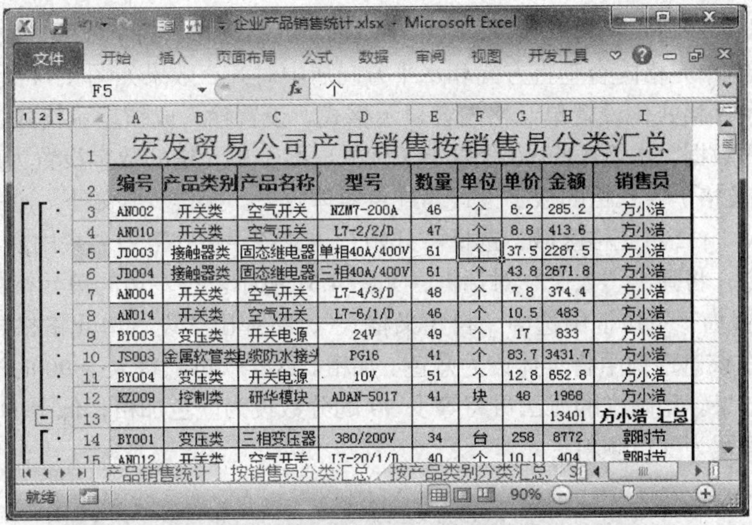

图 4.49　按销售员分类汇总

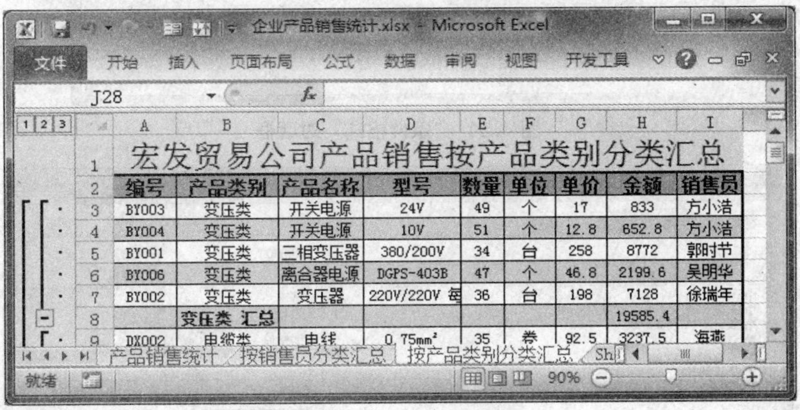

图 4.50　按产品类别分类汇总

【任务实施】

1．实例一的操作步骤

（1）新建“学生成绩处理”工作簿。启动 Excel，插入两张新的工作表，将 5 个工作表的名称依次更改为“成绩综合评定”、“优秀学生筛选”、“不及格学生筛选”、“单科成绩分析”、“单科成绩统计图”。工作表命名结束后，以“学生成绩处理”为名保存工作簿。

（2）创建“成绩综合评定”表框架。在“学生成绩处理”工作簿中选择“成绩综合评定”表，在 A1 单元格中输入标题“2012—2013 学年第二学期 12 级电会 1201 班成绩综合评定表”。在 A2∶P2 单元格区域中依次输入各个字段标题，如图 4.44 所示。

① 设置标题格式。选定 A1∶P1 单元格区域，单击工具栏上的“合并及居中”按钮，合并该单元格区域，并将字体居中对齐。设置字体格式为宋体、20 号、加粗、蓝色；行高为 40。

② 设置字段项格式。选定 A2∶P2 单元格区域，将字体格式设置为 14 号、加粗。为了区分考试课与考查课，将相关课程设置为不同字体：写作、英语、逻辑、计算机 4 门考试课用黑体、蓝色；体育、法律、哲学 3 门考查课用楷体、褐色。

③ 设置边框和底纹。选中 A2∶P32 单元格区域（本例假设班里有 30 名学生），单击工具栏上的“边框”按钮右边的下拉按钮，选择“所有框线”，为工作表指定区域设置边框。选中

标题单元格，设置标题底纹为淡蓝色；选中字段项单元格区域，将字段项底纹设置为浅青色。

④ 设置所有单元格内容垂直方向和水平方向居中对齐。效果如图 4.44 所示。

（3）利用条件格式化设置单元格内容显示格式。设置输入成绩显示格式，为了突出显示满足一定条件的数据，本例中将 90 分以上（优秀成绩）单元格的数字设置为蓝色粗体效果，低于 60 分（不及格）单元格的数字设置为红色斜体效果。操作步骤如下。

① 选中 D3∶J32 单元格区域，选择“开始”→“条件格式”→“突出显示单元格规则”→“大于”命令，将弹出“大于”对话框，如图 4.51 所示。在左边的单元格数据框中输入数字 90，在“设置为”下拉框中选中“自定义格式”，将弹出“设置单元格格式”对话框，如图 4.52 所示。在该对话框中将字体设为蓝色、加粗。这样就可以将大于 90 的学生成绩分数设为蓝色加粗的效果。用同样的方法可将等于 90 的分数设为蓝色加粗，低于 60 分（不及格）的单元格数字设置为红色倾斜。

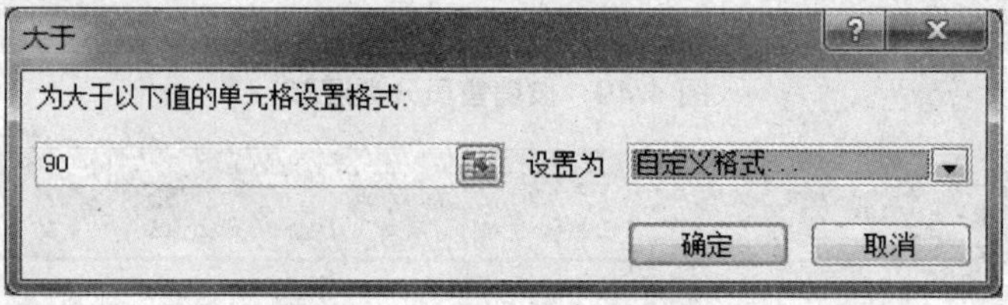

图 4.51 “条件格式”对话框

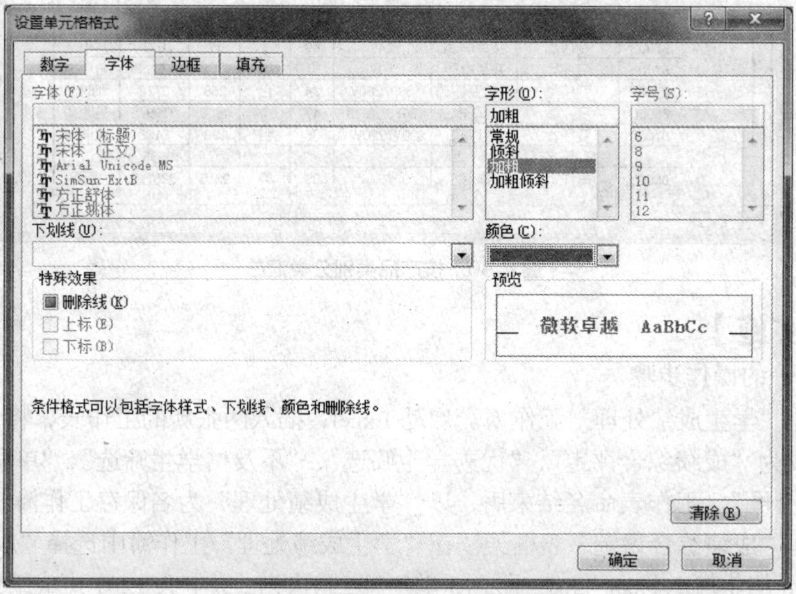

图 4.52 “设置单元格格式”对话框

② 如果条件设置错误，可以在“条件格式”下拉菜单中选择“管理规则”命令进行修改或者选择“清除规则”命令将设置的格式清除掉，如图 4.53 所示。

（4）设置数据有效性。本例中，各门课程对应的成绩范围为 0～100，“操行分”（即思想品德方面的分数）设置范围为数字 10～30 之间，性别设置范围为“男，女”。下面以设置各科成绩输入时只能在 0～100 范围为例，操作步骤如下。

① 选定需要设置数据有效性的单元格区域 D3∶J32，选择“数据”→“有效性”命令，打开“数据有效性”对话框，如图 4.54 所示。

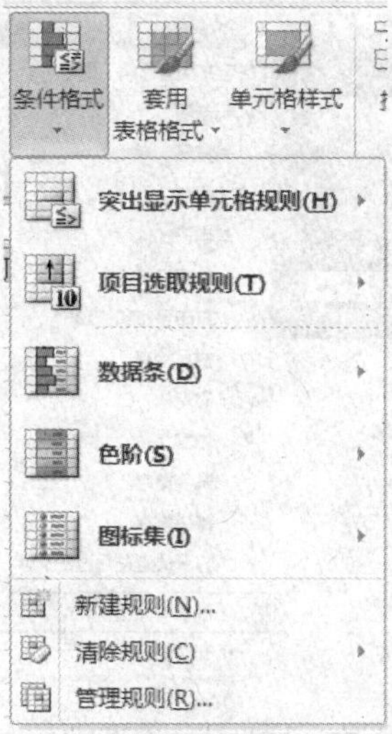

图 4.53 “条件格式”下拉菜单

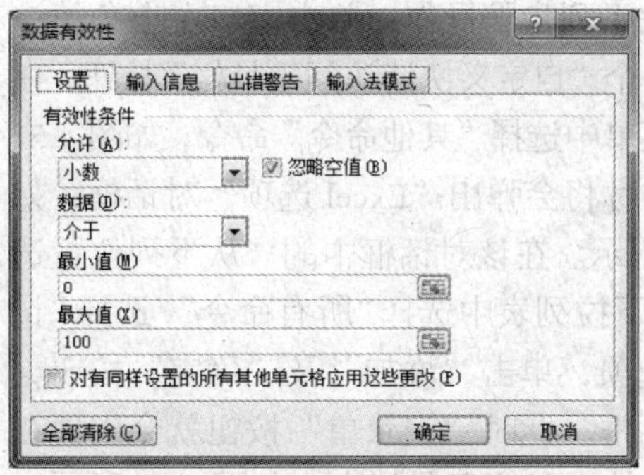

图 4.54 “数据有效性”对话框

② 选择“设置”选项卡，在“允许”下拉列表中选择的类型不同，其有效检验的数据类型就不同。本例选择“小数”项。其他项按图 4.54 进行设置。

③ 选择“输入信息”选项卡，在“标题”文本框内输入文本标题“输入成绩”；在“输入信息”文本框中输入提示内容“请输入对应课程成绩（0~100）”，如图 4.55 所示。

④ 选择“出错警告”选项卡，选中“输入无效数据时显示出错警告”复选框；在“样式”中选择“停止”；在“标题”和“错误信息”文本框中输入相应的出错信息文字，如图 4.56 所示。单击“确定”按钮，完成数据有效性的设置。

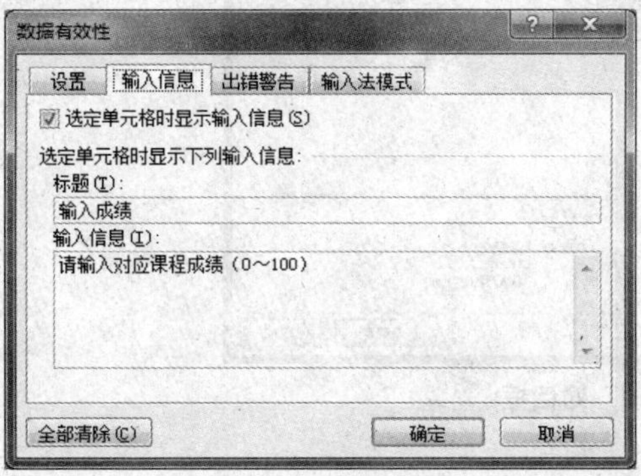

图 4.55 “输入信息”选项卡

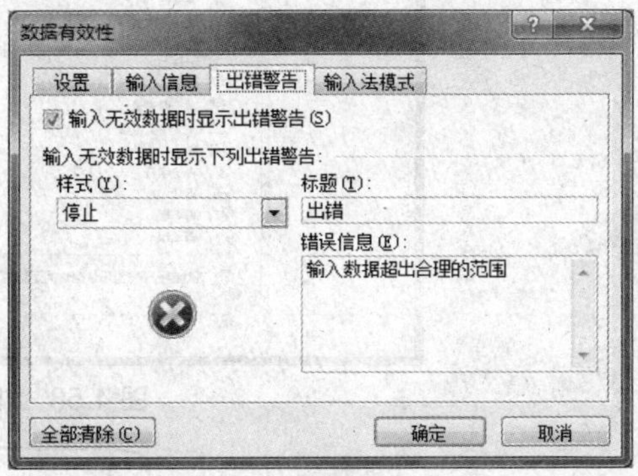

图 4.56 “出错警告”选项卡

同样，可按要求设置好“操行分”、“性别”字段的有效性。

（5）数据输入。

完成各项设置后，即可进行数据信息的输入。本例中数据输入是指学生基本信息（学号、姓名、性别）和原始数据（7 门考试、考查课成绩以及操行分）的输入，具体数据可自行输入，其他列的内容都需要使用公式和函数计算。

输入数据有两种方法：数据表直接输入和利用记录单输入。

数据表直接输入是指在工作表中选定某一单元格直接输入相应数据的方式。常用在按字段列输入信息的情况，即逐个字段输入数据。采用数据表直接输入数据时，单元格的有效性设置、条件格式化等都将发挥作用。同时，可以充分利用 Excel 的序列填充等技巧加快数据输入速度。但要注意输入时必须与课程列对应。

记录单是 Excel 专门为按逐条记录输入数据时提供的输入方法。Excel 2010 默认情况下是不显示“记录单”按钮的，要显示“记录单”按钮可按下列步骤操作：单击窗口左上角第一排最后一个“自定义快速访问工具栏”按钮，在弹出的菜单中选择“其他命令”命令，如图 4.57 所示；这时将会弹出“Excel 选项”对话框，如图 4.58 所示。在该对话框中的“从下列位置选择命令”下拉列表中选择“所有命令”，选择“记录单”选项，单击“添加”及“确定”按钮，关闭对话框。此时“记录单”按钮就会出现在左上角的快速访问工具栏中，如图 4.59 所示。

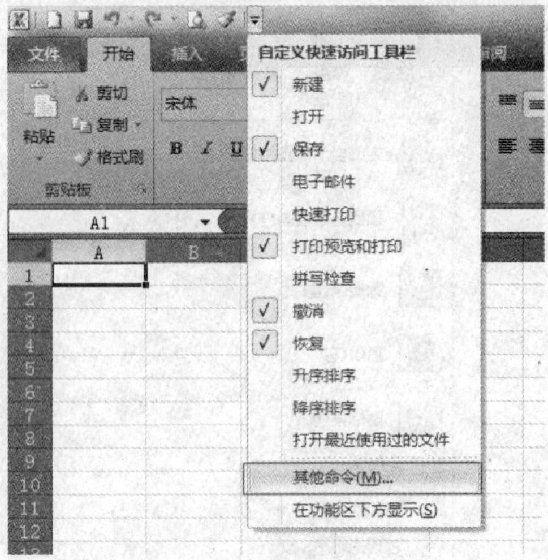

图 4.57　添加快速命令按钮

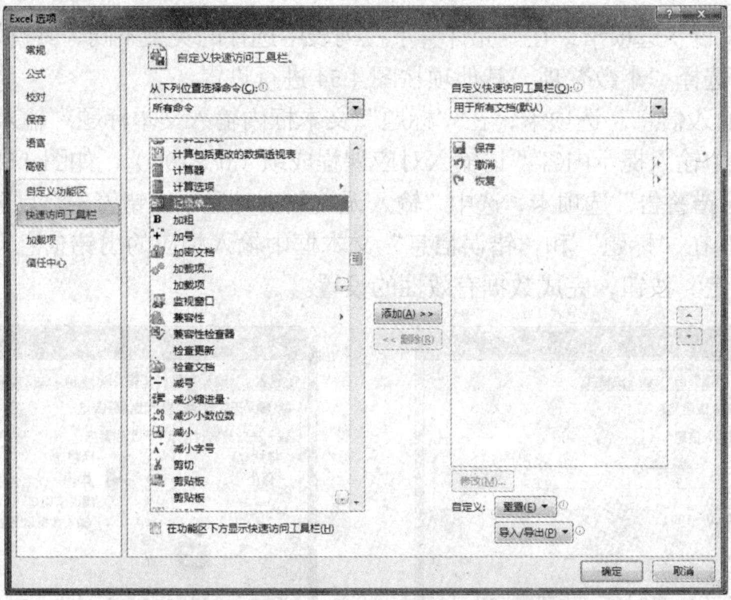

图 4.58　“Excel 选项”对话框

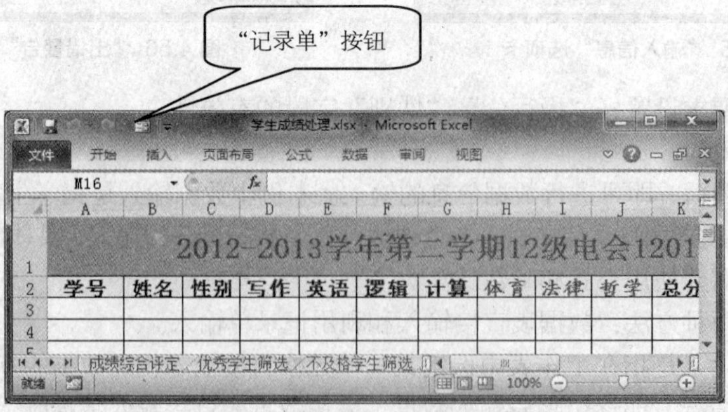

图 4.59　新添加的“记录单”按钮

使用记录单录入数据可按下列步骤进行：选中工作表中字段行所在的单元格区域 A2:P2，单击“记录单”按钮，打开图 4.60 所示的记录单。它显示出数据表中的所有字段，并且提供了增加、修改、删除以及检索记录功能。当数据记录很多时，记录单将会显示出很大的优势，利用它可以简捷、精确地输入记录。

图 4.60 记录单

在利用记录单输入时，如果某些字段是利用公式或函数获取数据的，则含公式的单元格以灰色显示，不能输入数据，当在记录单中将基本数据输入完成后会自动生成。例如，在本例中，总分、名次、综合评定、综合名次、奖学金等字段将利用公式和函数进行计算，在利用记录单输入时，将会以灰色显示，不必输入数据。

设置好格式的“成绩综合评定”表格，在输入数据后条件格式化设置会自动生效；在输入成绩时，单元格中会自动出现提示信息；如果输入错误数据，会自动出现“错误警告”信息。

（6）利用公式计算综合评定、综合名次、奖学金、总分、名次等字段值。

① 计算综合评定成绩。综合评定成绩计算方法：4 门考试课平均分 × 60% + 3 门考查课成绩平均分 × 20% + 操行分。此处需要使用 AVERAGE 函数。操作方法为：先选择 N3，在编辑栏中输入公式：“=AVERAGE(F3：I3)*0.6+AVERAGE(J3：L3)*0.2+M3”。拖动填充柄复制得到每个学生的综合评定分数。

② 排列综合名次。排列综合名次需要使用 RANK 函数。先选择 O3 单元格，在编辑栏中输入公式“=RANK(N3，$N$3：$N$32)”。拖动填充柄复制得到每个学生的综合名次。

③ 确定奖学金等级。奖学金的评定方法：对全班学生按照综合评定成绩由高到低排序，前 10%获一等奖学金，之后的 20%获二等奖学金，再后的 30%获三等奖学金，其余没有奖学金。则在 P3 单元格中的公式为：=IF(O3<=ROUND(COUNT($A$4：$A$32)*0.1,0),"一等奖",IF(O3<=ROUND(COUNT($A$4:$A$32)*0.3,0),"二等奖",IF(O3<=ROUND(COUNT($A$4:$A$32)*0.6，0),"三等奖",""))）。

根据上面的方法，奖学金评定的逻辑关系如下所述。首先判断一个学生是否获一等奖学金，方法是比较其综合名次是否小于等于班上总人数乘以 10%然后再四舍五入后所得的整数，若是就为一等奖学金；否则再判断是否为二等奖学金。判断是否为二等奖学金的方法是比较其综合名次是否小于等于班上总人数乘以 30%（10%+20%）再四舍五入后所得的整数，若是就为二等奖学金，否则再判断是否为三等奖学金。判断是否为三等奖学金的方法是比较其综合名次是否小于等于班上总人数乘以 60%（10%+20%+30%）再四舍五入后所得的整数，若是就为三等奖学金，否则就没有获奖。

奖学金评定方法的逻辑关系确定后，大家就不难理解上述公式了。其中，IF 函数用来进行条件判断，因为共有 4 种情况，所以 IF 函数嵌套了 3 层。COUNT 用来统计班级人数，复制公式时其参数不能改变，故使用绝对引用。ROUND 用来进行四舍五入，因为要取整，所以第二个参数为 0。公式最后的""表示为空，即没有获奖学金的学生对应的单元格为空。

> **说明**　RANK 函数是专门进行排名次的函数，N3 为总分所在单元格，$N$3：$N$32 为所有人总分单元格区域，第三个参数默认则排名按降序排列，也就是分数高者名次靠前，与实际相符。需要注意的是，$N$3：$N$32 采用绝对引用，主要是为了保证将来公式复制的结果正确——不管哪个人排列名次，都是利用其综合评定成绩单元格在$N$3：$N$32 中排名，所以公式中前者为相对引用，而后者必须为绝对引用。

④“总分”和“名次”字段的确定。利用上面介绍的综合评定和综合名次的计算方法，读者可自行完成“总分”和“名次”字段的数据计算。

（7）排列名次。将鼠标指针置于“综合名次”列中任意一个单元格，单击工具栏上的“升序”按钮，即可实现在学生成绩评定表中按名次升序排列。

有关 Excel 中排序的知识请参见后面的相关知识介绍。

（8）利用高级筛选制作“优秀学生筛选”表和“不及格学生筛选”表。

下面以筛选优秀学生为例，说明高级筛选的操作。优秀学生的评定标准：考试课各科成绩均在 80 分以上并且考查课各科成绩均在 75 分以上，或者综合名次在前 10 名以内。

操作时首先需要设置筛选条件，为此最好在一张新表中设置筛选条件，并存放筛选结果。操作步骤如下。

① 选择“优秀学生筛选”表，然后按照图 4.61，在 A2：H4 区域内设置筛选条件。在设置筛选条件时，字段行最好能够从原表中复制得到。每个字段的条件若处于同一行中，则各条件之间是逻辑“与”的关系，即必须同时满足条件的记录才被筛选出来；若处于不同行中，则属于逻辑“或”的关系，即只要一个条件成立就符合筛选要求。

② 单击“优秀学生筛选”工作表中的任意一个单元格。选择“数据”→“筛选”→“高级筛选”命令，出现“高级筛选”对话框，如图 4.62 所示。

	A	B	C	D	E	F	G	H
1								
2	写作	英语	逻辑	计算机	体育	法律	哲学	综合名次
3	>=80	>=80	>=80	>=80	>=75	>=75	>=75	
4								<=10

图 4.61　设置条件区域

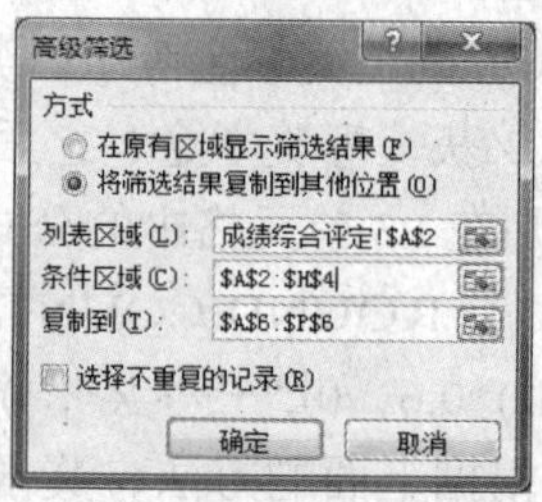

图 4.62　“高级筛选”对话框

在“方式”选项区域选中“将筛选结果复制到其他位置”，单击“列表区域”框，选择数据区域“成绩综合评定! $A$2：$P$32”；单击“条件区域”框，选择筛选条件的区域“优秀学生筛选!$A$2：$H$4”；单击“复制到”框，选择将结果复制到的区域的左上角单元格，本例选择“优秀学生筛选!$A$6”。单击“确定”按钮，结果如图 4.45 所示。

③ 对于“不及格学生筛选”表的制作来讲，主要是不及格学生筛选条件的建立，图 4.63 为筛选不及格学生时条件区域的设置，读者可自行分析各条件之间的逻辑关系。不及格学生的筛选结果如图 4.46 所示。

	A	B	C	D	E	F	G
1							
2	写作	英语	逻辑	计算机	体育	法律	哲学
3	<60						
4		<60					
5			<60				
6				<60			
7					<60		
8						<60	
9							<60

图 4.63　不及格学生的筛选条件

（9）建立“单科成绩分析”表。在“单科成绩分析”表中按图 4.47 所示的效果创建表框架。利用公式和函数进行各项计算。

在 B 列分别输入下列公式后，利用公式和函数的复制功能得出其他列的数据。

B3 中的公式为“=COUNT(成绩综合评定!A3：A32)”；B4 中的公式为“=COUNT(成绩综合评定!D3：D32)”；B5 中的公式为“=$B$3-B4”；B6 中的公式为“=MAX(成绩综合评定!D3:D32)”；B7 中的公式为“=MIN(成绩综合评定!D3：D32)”；B8 中的公式为“=COUNTIF(成绩综合评定!D3：D32,">=90")”；B9 中的公式为“=B8/B4”。B10 中的公式为“=COUNTIF(成绩综合评定!D3：D32,">=80")-B8”；B11 中的公式为“=B10/B4”；B12 中的公式为“=COUNTIF (成绩综合评定!D3：D32,">=70")-B8-B10”；B13 中的公式为“=B12/B4”；B14 中的公式为“=COUNTIF(成绩综合评定!D3：D32,">=60")-B12-B10-B8”；B15 中的公式为“=B14/B4”；B16 中的公式为“=COUNTIF(成绩综合评定!D3:D32,"<60")";B17 中的公式为“=B16/B4”。

对于本例，也可以利用 Excel 中的 FREQUENCY（频率分布）函数，方便地求出各科成绩段分布情况。

2．实例二的操作步骤

（1）创建产品销售统计工作表。具体操作步骤如下。

① 新建“企业产品销售统计”工作簿，并将 Sheet1 工作表命名为“产品销售统计”。在该工作表中输入标题“宏发贸易公司产品销售统计表”和各字段。设置标题、字段格式、行高和列宽、单元格对齐方式、边框与底纹等，创建好工作表框架。

② 输入产品销售数据到对应的字段列，并计算出各产品的销售金额。在 H3 单元格输入公式“=E3*G3”，复制公式，完成其他产品销售金额的计算。

③ 冻结窗格。当销售数据记录太多时，使用鼠标向下滚动翻看数据时，标题行不会显示。如果想让标题行始终可见，可以使用 Excel 提供的“冻结窗格”功能来实现。将光标定位到 A3 单元格（即所要冻结行的下一行中任一单元格）中，选择“视图”→“冻结窗格”→“冻结拆分窗格”命令，即可实现标题与字段行的冻结。在翻滚数据时，标题行始终可见。

选择“视图”→“取消冻结窗格”命令，可以取消冻结窗格。

④ 为使数据显示清晰，浏览记录方便，可将数据表中相邻行之间设置成阴影间隔效果，如图 4.48 所示。设置方法有复制格式法和条件格式化法两种。

复制格式法的操作步骤如下。

a. 在图中选择 A4：I4 区域，将该区域设置为灰色底纹效果。

b. 复制区域 A3：I4，选择数据库中记录区域 A3：I53（假定有 50 条记录）。

c. 选择“开始”→“粘贴”→“选择性粘贴”命令，在打开的“选择性粘贴”对话框中选中“格式”单选按钮，如图 4.64 所示，单击“确定”按钮，完成设置。

条件格式化法的操作步骤如下。

a. 选定整个数据库区域。

b. 选择“开始”→“条件格式化”→“突出显示单元格规则”→“其他规则”命令，打开图 4.65 所示的“新建格式规则”对话框。

c. 选择下方的“使用公式确定要设置格式的单元格”，在下面的文本框中设置公式为“=MOD(ROW(),2)=0”。

d. 单击“格式”按钮，弹出“设置单元格格式”对话框，选择“填充”选项卡，设置颜色为“灰色”，单击“确定”按钮关闭。返回“新建格式规则”对话框，单击“确定”按钮，即可得到如图 4.48 所示的效果。

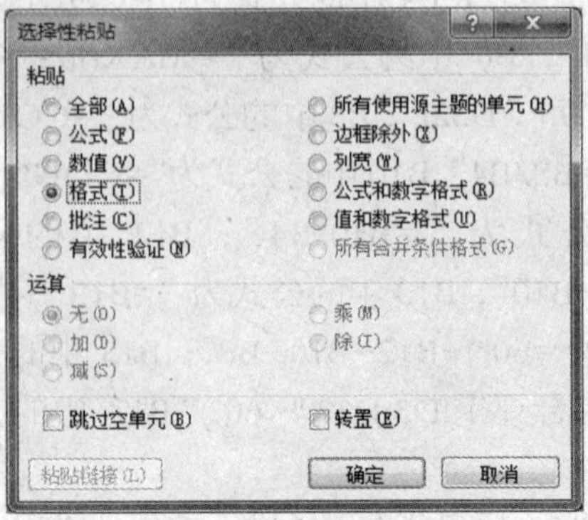

图 4.64 “选择性粘贴”对话框

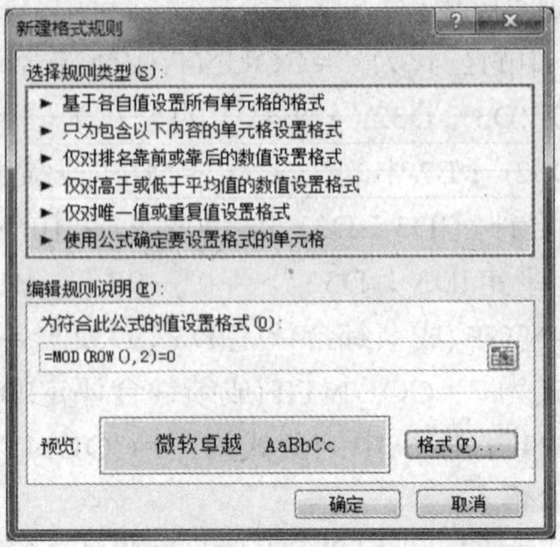

图 4.65 “新建格式规则”对话框

说　明

在复制格式法中，当在处理数据时，阴影效果会变得很不规则。而后一种方法具有智能化特征，不管数据记录如何变动总能保持效果。在条件格式化法中，公式“= MOD（ROW()，2）= 0”中的 MOD 为求余数函数，ROW() 测试当前行号，公式含义为“当行号除以 2 的余数为 0”就执行设置的条件格式。

（2）利用分类汇总功能汇总销售数据。本例中，数据汇总可以按销售员分类汇总，也可以按产品类别分类汇总，还可以按其他需要的字段进行。在执行分类汇总之前，首先应该对数据库进行排序，将数据库中关键字相同的一些记录集中到一起，然后再进行分类汇总。下面以按销售员分类汇总为例来汇总每位销售员的总销售金额。具体操作步骤如下。

① 将 Sheet2 工作表重命名为“按销售员分类汇总”。将“产品销售统计”表复制到“按销售员分类汇总”表中，并将标题更改为“宏发贸易公司产品销售按销售员分类汇总”。

② 将鼠标指针置于“销售员”列下的任一单元格上，对销售员列进行升序或降序排列。

③ 选择“数据”→“分类汇总”命令，打开“分类汇总”对话框。在该对话框的“分类字段”下拉列表中选择“销售员”选项；在“汇总方式”下拉列表中选择“求和”选项；在“选定汇总项”列表框中选择“金额”选项，如图 4.66 所示。单击“确定”按钮，效果如图 4.49 所示。

按产品类别分类汇总时，分类字段为“产品类别”；汇总方式和选定汇总项同上，效果如图 4.50 所示。

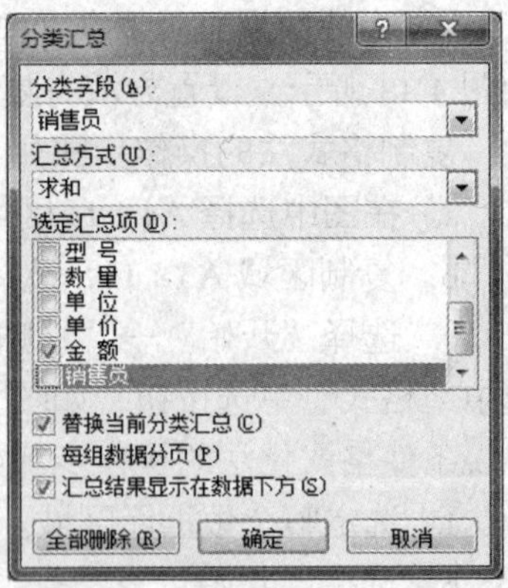

图 4.66 “分类汇总”对话框

【相关知识】

1. 数据库中的排序操作

为了数据观察或查找方便，需要对数据进行排序。Excel 具有数据排序功能。常用的排序操作方法有两种：一是利用工具栏中的排序按钮，二是利用排序命令。

（1）排序的依据。Excel 在排序时，根据单元格中的内容排列顺序。对于数据库而言，排序操作将依据当前单元格所在的列作为排序依据。

在按升序排序时，Excel 使用如下顺序（在按降序排序时，除了空格总是在最后外，其他的顺序反转）。

① 数字从最小的负数到最大的正数排序。

② 文本以及包含数字的文本，按下列顺序排序（以空格为间隔）：0 1 2 3 4 5 6 7 8 9 ' - (空格) ! " # $ % & ( )* ， . / : ; ? @ [\ ] ^ _ ` { | } ~ + < = > A B C D E F G H I J K L M N O P Q R S T U V W X Y Z。

③ 在逻辑值中，FALSE 排在 TRUE 之前。

④ 所有错误值的优先级等效。

⑤ 汉字的排序可以按笔画排序，也可按字典顺序（默认）排序，这可以通过有关操作由用户设置。按字典顺序排序时是依照拼音字母由 A～Z 排序，例如，“王”排到“张”前面，而“赵”排在“张”后面。

⑥ 空格排在最后。

（2）利用工具栏中的排序按钮进行简单排序。如果只对数据清单中的某一列数据进行排序，可以利用工具栏中的排序按钮，简化排序过程。操作方法：将光标置于待排序列中的任一单元格中，单击工具栏上的“升序”或“降序”按钮即可。

（3）利用排序命令进行复杂排序。如果对数据清单中的多个字段进行排序，就需要使用排序命令。例如，在学生成绩综合评定表中，按“综合名次”、“综合评定”、“计算机”3 项进行依次排序，操作步骤如下。

① 将光标定位在待排序数据库的任一单元格中，选择“数据”→“排序”命令，打开“排序”对话框，如图 4.67 所示。

图 4.67 数据库多字段排序

② 在对话框中的“主要关键字”下拉列表中选择需要排序的字段“综合名次”，“排序依据”选择“数值”，并且设置“升序”或者“降序”。单击“添加条件”按钮，弹出“次要关键字”选项，将“综合评定”设为次要关键字。再单击“添加条件”按钮，将“计算机”设为另一个次要关键字进行排序。

③ 选定所需的其他排序选项，然后单击“确定”按钮。

说明

按数据库多列数据排序时，只需单击数据库中任一单元格而不用全选表格，否则会引起数据的混乱。

（4）自定义排序。用户可以根据特殊需要进行自定义排序。例如，在员工档案管理表中，如果按员工的职务进行排列，即按董事长、总经理、部门经理、职工、临时工排序，可以将它们定义为一文字序列，按此自定义排序。具体步骤如下。

① 选择“数据”→“排序”命令，打开“排序”对话框。在该对话框中选择“次序”下拉列表中的“自定义序列”选项，如图 4.68 所示。此时，将弹出“自定义序列”对话框。

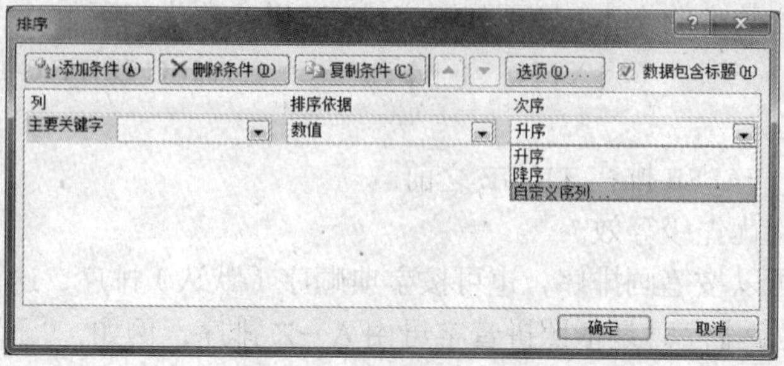

图 4.68　选择自定义序列

② 在“自定义序列”对话框中选择“新序列”选项，在“输入序列”文本框中输入自定义序列项，在每项末尾按 Enter 键进行分隔。输入结束后，单击“添加”按钮，自定义序列随即添加到“自定义序列”对话框中，如图 4.69 所示。

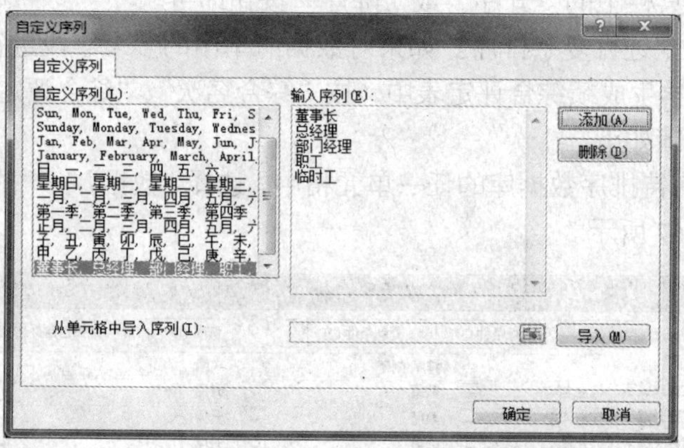

图 4.69　“自定义序列”对话框

③ 选定需要排序的字段列（L 列）的任一单元格，选择“数据”→“排序”命令，在打开的“排序”对话框的“次序”下拉列表中选择“自定义序列”选项，将弹出“自定义序列”对话框。在弹出的“自定义序列”对话框中选择前面添加的文字序列“董事长、总经理、部门经理、职工、临时工”。

④ 单击“确定”按钮后，返回“排序”对话框，如图 4.70 所示，设置主要关键字为（列 L），然后单击“确定”按钮即可完成自定义排序。

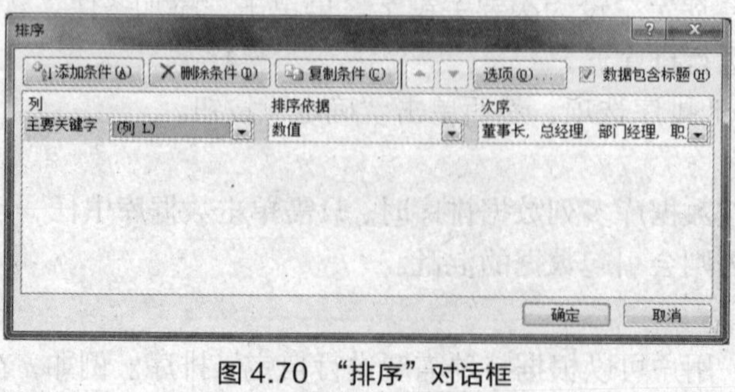

图 4.70　“排序”对话框

说明

在"排序"对话框中，若不选择"方向"和"方法"，系统默认的排序方向为按列排序，默认的排序方式为字母排序。例如，选择"笔画排序"方法，就可实现在开会代表名单、教材编写人员名单中经常看到的按姓氏笔画排序的效果。

2．数据库中的筛选操作

对数据进行筛选是在数据库中查询满足特定条件的记录，它是一种查找数据的快速方法。使用筛选可以从数据清单中将符合某种条件的记录显示出来，而那些不满足筛选条件的记录将被暂时隐藏起来，或者将筛选出来的记录送到指定位置存放，而原数据不动。

Excel 提供了两种筛选方法：自动筛选和高级筛选。

（1）自动筛选。利用自动筛选可以筛选指定学生成绩、筛选单科成绩的分数段、筛选单科成绩前 10 名、筛选各科之间的"与"运算、筛选获奖学金学生情况等。

下面以筛选"英语成绩在 80～90（包括 80，不包括 90）的记录"为例，说明自动筛选的操作。操作步骤如下。

① 将鼠标定位到需要筛选的数据库中的任一单元格上。选择"数据"→"筛选"命令，这时在每个字段名旁出现筛选器箭头，如图 4.71 所示。单击"英语"字段名旁的筛选器箭头，从弹出的菜单中选择"数字筛选"→"自定义筛选"，出现图 4.72 所示的"自定义自动筛选方式"对话框，可按照图中的样式设置筛选条件。

图 4.71　使用自动筛选器筛选记录

② 在图 4.71 所示的筛选器中，选择具体数字，将只显示对应数字的记录；选择"全选"，将显示所有记录。可以自行设置筛选符合"等于"、"不等于"、"大于"、"小于"等条件的记录。选择"自定义筛选"命令，则打开图 4.72 所示的"自定义自动筛选方式"对话框。

图 4.72 “自定义自动筛选方式”对话框

③ 在图 4.72 中，运算符除了图中所示外，还包括各种其他的数学关系运算，以及“始于”、“止于”、“包含”、“开头是”、“结尾不是”、“不包含”等字符关系运算。利用它们可以筛选姓“张”的学生、名字中带“丽”字的学生、最后一个字是“杰”的学生等记录。图中“或”表示两个条件只要有一个成立即可，而“与”要求两个同时成立。单击“确定”按钮，完成操作。图 4.73 为筛选出来的英语成绩在 80～90 分的学生记录。

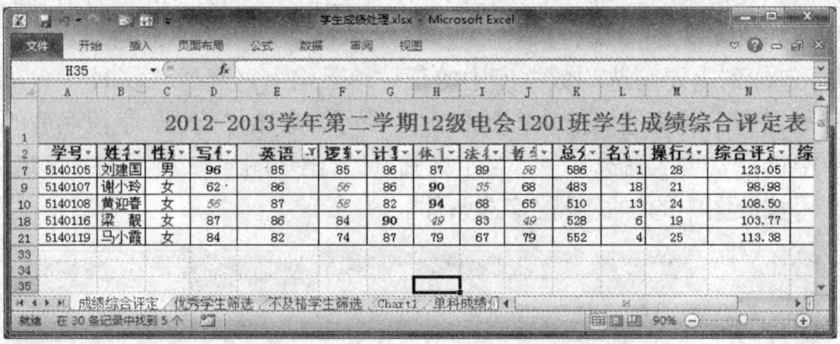

图 4.73 筛选出来的英语成绩在 80～90 分的学生记录

说明 取消数据筛选的操作方法为：如果要取消对某一列的筛选，单击该列筛选器箭头，再选择“全选”。如果要取消对所有列的筛选，可选择“数据”→“筛选”命令或“数据”→“清除”命令。

（2）高级筛选。从前面讲解已经看到，自动筛选可以实现同一字段之间的“与”运算和“或”运算，通过多次进行自动筛选也可以实现不同字段之间的“与”运算，但是它无法实现多个字段之间的“或”运算，这时就需要使用高级筛选。

本节实例中，对优秀学生的筛选和不及格学生的筛选均采用高级筛选来完成。在使用高级筛选时，需要注意以下几个问题。

① 高级筛选必须指定一个条件区域，它可以与数据库表格不在一张工作表上，也可以在一张工作表上，但是此时它必须与数据库之间由空白行或空白列来隔开。

② 条件区域中的字段名内容必须与数据库中的完全一样，最好通过复制得到。

③ 如果条件区域与数据库表格在同一张工作表上，在筛选之前，最好把鼠标指针放到数据库中某一单元格上，这样数据区域就会自动显示数据库所在位置，省去鼠标再次选择或者重新输入之劳。当二者不在同一张工作表，并且想让筛选结果送到条件区域所在工作表中时，鼠标必须先在条件区域所在工作表中定位，因为筛选结果只能送到活动工作表中。

④ 执行“将筛选结果复制到其他位置”时，在“复制到”文本框中输入或选取将来要放置位置的左上角单元格即可，不要指定某区域（因为事先无法确定筛选结果）。

⑤ 根据需要，条件区域可以定义多个条件，以便用来筛选符合多个条件的记录。这些条件可以输入到条件区域的同一行上，也可以输入到不同行上。必须注意：两个字段名下面的同一行中的各个条件之间为“与”的关系，两个字段名下面的不同行中的各个条件之间为“或”的关系。

3．分类汇总

实际应用中，经常要用到分类汇总，其特点是首先要进行分类，即将同一类别的数据放在一起，然后再进行统计计算。Excel 中的分类汇总功能可以进行分类求和、计数、求平均值等。

（1）分类汇总数据的分级显示。进行分类汇总后，Excel 会自动对列表中的数据进行分级显示。从图 4.49 可以看出，在显示分类汇总结果的同时，分类汇总的左侧自动显示一些分级显示按钮。单击左侧的“+”和“−”按钮分别可以展开和隐藏细节数据；“1”、“2”、“3”按钮表示显示数据的层次，“1”只显示总计数据，“2”显示部分数据以及汇总结果，“3”显示所有数据；“|”形状为级别条，用来指示属于某一级别的细节行或列的范围。

（2）嵌套汇总。如果要对同一数据进行不同汇总方式的分类汇总，可以再重复分类汇总的操作。例如，在图 4.49 所示的结果中还希望得到汇总的平均值，操作方法：选择“数据”→“分类汇总”命令，在打开的“分类汇总”对话框中的“汇总方式”下拉列表中选择汇总方式为“平均值”，在“选定汇总项”窗口中选择要求平均值的数据项，并取消选中“替换当前分类汇总”复选框，即可叠加多种分类汇总。

（3）取消分类汇总。分类汇总效果可以清除，打开图 4.66 所示的“分类汇总”对话框，然后单击“全部删除”按钮即可；但是为了保险，在汇总之前最好进行数据库备份。

任务五　Excel 宏的使用

【任务目标】

（1）了解 VBA 宏的有关知识。

（2）掌握 Excel 中宏的基本应用。

【任务分析】

单位在发放工资的同时，还需要制作个人工资条，打印并发给每个人。制作工资条的方法很多，下面学习通过编辑宏的方法来实现由工资表到工资条的转换。

“个人工资条”的效果如图 4.74 所示。

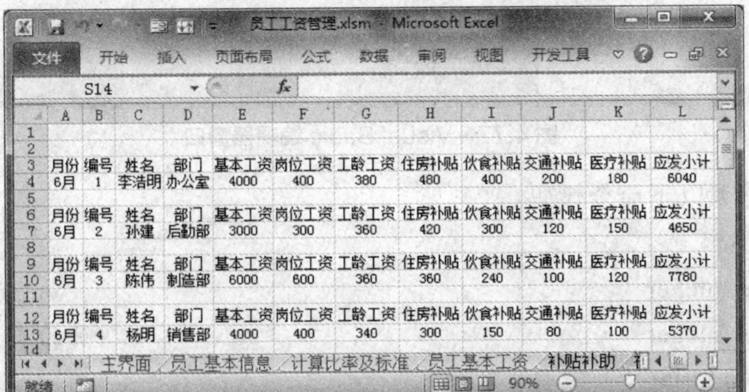

图 4.74　个人工资条

【任务实施】

（1）创建宏。选择“个人工资条”工作表，选择“工具”→“宏”→“录制新宏”命令，打开“录制新宏”对话框，在“宏名”文本框中输入“salary”，在“快捷键”文本框中输入“q”，将“保存在”下拉列表框设置为“当前工作簿”，如图 4.75 所示。单击“确定”按钮，返回“个人工资条”工作表，选择“工具”→“宏”→“停止录制”命令，这样就创建了一个宏。

（2）编辑宏。选择“工具”→“宏”→“宏”命令，打开“宏”对话框，如图 4.76 所示。选择“salary”宏，单击“编辑”按钮，打开图 4.77 所示的 Visual Basic 编辑器窗口。

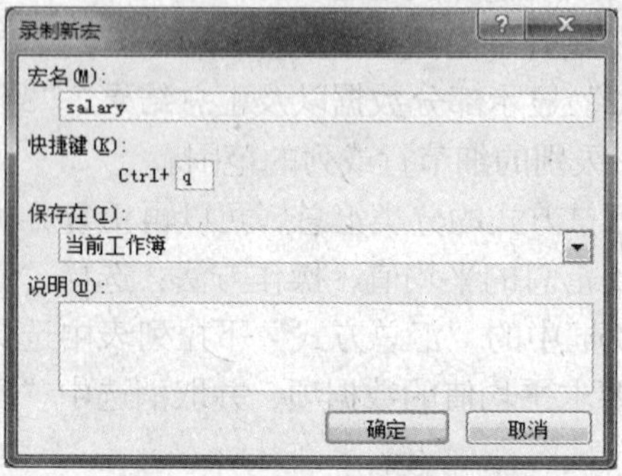

图 4.75 “录制新宏”对话框

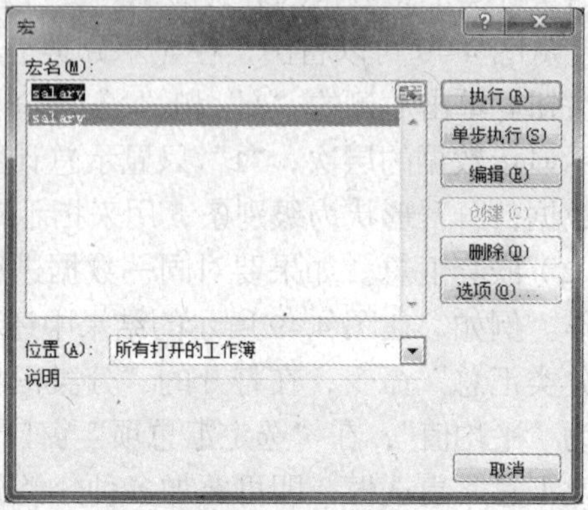

图 4.76 “宏”对话框

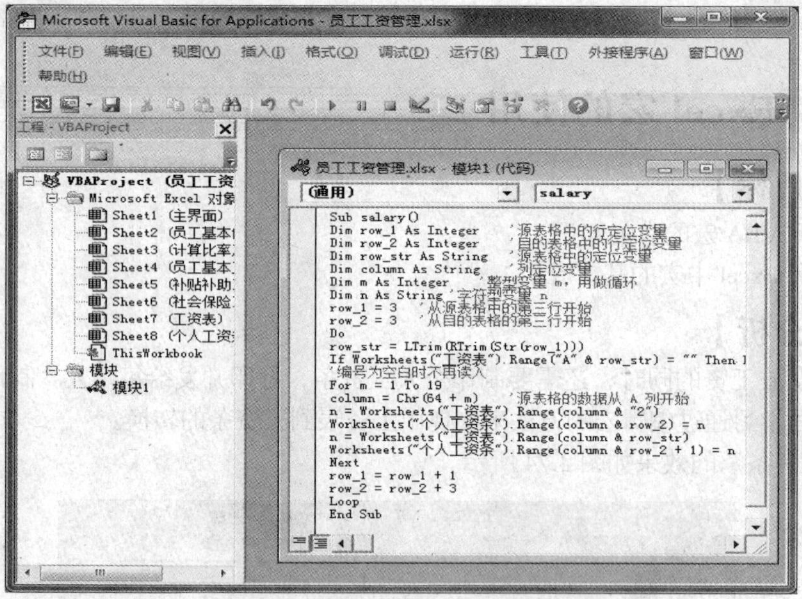

图 4.77 Visual Basic 编辑器窗口

在编辑器中输入以下命令代码。

```
Sub salary()
Dim row_1 As Integer                    '源表格中的行定位变量
Dim row_2 As Integer                    '目的表格中的行定位变量
Dim row_str As String                   '源表格中的定位变量
Dim column As String                    '列定位变量
```

```
Dim m As Integer                                     '整型变量 m，用做循环
Dim n As String                                      '字符型变量 n
row_1 = 3                                            '从源表格中的第三行开始
row_2 = 3                                            '从目的表格的第三行开始
Do
   row_str = LTrim(RTrim(Str(row_1)))
                                          'LTrim 没有前导空白，RTrim 没有尾随空白
   If Worksheets("工资表").Range("A"& row_str) = "" Then Exit Do
                                                     '编号为空白时不再读入
   For m = 1 To 19                                   '从 1 列到 19 列
   column = Chr(64 + m)                              '源表格的数据从 A 列开始
   n = Worksheets("工资表").Range(column &"2")
   Worksheets("个人工资条").Range(column & row_2) = n
   n = Worksheets("工资表").Range(column & row_str)
   Worksheets("个人工资条").Range(column & row_2 + 1) = n
Next
   row_1 = row_1 + 1
   row_2 = row_2 + 3
Loop
End Sub
```

输入完成后，单击编辑器工具栏中的“视图 MicrosoftExcel”按钮，完成宏的编辑。

（3）运行宏。在“个人工资条”工作表中，打开图 4.76 所示的“宏”对话框，在该对话框中选择“salary”后，单击“执行”按钮，即可生成个人工资条，如图 4.74 所示。

至此，工资条制作完成，以后每月打印工资条时，只需运行一次已制作好的“salary”宏即可。

【相关知识】

宏的用途是使常用任务自动化。虽然有些宏仅仅是记录键击或单击操作，但开发人员可以使用代码编写功能更强大的 VBA（Visual Basic for Applications）编写基于 Microsoft Windows 的应用程序。宏可以在计算机上运行多条命令。因此，VBA 宏会引起潜在的安全风险。黑客可以通过某个文档引入恶意宏，一旦打开该文档，这个恶意宏就会运行，并且可能在计算机上传播病毒（宏病毒）。

MicrosoftExcel 是一款功能非常强大的电子表格软件。它可以轻松地完成数据的各类数学运算，并用各种二维或三维图形形象地表示出来，从而大大简化了数据的处理工作。但若仅利用 Excel 的常用功能来处理较复杂的数据，可能仍需进行大量的人工操作。但 Excel 的强大远远超过人们的想象——宏的引入使其具有了无限的扩展性，因而可以很好地解决复杂数据的处理问题。

随着支持 Windows 的应用程序的不断增多和功能的不断增强，越来越多的程序增加了宏处理来方便用户的自由扩展。但初期各应用程序所采用的宏语言并不统一，这样用户每使用一种应用程序时都得重新学习一种宏语言。为了统一各种应用程序下的宏，Microsoft 推出了 VBA（Visual Basic for Applications）语言。

VBA 是从流行的 Visual Basic 编程语言中派生出来的一种面向应用程序的语言，它适用于各种 Windows 应用程序，可以解决各应用程序的宏语言不统一的问题。除此之外，使用 VBA 语言还有如下优点：VBA 是一种通用程序语言，通过它不仅可以共享 Microsoft 相关的各种软件（如 Excel、Word、Access），而且随着其他一些软件（如 AutoCAD 2000 等）对 VBA 的支持，这些软件也已进入 VBA 的控制范围；可以将用 VBA 编写的程序复制到 Visual Basic 中调试并运行，从而实现用 Visual Basic 来控制有关的应用程序；VBA 提供的大量内部函数大大简化了用户的操作。

下面是在 Excel 中使用 VBA 宏的一些基本知识。

1．基本概念

为了学习 Excel 中的宏，我们需要先了解以下一些基本概念。

（1）工作簿：Workbooks、Workbook、ActiveWorkbook、ThisWorkbook。

Workbooks 集合包含 Excel 中所有当前打开的 Excel 工作簿，亦即所有打开的 Excel 文件；Workbook 对应 Workbooks 中的成员，即其中的 Excel 文件；ActiveWorkbook 代表当前处于活动状态的工作簿，即当前显示的 Excel 文件；ThisWorkbook 代表其中有 Visual Basic 代码正在运行的工作簿。

在具体使用中可用 Workbooks（index）来引用 Workbook 对象，其中 index 为工作簿名称或编号；如 Workbooks（1）、Workbooks（"年度报表.xls"）。而编号按照创建或打开工作簿的顺序来确定，第一个打开的工作簿编号为 1，第二个打开的工作簿为 2……

（2）工作表：Worksheets、Worksheet、ActiveSheet。

Worksheets 集合包含工作簿中所有的工作表，即一个 Excel 文件中的所有数据表页；而 Worksheet 则代表其中的一个工作表；ActiveSheet 代表当前处于的活动状态工作表，即当前显示的一个工作表。

可用 Worksheets（index）来引用 Worksheet 对象，其中 index 为工作表名称或索引号；如 Worksheets（1）、Worksheets（"第一季度数据"）。工作表索引号表明该工作表在工作表标签中的位置：第一个（最左边的）工作表的索引号为 1，最后一个（最右边的）为 Worksheets.Count。需要注意的是：在使用过程中 Excel 会自动重排工作表索引号，保持按照其在工作表标签中的从左至右排列，工作表的索引号递增。因此，由于可能进行的工作表添加或删除，工作表索引号不一定始终保持不变。

（3）图表：Chart、Charts、ChartObject、ChartObjects、ActiveChart。

Chart 代表工作簿中的图表。该图表既可为嵌入式图表（包含在 ChartObject 中），也可为一个分开的（单独的）图表工作表。

Charts 代表指定工作簿或活动工作簿中所有图表工作表的集合，但不包括嵌入式在工作表或对话框编辑表中的图表。使用 Charts(index)可引用单个 Chart 图表，其中 index 是该图表工作表的索引号或名称；如 Charts(1)、Charts("销售图表")。图表工作表的索引号表示图表工作表在工作簿的工作表标签栏上的位置。Charts(1)是工作簿中第一个（最左边的）图表工作表；Charts(Charts.Count)为最后一个（最右边的）图表工作表。

ChartObject 代表工作表中的嵌入式图表，其作用是作为 Chart 对象的容器。利用 ChartObject 可以控制工作表上嵌入式图表的外观和尺寸。

ChartObjects 代表指定的图表工作表、对话框编辑表或工作表上所有嵌入式图表的集合。可由 ChartObjects(index)引用单个 ChartObject，其中 index 为嵌入式图表的编号或名称。如

Worksheets("Sheet1").ChartObjects(1) 、 Worksheets("sheet1").ChartObjects("chart1") 分别对应"Sheet1"工作表中的第一个嵌入式图表、以及名为"Chart1"的嵌入式图表。

ActiveChart 可以引用活动状态下的图表，不论该图表是图表工作表，或嵌入式图表。而对于图表工作表为活动工作表时，还可以通过 ActiveSheet 属性引用之。

（4）单元格：Cells、ActiveCell、Range、Areas。

Cells(row，column)代表单个单元格，其中 row 为行号，column 为列号。如可以用 Cells(1，1)、Cells(10，4)来引用"A1"、"D10"单元格。ActiveCell 代表活动工作表的活动单元格，或指定工作表的活动单元格。

Range 代表工作表中的某一单元格、某一行、某一列、某一选定区域（该选定区域可包含一个或若干连续单元格区域）或者某一三维区域。

可用 Range(arg)来引用单元格或单元格区域，其中 arg 可为单元格号、单元格号范围、单元格区域名称。如 Range("A5")、Range("A1:H8")、Range("Criteria")。虽然可用 Range("A1")返回单元格 A1，但用 Cells 更方便，因为此时可用变量指定行和列。

可将 Range 与 Cells 结合起来使用，如 Range(Cells(1，1)，Cells(10，10))代表单元格区域"A1:J10"；而 expression.Cells(row，column)返回单元格区域中的一部分，其中 expression 是返回 Range 的表达式，row 和 column 为相对于该区域的左上角偏移量。如由 Range("C5:C10").Cells(1，1)引用单元格 C5。

Areas 为选定区域内的连续单元格块的集合，其成员是 Range 对象。而其中的每个 Range 对象代表选定区域内与其他部分相分离的一个连续单元格块。某些操作不能在选定区域内的多个单元格块上同时执行；必须在选定区域内的单元格块数 Areas.Count 上循环，对每个单独的单元格块分别执行该操作。此时，可用 Areas(index)从集合中返回单个 Range 对象，其中 index 为单元格块编号，如 Areas(1)。

（5）行与列：Rows、Columns、Row、Column。

Rows、Columns 分别代表活动工作表、单元格区域范围，指定工作表中的所有行数、列数。对于一个多选单元格区域范围 Range 的 Rows、Columns，只返回该范围中第一个区域的行数、列数。例如，如果 Range 对象有两个区域(areas)A1:B2 和 C3:D4，则 Rows.Count 返回 2 而不是 4。

可通过 Rows（行号）、Columns（列号）来引用相应的行与列，如 Rows（3）、Columns（4）分别对应第三行、D 列。

利用 Rows、Column 可以获得区域中第一块的第一行行号、第一列列号，所得值均以十进制数表示。

2．处理单元格

（1）直接赋值与引用。将变量、常量值直接赋给单元格，或将单元格的值直接赋给变量、常量，这是在 Excel 中最简单的单元格赋值及引用方法。如下例将工作表“Sheet1”A1 单元格的值赋给 Integer 变量 I，并将 I+1 的值赋给当前工作表中的 B1 单元格。

```
Dim I As Integer
I=Worksheets("Sheet1").Cells(1, 1)
Cells(1, 2).Select                    '选定 B1 单元格，使其成为当前单元格
ActiveCell=I+1                        '以 I+1 为当前单元格赋值
```

（2）用公式赋值。在宏的使用中，可能会更多地用公式来给单元格赋值。如下例将相对

于活动单元格左侧第 4 列、向上第 6 行至向上第 2 行的单元格数值之和赋给活动单元格（以本行、本列为第 0 行、0 列）。

```
ActiveCell.Formula="=AVERAGE(R[-6]C[-4]:R[-2]C[-4])"
```

（3）引用其他工作表中的单元格。当赋值公式中需要引用其他工作表中的单元格时，在被引用的单元格前加上“工作表名!”即可。如下例即在赋值中引用了“Sheet1”工作表中的 A1 至 A4 单元格。

```
Range("E10").Formula="=SUM(Sheet1!R1C1:R4C1)"
```

但需注意的是，当被引用的工作表名中含有某些可能引起公式歧义的字符时，需要用单引号将工作表名括起来，例如：

```
Worksheets("Sheet1").ActiveCell.Formula="=Max('1-1 剖面'!D3:D5)"
```

（4）引用其他工作簿中的单元格。在被引用单元格所在工作表名前加上“[工作簿名]”，即可引用其他工作簿中的单元格，例如：

```
ActiveCell.Formula="=MAX([Book1.xls]Sheet3!R1C:RC[4])"
```

同样需注意的是：当被引用的工作簿名中含有某些可能引起公式歧义的字符时，需要用中括号及单引号将工作簿名括起来，例如：

```
Cells(1, 2).Formula="=MIN('[1995-2000 总结.xls]1995-1996 年'! $A$1:$A$6)"
```

（5）避免循环引用。在上述公式赋值过程中，应避免在公式中引用被赋值的单元格，防止循环引用错误。

（6）添加批注。可按如下方法给单元格添加批注。

```
Dim 批注文本 As String
批注文本="批注示例"                              '准备批注文本
ActiveCell.AddComment                            '添加批注
ActiveCell.Comment.Text Text:=临时               '写入批注文本
ActiveCell.Comment.Visible=False                 '隐藏批注
```

（7）添加、删除、复制、剪切、粘贴单元格。

```
Range("D10").Insert Shift:=xlToRight    '在 D10 单元格处添加一新单元格，原 D10 格右移
Range("C2").Insert Shift:=xlDown        '在 C2 单元格处添加一新单元格，原 C2 格下移
Rows(2).EntireRow.Insert                '在第 2 行前添加一空白行，原第 2 行下移
Columns(3).EntireColumn.Insert          '在 C 列前添加一空白列，原 C 列右移
Columns("A:D").Delete Shift:=xlToLeft   '删除 A 列至 D 列，其右侧列左移
Rows("3:5").Delete Shift:=xlUp          '删除第 3 行至第 5 行，其下方行上移
Range("B2").EntireRow.Delete            '删除第 2 行
Range("C4").EntireColumn.Delete         '删除 C 列
Range("B10:C13").Copy                   '复制 B10 至 C13 单元格区域
Cells(1, 2).Cut                         '剪切 B1 单元格
Range("D10").Select
ActiveSheet.Paste                       '自 D10 单元格起粘贴剪贴板中的内容
```

3．图表

（1）工作表图表。以下为一添加工作表图表的实例。

```
Charts.Add after:=Worksheets("Sheet1")   '在"Sheet1"工作表之后添加新图表工作表
```

```
ActiveChart.ChartType=xlXYScatterSmooth                    '图表类型为 XY 平滑线散点图
ActiveChart.SetSourceData Source:=Sheets("节点坐标").Range("A1:B69"), PlotBy:= _xlColumns
            '图表数据来源于"节点坐标"工作表的 A1 至 B69 单元格，且按列绘图。
ActiveChart.Location Where:=xlLocationAsNewSheet
With ActiveChart
.HasTitle = True
.ChartTitle.Characters.Text = "节点坐标"                          '图表标题"节点坐标"
.Axes(xlCategory, xlPrimary).HasTitle = True
.Axes(xlCategory, xlPrimary).AxisTitle.Characters.Text = "x"      'x 轴标题"x"
.Axes(xlValue, xlPrimary).HasTitle = True
.Axes(xlValue, xlPrimary).AxisTitle.Characters.Text = "y"         'y 轴标题"y"
End With
With ActiveChart.Axes(xlCategory)
.HasMajorGridlines = True                 '显示 x 轴主网格线，默认情况下为显示
.HasMinorGridlines = True                '显示 x 轴次网格线，默认情况下为不显示
End With
With ActiveChart.Axes(xlValue)
.HasMajorGridlines = True                  '标出 x 轴主网格值，默认情况下为标注
.HasMinorGridlines = False          '取消 x 轴次网格值标注，默认情况下为不标注
End With
ActiveChart.Legend.Position = xlRight                          '图例显示在图表右侧
```

（2）嵌入式图表。嵌入式图表仅在添加方式及引用格式上与工作表图表有所不同，而对图表的设置基本类似。详见下例。

```
Set 嵌入表=ActiveSheet.ChartObjects.Add(0, 0, 200, 300) '在当前工作表(0, 0)坐标处添加宽 200，高 300 的嵌入式图表
嵌入表.Chart.ChartType = xlColumnClustered                     '图表类型为簇状柱形图
嵌入表.Chart.SetSourceData Source:=Sheets(1).Range("A2:B2"), PlotBy:=xlRows
                                                                '设置图表数据来源
With 嵌入表.Chart
.HasTitle = False                                                     '无图表标题
.Axes(xlCategory, xlPrimary).HasTitle = False                         '无 x 轴标题
.Axes(xlValue, xlPrimary).HasTitle = False                            '无 y 轴标题
End With[dvnews_page]
```

4．工作表

（1）添加。

```
Sheets.Add before:=Sheets(1)                         '在第 1 工作表前添加新工作表
Sheets.Add after:=Sheets(Sheets.Count)               '在最后工作表后添加新工作表
```

（2）移动。

```
ActiveSheet.Move before:=Sheets(2)                 '将当前工作表移动至第 2 工作表之前
```

（3）命名。

```
ActiveSheet.Name="工作表名"                          '将当前工作表命名为"工作表名"
```

（4）删除。可以用以下语句删除当前工作表。

```
ActiveSheet.Delete
```

但在删除前 Excel 会自动弹出提示框，需在用户确认后方可执行删除。为避免这一干扰，可以先用以下语句关闭 Excel 的警告提示。

```
Application.DisplayAlerts = False
```

在删除完成后，再重新打开 Excel 的警告提示。

```
Application.DisplayAlerts = True
```

5．工作簿

Excel 的宏对工作簿的操作主要为保存。

```
Dim 存盘文件名 As String
ActiveWorkbook.Save '保存当前工作簿
存盘文件名="工作表名"
ActiveWorkbook.SaveAs Filename:= 存盘文件名 '当前工作簿另存为"工作表名.xls"
```

在另存时，若指定的存盘文件名不包含路径，则保存在该工作簿的打开目录下。而若此存盘文件已存在，也可用关闭 Excel 警告提示的方法以免其自动弹出提示框。

项目小结

利用 Excel 制作工作表的主要内容有建立工作表结构、调整行高列宽，有效地显示及输入数据（设置特殊单元格格式及数据有效性规则、利用 Excel 功能的技巧性输入数据）设置工作表边框与底纹、进行打印设置等。

利用 Excel 的公式与函数可以充分发挥 Excel 所具有的强大的数据处理功能，在工作表中进行快速计算来获取数据。正确地编制和使用公式，可以简化工作，大大提高工作效率。在利用公式与函数进行计算时，要充分理解并能够正确使用单元格地址的相对引用、绝对引用和混合引用。

数据库就是与特定主题和目标相联系的信息集合，它是一种二维的数据表格，并且在结构上遵循一定的基本原则。在向 Excel 中的数据库表格中输入数据时，需要一些录入技巧，例如，可通过数据有效性设置提供选择性数据输入。对于制作好的数据表格，为了数据显示效果清晰、醒目，有时需要进行条件格式化以及记录底纹阴影间隔效果的设置。

对数据库的操作主要包括数据计算、数据排序、数据筛选、分类汇总以及数据透视分析等。数据计算主要通过使用 Excel 的公式和函数进行，操作时需要注意以下几个方面：函数多层嵌套时的括号匹配，公式中的符号必须使用英文状态下的符号，各个函数的正确使用，单元格引用方式（可用 F4 键在绝对、相对、混合方式间切换）。

在对数据排序时，可以依据单个字段或多个字段进行排序。数据筛选包括自动筛选和高级筛选两种，自动筛选可以对单个字段或多个字段之间的“与”条件进行筛选，而高级筛选可实现对多个字段的多个条件的“与”或“或”关系进行筛选。在进行高级筛选时，要注意正确设置筛选的条件区域。

数据分类汇总可以将数据库中的数值，按照某一项内容进行分类核算，使得汇总结果清晰明了，操作时注意必须首先按照汇总字段排序，然后再进行分类汇总。数据透视表是一种对大量数据快速汇总和建立交叉列表的动态工作表，而数据透视图是形象生动的图表，可以根据数据透视表制作不同格式的数据透视报告。

对于本项目的学生成绩数据处理和公司产品销售数据处理实例，要求读者掌握操作的方法、步骤、注意问题，应该能利用 Excel 快速创建数据库表格、进行特殊格式设置，并能够熟练掌握数据排序、筛选、统计、分析、汇总等操作。

此外，在本项目中还介绍了通过编辑宏制作工资条的方法。掌握一些宏知识也是必要的，通过编写 Visual Basic 命令代码，可以开发出一些小工具，拓展 Excel 的功能，以方便工作。

项目实训

实训一　制作员工档案管理表

1．实训目的

（1）熟悉利用 Excel 的方法创建工作表框架的方法。

（2）熟悉 Excel 工作表的打印操作。

（3）掌握在 Excel 中输入数据的技巧。

（4）熟练掌握格式化设置工作表的方法。

2．实训内容及效果

制作员工档案管理表，效果如图 4.1 所示。

3．实训要求

（1）按照任务一中的操作步骤制作“员工档案管理表”。

（2）练习分页和分页预览、设置顶端标题行和打印选定区域操作。

（3）在制作好的员工档案管理表中，练习对工作簿、工作表的保护操作。

实训二　学生成绩表的数据处理

1．实训目的

（1）掌握在数据库表中条件格式化和数据有效性的设置方法。

（2）掌握在数据库表中公式和函数的使用方法。

（3）熟练掌握 Excel 中的排序和筛选操作方法。

（4）熟练掌握 Excel 中图表的制作方法。

2．实训内容及效果

（1）制作学生成绩表，并练习对学生成绩表中各项数据的处理。

（2）各工作表的效果如图 4.44～图 4.47 所示。

3．实训要求

（1）按照任务四所述实例及操作步骤，制作学生成绩综合评定表、优秀学生筛选表、不及格学生筛选表、单科成绩统计表和单科成绩统计图。

（2）在学生成绩综合评定表数据处理完成后，练习以下操作。

① 按照学习成绩总分降序排序。

② 同时按照计算机、英语、写作成绩升序排序。

③ 按照学生姓氏笔画排序。

（3）利用 FREQUENCY()频率分布函数求出各科成绩段分布表，操作步骤如下。

① 在学生成绩综合评定表的空白处构建各科成绩分布表结构。如图 4.78 所示。输入考试成绩的统计分段点。在本例中采用的统计分段点为 60、69、79、89，即统计 60 分以下、61～

69 分、70～79 分、80～89 分、90 分以上 5 个学生考试成绩区段的人数分布情况，当然，也可以根据自己的实际需要在不同位置进行设置。

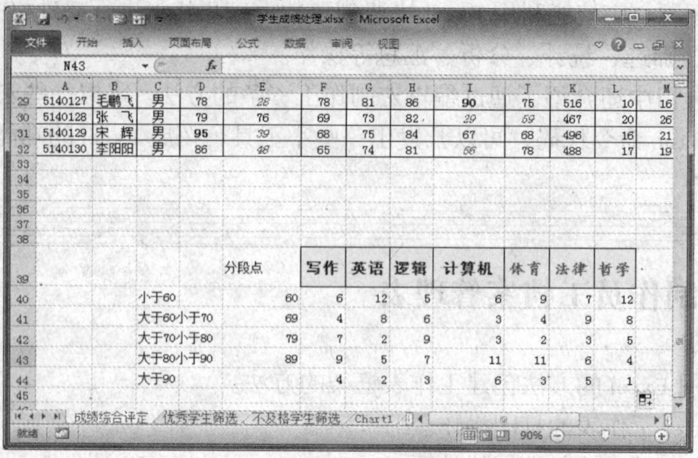

图 4.78　各科成绩分布表的结构

② 选中单元格区域 F40:F44，输入公式“=FREQUENCY(D3:D32,$E$40:$E$44)”。由于该公式为数组公式，在输入完上述内容后，必须按 Ctrl+Shift+Enter 组合键，为公式内容自动加上数组公式标志（即大括号）。

说　明

大括号不能手工输入，必须按 Ctrl+Shift+Enter 组合键由系统自动产生。

③ 在 F40:F44 单元格内显示不同成绩段学生人数。选中 F40:F44 连续单元格，可利用公式复制的方法获得其他课程成绩段学生人数分布情况。

实训三　制作员工工资管理表

1．实训目的

（1）练习工作表的创建与格式设置，制作员工工资管理各表的框架。

（2）掌握工作表之间的关联操作。

（3）熟悉工作表中公式和函数的使用。

2．实训内容及效果

（1）主界面的效果如图 4.37 所示。

（2）员工工资管理中各表框架效果如图 4.38～图 4.42 所示。

（3）员工基本信息如图 4.1 所示。

3．实训要求

（1）按照任务三中的操作步骤新建“员工工资管理”工作簿。

（2）制作各工作表框架，按下列要求进行格式设置。

① 标题行合并单元格使标题文字居中，字体为宋体、24 号，行高 30，鲜绿色底纹。

② 字段行文字居中，字体为仿宋、12 号，青绿色底纹。

③ 设置除标题行外其余单元格外边框为黑实线、1.5 磅，内边框为细实线、0.5 磅，行高为“最适合的行高”。

④ 制作员工工资管理系统“主界面”，效果如图 4.37 所示。

⑤ 利用公式完成“员工基本信息表”中出生日期、年龄、工龄字段的信息输入。

⑥ 按表 4.2～表 4.5 中的数据，制作并填充“计算比率及标准表”及数据信息。

⑦ 制作“员工基本工资表”，根据“计算比率及标准表”的“单位工资标准表”中的工资发放标准，利用公式和函数确定员工基本工资、岗位工资和工龄工资。

实训四 利用公式和函数完善员工工资管理表

1. 实训目的

（1）了解宏在 Excel 中的使用。

（2）掌握 Excel 中公式和函数的使用。

（3）掌握 Excel 中绝对引用、相对引用和混合引用。

2. 实训效果

（1）员工补贴补助表的效果如图 4.40 所示。

（2）员工社会保险表的效果如图 4.41 所示。

（3）员工工资表的效果如图 4.42 所示。

（4）个人工资条的效果如图 4.74 所示。

3. 实训要求

（1）利用创建“员工基本工资”表中所述方法，在“补贴补助表”、“社会保险表”、“工资表”中利用公式自动获取“编号”、“姓名”、“部门”、“职位”等字段信息。

（2）完善补贴补助表的制作。

① 在员工补贴补助表中，根据“计算比率及标准表”中“单位补贴标准表”，使用公式计算员工各项福利补贴、伙食补贴、交通补贴和医疗补贴。

② 在员工补贴补助表中，合计每位员工的补贴补助合计额。

（3）完善工资表的制作。

① 在工资表中自动生成当月工资发放月份，即“月份”字段数据信息的获取。

> 提示
>
> 选中 A3 单元格，并在“公式”编辑栏中输入公式“=MONTH(TODAY()) &“月”。

按 Enter 键，即可自动生成当前工资发放月份。

② 使用公式分别从“员工基本工资表”、“补贴补助表”、“社会保险表”中提取对应字段项的数据到工资表中。

> 提示
>
> 在 E3 单元格中输入公式“=IF(B3="","",员工基本工资!E3)”，获取“基本工资”额。

③ 计算“工资表”中“应发小计”项。

④ 计算“住房公积金”项、“个人所得税”项。

在 P3 单元格中输入公式“=IF(B3="","",L3*计算比率及标准!$D$8)”，按 Enter 键，即可根据员工应发工资金额和住房公积金扣除比率，计算出该员工应扣住房公积金金额。

个人所得税金额=应税额×应税薪金税率。应税额=应发工资−起征点（在“工资表”中“应发小计”即为应发工资，根据国家规定，起征点为3500元），应税薪金税率按“计算比率及标准”表中“个人工资应税薪金税率表”所对应比率进行计算。

为了辅助计算，可先计算出应税额。选中U3单元格，在“公式”编辑栏中输入公式“=IF(B3="","",MAX(L3−3500,0))”，按Enter键，即可根据员工应发工资金额和个人所得税起征点，计算出员工的应税额。利用公式填充功能，计算出对应员工的应税额，如图4.79所示。

选中Q3单元格，在“公式”编辑栏中输入公式：

=IF(U3<=1500,ROUND(U3*0.03,2),IF(U3<=4500,ROUND((U3*0.1−105),2),IF(U3<=9000,ROUND(U3*0.20−555,2),IF(U3<=35000,ROUND(U3*0.25−1005,2),IF(U3<=55000,ROUND(U3*0.30−2755,2),IF(U3<=80000,U3*0.35−5505,U3*0.45−13505)))))），按Enter键，即可计算出该员工应扣的个人所得税金额。

利用公式填充功能，计算其他员工的个人所得税金额。

⑤ 计算“应扣金额”和“实发小计”项。

（4）练习利用宏制作个人工资条。

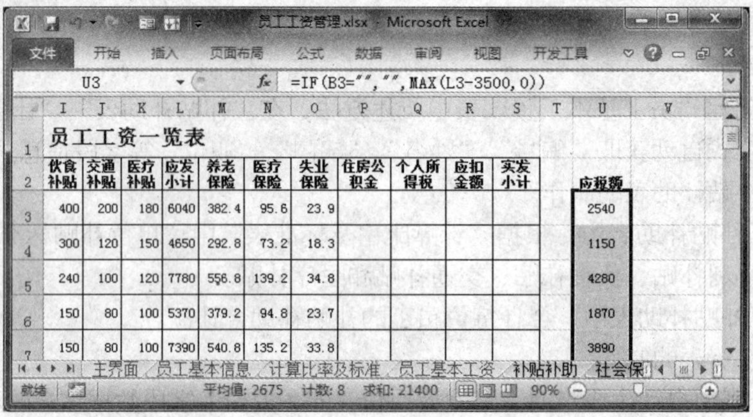

图4.79 应税额计算

实训五 产品销售表的数据处理

1．实训目的

（1）熟悉数据透视表与数据透视图的制作。

（2）掌握Excel数据库表中的数据分类汇总操作。

2．实训内容及效果

（1）按照任务二和任务三所述操作步骤制作产品销售表，并进行各项操作。

（2）各工作表效果如图4.23～图4.25和如图4.48～图4.50所示。

3．实训要求

在产品销售统计表中进行以下操作。

（1）利用排序功能实现按产品销售数量进行降序排序。

（2）利用筛选功能筛选出产品类别为“电线”的数据记录。

（3）筛选出销售数量≥40，销售金额≥3 000，销售员为“海燕”的销售记录。

（4）筛选出销售数量≥40，或者销售金额≥3 000，或者销售员为“海燕”的销售记录。

（5）利用分类汇总统计出不同产品类别的销售数量和销售金额。

PART 5

项目五 演示文稿的制作

PowerPoint 2010 是微软公司发布的办公软件 Microsoft Office 2010 中重要的组件之一。它是一个集文本、图表、音频、视频等对象于一体的演示文稿制作软件，是表达某种观点、演示工作成果、传达各种信息的有效工具。

任务一 PowerPoint 的基本应用

【任务目标】

（1）了解演示文稿的基础知识。

（2）熟悉 PowerPoint 中建立演示文稿的方法。

（3）掌握幻灯片编辑与修饰的方法。

（4）熟练掌握演示文稿的放映方法。

【任务分析】

在企业交流和对外宣传中，为了让合作伙伴和客户更好地了解自己，经常要用 PowerPoint 来制作图文并茂、生动美观的演示文稿，直观地展示企业的风采。

本任务是制作某公司简介，其效果如图 5.1 所示。

图 5.1 公司简介效果

【任务实施】

在制作公司简介演示文稿之前，准备好相关的文本资料和图片素材。

1．新建并制作幻灯片

启动 PowerPoint，系统自动创建一个空白演示文稿，以“旭日教育培训有限公司简介”为名保存该演示文稿。默认生成的空白演示文稿背景是白色的，文本是黑色的，可以选择演示文稿模板改变主题。

（1）选择主题。单击“设计”选项卡，该选项卡包含“页面设置”、“主题”、“背景”3个组，图 5.2 为“设计”选项卡，在“主题”组中，单击要应用的文档主题，在本例中，选择“波形”应用于所有幻灯片。

说明　若要预览应用了特定主题的当前幻灯片的外观，请将指针停留在该主题的缩略图上。若要查看更多主题，请在“设计”选项卡上的“主题”组中，单击“更多”。除非另行指定，否则 PowerPoint 会将主题应用于整个演示文稿。若要将多个主题应用于单个演示文稿，请参阅对演示文稿应用多个主题。

图 5.2 “设计”选项卡

（2）制作标题幻灯片。通常，演示文稿是由多页幻灯片组成的，而默认生成的第一页幻灯片称为“标题幻灯片”。“标题幻灯片”具有显示主题、突出重点的作用。在此，我们在“标题幻灯片”中添加标题，并利用母版插入公司图标。

① 添加标题。单击“单击此处添加标题”占位符，输入标题“飞扬教育培训有限公司”。在“单击此处添加副标题”占位符中输入“中国教育第一品牌”，效果如图 5.3 所示。

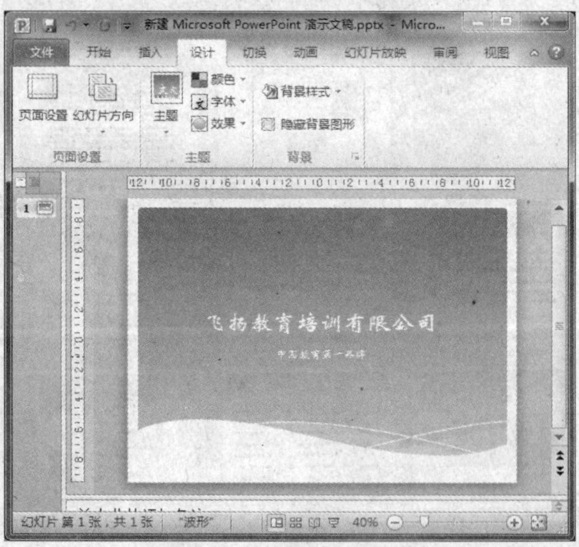

图 5.3　标题幻灯片

② 利用母版制作公司图标。单击“视图”选项卡，该选项卡包含“演示文稿视图”、“母版视图”、“显示”、“显示比例”、“颜色/灰度”、“窗口”、“宏”7 个组，单击“母版视图”组中的“幻灯片母版”命令，打开“幻灯片母版”视图。单击左侧列表框中的“标题母版”缩略图，在“标题母版”上利用自选图形和艺术字的组合设计制作图标，并调整其大小及位置，如图 5.4 所示。

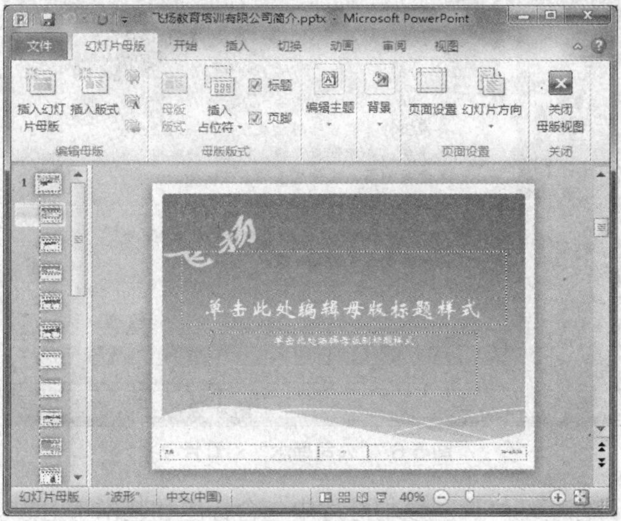

图 5.4 利用母版制作公司图标

单击左侧母版缩略图中的“幻灯片母版”，将在“标题母版”中制作好的公司图标复制到“幻灯片母版”中，并调整大小后移到适当位置，则当插入新幻灯片时，该图标将同时出现在各个新幻灯片中。标题幻灯片制作好后，需要不断地插入新幻灯片以完成其他页的制作。

（3）制作“公司简介”幻灯片。单击“开始”选项卡上的“幻灯片”组中的“新建幻灯片”，插入一张新幻灯片，在标题占位符中输入标题文本“公司简介”；在下方的文本占位符中输入有关公司介绍的内容。标题和正文输入完成后，可进行适当的字体、字号、行高等格式设置。制作完成的“公司简介”幻灯片的效果如图 5.5 所示。

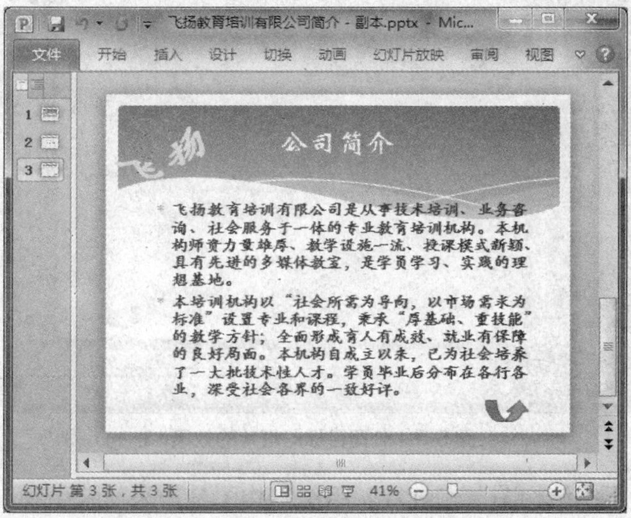

图 5.5 “公司简介”幻灯片

（4）制作“公司理念”幻灯片。选中“公司简介”幻灯片，利用复制、粘贴的方法再插入一张一模一样的幻灯片。将标题文本“公司简介”改为“公司理念”，将文本改为公司理念的相关内容即可，效果如图 5.6 所示。

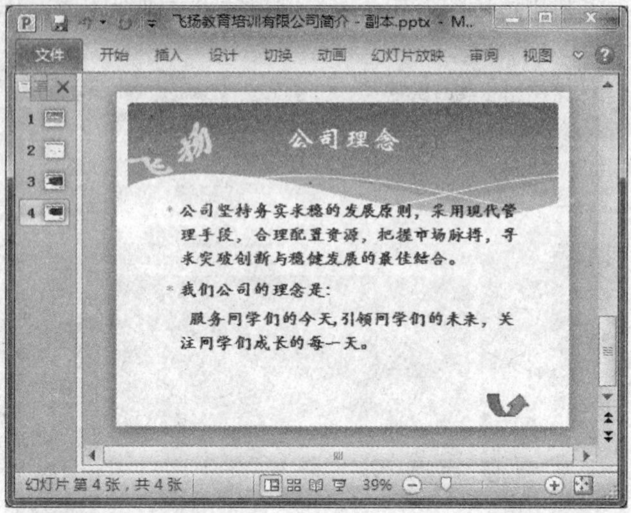

图 5.6 “公司理念”幻灯片

（5）制作“公司目标”幻灯片。该幻灯片中包含标题和艺术字对象。当插入一张新幻灯片后，单击“开始”选项卡“幻灯片”组窗口右侧的“幻灯片版式”按钮，在弹出窗格中选择“仅标题”版式，则新插入的幻灯片中只含标题占位符。

在标题占位符中输入标题“公司目标”。单击“插入”选项卡的文本组中的“艺术字”按钮，在打开的“‘艺术字’库”对话框中选择一种艺术字样式后，在“请在此放置您的文字”文本框中输入“教育是永恒的事业，我们的目标是：打造中国第一教育培训品牌。”，并进行字体、字号等格式设置。对新添加的艺术字进行位置、大小及方向等的调整，如图 5.7 所示。

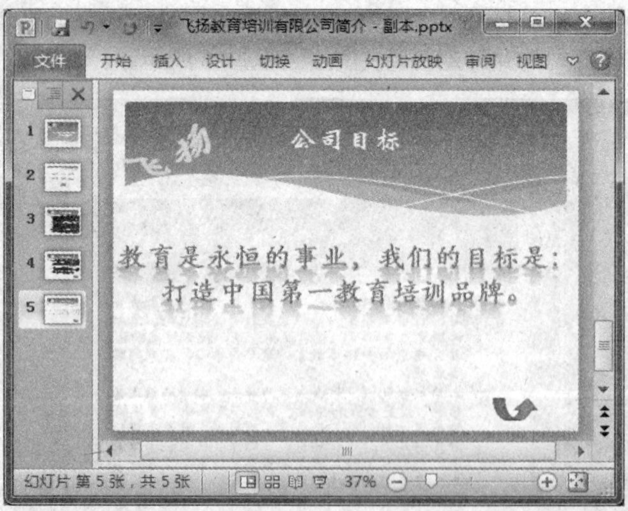

图 5.7 公司目标幻灯片的效果

（6）制作“公司组织结构图”幻灯片。组织结构图是用来反映组织内部人员结构和组织层次的图示，利用组织结构图可以清晰地描述组织内部的各种关系，使复杂的信息简单化。

① 插入新幻灯片，选择带组织结构图的“标题和内容”版式，单击内容占位符中的“插入 SmartArt 图形”按钮，在打开的“选择 SmartArt 图形”窗口中单击左侧的“层次结构”按钮，然后在窗口右侧选择合适的图形布局，再单击“确定”按钮，在幻灯片中插入组织结构图形状，如图 5.8 所示。

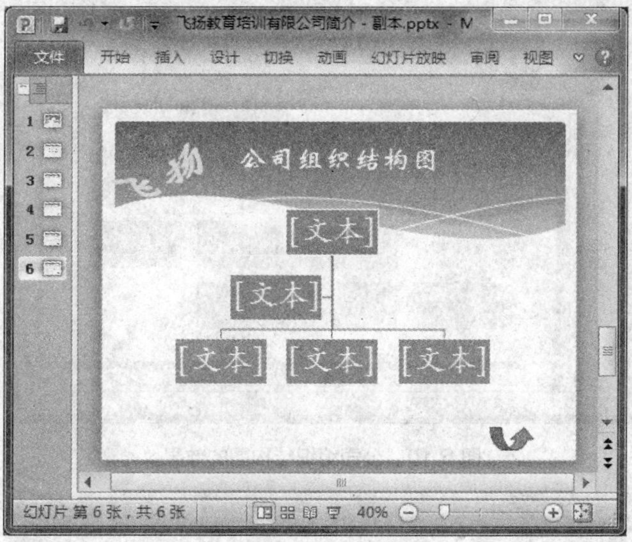

图 5.8 组织结构图

② 在插入“组织结构图”的同时还将出现如图 5.9 所示的“SmartArt 工具”选项卡，其中又包含了“设计”和“格式”两个选项卡，其“设计”选项卡有“创建图形”、“布局”、“SmartArt 样式”、“重置”4 个组。“创建图形”中的“添加形状”按钮能够在选定的图形的“前面”、“后面”、“上方”、“下方”添加形状，也可为其添加“助理”。按图 5.10 插入各形状，设置组织结构图框架；“创建图形”中的“组织结构图布局”按钮 品 能够更改所选图形的结构布局，在此选择“标准”；“SmartArt 样式”包含“更改颜色”和“快速样式”两个按钮，用来设置图形颜色和选择图示样式；“重置”可以用来进行文本和图形的转换。

图 5.9 “SmartArt 工具”选项卡

③ 输入内容。为各文本框输入内容的方法是直接单击文本框即可输入文字。在此，可对输入的文字进行格式设置。在标题占位符处输入“公司组织结构图”，效果如图 5.10 所示。

（7）制作“服务满意度调查”图表幻灯片。插入一张新的幻灯片，选择“标题和内容”版式，在标题占位符处输入标题“服务满意度调查”。单击内容占位符中的“插入图表”按钮，将弹出“插入图表”对话框，在其中选择合适的图，单击“确定”按钮，幻灯片中就会出现一个图表同时弹出一个与之匹配的数据表格，根据需要修改源数据表，生成相应的图表，如图 5.11 所示。

图 5.10　公司组织结构图的效果

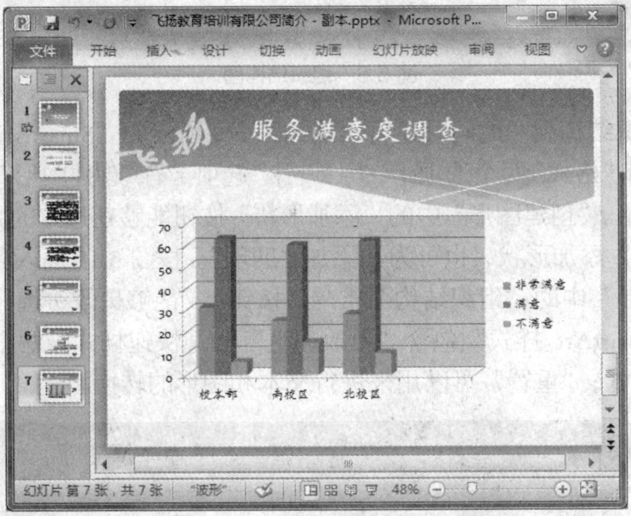

图 5.11　“服务满意度调查”幻灯片

如果想在已有的幻灯片中加入图表，可以选择“插入”选项卡，再单击“图表”按钮，幻灯片中就会出现一个图表同时弹出一个与之匹配的数据表格。

（8）制作“培训信息”幻灯片。插入一张版式为“标题和内容”的新幻灯片，将标题修改为“培训信息”，单击内容占位符中的“插入表格”按钮，将弹出“插入表格”对话框，输入所需表格的列数和行数，本例为 3 列 7 行，表格内容如图 5.12 所示。

（9）制作“联系我们”幻灯片。插入版式为“标题和内容”的新幻灯片，在标题和内容占位符中分别输入标题和正文内容。在内容占位符中，单击“剪贴画”按钮，弹出“剪贴画”对话框，在其中选择合适的图片，单击即可插入图片。如果要插入来自文件的图片，单击“插入来自文件的图片”按钮，将打开“插入图片”对话框，在其中选择要插入的图片后单击“确定”按钮即可。图片插入后，可以根据需要对图片、文本位置及大小进行适当调整，效果如

图 5.13 所示。

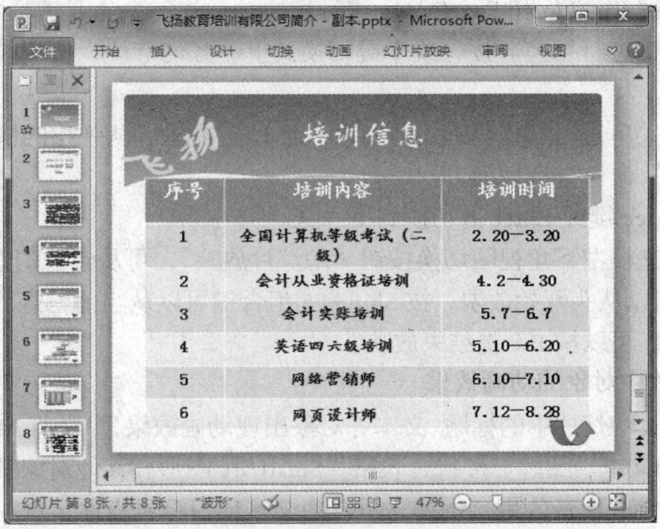

图 5.12 “培训信息”幻灯片

图 5.13 “联系我们”幻灯片

2．放映幻灯片

选择“幻灯片放映”选项卡，该选项卡包含“开始放映幻灯片”、“设置”、“监视器”3 个组，图 5.14 为“幻灯片放映”选项卡，在“开始放映幻灯片”组中单击“从头开始”或“从当前幻灯片开始”按钮，即可开始放映幻灯片。可以采用以下任何一种方法进行幻灯片的切换与放映。

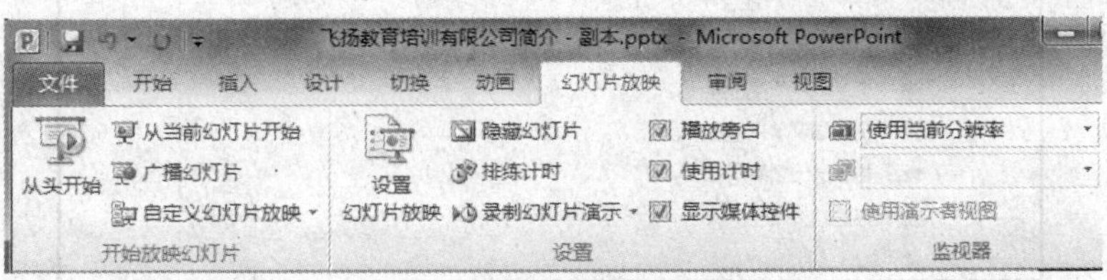

图 5.14 “幻灯片”放映选项卡

（1）单击切换到下一页。

（2）利用翻页键 PageUp 和 PageDown 进行切换。

（3）利用方向键进行切换。按←或↑键切换到上一张幻灯片，按→或↓键切换到下一张幻灯片。

（4）利用快捷菜单进行切换。在幻灯片的任意位置右击，从弹出的快捷菜单中选择“上一张”或“下一张”命令进行切换。

（5）通过按 Space 键或 Enter 键切换到下一张。

（6）单击演示文稿左下角视图切换按钮“幻灯片放映”，可从当前幻灯片开始放映。

（7）按 F5 键可以从头开始放映，按 Shift+F5 组合键可以从当前幻灯片开始放映。如果中途要退出放映状态，可以按 Esc 键结束放映。

3．设置幻灯片中对象的动画效果

为了在放映时让幻灯片中的标题、文本等对象出现动画效果，可以将 Microsoft Power Point 2010 演示文稿中的文本、图片、形状、表格、SmartArt 图形和其他对象制作成动画（给文本或对象添加特殊视觉或声音效果，例如，可以使文本项目符号点逐字从左侧飞入，或在显示图片时播放掌声），赋予它们进入、退出、大小或颜色变化甚至移动等视觉效果。

若要向对象添加动画效果，请执行以下操作。

（1）选择要制作成动画的对象。

（2）在“动画”选项卡上的“动画”组中，单击“其他”按钮，将弹出如图 5.15 所示的其他动画样式然后选择所需的动画效果。

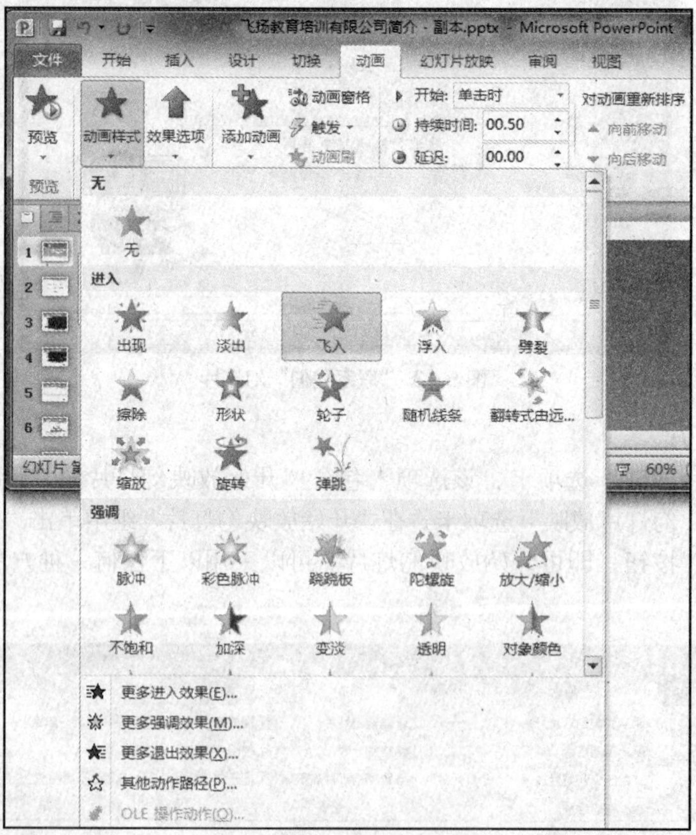

图 5.15 “动画”选项卡

说明

如果没有看到所需的进入、退出、强调或动作路径动画效果，请单击“更多进入效果”、“更多强调效果”、“更多退出效果”或“其他动作路径”。在将动画应用于对象或文本后，幻灯片上已制作成动画的项目会标上不可打印的编号标记，该标记显示在文本或对象旁边。仅当选择“动画”选项卡或“动画”任务窗格可见时，才会在“普通”视图中显示该标记。

4．向幻灯片添加切换效果

幻灯片切换效果是在演示期间从一张幻灯片移到下一张幻灯片时在“幻灯片放映”视图中出现的动画效果。用户可以控制切换效果的速度、添加声音，甚至还可以对切换效果的属性进行自定义。

若要向对象添加切换效果，可以执行以下操作。

（1）在包含“大纲”和“幻灯片”选项卡的窗格中，单击“幻灯片”选项卡。

（2）选择要向其应用切换效果的幻灯片的缩略图，如图 5.16 所示。

图 5.16 “切换”选项卡

（3）在“切换”选项卡的“切换到此幻灯片”组中，选择要应用于该幻灯片的幻灯片切换效果。在此示例中，已选择了“淡出”切换效果。若要查看更多切换效果，请单击“其他”按钮▾。在“计时”组中，“声音”栏选择“鼓掌”效果；在“持续时间”栏选择 00.75；在“换片方式”项中选择“单击鼠标时”。

说明

向演示文稿中的所有幻灯片应用相同的幻灯片切换效果：执行以上第 2 步到第 4 步，然后在“切换”选项卡的“计时”组中，单击“全部应用”按钮。

5．建立超链接

在幻灯片播放过程中，可以通过设置超链接从一张幻灯片切换到演示文稿中的任意一张幻灯片。本例中，添加一张目录幻灯片，在该幻灯片中通过超链接链接到各个相应幻灯片，如图 5.17 所示。具体步骤如下。

（1）选择标题幻灯片，在其后插入一张新幻灯片，选择该幻灯片的版式为“空白”版式。

（2）按图 5.17 所示，在新幻灯片中插入 SmartArt 图形，并输入内容。

（3）在“普通”视图中，选择要用作超链接的文本或对象，本例选择“公司简介”矩形。

（4）在“插入”选项卡上的“链接”组中，单击“超链接”，弹出“编辑超链接”对话框，如图 5.18 所示。

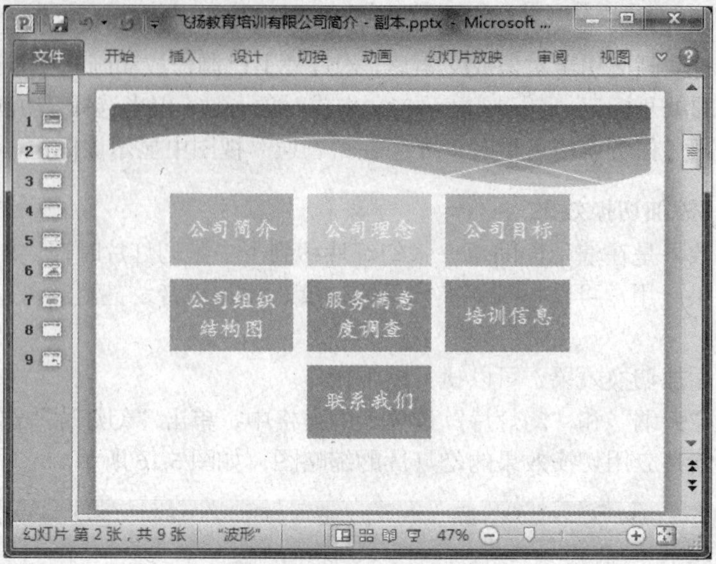

图 5.17　目录页幻灯片

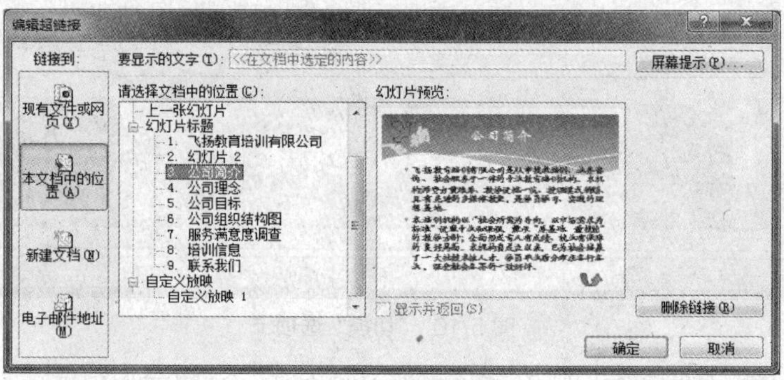

图 5.18　编辑超链接窗口

（5）在左侧“链接到”下，选择“本文档中的位置”选项，在“请选择文档中的位置”列表框中选择要用作超链接目标的幻灯片，本例选择“3 公司简介”，再单击“确定”按钮，完成超链接设置。

（6）用同样的方法制作到“公司理念”、“公司目标”、“公司组织结构图”、“服务满意度调查”、“培训信息”、“联系我们”等幻灯片的链接。

（7）在“公司简介”幻灯片中制作返回到第二张幻灯片的超链接。选择“公司简介”幻灯片，在“插入”选项卡“插图”组中单击“形状”按钮，选择“下弧形箭头”，在幻灯片中拖画出一个下弧形箭头，在下弧形箭头图上右击，在弹出的快捷菜单中选择“超链接”命令，打开“编辑超链接”对话框，如图 5.18 所示。选择“本文档中的位置”选项后，在右边的“请选择文档中的位置”列表框中选择“2.幻灯片 2”，单击“确定”按钮。

当幻灯片处于放映状态时，单击该下弧形箭头时，即可切换到第二张幻灯片。

用同样的方法在“公司理念”、“公司目标”、“公司组织结构图”、“服务满意度调查”、“培训信息”、“联系我们”等幻灯片上制作“返回”超链接。或者将“公司简介”幻灯片上的“返回”超链接复制后，分别粘贴到其他幻灯片上。

6．自动放映幻灯片

（1）在“幻灯片放映”选项卡的“设置”组中单击“排练计时”按钮，幻灯片将从头开始播放，屏幕左上角会出现“录制”窗口，用户根据幻灯片内容，自行控制播放速度，当播放结束会弹出询问是否保留新的幻灯片排练时间的对话框，单击“是”按钮，即可保存。

（2）单击“幻灯片放映”选项卡的“开始放映幻灯片”组中的“从头开始”按钮，幻灯片将从头开始按排练情况播放。

【相关知识】

1．应用模板创建演示文稿

PowerPoint 模板是用户另存为.potx 文件的一张幻灯片或一组幻灯片的图案或蓝图。模板可以包含版式、主题颜色、主题字体、主题效果和背景样式，甚至还可以包含内容。

用户可以创建自己的自定义模板，然后存储、重用以及与他人共享。此外，用户可以获取多种不同类型的 PowerPoint 内置免费模板，也可以在 Office.com 和其他合作伙伴网站上获取可以应用于演示文稿的数百种免费模板。

若要应用模板，请执行以下操作。

（1）在“文件”选项卡上，单击“新建”按钮。

（2）在“可用的模板和主题”下，执行下列操作之一。

① 若要重复使用最近用过的模板，选择“最近打开的模板”选项。

② 若要使用先前安装到本地驱动器上的模板，选择“我的模板”选项，再选择所需的模板，然后单击“确定”按钮。

③ 在“Office.com 模板”下选择模板类别，选择一个模板，然后单击“下载”按钮将该模板从 Office.com 下载到本地驱动器。

利用模板可以快速创建演示文稿框架。

2．幻灯片中文本的输入与编辑

演示文稿通常是由一系列具有主题的幻灯片组成的，演示文稿能否充分反映主题，文本是最基本的手段，创建好演示文稿框架后，接着就要向幻灯片中输入文本。

（1）在幻灯片编辑区直接输入文本。幻灯片一般分为两个部分：标题区和主体区，标题区用于输入每张幻灯片的标题，主体区用于输入幻灯片要展示的文字信息。按照幻灯片中标题区及主体区占位符所指示的位置，输入相应标题及文本。输入完成后，可根据需要对标题及主体区中文本的位置、字体等进行设置。

说明

幻灯片中的“单击此处添加标题”放映时不显示，可以不用管它，如果觉得不合适可以删除。

（2）在幻灯片大纲区输入文本。在“幻灯片列表区”单击“大纲”选项卡，在弹出的大纲列表中输入标题。可以一次给多个幻灯片输入标题，方法是，输完一个幻灯片的标题后按 Enter 键，在系统自动增加的幻灯片中输入标题即可；若输入层次小标题，将光标移到标题的末尾，按 Enter 键，然后单击大纲列表区左侧的“降级”按钮➡在光标处输入标题。反复进行这样的操作可以给一个幻灯片最多建立五级标题。

说 明

输入文字最快的方式就是在大纲列表区中输入，输入一个标题后接着输入下一个标题，按照上面介绍的方法可以按 Enter 键，通过“降级”按钮➡可以实现标题级别的设置。如果标题输好后，要输入正文，按 Ctrl+Enter 组合键即可；如果要接着输入标题，再按 Ctrl+Enter 组合键即可重新进行标题的输入。

（3）幻灯片中文本的编辑。幻灯片中的文本可以进行复制、移动、删除等编辑操作，对文字的字体和颜色也可以进行设置，其操作同其他软件中的文本编排类似，这里不再赘述。

说 明

在 PowerPoint 中可利用快捷键生成目录幻灯片。方法是首先选择多张幻灯片，按 Alt+Shift+S 组合键即可将所选中的幻灯片标题提取出来形成目录幻灯片。

3．演示文稿母版

幻灯片母版是幻灯片层次结构中的顶层幻灯片，用于存储有关演示文稿的主题和幻灯片版式（版式指幻灯片上标题和副标题文本、列表、图片、表格、图表、自选图形和视频等元素的排列方式）的信息，包括背景、颜色、字体、效果、占位符大小和位置。

每个演示文稿至少包含一个幻灯片母版。修改和使用幻灯片母版的主要优点是可以对演示文稿中的每张幻灯片（包括以后添加到演示文稿中的幻灯片）进行统一的样式更改。使用幻灯片母版时，由于无需在多张幻灯片上输入相同的信息，因此节省了时间。如果演示文稿非常长，其中包含大量幻灯片，使用幻灯片母版会特别方便。

由于幻灯片母版影响整个演示文稿的外观，因此，在创建和编辑幻灯片母版或相应版式时，将在“幻灯片母版”视图下操作。本例中，在母版上设计了一个公司图标图形后，这个图标将出现在每张幻灯片的相同位置，它使演示文稿具有相同的风格。

（1）演示文稿母版类型。演示文稿的母版类型一般分为 3 种，幻灯片母版、讲义母版和备注母版。要切换母版视图，只需选择“视图”选项卡，再从“母板视图”组中选择相应的母版。

幻灯片母版主要用来控制除标题幻灯片以外的幻灯片的标题、文本等外观样式，如果修改了母版的样式，将会影响到所有基于该母版的演示文稿的幻灯片样式。备注母版主要提供演讲者备注使用的空间以及设置备注幻灯片的格式。讲义母版用于控制幻灯片以讲义的形式打印的格式，可增加页眉和页脚等。

（2）编辑幻灯片母版。在幻灯片母版视图下，选择要编辑的幻灯片版式的缩略图，在编辑区，利用打开的“幻灯片母版”选项卡中的功能按钮进行编辑，如图 5.19 所示，包含“编辑母版”、“母版版式”、“编辑主题”、“背景”、“页面设置”、“关闭”6 个组，可对母版进行这 6 个方面的编辑。

4．主题颜色的修改

PowerPoint 2010 内置多种由文字、背景、超链接颜色等多种颜色组成的用于演示文稿的预设颜色方案。每一个主题都有一个标准的配色方案，一个配色方案可应用于一张或多张幻灯片，在设计幻灯片时可以改变其标准配色方案，操作步骤如下。

（1）单击“设计”选项卡“主题”组中的“颜色”按钮，弹出“内置”配色方案窗格，如图 5.20 所示。

图 5.19 “幻灯片母版”选项卡

（2）在“内置”列表中选择一种配色方案，幻灯片的配色方案将被新的配色方案取代；右击该方案，在弹出的快捷菜单中选择“应用于所选幻灯片”命令，被选中的幻灯片配色方案改变，其他的不改变。

（3）可以改变幻灯片中配色方案的某一部分。操作方法如下。

① 应用要改变幻灯片中配色方案后，单击“设计”选项卡“主题”组中的“颜色”按钮，再单击最下面的“新建主题颜色”按钮，弹出图 5.21 所示的“新建主题颜色”对话框。

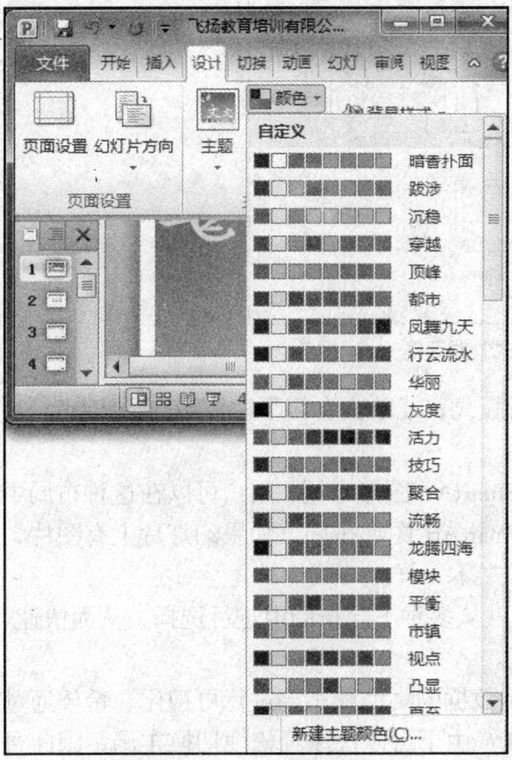

图 5.20 内置配色方案窗格

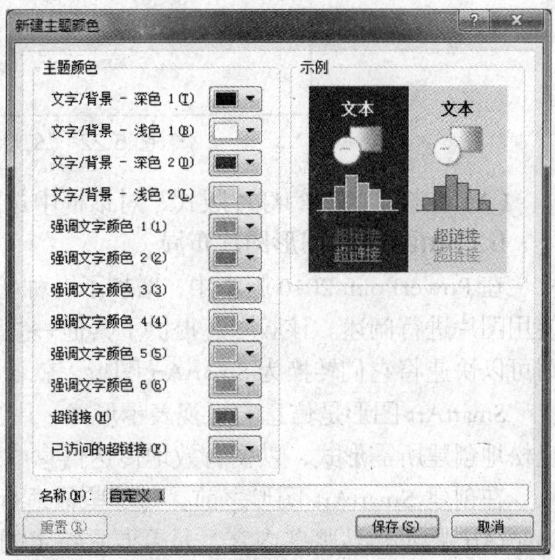

图 5.21 “新建主题颜色”窗口

② 在“新建主题颜色”对话框中，单击要改变颜色的内容后的按钮。在弹出的“主题颜色”对话框中设置颜色，可在“标准”选项卡或“自定义”选项卡中设置，然后单击“确定”按钮。

③ 若要继续更改其他部分的颜色，重复第②步的操作。

④ 输入新建主题颜色的名称，单击对话框中的“保存”按钮即可。

5．幻灯片版式的更新

幻灯片的版式选取好之后，在制作的过程中，还可以修改或更新，操作步骤如下。

（1）在演示文稿中选择想要修改的幻灯片。单击“开始”选项卡中的“幻灯片”组中的“幻灯片版式”按钮，如图 5.22 所示。

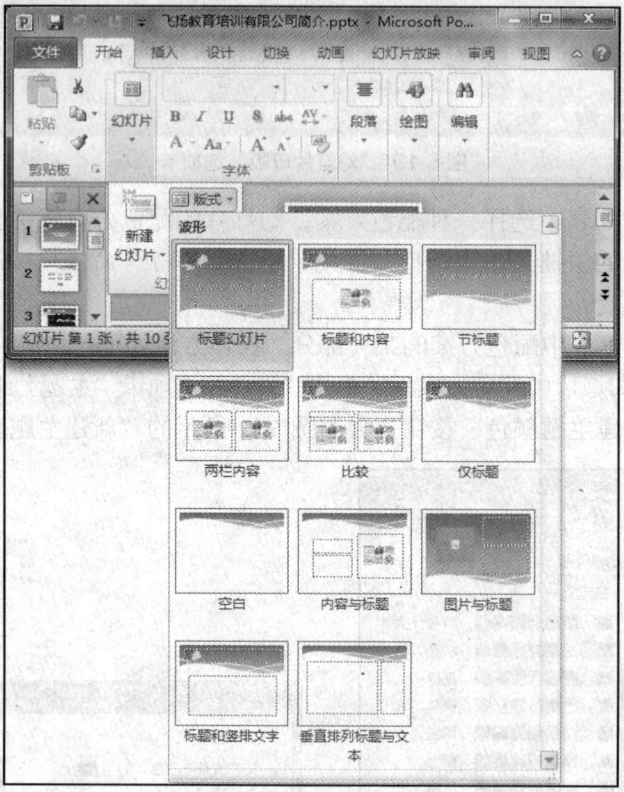

图 5.22 “幻灯片版式”对话框

（2）在打开的“幻灯片版式”对话框中选择新版式，或单击右侧下拉按钮选择应用。

6．SmartArt 图形图片布局

在 PowerPoint 2010 版本中，增加了一种新的 SmartArt 图形布局，用户可以在这种布局中使用图片进行阐述。该版本还提供了其他一些新 SmartArt 图形布局。如果幻灯片上有图片，则可以快速将它们转换为 SmartArt 图形，就像处理文本一样。

SmartArt 图形是信息的可视表示形式，用户可以从多种不同布局中进行选择，从而快速、轻松地创建所需形式，以便有效地传达信息或观点。

在创建 SmartArt 图形之前，对那些最适合显示数据的类型和布局进行可视化。希望通过 SmartArt 图形传达哪些内容？是否要求特定的外观？由于可以快速轻松地切换布局，因此可以尝试不同类型的不同布局，直至找到一个最适合对信息进行图解的布局为止。所做的图形应该清楚和易于理解。可以从表 5.1 开始尝试不同的类型。该表只是帮助用户开始进行尝试，并不是一个详尽的列表。

此外，还要考虑文字量的大小，因为文字量通常决定了所用布局以及布局中所需的形状个数。通常，在形状个数和文字量仅限于表示要点时，SmartArt 图形最有效。如果文字量较大，则会分散 SmartArt 图形的视觉吸引力，使这种图形难以直观地传达信息。但某些布局（如

“列表”类型中的“梯形列表”）适用于文字量较大的情况。

表 5.1　　SmartArt 图形的类型和用途

图形类型	图形的用途
列表	显示无序信息
流程	在流程或日程表中显示步骤
循环	显示连续的流程
层次结构	显示决策树
层次结构	创建组织结构图
关系	图示连接
矩阵	显示各部分如何与整体关联
棱锥图	显示与顶部或底部最大部分的比例关系
图片	绘制带图片的族谱

某些 SmartArt 图形布局包含的形状个数是固定的。例如，“关系”类型中的“反向箭头”布局用于显示两个对立的观点或概念。只有两个形状可与文字对应，并且不能将该布局改为显示多个观点或概念。

如果需要传达两个以上的观点，可以切换具有两个以上可用于文字的形状的布局，如“棱锥图”类型中的“基本棱锥图”布局。请记住，更改布局或类型会改变信息的含义。例如，带有右向箭头的布局（如“流程”类型中的“基本流程”）和带圆环箭头的 SmartArt 图形布局（如“循环”类型中的“连续循环”）具有不同的含义。

（1）创建 SmartArt 图形并向其中添加文字。

① 在“插入”选项卡的“插图”组中，单击“SmartArt”按钮，如图 5.23 所示。

图 5.23 “插图”组示例

② 在出现的“选择 SmartArt 图形”对话框中，选择所需的类型和布局。

③ 执行下列操作之一以便输入文字。

- 单击“文本”窗格中的“[文本]”，然后输入文本。
- 从其他位置或程序复制文本，单击“文本”窗格中的“[文本]”，然后粘贴文本。

说　明

如果看不到“文本”窗格，可以单击图 5.24 所示的控件。

若要在靠近 SmartArt 图形或该图形顶部的任意位置添加文本，请在“插入”选项卡上的“文本”组中单击“文本框”，插入文本框。如果只希望显示文本框中的文本，请右击文本框，选择“设置形状格式”或“设置文本框格式”命令，然后将该文本框设置为没有背景色和边框。

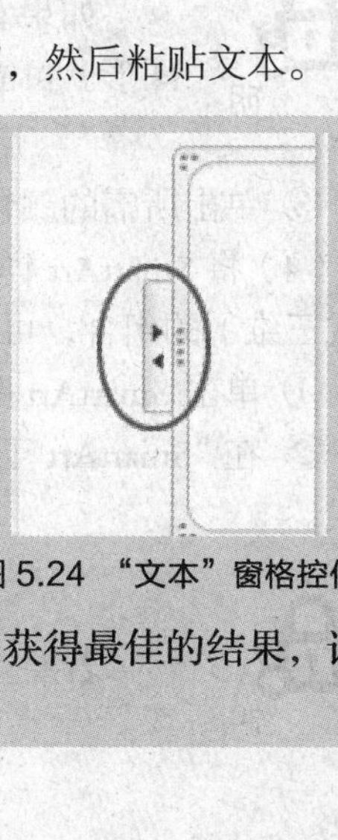

图 5.24 “文本”窗格控件

单击 SmartArt 图形中的一个框，然后输入文本。为了获得最佳的结果，请在添加需要的所有框之后再使用此选项。

（2）在 SmartArt 图形中添加或删除形状。

① 单击要向其中添加另一个形状的 SmartArt 图形。

② 单击最接近新形状的添加位置的现有形状。

③ 在“SmartArt 工具”下的“设计”选项卡上，在“创建图形”组中单击“添加形状”下的箭头，如图 5.25 所示。

> **说明** 如果看不到“SmartArt 工具”或“设计”选项卡，请确保已选择 SmartArt 图形。可能必须双击 SmartArt 图形才能打开“设计”选项卡。

④ 执行下列操作之一。

- 若要在所选形状之后插入一个形状，单击“在后面添加形状”按钮。
- 若要在所选形状之前插入一个形状，单击“在前面添加形状”按钮。
- 若要从“文本”窗格中添加形状，单击现有窗格，将光标移至文本之前或之后要添加形状的位置，然后按 Enter 键。
- 若要从 SmartArt 图形中删除形状，单击要删除的形状，然后按 Delete 键。若要删除整个 SmartArt 图形，单击 SmartArt 图形的边框，然后按 Delete 键。

（3）更改整个 SmartArt 图形的颜色

可以将来自主题颜色的颜色变体应用于 SmartArt 图形中的形状。

① 选择 SmartArt 图形。

② 在“SmartArt 工具”下的“设计”选项卡上，选择“SmartArt 样式”组中的“更改颜色”选项，如图 5.26 所示。

图 5.25　创建图形组

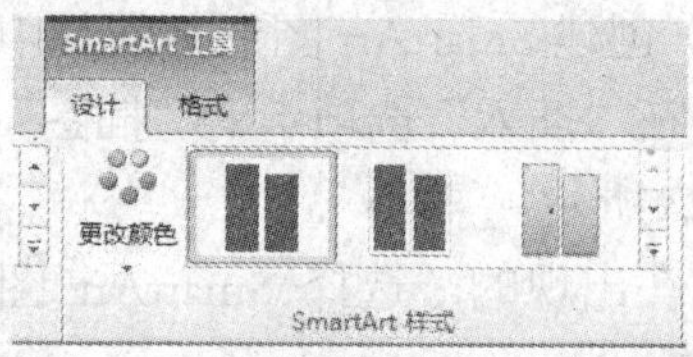

图 5.26　“SmartArt 工具”选项卡

> **说明** 如果看不到“SmartArt 工具”或“设计”选项卡，请确保已选择一个 SmartArt 图形。可能必须双击 SmartArt 图形才能打开“设计”选项卡。

③ 单击所需的颜色变体。

（4）将 SmartArt 样式应用于 SmartArt 图形。“SmartArt 样式”是各种效果（如线形、六角形或三维）的组合，可应用于 SmartArt 图形中的形状以创建独特且具专业设计效果的外观。

① 单击 SmartArt 图形。

② 在“SmartArt 工具”下“设计”选项卡上的“SmartArt 样式”组中，选择所需的 SmartArt 样式。

> **说明** 若要查看更多 SmartArt 样式，请单击“其他”按钮。

7．录制幻灯片演示

为方便幻灯片进行自动播放，PowerPoint2010 提供了“录制幻灯片演示”功能，不但可以录制幻灯片播放过程中的幻灯片和动画计时，还可以录制旁白和激光笔。旁白是演示文稿设计者用话筒录制的讲解声音。录制幻灯片演示的操作步骤如下。

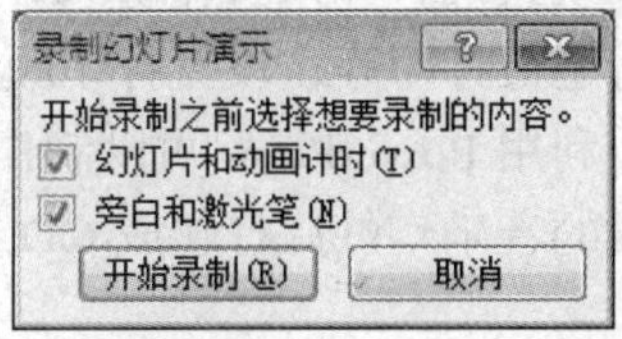

图 5.27 “录制幻灯片演示”对话框

（1）选择要录制的幻灯片，单击“幻灯片放映”选项卡“设置”组中的“录制幻灯片演示”按钮，打开图 5.27 所示的“录制幻灯片演示”对话框。

（2）选择想要录制的内容，单击“开始录制”按钮，开始在放映幻灯片的过程中录制幻灯片。录制完一张幻灯片的所有内容后，单击，接着录制下一张。

（3）全部录制完毕，系统自动保存，并返回“幻灯片浏览”视图。

说　明

单击“录制幻灯片演示”后的倒三角形，出现图 5.28 所示的下拉菜单，若幻灯片录制结束，某张幻灯片需要重新录制，可选择该幻灯片，选择其中的“从当前幻灯片开始录制”命令，开始在放映幻灯片的过程中录制所选幻灯片，录制结束后，关闭录制对话框，系统自动保存该幻灯片新录制的内容，其他幻灯片保持原录制内容不变。若想要清除录制内容，选择“清除”命令，再选择所要清除的内容即可。

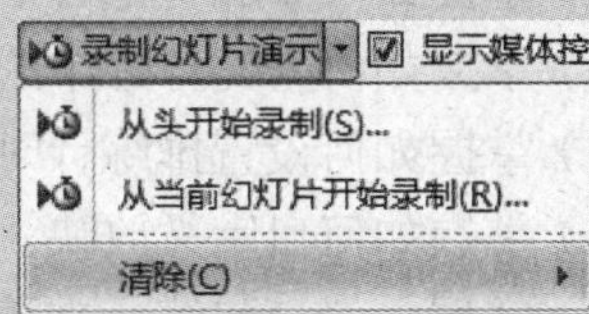

图 5.28 “录制幻灯片演示”下拉菜单

8．幻灯片的页面设置与打印

（1）页面设置。页面设置是打印的基础，操作步骤如下。单击“设计”选项卡“页面设置”组中的“页面设置”按钮，打开“页面设置”对话框。在该对话框中，可以分别对幻灯片、备注、讲义及大纲等进行各项设置，包括幻灯片的大小、宽度、高度、幻灯片编号起始值、方向等。单击“确定”按钮即可。

（2）演示文稿的打印包括幻灯片、大纲、备注、讲义等的打印，操作步骤如下。选择“文件”→“打印”命令，打开图 5.29 所示的“打印”对话框。在“打印”对话框中分别进行以

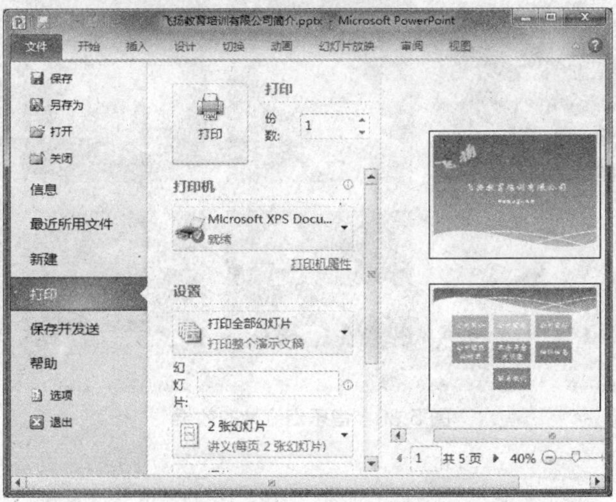

图 5.29 “打印”对话框

下内容设置：确定打印份数；选择打印机；选择打印范围，可以是全部幻灯片、选定的幻灯片、当前幻灯片、自定义的幻灯片或输入幻灯片的编号；选择打印版式，可以是幻灯片、备注页或大纲，如果打印讲义，还可以指定打印时每页的幻灯片数目以及排列顺序；指出是否进行逐份打印等；设置打印颜色，可以是颜色、灰度、纯黑白。单击“打印”按钮即可。

利用 PowerPoint 可以制作图文并茂、音画同步的精美音乐幻灯片，同时，还可以将制作完成的音乐幻灯片打包成 CD 数据包，在没有安装 PowerPoint 的计算机上进行放映。

任务二　PowerPoint 的高级应用

【任务目标】

（1）掌握如何设置幻灯片背景。

（2）掌握如何添加背景音乐。

（3）掌握如何为幻灯片中的对象添加自定义动画。

（4）掌握如何设置排练计时。

（5）掌握如何自定义放映。

（6）掌握如何打包演示文稿。

【任务分析】

在任务一中制作的公司幻灯片，如果再配以合适的音乐，让客户在了解公司的同时听觉上能有美的享受一定能起到锦上添花的效果。本任务是制作一个主题为“茉莉花”的多媒体演示文稿，效果如图 5.30 所示。读者也可以自己选择主题，然后根据准备材料、初步制作、编辑处理和播放观看这四大过程的进行总体设计，再上网搜索一些文字、图片、音视频和动画等素材，最后制作多媒体演示文稿。

图 5.30　音乐幻灯片的效果

【任务实施】

在制作音乐幻灯片之前，首先选择自己喜欢的音乐，收集音乐歌词和精美图片等素材，然后再进行具体的规划。各类素材在计算机的存放路径为：D：\音乐幻灯片素材。

1．新建空白版式演示文稿

启动 PowerPoint，将新建的空白演示文稿保存为“音乐幻灯片”。在该演示文稿中添加若干张幻灯片，将所有幻灯片的版式均选择为“空白”版式。

2．设置幻灯片背景

（1）单击第一张幻灯片，单击“设计”选项卡“背景”组中的“背景样式”，打开“背景样式”选项卡，如图 5.31 所示。

（2）选择“设置背景格式”选项，打开“设置背景格式”对话框，如图 5.32 所示，该对话框中有“填充”、“图片更正”、“图片颜色”、“艺术效果”4 个选项卡，在此选择“填充”选项卡，在“填充”选项卡中选中“图片或纹理填充”单选按钮。

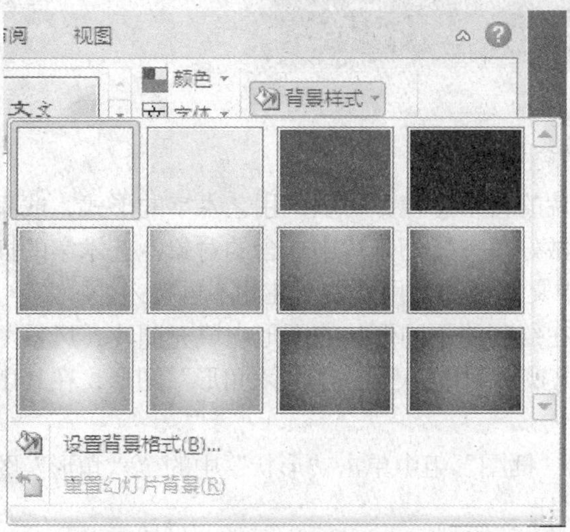

图 5.31 “背景样式”对话框

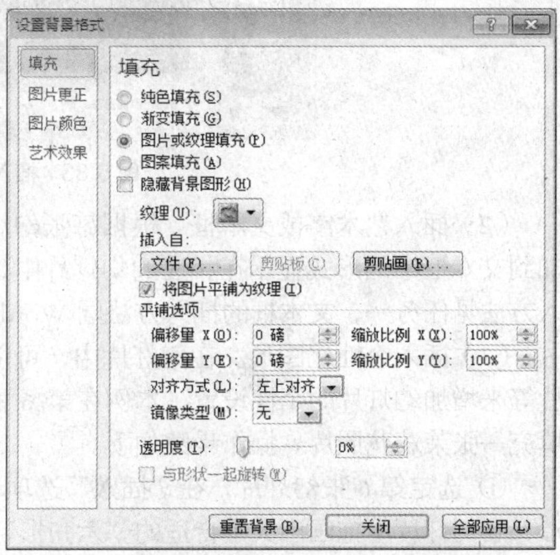

图 5.32 “设置背景格式”对话框

（3）单击“文件”按钮，打开“插入图片”对话框，选择需要的背景图片，单击“插入”按钮，返回到“设置背景格式”对话框，单击“关闭”按钮。

在“设置背景格式”对话框中有“重置背景”、“关闭”和“全部应用”3 个按钮。如果单击“重置背景”按钮，则对背景所做的更改全部清除回到最初状态；如果单击“关闭”按钮，则所选定的背景图片仅应用到当前幻灯片中；如果单击“全部应用”按钮，则所选定的背景图片应用到演示文稿中的每一张幻灯片中。

在“填充”选项卡中还可以根据需要设置渐变填充、纹理填充、图案填充等效果，建议在设置统一背景时采用双色渐变填充。

在幻灯片中，图片既可以以一个独立的对象插入幻灯片，也可以作为幻灯片的背景存在。当作为一个对象插入幻灯片时，可以在幻灯片的编辑状态下进行位置、大小等的调整。如果将图片设置为幻灯片背景，则图片像画在了幻灯片上一样，不可编辑。

3．在幻灯片中插入对象

根据需要插入剪贴画、图片、图形、艺术字、文本框等，对幻灯片做个性的美化与设置。

（1）插入静态图片。选中第 3 张幻灯片，设置该幻灯片为“纯色填充”黑色背景。单击“插入”选项卡“图像”组中的“图片”按钮，打开“插入图片”窗口，选择一张黑色背景的茉莉花图插入幻灯片。调整图片的边框控制点，放到幻灯片的适当位置，如图 5.33 所示。

图 5.33　插入静态图片的效果

（2）插入艺术字或文本框。根据每张幻灯片的背景意境，将歌词用艺术字的形式，或添加到文本框中的形式显示在相应的幻灯片中，做好每一张幻灯片中包含的对象。艺术字的插入方法见任务一，文本框的插入方法同 Word 中文本框的使用方法，在此不再赘述。

（3）插入个性化图形。在幻灯片中，可以在绘制的不同形状的图形中填充照片、风景图片等来增加幻灯片的个性设置。本例在第 6 张幻灯片中插入了一个“六角形”图形，在其中填充一张茉莉花照片。操作步骤如下。

① 选定第 6 张幻灯片，在“插入”选项卡“插图”组中单击“形状”中的“六角形”图形，在幻灯片中拖画出大小合适的“六角形”图形。

② 右击“六角形”图形，在快捷菜单中选择“设置自选图形格式”命令，打开“设置形状格式”对话框，如图 5.34 所示。

③ 在此选择“填充”选项卡，在“填充”选项卡中选中“图片或纹理填充”单选按钮，如图 5.35 所示。单击“文件”按钮，打开“插入图片”对话框，从中选择需要的背景图片，单击“插入”按钮，返回“设置图片格式”对话框，单击“关闭”按钮，将填充效果设置为图片。

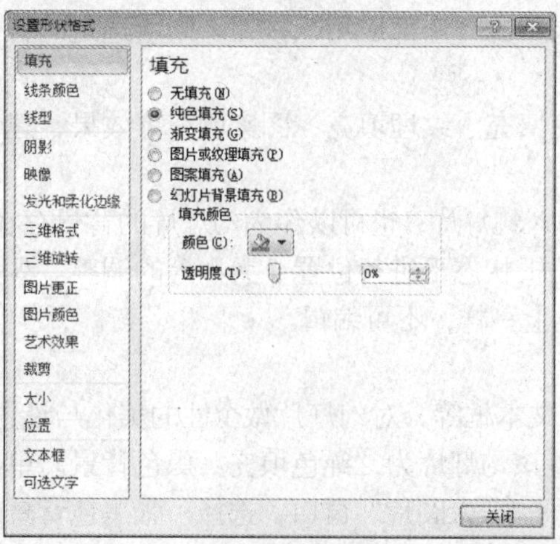

图 5.34　“设置形状格式”对话框

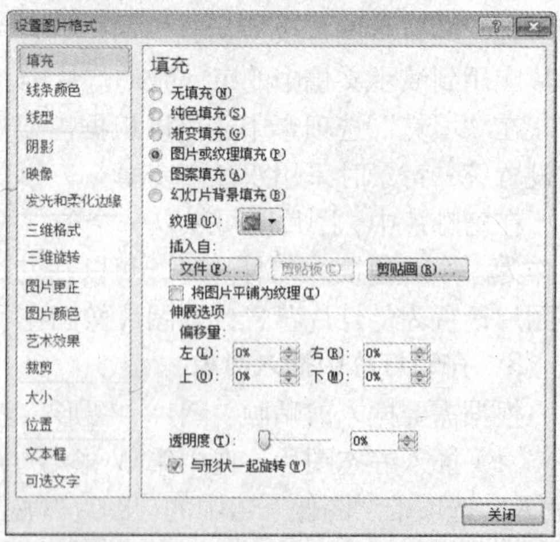

图 5.35　“设置图片格式”对话框

4．添加连续的背景音乐

在音乐幻灯片播放时，我们希望一首音乐能够贯穿始终，实现在演示文稿中连续播放的效果。操作方法如下。

（1）选中首张幻灯片，选择“插入”选项卡“媒体”组中的“音频”按钮，再单击“文件中的音频”按钮，打开“插入音频”对话框。选择要插入的音乐文件，本例在对话框中选择 D：\音乐幻灯片素材\茉莉花.mp3，然后单击“插入”按钮，在幻灯片上出现一个声音图标，同时，会出现“音频工具”选项卡，其中又包含了“格式”和“播放”两个选项卡，如图 5.36 所示。

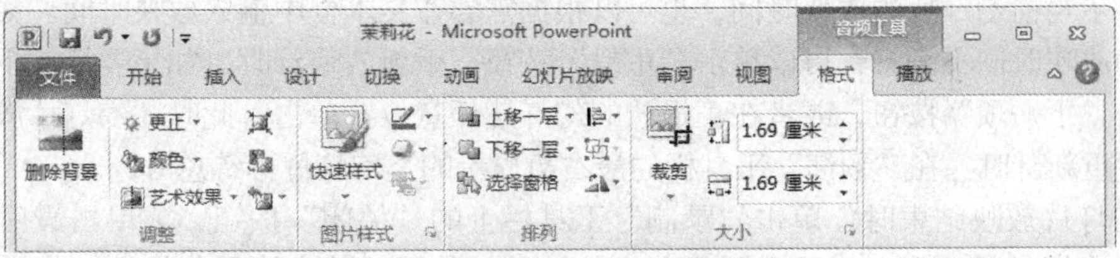

图 5.36 “音频工具”选项卡

（2）单击“播放”选项卡，在其“音频选项”组中单击“开始”后的文本框，其中包含“自动”、“单击时”、“跨幻灯片播放”3 个选项。如选择“自动”，在放映幻灯片时将自动播放音乐，但所播放的音乐只能在当前幻灯片中播放；如选择“单击时”，在放映幻灯片时需单击声音图标准才播放音乐；如选择“跨幻灯片播放”，在放映幻灯片时将自动播放音乐，并且当切换到另一张幻灯片时，音乐会连续播放。在本例中选择“跨幻灯片播放”，如图 5.37 所示。

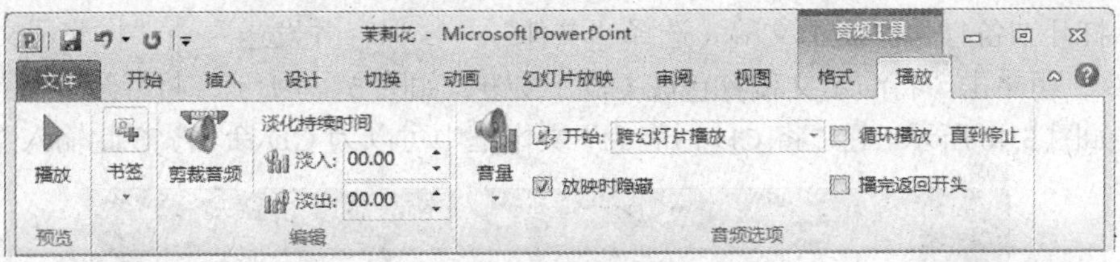

图 5.37 “播放”选项卡

5．利用自定义动画设置幻灯片中各个对象的动画效果

选中第 1 张幻灯片中的文本对象，选择“动画”选项卡，在“动画”组中单击“动画样式”按钮，本例选择“飞入”效果，同时可以看到该文本对象的预览效果。如果预览效果不太理想，单击“效果选项”，将“方向”项修改为“自右侧”；将“计时”组中的“开始”项修改为“与上一动画同时”；将“持续时间”项修改为 01.00。当幻灯片放映时，艺术字从右侧慢速出现，且与图片同步显示。用同样的方法设置其他文本对象的动画效果。设置完成后，将“开始”项修改为“上一动画之后”，这样在播放时第一个动画结束后该内容将自动出现。

按照上面介绍的方法，可以对其他幻灯片中的对象进行自定义动画效果的设置。

6．设置幻灯片的切换效果

选择“切换”选项卡，在“切换到此幻灯片”组中选择一种切换方式。在此选择“框”，并单击“全部应用”按钮，则每张幻灯片在切换时都将采用这一种切换效果。

如果需要为某张幻灯片设置个性化的切换效果，则选择该幻灯片，在“应用于所选幻灯片”列表框中选择某一种切换方式即可。

7．对幻灯片播放进行排练计时

根据音乐幻灯片中每句歌词演唱的时间不同，结合幻灯片的切换时间和幻灯片中各对象动画效果的显示时间，来对每张幻灯片进行排练计时。在排练计时操作时，要做到音画同步。单击“幻灯片放映”选项卡中的“排练计时”按钮，即开始播放幻灯片，同时打开“录制”工具栏，如图 5.38 所示。

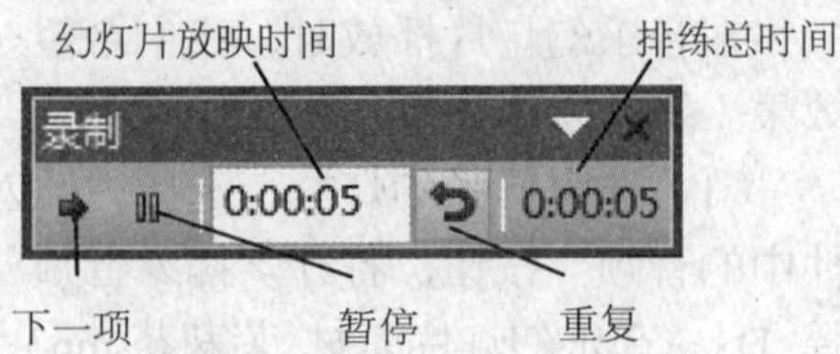

图 5.38 “录制”工具栏

在“录制”工具栏中的“幻灯片放映时间”文本框中显示当前幻灯片的放映时间，也可以根据需要在文本框中输入放映时间。如果对当前幻灯片的放映时间不满意，可以单击“重复”按钮，重新放映计时。如果要播放下一张幻灯片，单击“下一项”按钮，或者在正播放的幻灯片任意位置单击，此时“幻灯片放映时间”文本框将重新计时。在“预演”工具栏的最右边显示的是幻灯片排练总时间。

当幻灯片放映结束时，单击“录制”工具栏上的“关闭”按钮，或单击最后一张幻灯片时，弹出提示对话框，询问是否保存排练计时的结果。单击“是”按钮，将排练结果保存起来。

8．放映幻灯片

排练计时制作好之后，单击“幻灯片放映”选项卡中的“从头开始”按钮，则音画同步的音乐幻灯片即以规定的时间和内容伴随着优美的音乐播放出来。

9．音乐幻灯片打包

将已经制作完成的演示文稿打包处理的操作步骤如下。

（1）打开准备打包的演示文稿。选择“文件”→“保存并发送”→“将演示文稿打包成 CD”命令，再单击“将演示文稿打包成 CD”按钮，如图 5.39 所示，将打开“打包成 CD”对话框，如图 5.40 所示。在“将 CD 命名为”文本框中可以为 CD 命名，在此输入“茉莉花”。

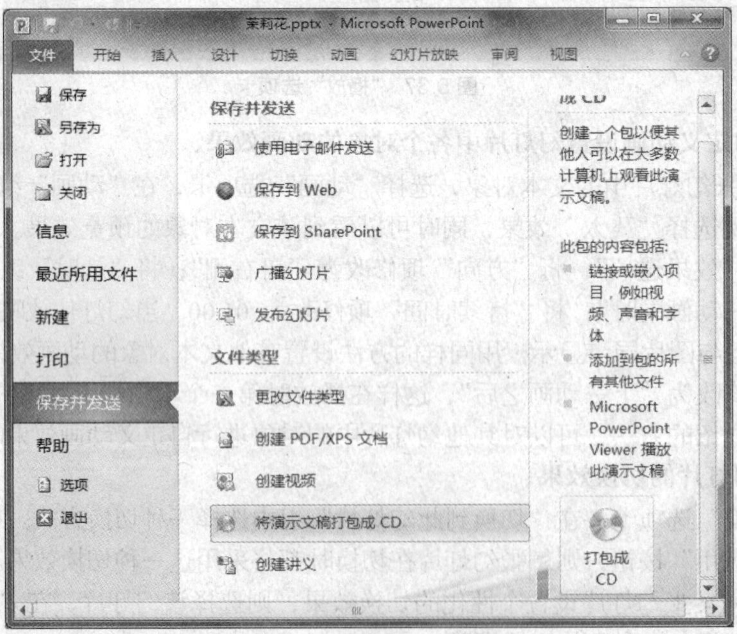

图 5.39 “打包成 CD”命令

如果需要添加文件，则单击“添加”按钮，在打开的“添加文件”对话框中选择需要添加的文件，在此选择“茉莉花.mp3”音乐文件，单击“确定”按钮，即可将该文件添加到播放列表。

单击“选项”按钮，打开“选项”对话框，如图 5.41 所示。可根据需要选择打包成 CD 时要包含的文件，默认选中前两项。在该对话框中还可以设置 PowerPoint 的保护密码。

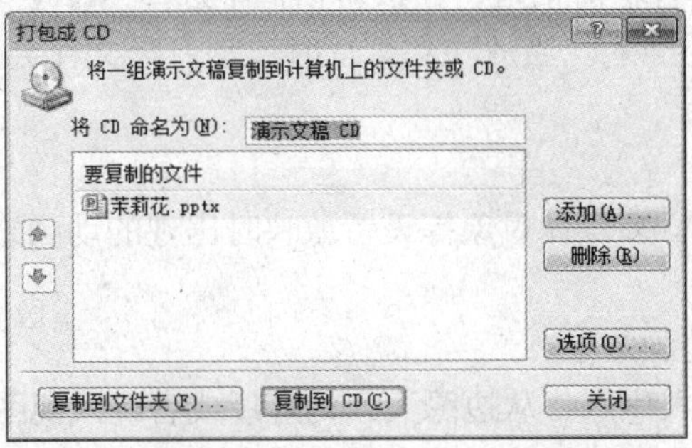

图 5.40 “打包成 CD”对话框

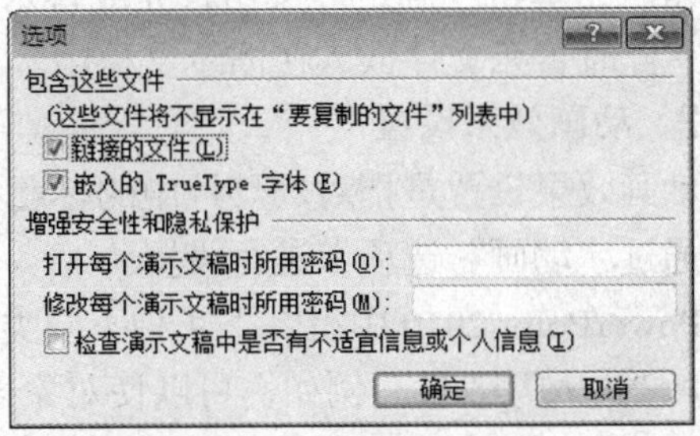

图 5.41 “选项”对话框

（2）单击图 5.40 中的“复制到文件夹”按钮，打开“复制到文件夹”对话框，如图 5.42 所示。确定文件名和保存位置后，单击“确定”按钮即可。

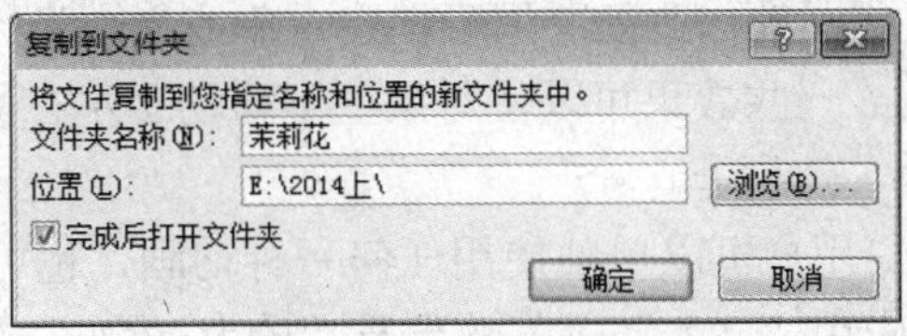

图 5.42 “复制到文件夹”对话框

稍等片刻即可完成打包命令，在指定位置生成了文件名为“茉莉花”的文件夹。单击“关闭”按钮，关闭“打包成 CD”对话框。

在打包后的文件夹中，包含了名为“PresentationPackage”的文件夹、“茉莉花”PPT 文件、“茉莉花”音频文件和包括 AUTORUN 在内的多个文件。这样，在其他计算机上，只要双击运行 AUTORUN 文件即可进行幻灯片的放映。

如果在“打包成 CD”对话框中单击“复制到 CD”按钮，如果计算机上已安装刻录机，则将打包的文件直接刻录到了 CD 盘上。

【相关知识】

1. 插入连续音乐

本例中，将音乐文件插入幻灯片中后，音乐文件随着音乐幻灯片路径的改变需要重新设置，即同步路径后方能够正常播放。此时，音乐文件和音乐幻灯片是独立的两个文件。在 PPT 演示文稿中，可以将 WAV 格式的音乐文件附加到幻灯片中，成为幻灯片的一部分。方法如下。

（1）选择已制作好的音乐幻灯片中的第一张幻灯片。在“切换”选项卡中“计时”组中的“声音”下拉列表中进行选择，如图 5.43 所示。

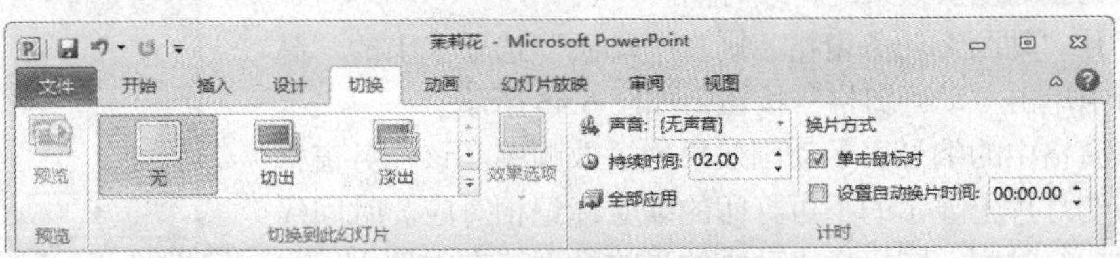

图 5.43 “切换”选项卡

> 说明
>
> 如果演示文稿中已插入音乐，先将“声音”图标删除后再做以上操作。

（2）选择“其他声音”选项，打开“添加声音”对话框，在该对话框中选择 WAV 格式的音乐后，单击“确定”按钮，完成音乐文件的插入。当放映幻灯片时，该音乐文件会连续播放，此时音乐文件嵌入在演示文稿中。

2．动画效果设置

动画效果设置是指对幻灯片中的标题、文本、多媒体对象等设置放映时出现的动画方式，可以通过“动画”选项卡进行设置。

PowerPoint 2010 中有以下 4 种不同类型的动画效果。

- “进入”效果。例如，可以使对象逐渐淡入焦点、从边缘飞入幻灯片或者跳入视图。
- “退出”效果。这些效果包括使对象飞出幻灯片、从视图中消失或者从幻灯片旋出。
- “强调”效果。这些效果的示例包括使对象缩小或放大、更改颜色或沿着其中心旋转。
- 动作路径。用于指定对象或文本沿行的路径，它是幻灯片动画序列的一部分，使用这些效果可以使对象上下移动、左右移动或者沿着星形或圆形图案移动（与其他效果一起）。

用户可以单独使用任何一种动画，也可以将多种效果组合在一起。例如，可以对一行文本应用“飞入”进入效果及“放大/缩小”强调效果，使它在从左侧飞入的同时逐渐放大。

（1）对单个对象应用多个动画效果。若要对同一对象应用多个动画效果，请执行以下操作。

① 选择要添加多个动画效果的文本或对象。

② 在“动画”选项卡上的“高级动画”组中，单击“添加动画”按钮，如图 5.44 所示。

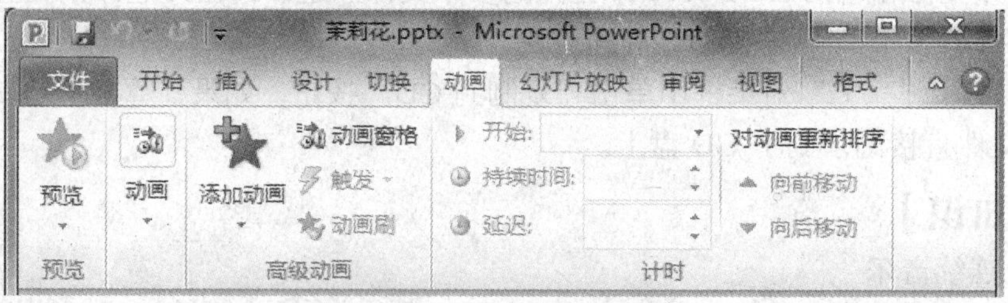

图 5.44 “添加动画”按钮

（2）查看幻灯片上当前的动画列表。用户可以在“动画”中查看幻灯片上所有动画的列表。“动画”任务窗格显示有关动画效果的重要信息，如效果的类型、多个动画效果之间的相对顺序、受影响对象的名称以及效果的持续时间。

若要打开“动画”任务窗格，则在“动画”选项卡上的“高级动画”组中单击“动画窗格”按钮，如图 5.45 所示。

该任务窗格中的编号表示动画效果的播放顺序。该任务窗格中的编号与幻灯片上显示的不可打印的编号标记相对应。时间线代表效果的持续时间，图标代表动画效果的类型。在本例中，它代表“退出”效果。

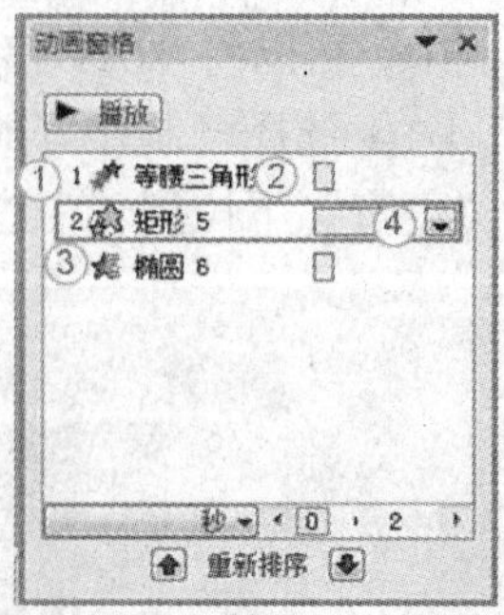

图 5.45 “动画窗格”对话框

选择列表中的项目后会看到相应菜单图标（向下箭头），单击该图标即可显示相应的菜单。

说　明

各个效果将按照其添加顺序显示在“动画”任务窗格中。用户也可以查看指示动画效果相对于幻灯片上其他事件的开始计时的图标。若要查看所有动画的开始计时图标，请单击相应动画效果旁的菜单图标，然后选择“隐藏高级日程表”选项。

指示动画效果开始计时的图标有多种类型，具体如下。

- “单击开始”（鼠标图标，如此处所示）。动画效果在单击时开始。
- “从上一项开始”（无图标）。动画效果开始播放的时间与列表中上一个效果的时间相同。此设置在同一时间组合多个效果。
- “从上一项之后开始”（时钟图标）。动画效果在列表中上一个效果完成播放后立即开始。

（3）为动画设置效果选项、计时或顺序。若要为动画设置效果选项，请在“动画”选项卡中“动画”组的“效果选项”下拉列表中进行选择。

可以在“动画”选项卡上为动画指定开始、持续时间或者延迟计时。

若要为动画设置开始计时，在“计时”组中“开始”下拉列表中进行选择。

若要设置动画将要运行的持续时间，在“计时”组中“持续时间”框中输入所需的秒数。

若要设置动画开始前的延时，在“计时”组中“延迟”框中输入所需的秒数。

若要对列表中的动画重新排序，在“动画”任务窗格中选择要重新排序的动画，然后在“动画”选项卡上的“计时”组中“对动画重新排序”下拉列表中选择“向前移动”选项使动画在列表中另一动画之前发生，或者选择“向后移动”选项使动画在列表中另一动画之后发生。

（4）测试动画效果。若要在添加一个或多个动画效果后验证它们是否起作用，只要在“动画”选项卡上的“预览”组中单击“预览”按钮即可。

3．幻灯片放映方式设置

为了使放映过程更方便灵活、放映效果更佳，可以对演示文稿的放映方式进行设置。设置放映方式的操作步骤如下。

（1）在“幻灯片放映”选项卡“设置”组中，单击“设置幻灯片放映”按钮，打开“设置放映方式”对话框，如图 5.46 所示。

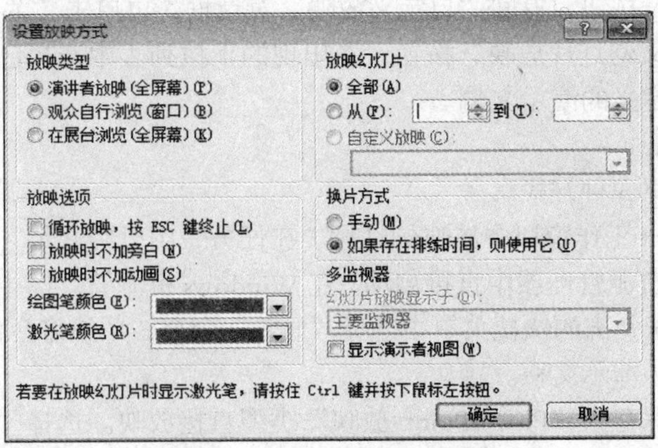

图 5.46　“设置放映方式”对话框

（2）根据下面介绍的特点，在“放映类型”的 3 种类型中选择一种。

① 演讲者放映（全屏幕）。全屏显示演示文稿，适用于演讲者播放演示文稿，演讲者完整地控制播放过程，可采用自动或人工方式放映，需要将幻灯片投射到大屏幕上放映时也采用此方式。

② 观众自行浏览（窗口）。在小型窗口显示演示文稿，适用于小规模的演示，观众自行观看幻灯片放映。使用滚动条从一张幻灯片移到下一张幻灯片，在放映时可以移动、编辑、复制和打印幻灯片。

③ 在展台浏览（全屏幕）。全屏自动显示演示文稿，结束放映用 Esc 键。

（3）在“放映幻灯片”、“放映选项”和“换片方式”区进行相应的选择设置。全部设置完成后，单击“确定”按钮即可。

4．自定义放映的设置

自定义放映是用户将已有演示文稿中的幻灯片分组，创建多个不完全相同的演示文稿，放映时根据观众的需求不同放映演示文稿中的特定部分。操作步骤如下。

（1）在“幻灯片放映”选项卡“开始放映幻灯片”组中，单击“自定义幻灯片放映”按钮，打开“自定义放映”对话框，在“自定义放映”对话框中单击“新建”按钮，打开“定义自定义放映”对话框，如图 5.47 所示。

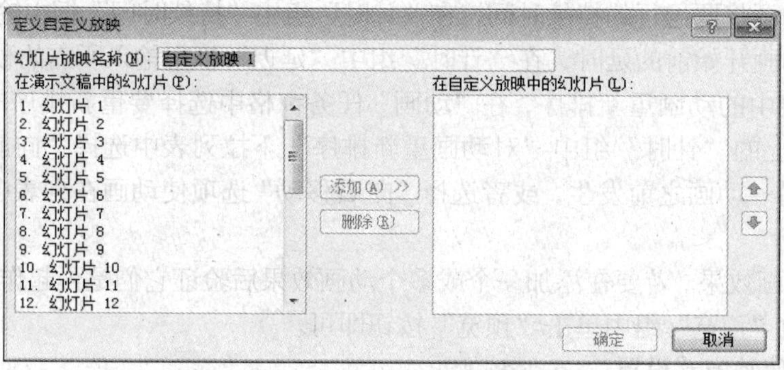

图 5.47 “定义自定义放映”对话框

（2）在“幻灯片放映名称”文本框中输入自定义放映的名称；在“在演示文稿中的幻灯片”列表框中选择幻灯片；单击“添加”按钮，被选中的幻灯片自动添加到右侧的列表框中，单击“删除”按钮，还可以撤销右侧列表框中幻灯片的选取。

（3）单击“确定”按钮，返回“自定义放映”对话框，再单击“关闭”按钮。

（4）单击“自定义幻灯片放映”按钮，在出现的下拉列表中选择已经创建的自定义放映的名称，将放映自己定义的演示文稿。

5．放映演示文稿

幻灯片放映有以下 3 种方式。

（1）在 PowerPoint 工作窗口中放映幻灯片。在任务一中已经介绍，在这里不再赘述。

（2）从 Windows 资源管理器中直接启动。在 Windows 资源管理器中找到要放映的演示文稿名，右击文件名，从弹出的快捷菜单中选择“显示”命令，系统将会首先启动 PowerPoint，启动完成后自动放映该演示文稿。

（3）将演示文稿保存为“PowerPoint 放映”类型直接放映。选择“文件”→“保存并发送”命令，选择“更改文件类型”，再选择“PowerPoint 放映”，单击“另存为”按钮，将弹出“另存为”对话框，选择保存路径，输入文件名，单击“保存”按钮，完成保存，文件扩展名为.pps。在 Windows 资源管理器中找到要放映的演示文稿名，双击该文件名，幻灯片就会开始自动放映。

项目小结

Office 中的 PowerPoint 组件是专门用于制作演示文稿的软件，它所生成的幻灯片除文本、图形、照片外还有视频、动画等多媒体对象，把所要表达的信息组织在一组图文并茂的画面中，不仅让观众能够清楚、直观地了解所要介绍的内容，还能够做到生动活泼、引人入胜，形成一定的视觉震撼力。

本项目通过利用 PowerPoint 制作公司简介介绍了 PowerPoint 制作演示文稿的基本方法和步骤。利用音画同步的音乐幻灯片制作实例充分介绍了 PowerPoint 的背景设置、插入图形、艺术字效果、自定义动画、幻灯片切换效果、排练计时等功能。

制作演示文稿时，首先需要创建其框架结构，然后进行文字输入以及文字编排；根据需要，在演示文稿的一些幻灯片中还可以进行图片与图形的添加，表格与图表的添加，组织结构图的添加，声音与影片的添加，以及进行幻灯片播放时旁白的录制。

演示文稿制作完成后，有时还需要进行调整和修饰、更换幻灯片模板、修改幻灯片母版、设置背景和配色方案等。幻灯片放映时，需要切换效果设置，包括幻灯片中各对象的动画设置等。通过建立和应用超链接切换播放顺序、定义放映内容等。

如果想让演示文稿脱离 PowerPoint 播放，就需要对其进行打包操作。通过本项目的学习，读者可熟练创建各种风格的多媒体式演示文稿，并能娴熟地对不同等级的观众放映演示文稿。

项目实训

实训一　制作个人简介演示文稿

1．实训目的

（1）熟悉创建演示文稿的 3 种方法和幻灯片的放映方式。

（2）掌握在幻灯片中插入与编辑文字、图形、图片等对象的方法。

（3）掌握演示文稿模板的选择、版式的选取和母版的使用方法。

（4）掌握幻灯片的动画方案、切换效果和超链接的设置。

2．实训内容及效果

制作个人简介幻灯片，制作效果自由发挥。

3．实训要求

制作个人简介幻灯片，按以下要求进行设计。

（1）演示文稿中至少包含 7 张幻灯片，包括首页、个人基本信息、教育经历、社团活动、获取证书（奖励、资格证等）、自我评价、结束页。

（2）通过插入图片、设置背景等达到图文并茂的效果。

（3）添加声音、动画，突出个人的特长和优点。

（4）设计并放映存在排练计时的幻灯片。

实训二　制作音画同步的音乐幻灯片

1. 实训目的

（1）了解演示文稿的打包操作。

（2）掌握音乐幻灯片的制作步骤及方法。

（3）掌握幻灯片背景设置及背景音乐的添加方法。

（4）掌握自定义放映幻灯片的设置。

（5）熟练掌握自定义动画的设置。

2. 实训内容

自行收集音乐、图片等素材，参考任务二的操作步骤，制作一个音画同步的音乐幻灯片，效果如图 5.30 所示。

3. 实训要求

（1）收集制作幻灯片所需的相关素材，确定音乐幻灯片的主题及框架。

（2）一首音乐的播放要贯穿整个演示文稿的全过程，并能够通过排练计时的设置实现音画同步。

（3）将音乐幻灯片保存为.pps 格式，实现单击后自动播放。

PART 6 项目六 网络资源的应用

计算机网络是计算机技术与通信技术相结合的产物，它代表着当代计算机技术发展的一个极其重要的方向。借助计算机网络，人们可以实现数据传输和资源共享。

计算机网络的出现使办公自动化技术发生了革命性的演变，赋予了办公自动化新的内涵和活力，预示着办公方式的彻底改变、办公过程更加迅捷和高效的时代已经到来。

任务一　办公局域网的组建

【任务目标】

（1）了解计算机网络的基础知识。

（2）熟悉局域网上资源的共享方法。

（3）掌握计算机局域网的组建方法和局域网资源的使用方法。

【任务分析】

组建局域网之前先需要确定网络结构，然后安装相应的硬件和软件。在办公局域网领域，把几个办公室的若干台计算机连接在一起，实现共享打印机、传递文件，召开网上会议、共享多种办公软件进行协同办公等，使用对等模式组网是最佳选择。使用对等模式组网不需要购买服务器等昂贵的设备和其他专用软件，造价低廉、组网简单、易于维护，是构建小型办公局域网的最佳选择。

随着技术的进步，目前无线路由器和无线网卡技术已经成熟，而且价格也不高，还省去了铺设网线和制作网线的水晶头等工作。本任务介绍将办公局域网组建成无线星型以太网的方法。

【任务实施】

1．选择无线路由器和无线网卡

我们以 TP-LINK TL-WR641G+ 108M 无线宽带路由器和 TP-LINK TL-WN620G+ 108M 无线 USB 网卡为例，分别介绍无线路由器和无线网卡。

（1）无线路由器（TL-WR641G+ 108M）。TL-WR641G+无线路由器集有线/无线网络连接于一体。允许多台 PC 机共享一条广域网线和一个 Internet ISP 账户上网，内置的 4 个交换端口，提供多方面的管理功能，可对系统、DHCP 服务器、虚拟服务器、DMZ 主机、防火墙、上网权限管理、静态路由表、UPnP、DDNS 等进行管理，同时提供全中文配置界面，用户界面友好，配置简单易用，能同时满足有线和无线上网。TL-WR641G+

的外观如图 6.1 所示。

（2）无线网卡（TL-WN620G+ 108M）。无线 USB 网卡 TL-WN620G+的无线传输速率高达 108Mbit/s，内置全向智能天线，可适应不同的工作环境，使台式机或笔记本电脑用户方便地接入无线网络，同时支持无线漫游功能。TL-WN620G+的外观如图 6.2 所示。

图 6.1 TL-WR641G+无线路由器

图 6.2 TL-WN620G+无线网卡

说明

现在笔记本电脑一般带有无线网卡，无需另外安装。

2．连接网络设备

如前所述，本例拟组建无线星型以太网，网络设备的连接如图 6.3 所示。

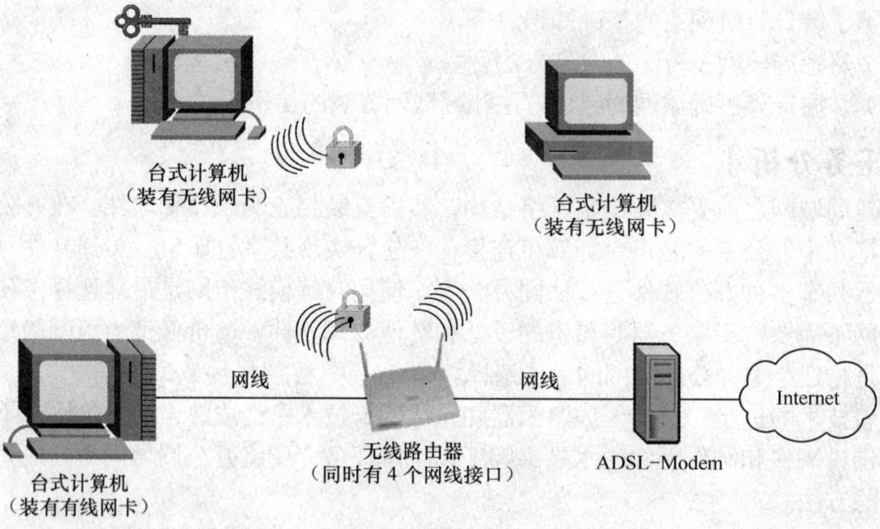

图 6.3 无线星型以太网

在图 6.3 中，ADSL Modem 的 Ethernet 接口通过网线与路由器的 WAN 接口连接，其中一台计算机通过网线与路由器的 LAN 接口连接，其余计算机皆通过无线与路由器的 LAN 接口连接。

3．安装网络软件

硬件安装完成后，还必须进行软件安装并做一定的设置，办公局域网才能使用。

（1）安装网卡驱动程序。较高版本的 Windows 都支持即插即用功能，即 Windows 会自动检测出添加的即插即用型设备，并为之安装驱动程序或自动启动新硬件安装向导，用户可按照向导提示进行安装。具体步骤与安装声卡、显卡等设备驱动程序一样。

（2）配置 TCP/IP 协议。为网络数据交换而制定的规则、约定和标准统称为网络协议，它是计算机之间通信的语言规范。在互联网的计算机上必须安装网络协议，才能与其他计算机交换信息。在办公局域网中考虑共享某些设备如打印机等以及以后连接互联网的要求，需要安装配置 TCP/IP 协议。安装好网卡的 Windows 7 中一般已经安装好了 TCP/IP 协议，只需要对其中的协议属性进行配置即可。操作步骤如下。

① 选择“开始”→“控制面板”命令，然后选择“网络和 Internet 连接”，打开“网络和 Internet 连接”窗口。

② 在该窗口中单击“网络连接”，然后双击“本地连接”图标，打开“本地连接的状态”对话框。单击“属性”按钮，打开“无线网络连接属性”对话框，如图 6.4 所示。

③ 从对话框中的列表里选择“Internet 协议版本 4（TCP/IPv4）”，配置 TCP/IP 协议，单击“属性”按钮打开图 6.5 所示的对话框。如果列表中看不到“Internet 协议（TCP/IP）”项，可以单击“安装”按钮，从对话框中选择协议进行安装。

④ 在“IP 地址”框中输入“192.168.1.1”，其他计算机可以采用将最后一位数字依次加 1 来分配 IP 地址，只要最后一位的取值范围在 1～255 即可，在“子网掩码”框中输入“255.255.255.0”，单击“确定”按钮，如图 6.5 所示。

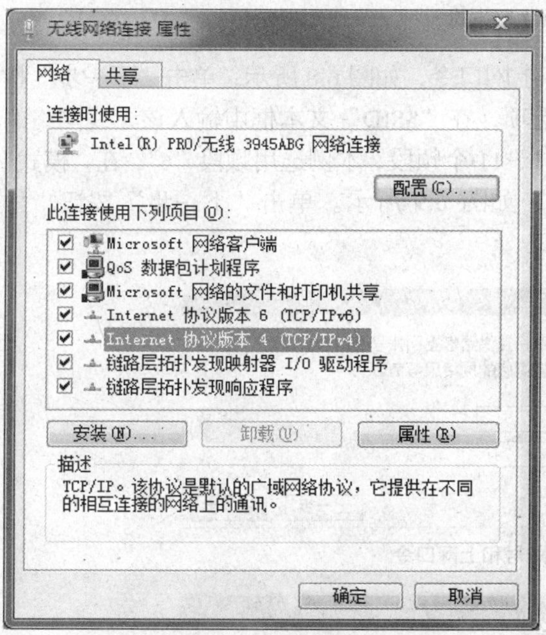

图 6.4 “无线网络连接属性”对话框

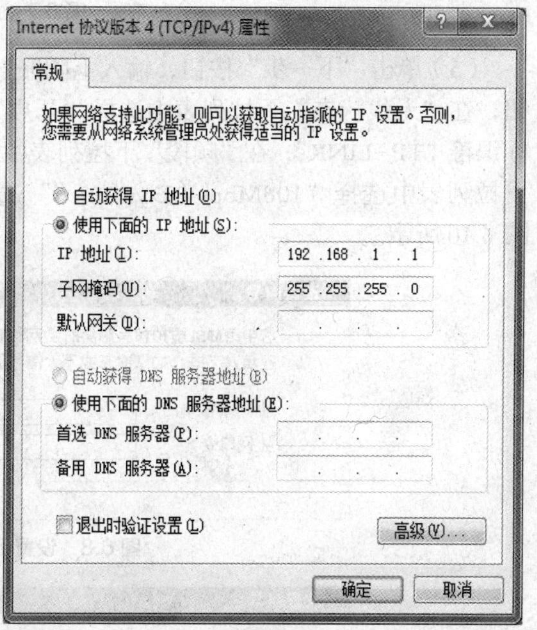

图 6.5 设置 TCP/IPv4 属性

⑤ 系统会提示重新启动计算机，重新启动之后即可完成设置。

4．设置无线路由器

设置无线路由器的操作步骤如下。

（1）打开 IE 浏览器，在地址栏中输入“192.168.1.1”。打开“链接到 192.168.1.1”对话框。输入用户名“admin”，输入密码“admin”。

（2）单击“确定”按钮，打开“TL-WRWR641G+ 108M 无线路由器”窗口。

（3）单击“设置向导”选项，打开“设置向导”对话框，如图 6.6 所示。

（4）单击“下一步”按钮，选择“ADSL 虚拟拨号”单选按钮，如图 6.7 所示。

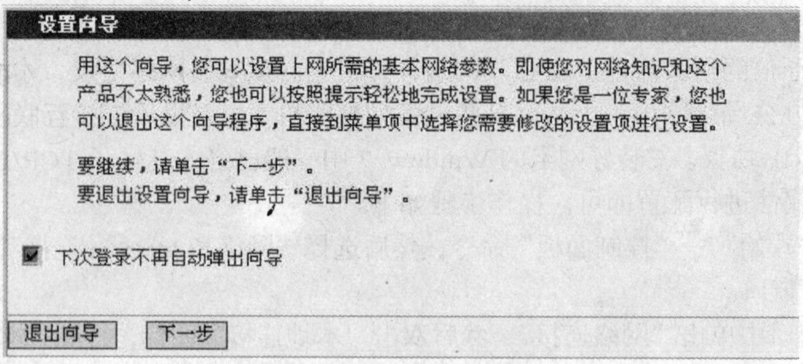

图 6.6 “设置向导”对话框图

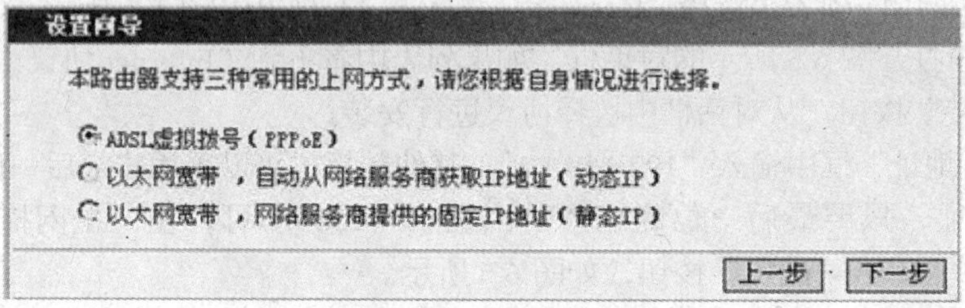

图 6.7 选择上网方式

（5）单击“下一步”按钮，输入上网账号和上网口令，如图 6.8 所示，单击“下一步”按钮，在“无线状态”下拉列表中选择“开启”选项，在“SSID”文本框中输入该无线网络的标识符“TP-LINK”；在“频段”下拉列表中有 1～11 个频段，本例选用频段“6”，在“模式”下拉列表中选择“108Mbps（Dynamic）”选项，如图 6.9 所示。单击“下一步”按钮，如图 6.10 所示。

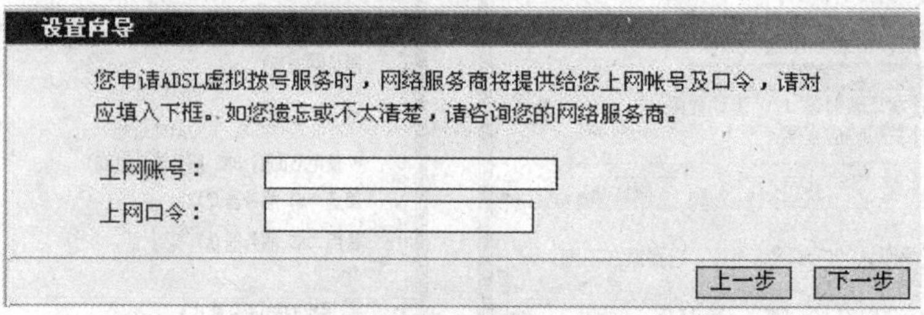

图 6.8 设置上网账号和上网口令

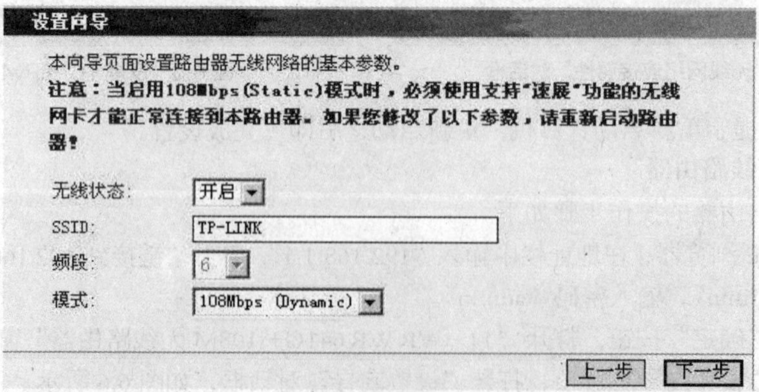

图 6.9 参数选择

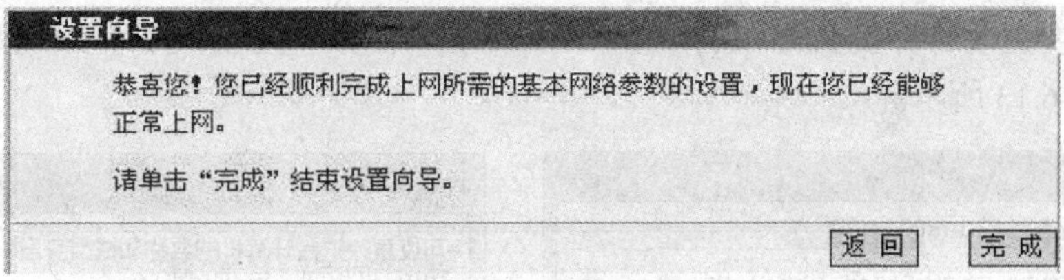

图 6.10 设置完成

（6）单击“完成”按钮，关闭设置向导。

5．设置无线网卡

笔记本电脑的无线网卡不需要设置，台式机无线网卡的设置步骤如下。

（1）安装 TP-LINK TL-WN620G+客户端应用程序。

（2）安装过程结束后，可从“计算机管理”窗口中查看网卡驱动是否正常，没有红色叉或黄色惊叹号即为正常。

（3）同时桌面上产生一个“TP-LINK 无线网卡客户端管理程序”的图标，这个就是管理网卡的工具。

（4）同时在桌面右下角的任务栏上会看到图标，显示 TP-LINK TL-WR641G+已经和 TP-LINK TL-WN620G+建立好了无线网络连接，绿色图标就是“TP-LINK 无线网卡”管理程序的显示。

TL-WR641 正常安装后，已经和 TL-WN620G+建立了无线连接，在默认情况下操作系统中的无线部分就可以自动运行，搜索并连接到已存在的无线接入点无线路由器上，这个过程无须用户干预，默认情况下网卡会自动连接上无线路由器。

6．设置计算机标识

计算机连接上办公局域网后，为了管理和访问计算机，需要为每台计算机设置工作组和计算机名称。如果网络中的计算机较多，可以根据部门或项目任务将计算机合理地分为几个工作组，每个工作组中有若干台计算机。需要注意的是，同一个工作组里的计算机不能重名，否则网络将无法正确识别计算机。

在 Windows 中设置工作组和网络标识的操作步骤如下。

（1）右击桌面上的“我的电脑”图标，打开“查看有关计算机的基本信息”窗口，如图 6.11 所示。单击“计算机名称、域和工作组设置”项中的“更改设置”命令，弹出“系统属性”对话框，如图 6.12 所示。

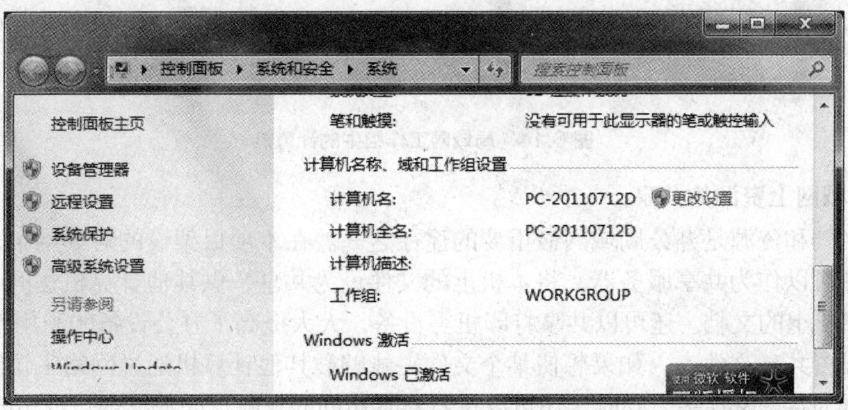

图 6.11 查看有关计算机的基本信息

（2）如果要更改计算机名称和工作组，可以单击“更改”按钮，打开“计算机名/域更改”对话框，如图 6.13 所示。

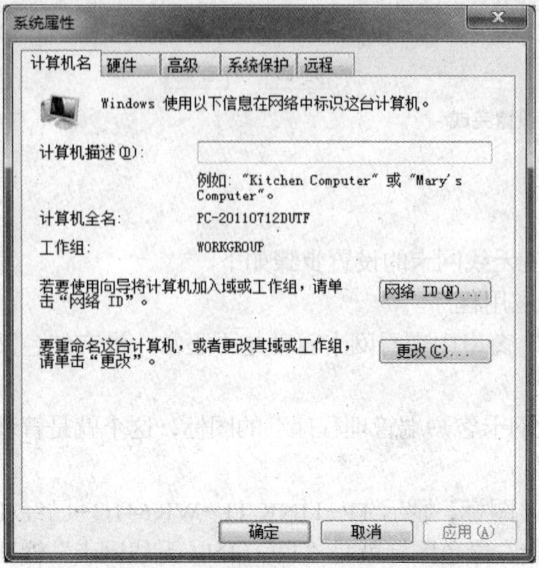

图 6.12 “系统属性”对话框

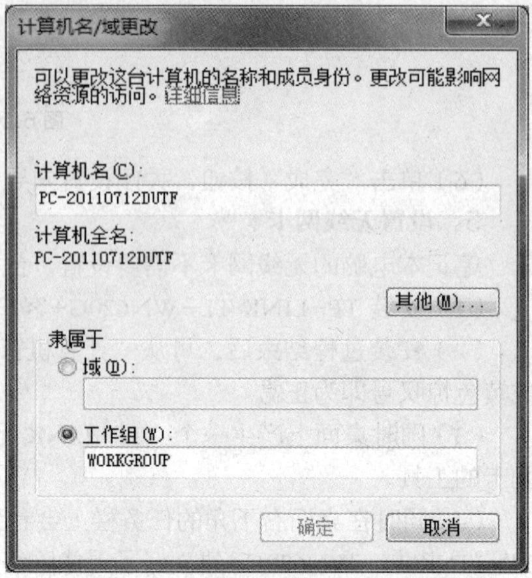

图 6.13 “计算机名/域更改”对话框

（3）在对话框中输入这台计算机的名称和所属工作组，单击“确定”按钮，即可完成更改。架设和配置好局域网之后，在桌面上双击打开“计算机”，再单击左侧下方的“网络”，所有的入网计算机就显示在窗口中。此时，双击计算机图标能够对共享文档或设备进行访问，如图 6.14 所示。

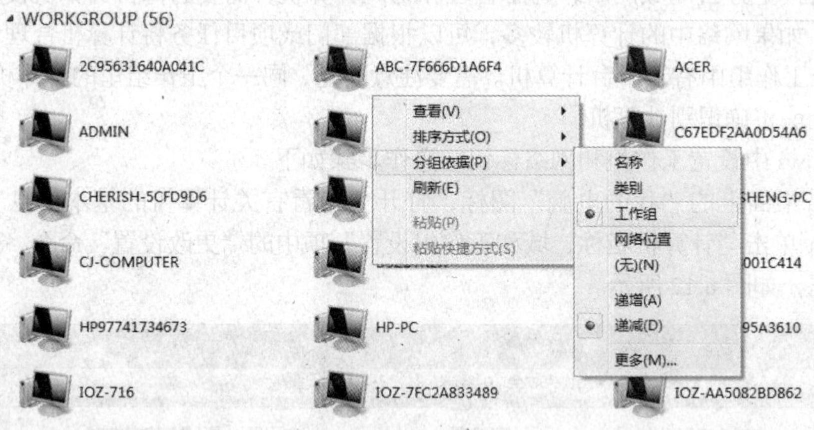

图 6.14 局域网工作组中的计算机

7．局域网上资源的共享

共享文档和资源是办公局域网最重要的途径之一。在本项目架设的对等网中，连接的各台计算机都可以作为共享服务器，将本机上的文件设为共享，供其他计算机访问，也可以访问其他计算机上的文档。还可以共享打印机等设备，大大提高了办公设备的利用率。

（1）设置共享文件夹。如果想使某个文件夹能够被其他计算机通过网络来访问，首先需要将其设置为共享文件夹。同时，还可以设置对其访问的权限，即只读或可以更改。

> **说明** 共享是针对文件夹而言的，不能将文件设为“共享文件”，而应该共享它所在的文件夹。从网络安全角度考虑，一般情况下不要将共享文件夹设置为允许更改，而应设置为只读文件夹，以防止删除等破坏操作。

步骤一，同步计算机组。

按照上面的方法将局域网中的计算机设为同一个工作组，工作组名相同。

步骤二，更改 Windows 7 的相关设置。

打开“控制面板”→“网络和 Internet”→“网络和共享中心”，选择“更改高级共享设置”选项，如图 6.15 和图 6.16 所示。

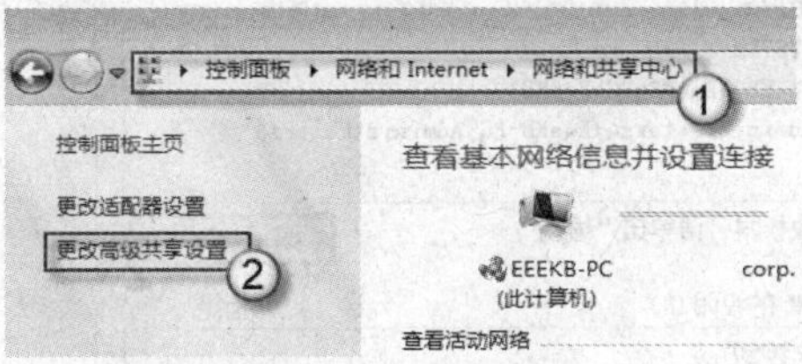

图 6.15 打开网络和共享中心

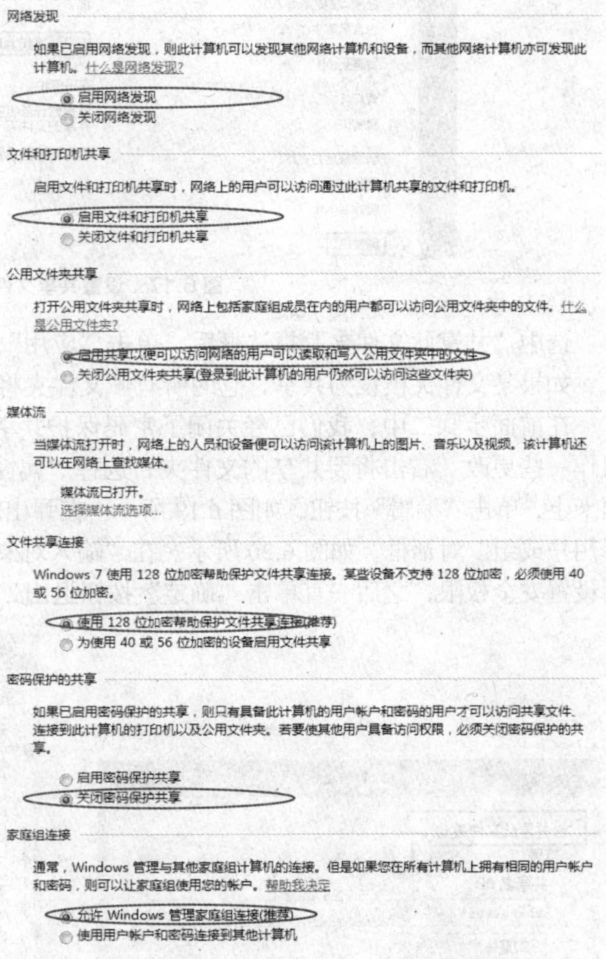

图 6.16 更改高级共享设置

启用“网络发现”、“文件和打印机共享”、“公用文件夹共享”；“密码保护的共享”部分则请选择“关闭密码保护共享”。注意：媒体流最好也打开。另外，在“家庭组”部分，建议选择“允许 Windows 管理家庭组连接（推荐）”。

步骤三，共享对象设置。

现在，我们转向共享对象。最直接的方法是：将需要共享的文件/文件夹直接拖曳至公共文件夹。如果需要共享某些特定的 Windows 7 文件夹，请右击此文件夹，选择“属性”命令，选择“共享”标签，单击“高级共享”按钮，如图 6.17 所示。这时将打开“高级共享”对话框，如图 6.18 所示。

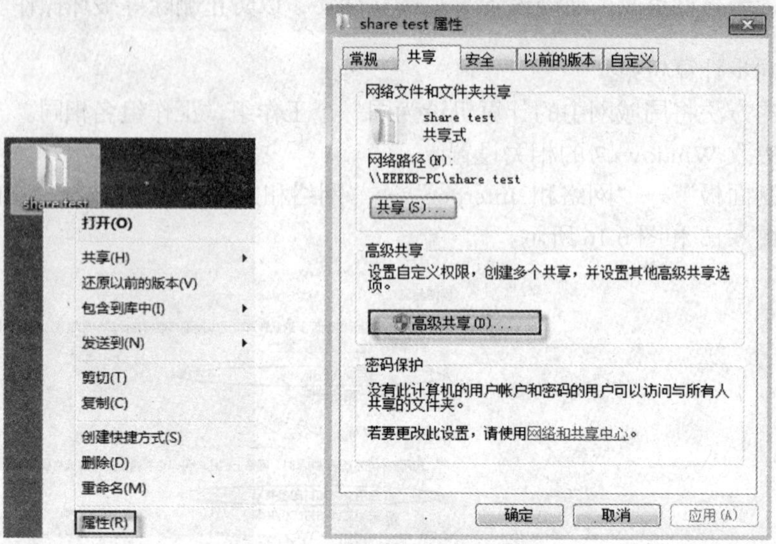

图 6.17　设置共享文件夹属性

选中“共享此文件夹”复选框后，单击“应用”、“确定”按钮退出。

如果某文件夹被设为共享，它的所有子文件夹将默认被设为共享。

在前面步骤二中，我们已经关闭了密码保护共享，所以现在要来对共享文件夹的安全权限作一些更改。右击将要共享的文件夹，选择“属性”命令。在打开的对话框的“安全”选项卡上，单击“编辑”按钮，如图 6.19 所示。在弹出的对话框中单击“添加”按钮，弹出“选择用户或组”对话框，如图 6.20 所示。在“输入对象名称来选择”文本框中输入“Everyone”后设置安全权限，之后一直单击“确定”按钮退出，如图 6.21 所示。

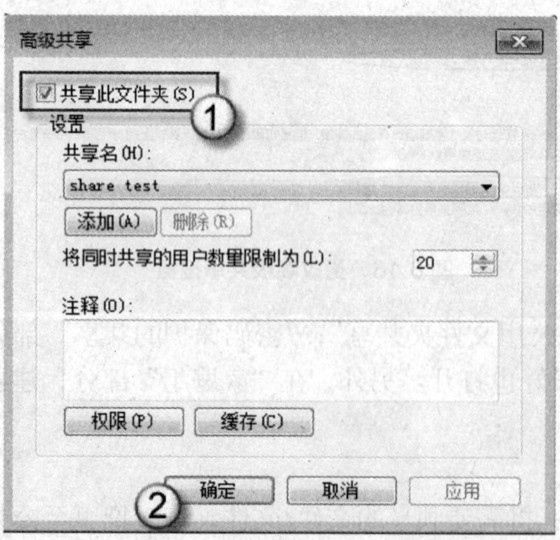

图 6.18　“高级共享”对话框

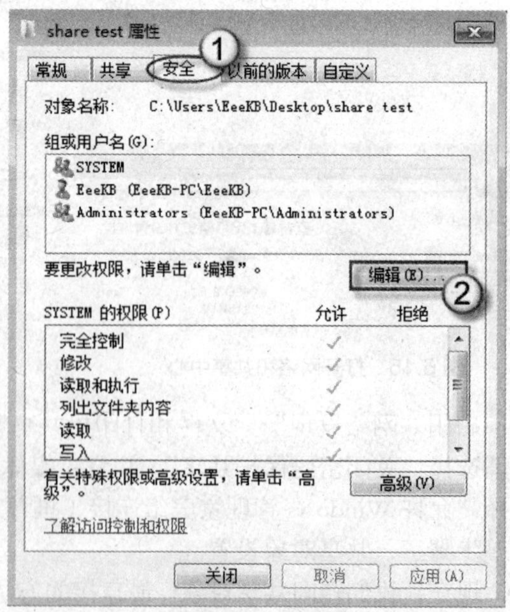

图 6.19　共享文件夹安全属性

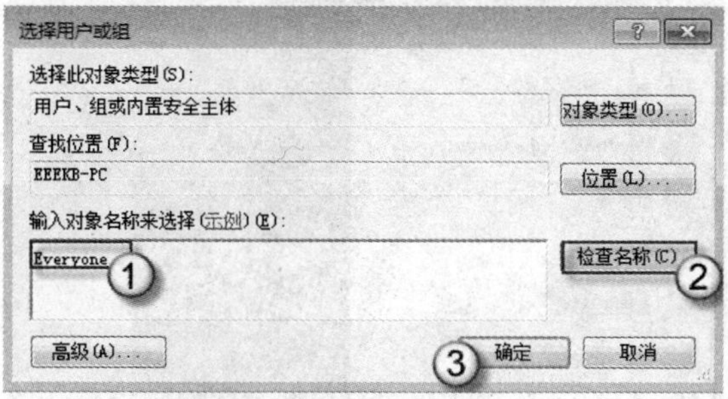

图 6.20 选择共享用户

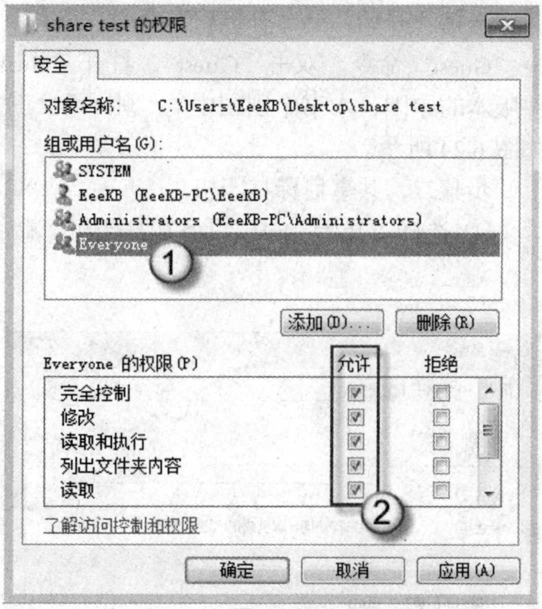

图 6.21 设置共享用户的权限

步骤四，防火墙设置。

打开“控制面板→系统和安全→Windows 防火墙”检查一下防火墙设置，确保“文件和打印机共享”是允许的状态，如图 6.22 所示。

步骤五：查看共享文件。

依次打开“控制面板”→“网络和 Internet”→“查看网络计算机和设备”→相应的计算机/设备名称即可找到共享的文件夹或设备，如图 6.23 所示。特别提醒：由于关闭密码访问功能，网络安全性会降低。

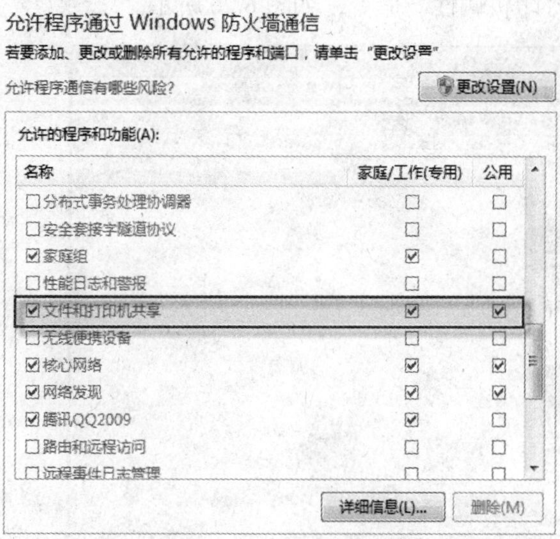

图 6.22 防火墙设置

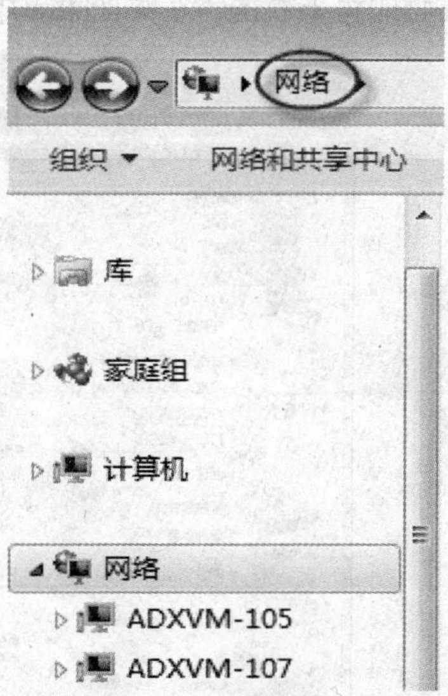

图 6.23 查看共享文件夹

（2）设置共享打印机。在 Windows 7 系统环境下实现同一个局域网内共享打印机。

步骤一，取消禁用 Guest 用户。

选择“开始”→“计算机”命令，右击，在快捷菜单中选择“管理”→“计算机管理”→“Guest”命令。双击“Guest”，打开“Guest 属性”对话框，确保“帐户已禁用”(因为软件版本的原因，本书个别图中的“帐户”，正文对应一律写为“账户”)复选框没有被选中，如图 6.24 所示。

步骤二，共享目标打印机。

① 选择“开始”→“设备和打印机”命令，如图 6.25 所示。

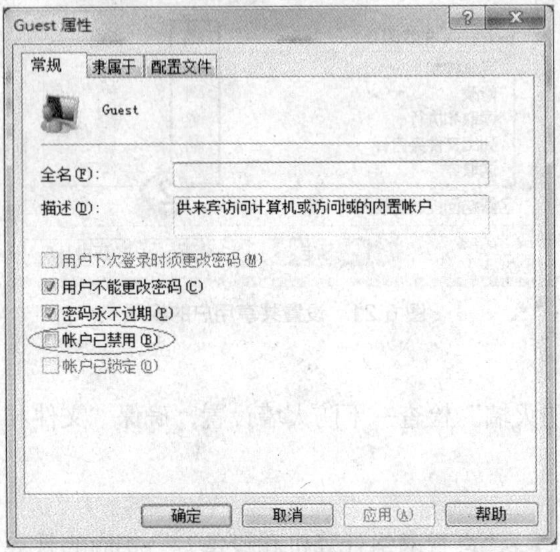

图 6.24 取消禁用 Guest 用户

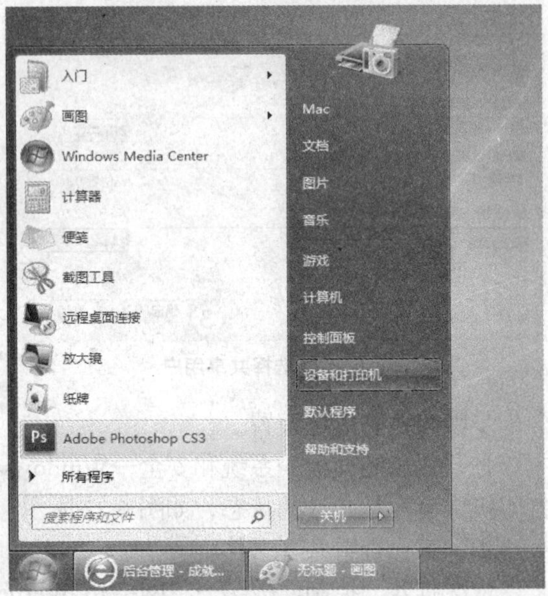

图 6.25 选择设备和打印机

② 在弹出的窗口中找到想共享的打印机(前提是打印机已正确连接，驱动已正确安装)，在该打印机上右击，在快捷菜单中选择“打印机属性”命令，如图 6.26 所示。

图 6.26 目标打印机

③ 在出现的打印机属性窗口中切换到“共享”选项卡，选中“共享这台打印机”复选框，

并且设置一个共享名（请记住该共享名，后面的设置可能会用到），如图 6.27 所示。

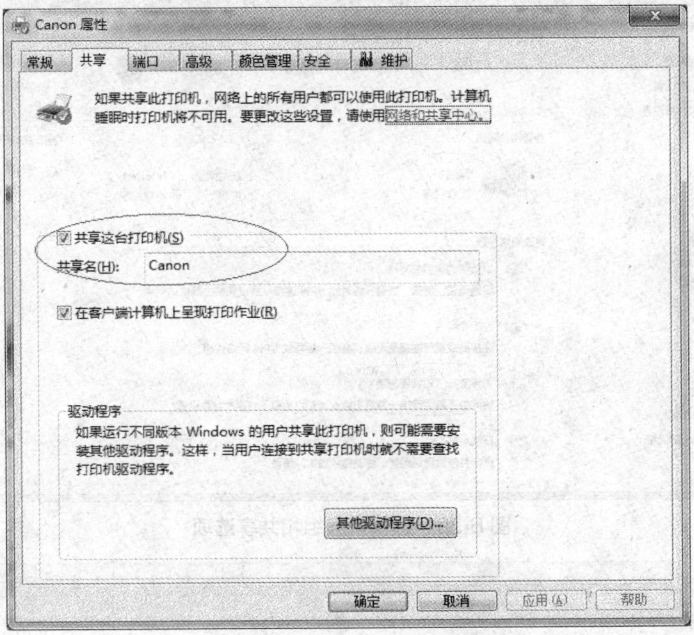

图 6.27 设置打印机共享属性

步骤三，进行高级共享设置。

① 在系统托盘的网络连接图标上右击，在快捷菜单中选择“打开网络和共享中心”命令，如图 6.28 所示。

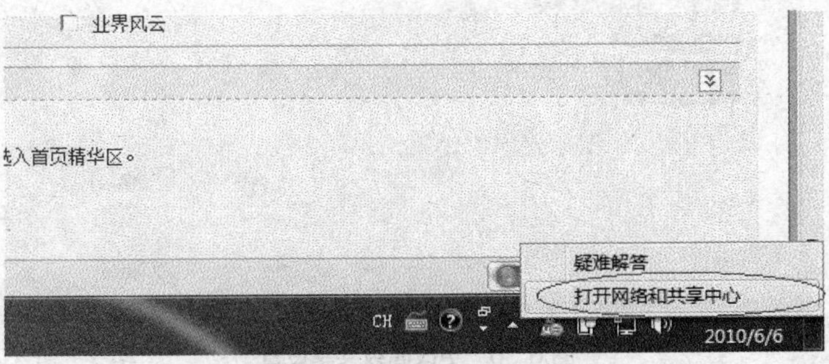

图 6.28 打开网络和共享中心

② 记住所处的网络类型（此处是工作网络），接着在弹出中窗口中选择“选择家庭组和共享选项”选项，如图 6.29 所示。

③ 选择“更改高级共享设置”选项，如图 6.30 所示。

④ 如果是家庭或工作网络，在“更改高级共享设置”中选中“启用文件和打印机共享”，可参考图 6.16。

如果是公共网络，具体设置和上面的情况类似，但相应地应该设置“公用”下属的选项，而不是“家庭或工作（当前配置文件）”下属的，如图 6.31 所示。

步骤四，设置工作组。

在添加目标打印机之前，首先要确定局域网内的计算机是否都处于一个工作组，具体步骤与前面“共享文件夹”时的设置相同。

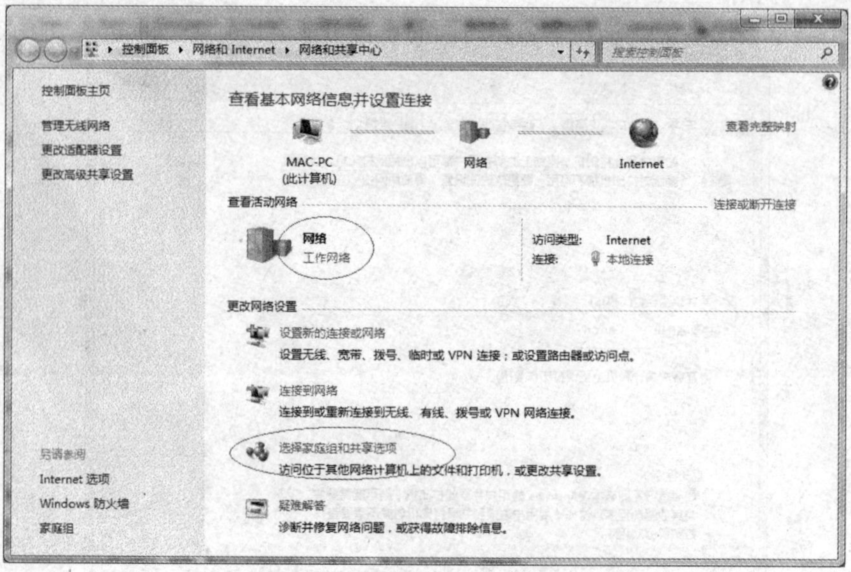

图 6.29　选择家庭组和共享选项

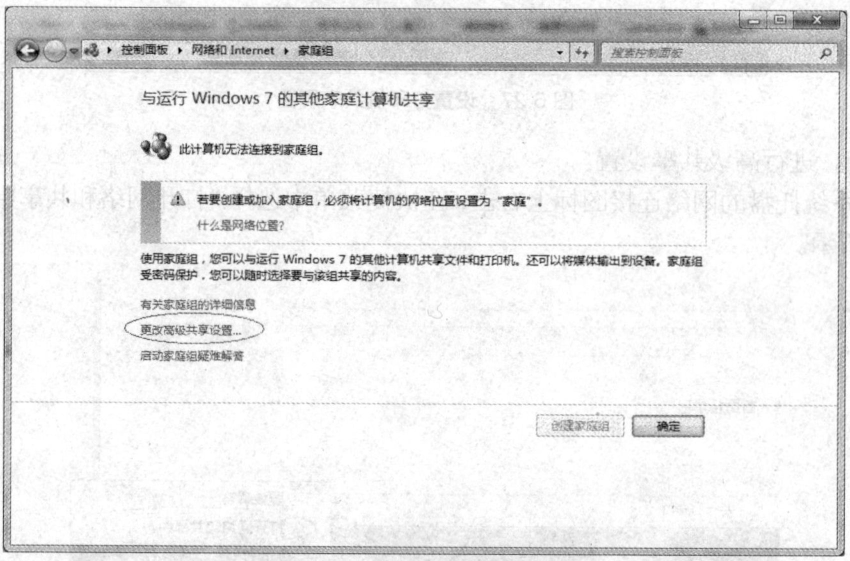

图 6.30　更改高级共享设置

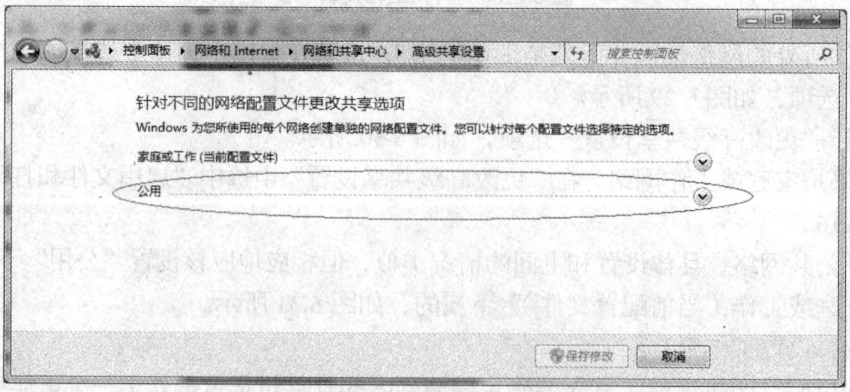

图 6.31　选择公用网络更改共享选项

步骤五，在其他计算机上添加目标打印机。

注意：此步操作是在局域网内的其他需要共享打印机的计算机上进行的。此步操作在Windows XP 和 Windows 7 系统中的过程是类似的，此处以 Windows 7 为例进行介绍。

添加的方法有多种，在此介绍其中的两种。

首先，无论使用哪种方法，都应先进入“控制面板”，打开“设备和打印机”窗口，并选择“添加打印机”选项，如图 6.32 所示。

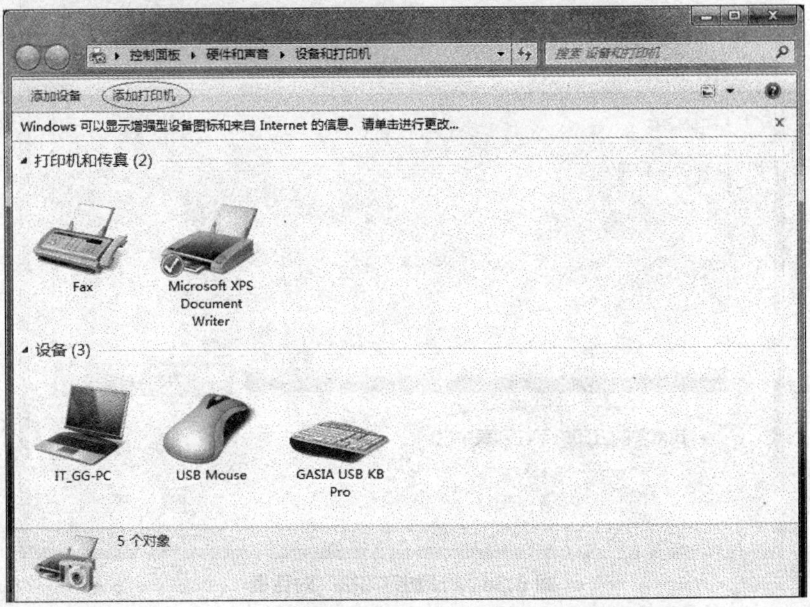

图 6.32　添加打印机

接下来，选择“添加网络、无线或 Bluetooth 打印机”，如图 6.33 所示。

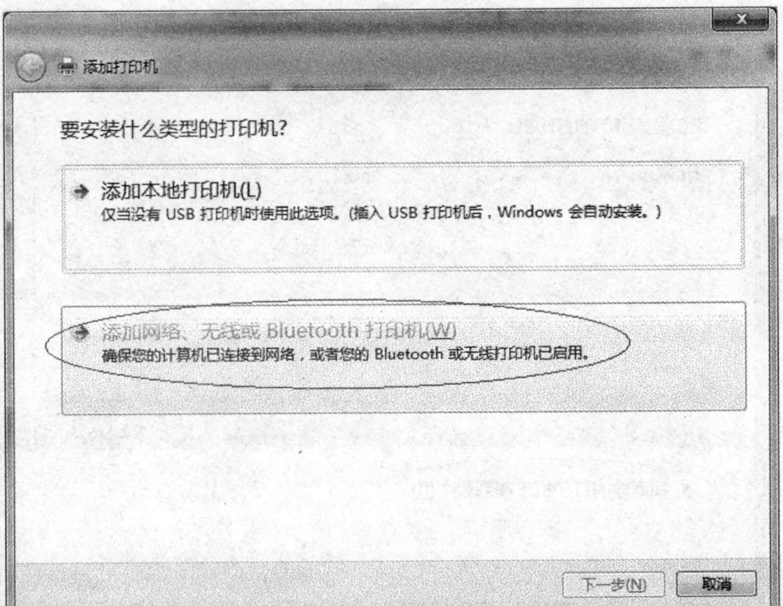

图 6.33　添加网络、无线或 Bluetooth 打印机

在图 6.33 中单击“下一步”按钮后，系统会自动搜索可用的打印机。

如果前面的几步设置都正确的话，那么只要耐心等待，一般系统都能找到，接下来只需按照提示一步步操作就行了。

如果耐心地等待后系统还是找不到所需要的打印机，那么，也可以选择“我需要的打印机不在列表中”选项，然后单击“下一步”按钮，如图 6.34 所示。

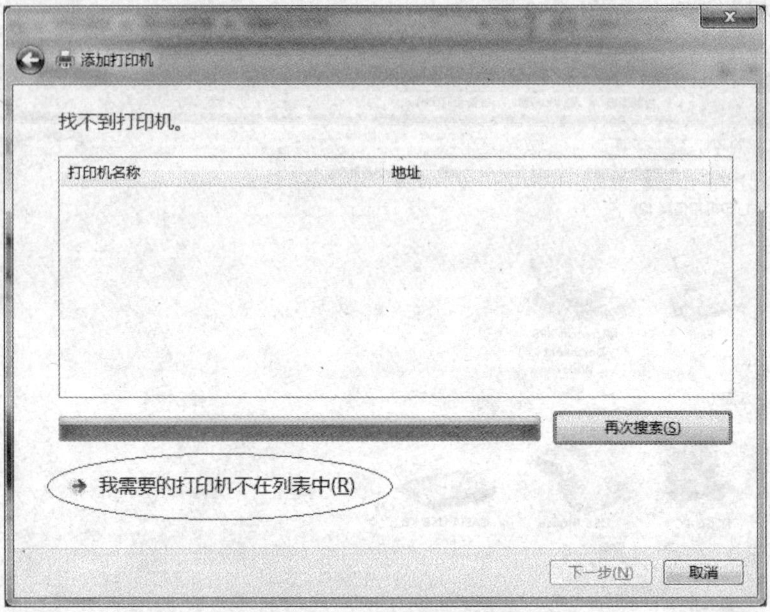

图 6.34 “添加打印机”对话框

如果不想等待，可以直接单击“停止”按钮，然后选择“我需要的打印机不在列表中”选项，接着单击“下一步”按钮，如图 6.35 所示。

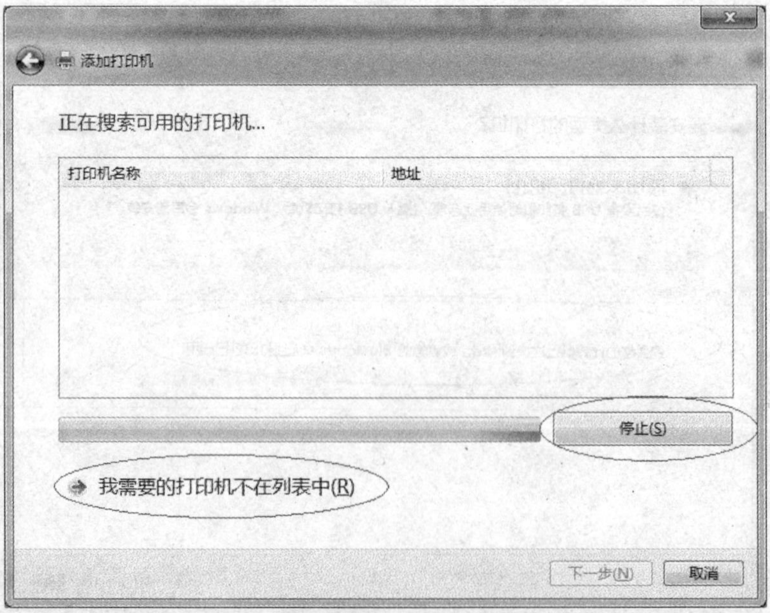

图 6.35 停止搜索打印机

接下来的设置就有多种方法了。

第一种方法：

① 选中“浏览打印机”单选按钮，单击“下一步”按钮，如图 6.36 所示。

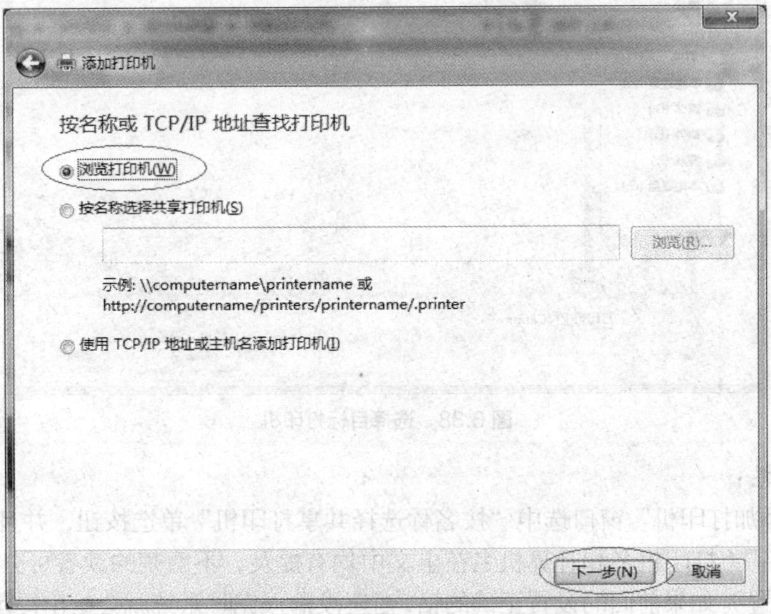

图 6.36 选中“浏览打印机”单选按钮

② 找到连接着打印机的计算机，单击“选择”按钮，如图 6.37 所示。

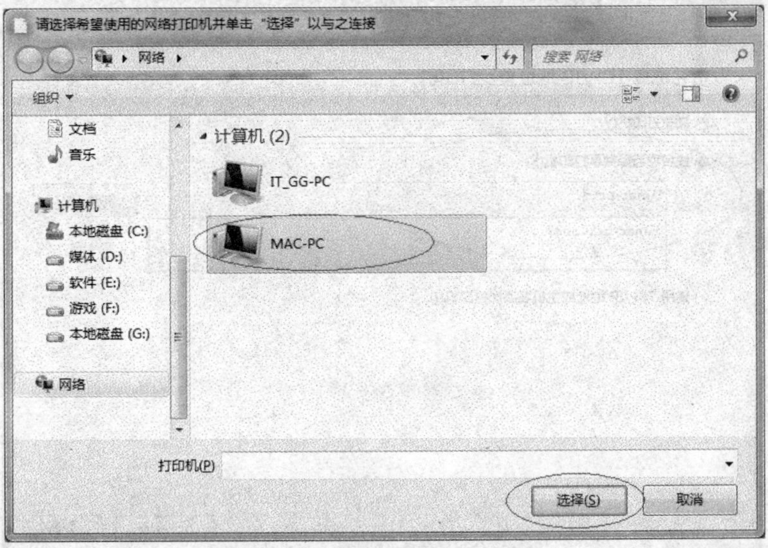

图 6.37 找到连接着打印机的计算机

③ 选择目标打印机（打印机名就是在步骤二中设置的名称），单击“选择”按钮，如图 6.38 所示。

接下来的操作比较简单，系统会自动找到并把该打印机的驱动安装好。至此，打印机已成功添加。

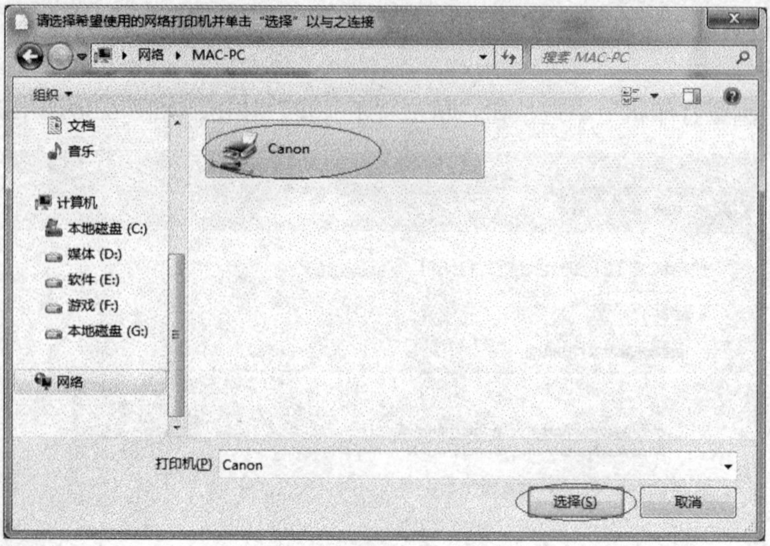

图 6.38　选择目标打印机

第二种方法：

① 在"添加打印机"窗口选中"按名称选择共享打印机"单选按钮，并且输入"\\计算机名\打印机名"（打印机名和计算机名在上文中均有提及，不清楚的读者可分别查看步骤二和步骤四的设置）。如果前面的设置正确的话，当还没输入完时系统就会给出提示（见图 6.39），接着单击"下一步"按钮。

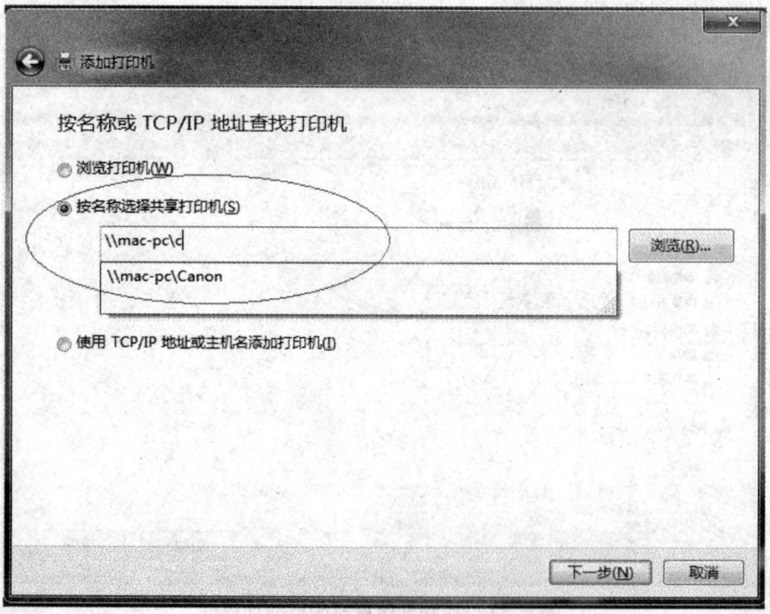

图 6.39　按名称选择共享打印机

说明

如果此步操作中系统没有自动给出提示，那么很可能直接单击"下一步"会无法找到目标打印机，此时我们可以把"计算机名"用"IP"来替换。如 IP 为 10.0.32.80，那么则应输入"\\10.0.32.80\Canon"。

② 接下来继续前面的步骤，和第一种方法一样，系统会找到该设备并安装好驱动，用户只需耐性等待即可，如图 6.40 所示。

③ 接着系统会给出提示，告诉用户打印机已成功添加，直接单击“下一步”按钮，如图 6.41 所示。

④ 至此，打印机已添加完毕，如有需要可单击“打印测试页”按钮，测试一下打机是否能正常工作，也可以直接单击“完成”按钮退出此窗口，如图 6.42 所示。

图 6.40　连接共享的打印机

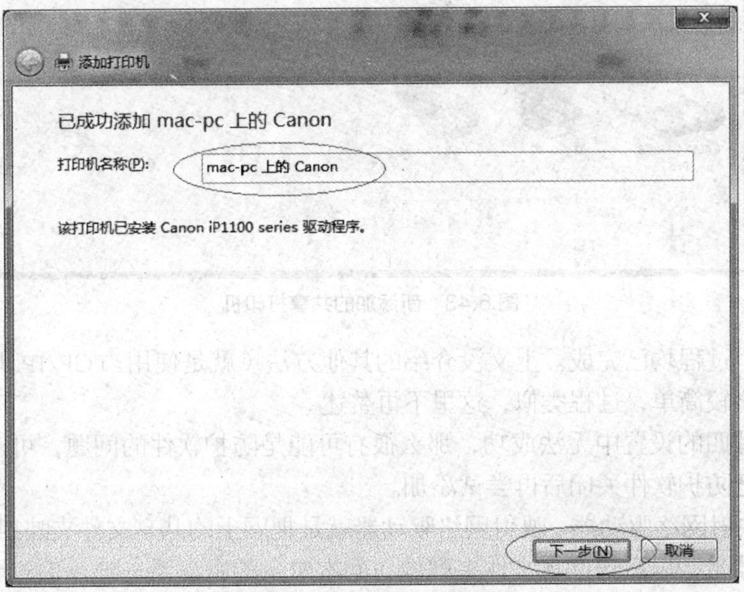

图 6.41　成功添加打印机

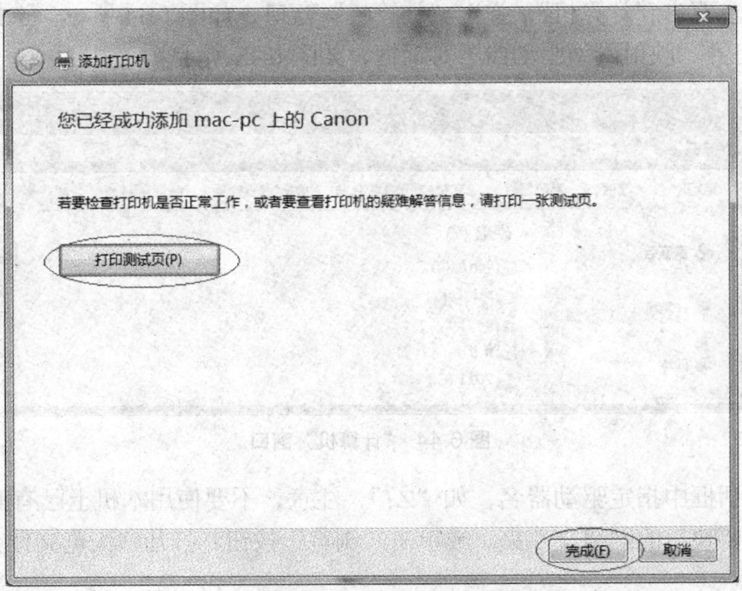

图 6.42　打印测试页

成功添加后，在“控制面板”的“设备和打印机”窗口中，可以看到新添加的共享打印机，如图 6.43 所示。

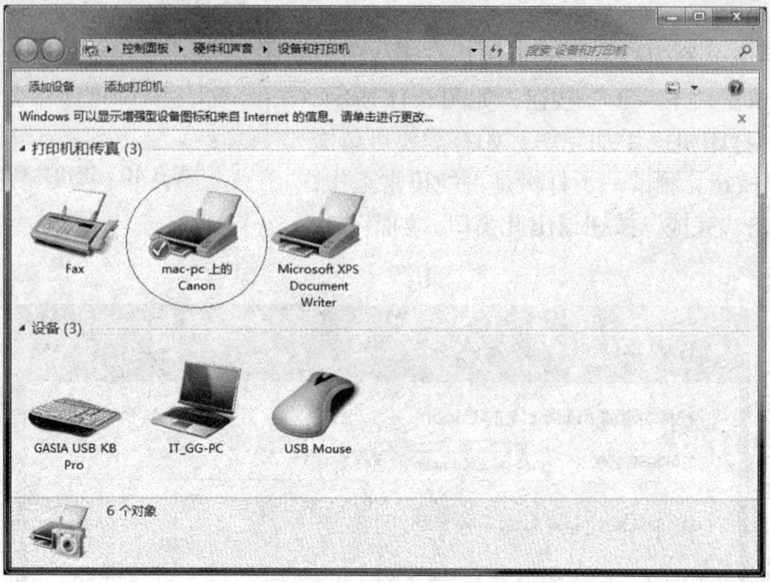

图 6.43　新添加的共享打印机

至此，整个过程均已完成。上文没介绍的其他方法（就是使用 TCP/IP 地址或主机名添加打印机）也比较简单，过程类似，这里不再赘述。

如果在步骤四的设置中无法成功，那么很有可能是防护软件的问题，可对防护软件进行相应的设置或把防护软件关闭后再尝试添加。

（3）设置映射网络驱动器。映射网络驱动器就是把网上的共享文件夹映射为一个驱动器，指定一个驱动器号，以后访问该文件夹就像访问本机上的驱动器一样。这对于经常需要访问的网络文件夹十分有用。映射网络驱动器的操作步骤如下。

① 在桌面上双击“计算机”，弹出“计算机”窗口，如图 6.44 所示。选择“映射网络驱动器”选项，打开“映射网络驱动器”对话框，如图 6.45 所示。

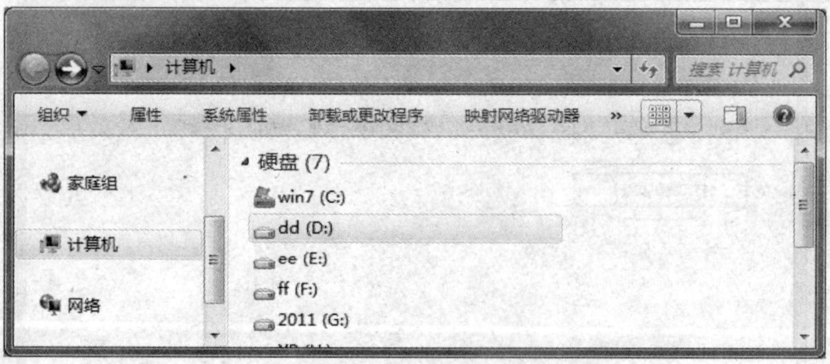

图 6.44　“计算机”窗口

② 在该对话框中指定驱动器名，如“Z:”，注意，不要使用本机上已有的盘符。

③ 指定需要映射的网络文件夹。或单击“浏览”按钮，打开“浏览文件夹”对话框，如图 6.46 所示。

④ 在该对话框中选择需要映射的网络文件夹，单击“确定”按钮。

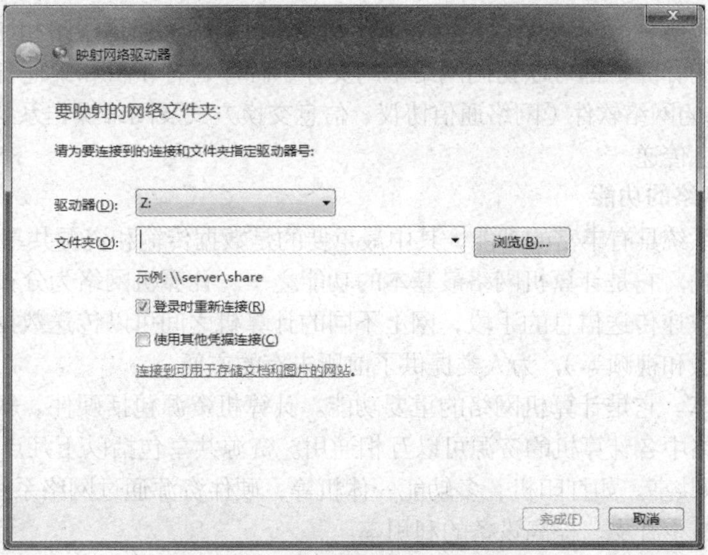

图 6.45 “映射网络驱动器”对话框

图 6.46 “浏览文件夹”对话框

⑤ 这时打开“我的电脑”，会发现本机多了一个 Z：驱动器，其内容就是指定的网络文件夹的内容，使用起来就像访问本机驱动器一样方便。

【相关知识】

随着计算机技术的迅速发展，计算机的应用逐渐渗透到各个技术领域和社会的方方面面。社会的信息化趋势、数据的分布处理以及各种计算机资源共享等方面的要求，推动了计算机技术向群体化的方向发展，促使当代的计算机技术和通信技术实现紧密的结合，计算机网络由此而生，它代表了当前高新技术发展的一个重要方向。尤其是在 20 世纪 90 年代以来的世界信息化和网络化的趋势下，人们必须学会在网络环境下使用计算机，通过网络进行交流、获取信息。

1．计算机网络的含义

计算机网络是现代通信技术与计算机技术相结合的产物。所谓计算机网络，就是把分布在不同地理区域的具有独立功能的多台计算机系统相互连接在一起，在网络操作软件的支持下进行数据通信，互连成一个规模大、功能强的网络系统，从而使众多的用户通过计算机网络可以方便地相互传递信息，共享硬件、软件、数据信息等资源。

计算机网络包含 3 部分：多台计算机（以及终端）实体、通信线路和通信设备、网络软件。网络中所有的计算机都可以访问网络中的文件、程序、打印机和其他各种服务（统称资源），以功能完善的网络软件（网络通信协议、信息交换方式及网络操作系统等）实现网络中的资源共享和信息传递。

2．计算机网络的功能

计算机网络系统具有丰富的功能，其中最重要的是数据传输和资源共享。

（1）数据传输。它是计算机网络最基本的功能之一。计算机网络为分布在不同地点的计算机用户提供了快速传送信息的手段，网上不同的计算机之间可以传送数据、交换信息（如文字、声音、图像和视频等），为人类提供了前所未有的方便。

（2）资源共享。它是计算机网络的重要功能。计算机资源包括硬件、软件和数据等。资源共享就是指网络中各计算机的资源可以互相通用。资源共享包括以下几点。

① 硬件资源共享。如打印机、多功能一体机等，硬件资源通过网络系统共享这些设备，可以节约资源、减少开支、提高设备的利用率。

② 软件资源共享。网络上某些计算机里的软件资源可以通过共享被其他计算机使用。

③ 数据资源共享。计算机上各种有用的数据资源，通过网络可以快速、准确地向其他计算机传送。这就使利用网络进行协同办公很容易实现。

（3）提高可靠性。在一个较大的系统中，个别部件或计算机出现故障是不可避免的。计算机网络中的各台计算机可以通过网络互相设置为后备机，这样，一旦某台计算机出现故障时，网络中的后备机可以替代继续执行，保证任务正常完成，避免系统瘫痪，从而提高了计算机系统的可靠性。

（4）分担负荷。当网上某台计算机的任务过重时，可将部分任务转交到其他比较空闲的计算机上去处理，从而均衡计算机的负担，减少用户的等待时间。

（5）实现分布式处理。将一个复杂的大任务分解成若干个子系统，由网上的计算机分别承担其中的一个子任务，共同运作、完成，以提高整个系统的效率。

3．计算机网络的类型

按照不同的分类标准，计算机网络可按地理范围、网络结构、速率和带宽、传输介质、通信方式等进行分类，从而产生了多种网络类型。

（1）按地理范围分类。通常根据网络范围和计算机之间的距离将计算机网络分为局域网（LAN）、城域网（MAL）、广域网（WAN）和因特网（Internet）等。它们所具有的特征如表 6.1 所示。

表 6.1　　各类计算机网络的特征参数

网络分类	缩写	分布距离	机位范围	传输速率范围
局域网	LAN	10m	房间	4Mbit/s～2Gbit/s
		100m	建筑物	
		1km	校园	
城域网	MAN	10km	城市	50kbit/s～100Mbit/s
广域网	WAN	100km	国家	9.6kbit/s～45Mbit/s
因特网	Internet	1000km	全世界	

① 局域网。局域网指在有限的地理区域内构成的计算机网络，通常以一个单位或一个部门为限。这种网络只能容纳有限数量（几台或几十台）的计算机，它的覆盖范围一般不超过几千米。

② 城域网。城域网是介于局域网和广域网之间的一种大范围的高速网络，随着局域网的广泛使用，将一个个局域网连接起来，形成一个规模较大的都市范围内的网络势在必行。城域网的设计是要满足几万米范围内的大量企业、机关、公司与社会服务部门计算机的连网，并实现以大量用户、多种信息传输为目标的综合信息网络。但实际上城域网技术并没能在世界各国迅速地推广，而在实际中被广域网技术所替代。

③ 广域网。广域网也称为远程网。由相距较远的局域网或城域网互连而成。例如，中国教育科研网就是广域网，它将分布在全国各地教育部门的局域网和城域网用邮电部门的数字专线互连在一起。广域网通常除了计算机设备以外还要设计一些电信通信方式。

④ Internet（因特网）。Internet 也称为国际互联网。它是将成千上万个局域网和广域网互连形成的一个规模空前的超级计算机网络。所谓“互连”，一方面指物理连接，即连接网络的硬件设备，另一方面指网络逻辑连接，即中间连接设备在实现两个之间的信息交换时所涉及的路由选择和协议转换等问题，是一种高层技术。目前，世界上发展最快也最热门的网络就是因特网，它是世界上最大的、应用最广泛的网络。

（2）按网络结构分类。计算机网络的结构其实就是网络信道分布的拓扑结构。在计算机网络中，常常把网络的组成形式称为拓扑结构。常见的拓扑结构有 4 种：总线型、星型、环型和树型，如图 6.47 所示。

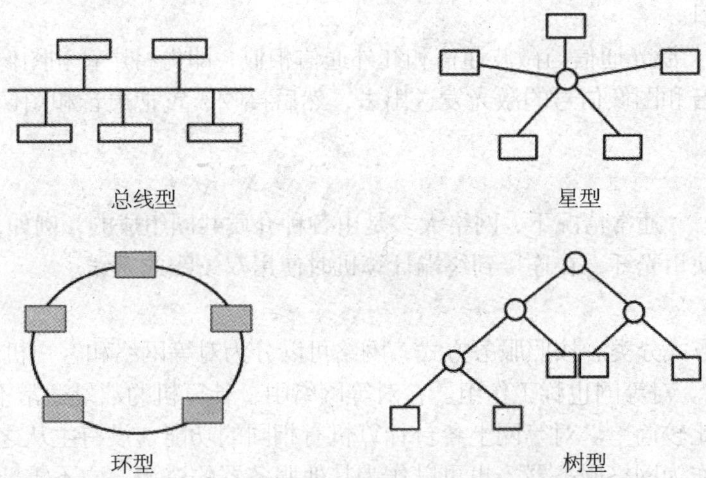

图 6.47 计算机网络的主要拓扑结构

① 总线型。总线型的拓扑结构是用一条公共线即总线作为传输介质，所有的结点都连接在总线结构上。总线网络具有布线简单、维护方便、建设成本低等优点，但有网络竞争、易出错和检测困难等缺点。局域网中的以太网就是一种总线型拓扑结构的网络。

② 星型。星型拓扑结构的网络是以一个中心节点和若干个外围节点相连接的计算机网络。星型结构网络的优点是使用的网络协议简单，错误容易检测、隔离。缺点是中心节点的负荷较重，容易出现网络的瓶颈，一旦中心节点发生故障，将导致整个网络的瘫痪。客户机和主机的联机系统采用的就是星型拓扑结构，属于集中控制式网络。

③ 环型。环型拓扑结构是网络上的所有节点都在一个闭合的环路上，网络上的数据按照

相同的方向在环路上传输。由于信号单向传递，适宜使用光纤。虽然环型结构简单，传输延迟固定，较好地解决了网络竞争，但是如果网络上的一个节点出现故障，将影响到整个网络。环型节点的添加和撤销的过程都很复杂，网络扩展和维护都不方便。IBM 令牌网就是一种环型结构网络。

④ 树型。树型拓扑结构网络又称为分级的集中式网络，是星型结构的扩展，它采用分层结构，具有一个节点和多层分支节点。其特点是网络成本低、结构简单。在网络中，任意两个节点之间不产生回路，每个链路都支持双向传输，网络中的节点扩充方便灵活，查询链路路径比较方便。但在这种结构的网络系统中，除叶节点及相连的链路外，任何一个工作站及其链路产生故障都可能会影响网络系统的正常运行。树型结构适用于分级管理的场合，或者是控制型网络的使用。Internet 采用的就是树型结构。

（3）按传输介质分类。传输介质是指数据传输中发送装置和接收装置之间的物理媒介，按其物理形态可以划分为有线通信和无线通信两大类。

① 有线网络。采用有线介质连接的网络称为有线网络，传输的信号被约束在介质实体内。常用的有线传输介质有双绞线、同轴电缆和光导纤维。

② 无线网络。采用无线介质连接的网络称为无线网络。目前，无线网主要采用 3 种技术：微波通信、红外线通信和激光通信。

a. 微波通信。微波的特点是波长短、频率高、方向性好，接近于直线传播。微波的通信带宽较大，传输质量高。微波通信最大的缺点是保密性差。

b. 红外线通信。红外通信有较强的方向性，但易受阳光干扰。目前，很多笔记本电脑都配有红外收发端口。

c. 激光通信。激光通信与微波通信和红外通信相似，即先将声音和图像信号调制到激光束上，把载有声音和图像信号的激光发送出去，然后接收装置把声音和图像光信号转换成电磁信号。

说明

通常情况下，网络大多是由各种介质共同组成的，例如，在骨干网络中使用光纤，在连接到终端计算机时使用双绞线或无线。

（4）按服务方式分类。按照服务方式，网络可以分为对等网络和客户机/服务器网络。

① 对等网络。对等网也称工作组。在对等网络中，计算机的数量通常不超过 10 台，所以这种网络相对比较简单。对等网上各台计算机有相同的功能，没有主从之分，网上任何一台计算机既可以作为网络服务器，也可以作为其他服务器的资源。它不需要专门的服务器来做网络支持，也不需要其他组件来提高网络的性能，因而价格相对便宜。

② 客户机/服务器网络。客户机/服务器网络由一台服务器和若干台客户机组成。服务器通常采用高性能计算机或专用服务器设备，它在网络操作系统的控制下，将与其相连的硬盘、打印机、Modem 及专用通信设备提供给网络上的客户站点共享，也能为网络用户提供集中计算、数据库管理等服务。客户机是用户计算机，它通过向服务器发出请求来获得服务，多台客户机可以共享服务器的各种资源。

客户机/服务器网络不仅适合于同类计算机联网，也适合于不同类型的计算机联网。基于服务器的网络安全性容易得到保证，计算机的权限、优先级易于控制，监控容易实现，网络管理能够规范化，很容易做到日常维护和数据备份，因而成为最常用的一种网络。

> **说明**
>
> 客户机/服务器网络中的服务器需要安装专门的网络操作系统，如 Windows Server、UNIX、Linux、Novell Netware 等，以保持稳定性和效率。客户机中则可以安装普通的 Windows 操作系统。

任务二 Internet 资源的应用

【任务目标】

（1）熟悉 Internet 的基本知识。

（2）掌握网络信息的搜索、保存、打印方法。

（3）能使用电子邮箱收发邮件。

（4）掌握网络资源的下载方法。

【任务分析】

Internet 目前的应用非常广泛。从通讯的角度来看，Internet 是一个理想的信息交流平台；从获得信息的角度来看，Internet 是一个庞大的信息资源库；从娱乐休闲的角度来看，Internet 是一个花样众多的娱乐厅；从商业的角度来看，Internet 是一个既能省钱又能赚钱的交易场所。可以说，Internet 是一个巨大的宝藏，如果能准确地把其中需要的信息获取并为我所用，就能更好地发挥网络的作用。本任务通过具体实例来介绍 Internet 网络的基本应用，包括 IE 11 的使用、网上信息的浏览保存和打印、电子邮箱的使用、网上信息的搜索及常用的搜索网站介绍等。

【任务实施】

1．搜索信息

打开 IE 11，在地址栏中输入某个搜索引擎网站的网址，如“www.baidu.com”，就会出现图 6.48 所示的网页。

图 6.48 百度网站首页

在网站中央的文本框中输入要搜索的关键字“中国冬奥会金牌榜”，即可出现图 6.49 所示的网页。

图 6.49　显示搜索结果

根据搜索结果的提示，经过查看找到满足自己需要的结果（“历届冬奥会中国奖牌榜”），如图 6.50 所示。

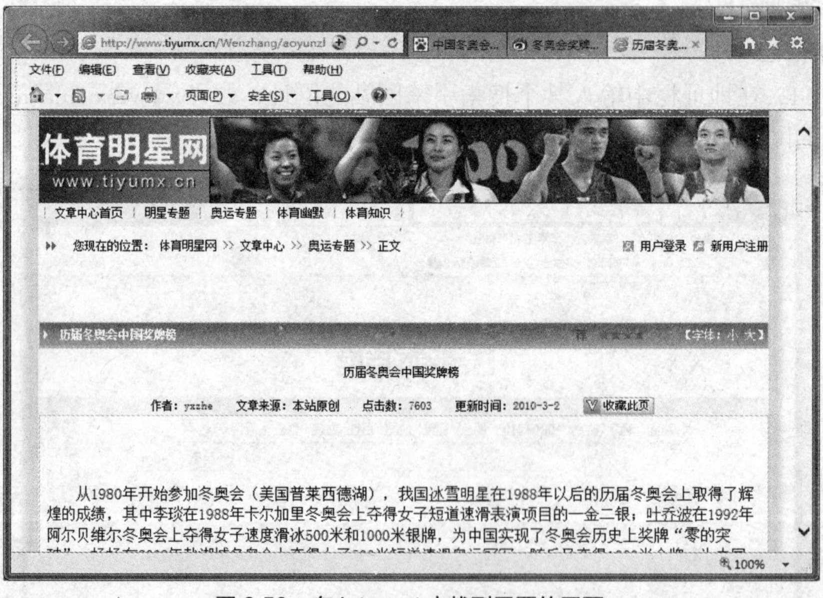

图 6.50　在 Internet 中找到需要的网页

2．打印、保存网页

可以使用 IE 11 的工具栏中的按钮进行操作，也可以使用菜单命令进行操作。IE 11 的菜单栏默认情况下是隐藏的，在工具栏的空白处右击，在弹出的快捷菜单中选择“菜单栏”命令，就可以把菜单栏显示在窗口中。

要打印网页，首先要进行必要的页面设置。选择“文件”→“页面设置”命令，在弹出的对话框中设置纸张、页眉和页脚、方向、页边距等，如图 6.51 所示。再选择“文件”→“打印预览”命令，出现图 6.52 所示的预览界面。

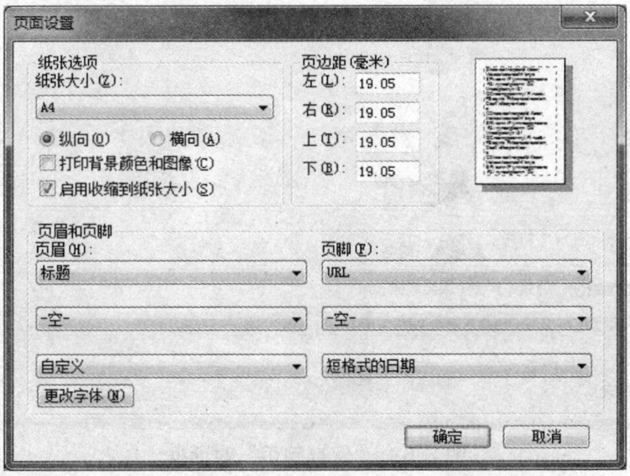

图 6.51 “页面设置”对话框

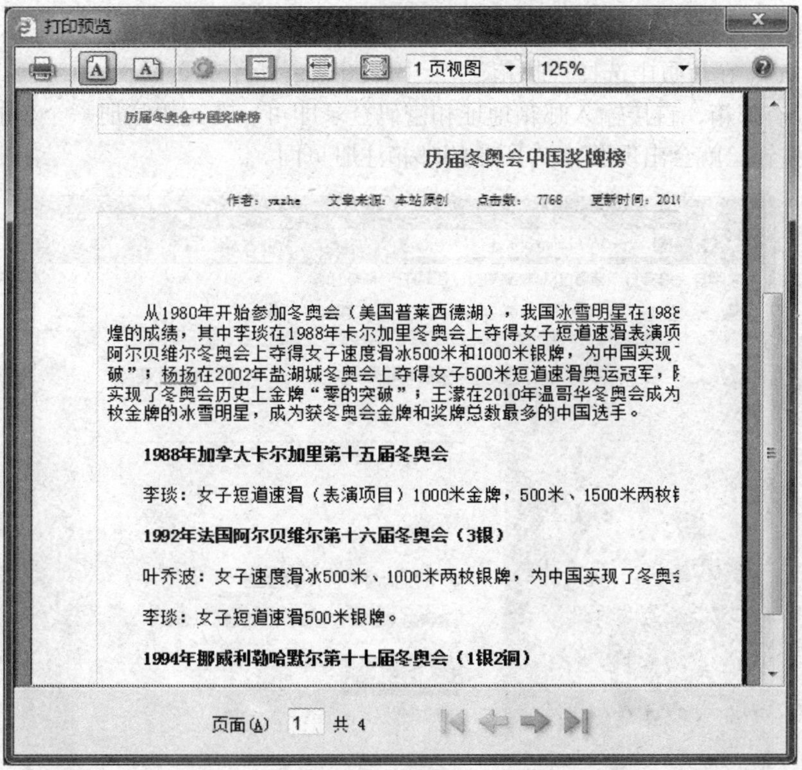

图 6.52 网页的打印预览界面

通过预览界面上方的工具栏按钮进行调整，满意之后即可打印输出。要把该网页发送给别人，则首先要把网页保存。选择“文件”→“另存为”命令，打开图 6.53 所示的“保存网页”对话框，选择要保存的文件的路径，输入文件名，选择文件类型，单击“保存”按钮即可。

图 6.53 “保存网页”对话框

3. 发送电子邮件

如果没有自己的电子邮箱，就要先注册一个。在浏览器中输入网站的网址，如“www.sina.com”，在首页中选择“邮箱”，会出现图 6.54 所示的页面。

如果已经有邮箱，直接输入邮箱地址和密码登录即可。在这里注册一个新的邮箱，单击“立即注册”按钮，就会出现图 6.55 所示的邮箱注册页面。

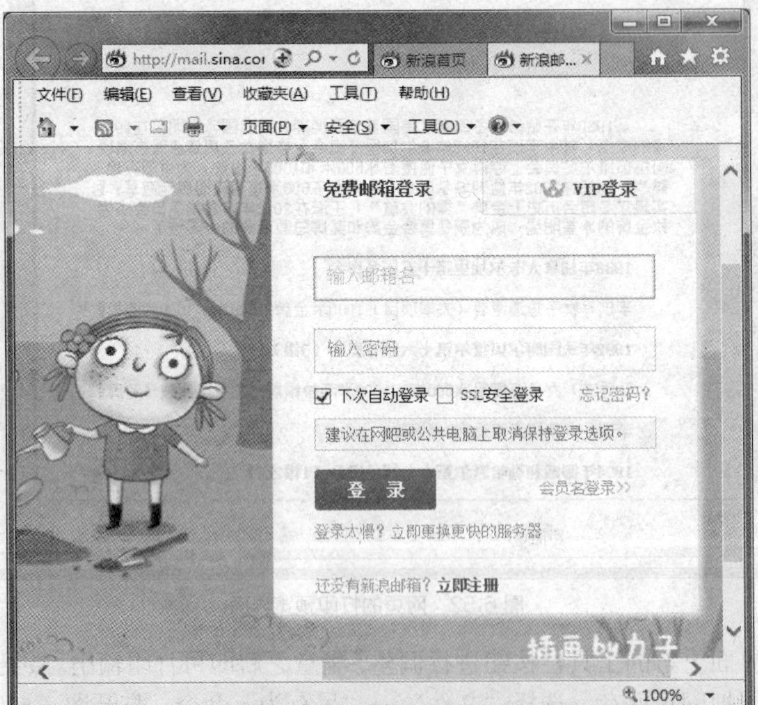

图 6.54 新浪邮箱页面

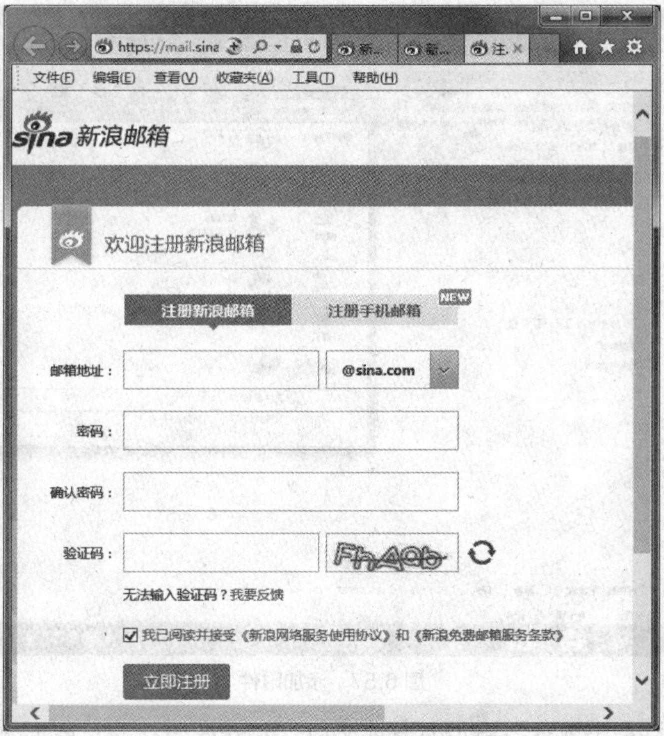

图 6.55　邮箱注册页面

填入必要的信息之后，提交注册即可使用新的邮箱。给朋友发送电子邮件，单击页面左侧的“写信”按钮，会出现图 6.56 所示的页面。

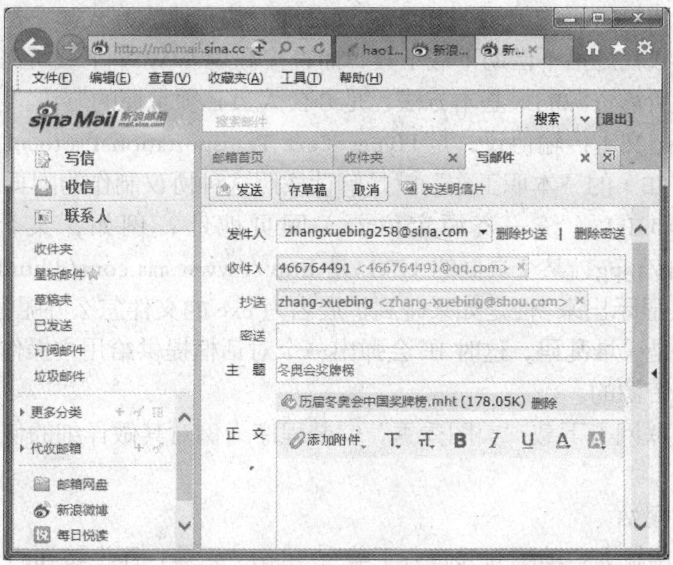

图 6.56　写信页面

在收件人列表框中输入朋友电子邮箱的地址，如果要发送给多个人，可以在抄送地址栏中输入其他人的邮箱地址，多个人的邮箱地址之间要用“,”分开。为了把刚才保存的页面发送出去，需要把保存文件作为附件发送，单击主题下方的“添加附件”，会出现图 6.57 所示的页面。

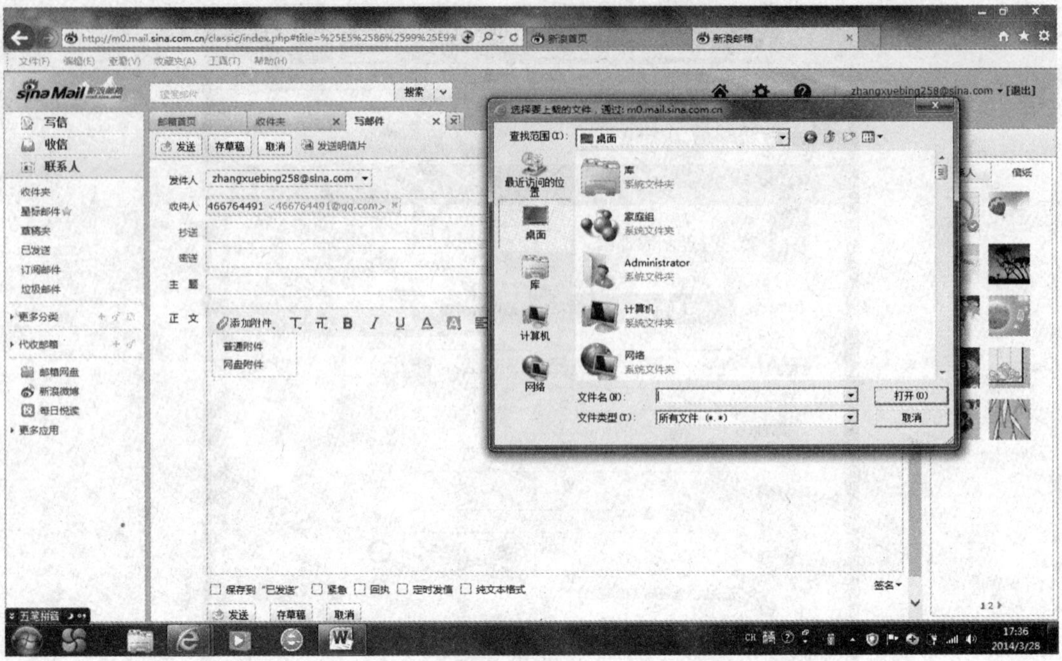

图 6.57　添加附件

在选择文件对话框中选择之前保存文件的路径，文件的名称，单击“打开”按钮即可开始上传。重复操作可以添加多个附件，添加成功之后，添加邮件的主题和内容之后，单击“发送”按钮，就可以把邮件发送出去了。

4．下载网络资源

在这里主要介绍最常用的使用 HTTP 协议直接下载文件的方式，它是计算机之间交换数据的方式。直接下载就是指不借助下载工具，而直接利用 WWW 下载所需的资源。直接下载是从互联网上获取所需资源的最基本方法，是办公人员必须掌握的方法。

HTTP 协议即超文本传输协议，是 Hyper Text Transportation Protocol 的缩写。我们平常上网的浏览器（如 IE）的“本职工作”就是解读按照这种协议制作的网页。Web 网页上的各种资源都有一个 URL（统一资源定位器）网页地址，例如，某个图片的 URL 是 http://www.aaa.com/a.jpg，某个页面的 URL 是 http://www.aaa.com/d.html 等。当 IE 看到这些 URL 时，会将其显示出来。但是如果碰到扩展名为 exe 的文件怎么办呢？这种文件不能“显示”出来，否则就是一堆乱码，这时 IE 会弹出一个对话框提供给用户操作，用户就是通过这种方式下载所需的资源的。

下面以从在互联网上下载“美图秀秀”安装程序为例对其做详细的使用说明。操作步骤如下。

（1）打开百度网站。

（2）在查找框中输入“美图秀秀官方下载”，单击“百度一下”按钮后会出现图 6.58 所示的搜索结果画面。

（3）单击第一个链接进入下一页面，如图 6.59 所示，其中列出了有关软件优点、功能、特性、下载等信息。

（4）从这些信息可知这就是我们所要查找的软件。单击“普通下载”按钮，在页面底端弹出图 6.60 所示的对话框。

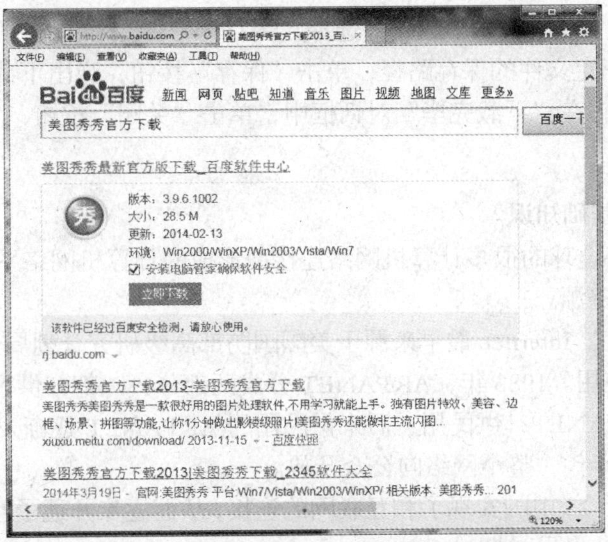

图 6.58　搜索结果

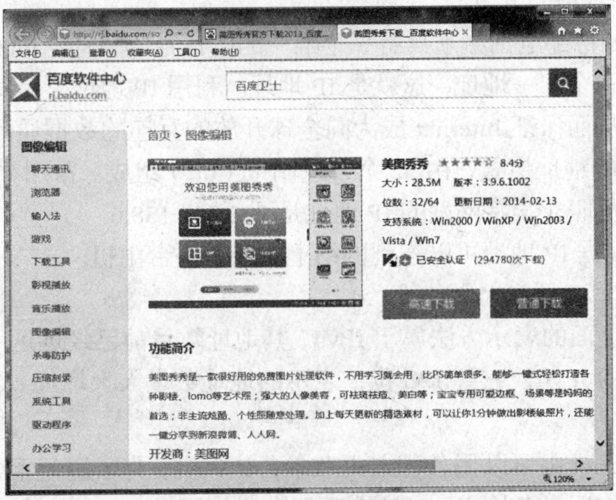

图 6.59　具体搜索结果

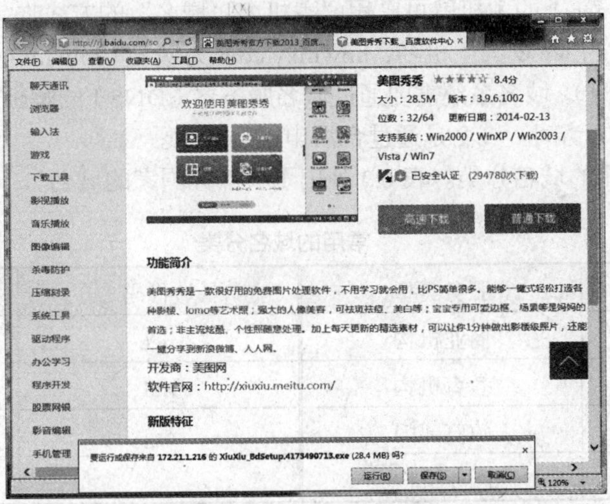

图 6.60　“文件”下载对话框

（5）单击“保存”按钮后的小三角，选择“另存为”命令，弹出“另存为”对话框。在“保存在”文本框中指定文件的保存路径，单击“保存”按钮，弹出下载进程对话框。

（6）下载完毕后，在“下载完毕”对话框中，单击“关闭”按钮，关闭该对话框。

【相关知识】

1．Internet 的基础知识

Internet 是一个将全球的很多计算机网络连接而形成的计算机网络系统，它使各网络之间可以交换信息或共享资源。

（1）Internet 简介。Internet 最早来源于美国国防部高级研究计划局建立的 ARPANET，该网于 1969 年投入使用。1983 年，ARPANET 分成两部分：一部分供军用，称为 MILNET；另一部分仍称为 ARPANET，供民用。后来供民用的 ARPANET 逐渐发展成为 Internet 的主干网。自 20 世纪 90 年代，整个网络向公众开放。

从 1994 年开始至今，中国实现了和互联网的连接，从而逐步开通了互联网的全功能服务，互联网在我国进入飞速发展时期。

（2）Internet 常用术语。

① IP 地址。正如每部电话必须具有一个唯一的电话号码一样，Internet 的每个网络和每一台计算机都必须有一个唯一地址，这就是 IP 地址。利用 IP 地址，信息可以在 Internet 上正确地传送到目的地，从而保证 Internet 成为向全球开放的互连的数据通信系统。

IP 地址提供统一的地址格式，由 32 个二进制位（bit）组成。常用“点分十进制”方式来表示。例如，湖南外贸职业学院网站的 IP 地址是 222.240.158.6。

在 Internet 中，根据 IP 地址可以连到网络上的任意一台主机。

> **说明**　上面的表示方法属于 IPv4，其地址数目前已经远远不够。新的表示方法将采用 IPv6，它共 128 位，表示的地址数量大大增加。

② 域名。在 Internet 中可以用各种方式来命名计算机。为了避免重名，Internet 管理机构采取了在主机名后加上后缀名的方法，这个后缀名称为域名（domain），用来标识主机的区域位置。这样，在 Internet 上的主机就可以用“主机名.域名”的方式唯一地进行标识。例如，www.hnwmxy.com 中的 www 为主机名，hnwmxy.com 为域名（hnwmxy 代表湖南外贸职业学院，com 代表商业机构）。域名系统需要通过域名服务器（DNS）的解析服务转换为实际的 IP 地址，才能实现最终的访问。域名是通过合法申请得到的。

表 6.2 列出了常用的域名分类。表 6.3 列出了一部分国家的域名。

表 6.2　　常用的域名分类

域代码	服务类型	域代码	服务类型
com	商业机构	net	网络组织
edu	教育机构	mil	军事组织
gov	政府部门	org	非营利组织
int	国际机构		

表 6.3　　部分国家的域名

域代码	国家名	域代码	国家名
au	澳大利亚	uk	英国
br	巴西	It	意大利
ca	加拿大	Jp	日本
cn	中国	kr	韩国
de	德国	sg	新加坡
fr	法国	us	美国

③ IP 地址、域名与网址（URL）的关系。域名与 IP 地址之间实际上存在着一种作用相同的映射关系。可以通过一个形象的类比来表示：IP 地址可以类比为单位的门牌号码。例如，湖南外贸职业学院的门牌号码是长沙市天心区经贸街 2 号，湖南外贸职业学院网站的 IP 地址是 222.240.158.6。域名可以类比为单位的名称。例如，湖南外贸职业学院的单位名称是“湖南外贸职业学院”，湖南外贸职业学院网站的域名是 www.hnwmxy.com。网址（URL）说明了以何种方式访问哪个网页，例如，通过“http 协议”来访问湖南外贸职业学院教务处，即 http://www.hnwmxy.com/Office/jwc/default.aspx

2．IE 11 的使用

IE（Internet Explorer）是微软公司开发的浏览 Internet 的浏览工具，也是目前应用最为广泛的 Web 浏览器。IE 11 引入了全新功能来改善实际网站性能。IE 11 是第一个能够通过 GPU 以本机方式实时对 JPG 图像进行解码的浏览器，因此页面加载速度更快、内存占用更少，从而降低功耗、延长电池使用时间。IE 11 还是第一个通过 GPU 呈现文本的浏览器。IE 11 中的 JavaScript 引擎（Chakra）的性能又得到了新的提升。JIT 编译器现在支持更多优化项，包括多态缓存属性和内联函数调用，因此，有更多代码经过 JIT 编译，从而减少耗费在 JavaScript 编译工作上的时间。垃圾回收现在更高效地利用后台线程，大大降低 UI 线程由于执行垃圾回收而被阻止的频率并缩短被阻止的时间。

安装 IE 11 之后，在 Windows 桌面上和任务栏的“快速启动”工具栏中都有一个 IE 11 浏览器的图标，只要双击该图标即可启动浏览器。

IE 11 的界面比较简洁，主要是隐藏了工具菜单，按钮图标变得更加圆滑，只放了一些常用的工具按钮；新的收藏中心和历史记录，更加整洁，方便管理和使用；标签功能可以方便地切换窗口；搜索工具栏中默认的搜索引擎是 Bing，可以手动设置到百度搜索；将搜索框与地址栏完美结合，只需在地址栏输入关键词，即可开始浏览。

为了使用方便，可以对 IE 11 做下述一些简单的设置。

（1）设置 IE 11 的主页。可以把需要经常访问的页面设置为主页，方法：在浏览器窗口中选择“工具”→“Internet 选项”命令，打开图 6.61 所示的对话框。在“常规”选项卡中的“主页”中输入要设置的网页地址，单击“确定”按钮即可。这样，当打开网页时，默认页面就是该主页了。

（2）在图 6.61 中的“选项卡”区域中单击“设置”按钮。在打开的“选项卡浏览设置”对话框中选中“关闭多个选项卡时发出警告”和“始终在新选项卡中打开弹出窗口”项，如图 6.62 所示，然后单击“确定”按钮，关闭 IE 浏览器，再次打开后设置即可生效。

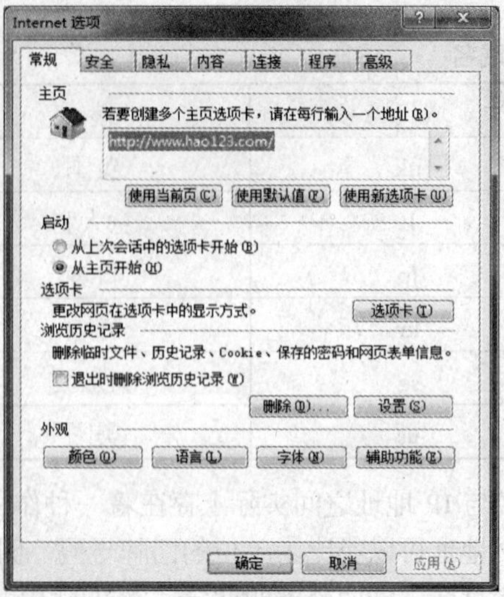

图 6.61 “Internet 选项”对话框

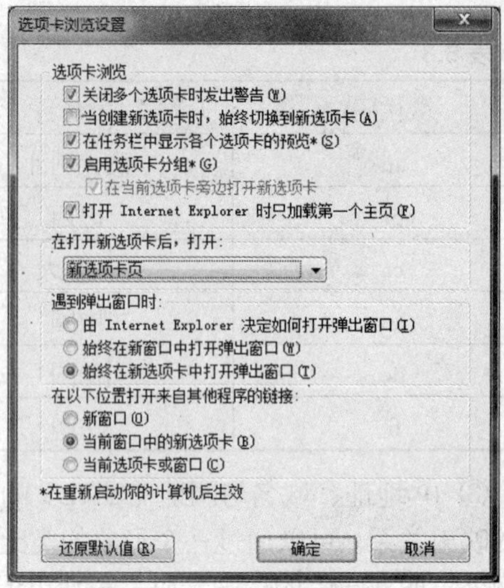

图 6.62 “选项卡浏览设置”对话框

3．网上信息的浏览、保存和打印

（1）网上信息的浏览。

① 通过地址栏浏览网页。在 IE 11 主窗口的地址栏中输入某一网页的网址，然后按 Enter 键即可进入该 Web 页。

② 通过超链接浏览网页。网页中通常包含转到其他 Web 页面以及其他 Web 站点主机的指针链路，称为超链接，它可以是图片或彩色文字（通常带下划线）。当用户把鼠标指针移到某个超链接上时，鼠标指针变成一个小手模样，同时该超链接所指向的 URL 地址出现在屏幕底部的状态栏中，此时只要单击，便可进入该链接所指向的另一个页面或进入一个新的 Web 站点。

③ 通过历史记录浏览网页。IE 能够跟踪并记录用户最近访问过的网页，并将这些网页的链接保存起来。要查阅曾经访问过的全部 Web 页的详细列表，可单击窗口顶端左侧的五角星（“查看收藏夹、源和历史记录”）按钮，如图 6.63 所示，它按照日期顺序列出用户几天或者几周前曾经访问过的 Web 站点记录。单击某个站点或者某个网页标题即可进入该网页。

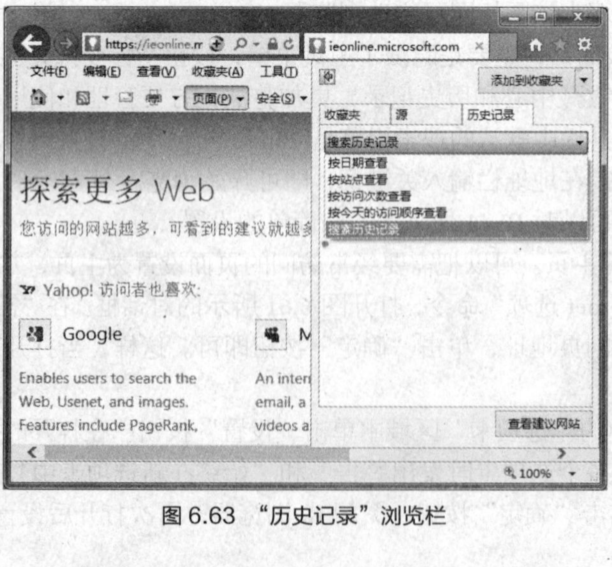

图 6.63 “历史记录”浏览栏

当然，用户可以对历史记录保存的时间长短进行设置。在“Internet 选项”对话框中的“常规”标签中有一个“历史记录”选项组，用户可以设置网页保存在历史记录中的天数。如果想清除所保存的这些历史记录，单击“删除历史记录”按钮即可。

④ 使用收藏夹。用户可将经常访问的站点或网页的网址添加到 IE 的收藏夹列表中，待以后再访问其中某个网页时，只需打开收藏夹，单击其中的链接即可。将某个网页添加到收藏夹中的方法是单击浏览器工具栏左边的“添加到收藏夹”按钮，如图 6.64 所示，在弹出的对话框中单击“添加”按钮即可，如图 6.65 所示。

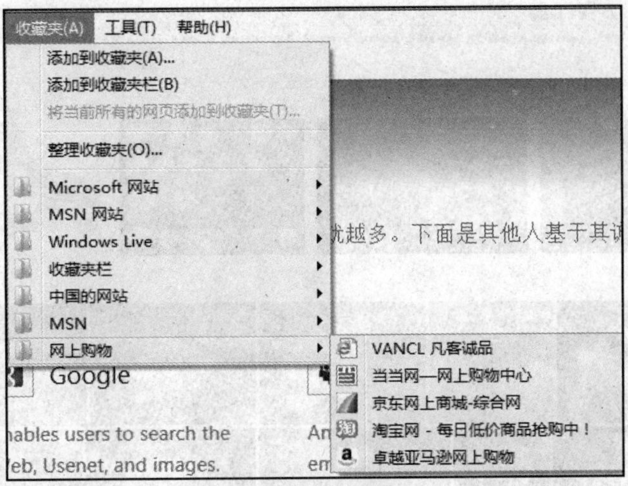

图 6.64　收藏夹

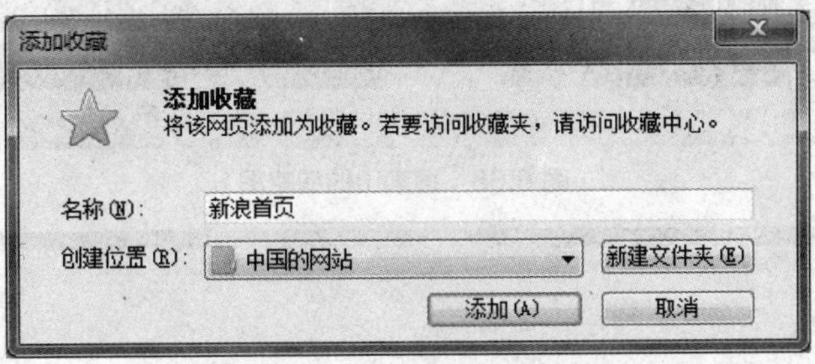

图 6.65　将网页添加到收藏夹

如果保存在收藏夹中的 Web 页的快捷方式太多，也需要整理一下收藏夹，执行“整理收藏夹”命令，用户可以在弹出的对话框中对收藏夹进行整理，创建子文件夹，分类保存网页等。

（2）网上信息的保存。

① 保存当前整个网页。单击浏览器工具栏上的“页面”按钮，在下拉菜单中选择“另存为”命令，在弹出的“保存网页”对话框中选定保存文件的路径、保存文件的文件名、文件类型。大部分网页都是 HTML 文件，因此文件类型应选择 HTML。当然也可以选择文件类型为 TXT 文本文件，这种情况下，HTML 文件中包含的超级链接信息将会丢失。设置好之后，单击“保存”按钮即可。

② 保存网页中的文本信息。对于网页中感兴趣的文章或段落，可随时用鼠标将其选定，然后利用剪贴板功能将其复制和粘贴到某个文档或需要的地方。

③ 保存网页中的图片。用户在浏览网页时，若要将一些感兴趣的图片保存起来，在要保

存的图片上右击，在弹出的快捷菜单中选择“图片另存为”命令，接着在弹出的“保存图片”对话框中指定该图片要存放的路径与文件名，单击“保存”按钮即可。

如果我们在网页中发现图片比较小，有可能是缩略图，如图 6.66 所示。这时，如果直接在缩略图上右击，在快捷菜单中选择“图片另存为”命令进行保存，保存的只是缩略图，如图 6.67 所示。此时，应单击缩略图打开图片后再执行保存操作，如图 6.68 所示，这样保存的才是完整的图片。

图 6.66　搜索出的缩略图

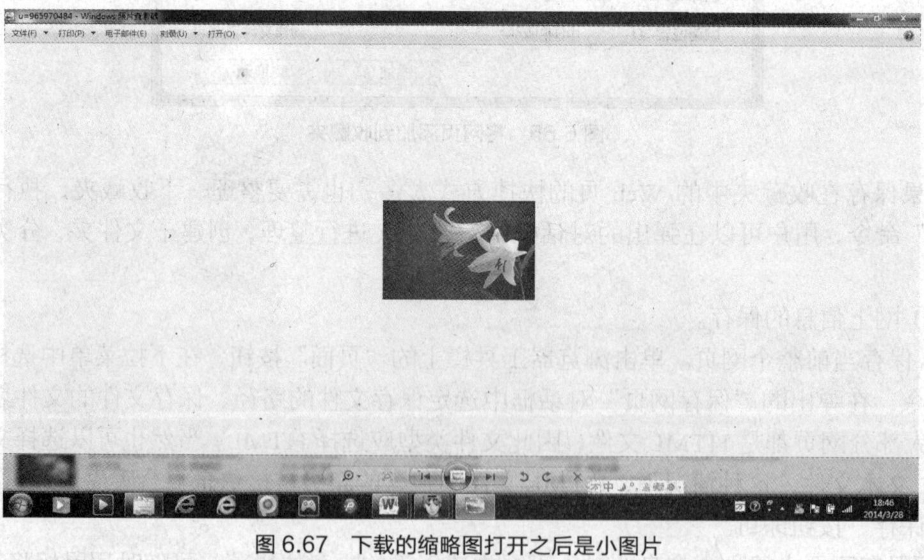

图 6.67　下载的缩略图打开之后是小图片

④ 直接保存网页。IE 允许在不打开网页或图片时直接保存感兴趣的网页。右击需要保存项目的链接，从弹出的快捷菜单中选择“目标另存为”命令，即可开始下载该网页。在打开

的“另存为”对话框中输入所要保存网页的文件名，选择该文件的类型并指定保存位置，单击“保存”按钮即可。但是也有少数网站禁止页面另存为和复制页面内容，这时 IE 浏览器就爱莫能助了。

图 6.68 把图片打开之后再进行保存操作

（3）网上信息的打印。对网页进行打印之前，首先要进行页面设置。操作步骤如下。

① 打开需要进行打印的网页。

② 单击浏览器工具按钮栏里的“打印”命令，选择其中的“页面设置”命令，打开图 6.51 所示的“页面设置”对话框。

③ 在“页边距”区域中，输入页边距大小（以 mm 为单位）。

④ 在“方向”区域中，选择“纵向”或“横向”，指定页面打印时的方向。

⑤ 进行必要的设置之后，可以选择“打印预览”命令，如果对效果满意，就可以选择“打印”命令打印输出了。

4．电子邮件的收发

电子邮件（E-mail）是 Internet 上最广泛、最受欢迎的网络功能之一。电子邮件的使用方式一般分为 Web 方式和客户端软件方式两种。

所谓 Web 方式，是指在 Windows 环境中使用浏览器访问电子邮件服务商的电子邮件系统网址，在该电子邮件系统网址上，输入用户的用户名和密码，进入用户的电子邮件信箱，然后处理用户的电子邮件。用户无须特别准备设备或软件，只要有机会浏览互联网，即可使用电子邮件服务商提供的电子邮件功能。

所谓客户端软件方式，是指用户使用一些安装在个人计算机上的支持电子邮件基本协议的软件产品，使用和管理电子邮件。这些软件产品（如 Microsoft Outlook 和 FoxMail）往往融合了最先进、全面的电子邮件功能，利用这些客户端软件可以进行远程电子邮件操作，还可以同时处理多账号电子邮件。远程电子信箱操作有时是很重要的，在下载电子邮件之前，对信箱中的电子邮件根据发信人、收信人、标题等内容进行检查，以决定是下载还是删除，这样可以防止把连网时间浪费在下载大量垃圾邮件上，还可以防止病毒的侵扰。

电子邮箱的格式由用户名和邮件服务器组成，如 Username@Mailserver.Domain，其中，“Username”是用户名，“@”是电子邮件称号，“Mailserver.Domain”为邮件服务器，形式为

"主机.域"。

电子邮件系统的常用功能如下。

（1）写信和发信（回复/转发/抄送/密送/重发）。

（2）收信和读信。

（3）通讯录（地址簿）功能。

（4）邮件管理功能（分文件夹/分账户）。

（5）远程信息管理功能。

说明

抄送和密送的地址都将收到邮件，不同之处在于被抄送的地址将会显示在收件人地址列表中，而被密送者的地址不会显示在收件人地址列表中。这样，其他收件人会知道该邮件被寄送给谁和抄送给谁，但不会知道该邮件被密送给谁了。

要使用免费电子邮箱需要先进行申请，很多网站都提供免费邮箱的服务，如雅虎、搜狐、新浪、网易等。

5．网上信息的搜索及常用的搜索网站介绍

搜索引擎是一个对互联网上的信息资源进行收集、整理，然后供用户查询的系统，它包括信息采集、信息整理和用户查询三部分。用户在搜索时可以使用逻辑关系组合关键词，可以限制查找对象的地区、网络范围、数据类型、时间等，可对满足选定条件的资源准确定位，还可以使用一些基本的搜索规则使搜索结果更迅速、准确。例如，使查询条件具体化，查询条件越具体，就越容易找到所需要的资料；或者使用加号把多个条件连接起来，有些搜索引擎可用空格代替加号；也可以使用减号把某些条件排除；还可以使用引号限定精确内容的出现。例如，当使用Google学术搜索时，大部分人可能只想搜索期刊论文或学位论文，但是搜索时会出现很多专利文献，这时可以在搜索框里加上"–patent"。这就可以过滤掉绝大部分的专利文献。

下面介绍一些较完善的搜索引擎。

（1）中文搜索引擎

① 百度搜索引擎（www.baidu.com）。全球最大的中文搜索引擎之一，可以查询新闻、网页、MP3、图片、视频等，可以使用百度贴吧、百度知道等。

② 新浪搜索引擎（search.sina.com.cn）。规模最大的中文搜索引擎之一，提供网站、中文网页、英文网页、新闻、汉英辞典、软件、沪深行情、游戏等多种资源的查询。

③ 搜狐搜索引擎（www.sohu.com）。搜狐于1998年推出中国首家大型分类查询搜索引擎，到现在已经发展成为中国影响力最大的分类搜索引擎之一，可以查找网站、网页、新闻、网址、软件、黄页等信息。

④ 360搜索（www.so.com）。360搜索属于全文搜索引擎，是奇虎360公司开发的基于机器学习技术的第三代搜索引擎，具备自学习、自进化能力和发现用户最需要的搜索结果。

（2）英文搜索引擎。

① Yahoo（www.yahoo.com）。有英、中、日、韩、法、德、意、西班牙、丹麦等10余种语言版本，各版本的内容互不相同，目录分类比较合理，层次深，类目设置好，网站提要严格清楚。网站收录丰富，检索结果精确度较高，有相关网页和新闻的查询链接。有高级检索方式，支持逻辑查询，可限时间查询。

② AltaVista（www.altavista.com）。有英文版和其他几种西文版，搜索首页不支持中文关键词搜索，能识别大小写和专用名词，支持逻辑条件限制查询，高级检索功能较强。提供检索新闻、讨论组、图形、MP3/音频、视频等检索服务以及进入频道区（zones），对诸如健康、新闻、旅游等类进行专题检索。有英语与其他几国语言的双向在线翻译等服务，有可过滤搜索结果中有关不健康内容的"家庭过滤器"功能。

AltaVista 于 1995 年由迪吉多公司（Digital Equipment Corporation）创立。2003 年它被 Overture 以现金加股票的形式购得，同年被转手给雅虎。雅虎已于 2013 年 7 月 8 日关闭搜索引擎 AltaVista 服务。目前搜索该网址时会自动跳转到雅虎搜索。

③ Excite（www.excite.com）。它是一个基于概念性的搜索引擎，在搜索时不只搜索用户输入的关键字，还可"智能性"地推断用户要查找的相关内容进行搜索。除美国站点外，还有中文及法国、德国、意大利、英国等多个站点。查询时支持英、中、日、法、德、意等 11 种文字的关键字。提供类目、网站、全文及新闻检索功能。目录分类接近日常生活，细致明晰。网站收录丰富，网站提要清楚完整。搜索结果数量多，精确度较高。有高级检索功能，支持逻辑条件限制查询（AND 及 OR 搜索）。

④ Lycos（www.lycos.com）。多功能搜索引擎，提供类目、网站、图像及声音文件等多种检索功能。搜索结果精确度较高，尤其是搜索图像和声音文件的功能很强。有高级检索功能，支持逻辑条件限制查询。

⑤ HotBot（www.hotbot.com）。提供详细类目的分类索引，网站收录丰富，搜索速度较快；有功能较强的高级搜索，提供多种语言的搜索功能，以及时间、地域等限制性条件的选择等。

⑥ Google（www.google.com）。搜索速度极快，准确率高，能从 Google 服务器里直接取出缓存的网页。具有独到图片搜索功能，强大的新闻组搜索功能；具有二进制文件搜索功能（POF、DOC、SWF 等）。Google 还有很多尚在开发阶段的设想和功能。

（3）FTP 搜索引擎。

FTP 搜索引擎的功能是收集匿名 FTP 服务器提供的目录列表以及向用户提供文件信息的查询服务。由于 FTP 搜索引擎专门针对各种文件，因而相对于 WWW 搜索引擎，搜索软件、图像、电影和音乐等文件时，使用 FTP 搜索引擎更加便捷。以下是一些 FTP 搜索引擎。

www.filesearching.com

www.ftpfind.com

方舟 FTP。ftp://218.87.96.160/

四联自学社区 FTP。ftp://guesta:guesta@www.4lzx.com/

（4）特色搜索引擎。

① SOGUA（www.sogua.com）。搜索中文的 MP3 歌曲。

② Google 图像搜索：自称是最好的图片搜索工具。

③ Lycos（www.lycos.com）。可以进行多媒体搜寻。

④ MIDI Explorer（www.musicrobot.com）。搜索 MIDI 音乐文件。

6．BBS 的使用

BBS（Bulletin Board Service，公告牌服务）是 Internet 上的一种电子信息服务系统。它提供一块公共电子白板，每个用户都可以在上面发布信息或提出看法。大部分 BBS 由教育机构，研究机构或商业机构管理。像日常生活中的黑板报一样，电子公告牌按不同的主题分成很多个公告栏，公告栏的设立依据是大多数 BBS 使用者的要求和喜好，使用者可以阅读他人关于某个主题的最新看法，也可以将自己的想法贴到公告栏中。同样，别人对你的观点的回应也是很快的（有时几秒后就可以看到别人对你的观点的看法）。如果需要私下的交流，也可以将想说的话通过发送小纸条的方式发给某人。如果想与正在使用 BBS 的某个人聊天，可以启动聊天程序加入闲谈者的行列，虽然谈话的双方素不相识，却可以亲近地交谈。

有很多种方式可以登录 BBS，不过许多用户更习惯的还是利用浏览器以 WWW 方式访问 BBS 站点。只要在 IE 浏览器界面的地址栏里输入 BBS 站的地址，例如，输入“http://bbs.rednet.cn/”，即可进入“红网 BBS”。实际上，基于浏览器的 BBS 站是由一个个主页组成的。使用浏览器浏览 BBS，只需要单击感兴趣的内容，就可以看到相应的信息。

这里就以登录红网 BBS 站为例介绍利用浏览器登录 BBS 的方法。具体操作方法如下。

（1）在浏览器的地址栏中输入“http://bbs.rednet.cn/”，按 Enter 键，出现图 6.69 所示的红网 BBS 站首页。

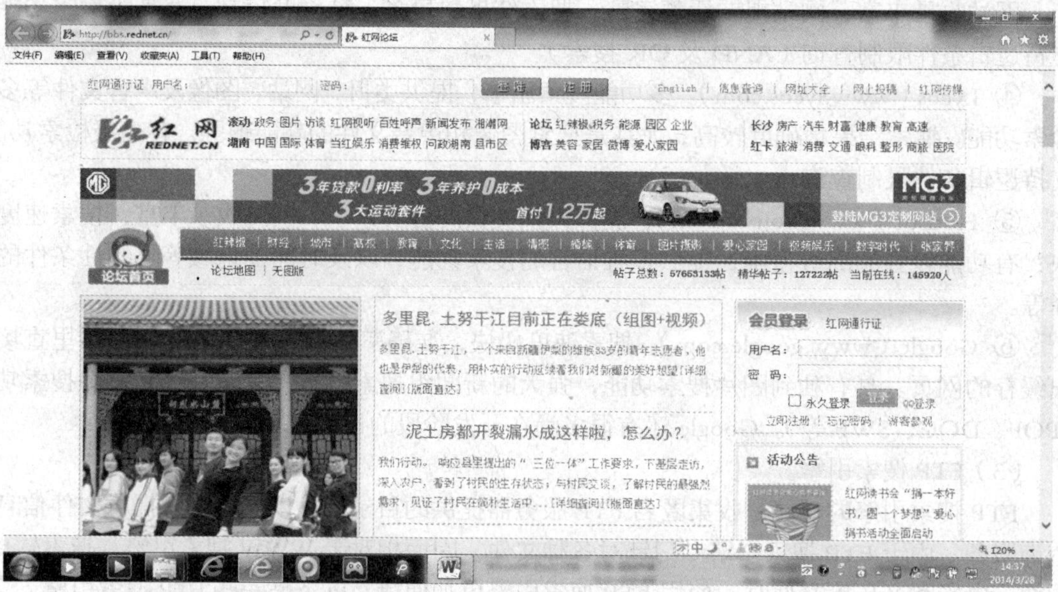

图 6.69　红网 BBS 站首页

（2）如果要发布信息，则需要输入自己的账号和密码，登录之后才能发表看法。如果只是查看 BBS 内的文章，则可单击页面下方的讨论区，例如“红辣椒”，则进入该讨论区已有文章的分类列表页面，如图 6.70 所示。

（3）会员登录。如图 6.69 所示，新用户可以单击“立即注册”进行注册，也可以以游客参观方式访问站点，也可采用 QQ 登录方式登录。

（4）单击某一文章标题即可打开该文章进行阅读，登录之后，单击“回复”按钮即可对已有的帖子内容进行讨论，如图 6.71 所示。

另外，现在 Internet 上还有很多虚拟社区（使用方式和 BBS 类似），也可以从中找到我们感兴趣或者需要的资讯。

以下是一些不错的 BBS 网络社区：百度贴吧（tieba.baidu.com）、天涯虚拟社区（www.tianya.cn）、猫扑（www.mop.com）、西祠胡同（www.xici.net）、凤凰论坛（bbs.phoenixtv.com）、人民网强国论坛（bbs1.people.com.cn）、新浪论坛（bbs.sina.com.cn）、搜

狐社区（club.sohu.com）、西陆社区（www.xilu.com）、湖南红网 BBS（bbs.rednet.cn/）、河南大河社区（bbs.dahe.cn/bbs）。

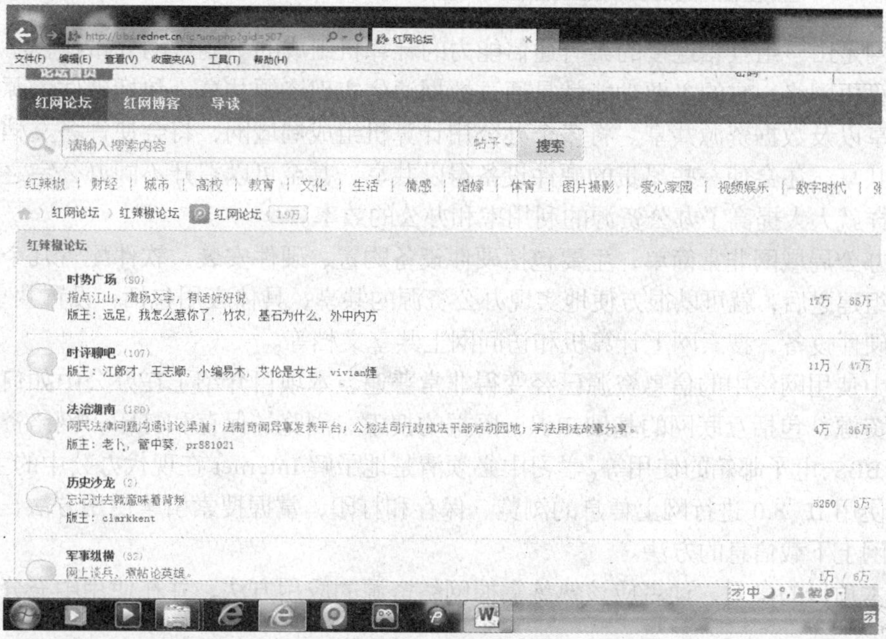

图 6.70　讨论区的分类列表

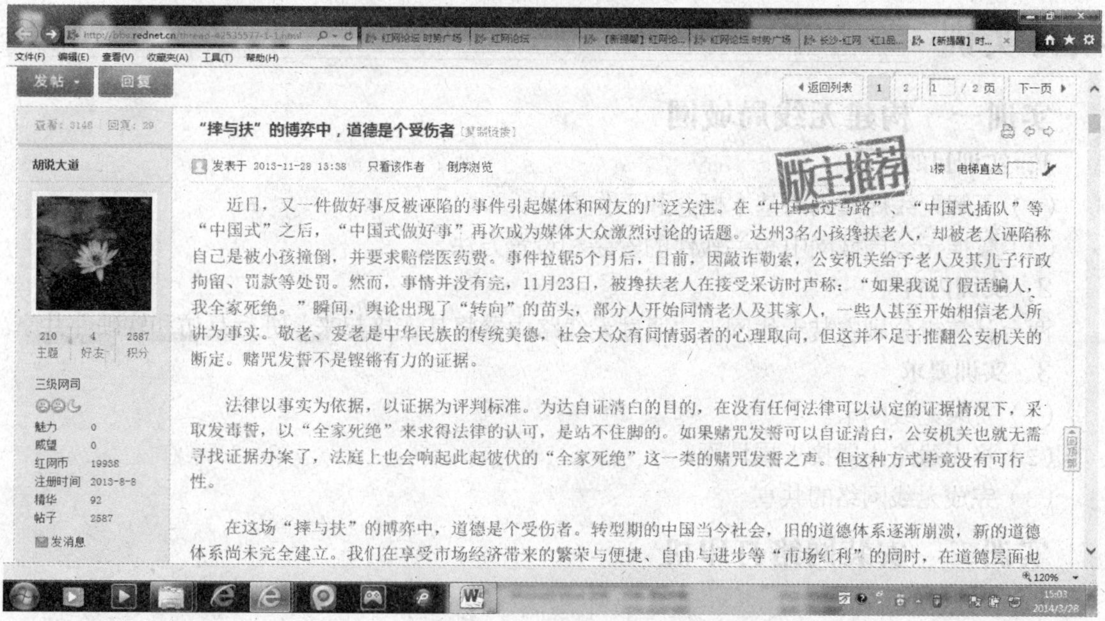

图 6.71　查看文章的内容

网络传播的速度快、范围广、成本低是 BBS 的特点；资讯是交互的而不像传统媒体是单向的，这也是 BBS 风行的一个原因。但是它的优点也正是它的致命伤，正由于 BBS 的开放性，一些劣质的资讯在网络上造成的伤害也就更大。目前社会上还没有一个专业机构来帮大家筛选资讯，所以大家都应该学会自我判断，才能够从 Internet 上得到益处，而不是接收一堆网络垃圾。

项目小结

局域网是由一组互相连接的具有通信能力的计算机组成的。局域网分布在较小的地理范围内的计算机网络，它的主要功能就是通过数据通信实现资源共享，包括硬件资源共享、软件资源共享以及数据资源共享。将多个办公用计算机组成局域网，将会使许多文档、数据、程序得以共享，还会使一些昂贵的硬件设备得以共享，甚至可以召开不同办公室之间的网络会议，这样就大大提高了办公资源的利用率和办公的效率。

组建办公局域网非常简单，主要包括硬件设备购置、硬件安装、软件配置几个步骤。办公局域网组建之后，就可以很方便地实现办公资源的共享，具体应用包括：设置共享文件夹，设置共享硬件设备，搜索网上计算机和访问网上共享文档等。

办公中使用网络中的信息资源已经变得非常普遍。本项目介绍了在办公中如何充分利用网络信息资源，包括互联网的基础知识，网页的搜索、浏览、保存和打印，网络资源的直接下载以及 BBS、电子邮箱的使用等。学习中必须清楚地了解 Internet 在现代办公中的主要应用，能够熟练使用 IE 8.0 进行网上信息的浏览、保存和打印，掌握搜索引擎使用方法，同时要掌握从互联网上下载信息的方法。

通过本项目的学习，读者应该熟练掌握网络资源的应用方法，并在使用中充分发挥网络的作用。

项目实训

实训一　构建无线局域网

1．实训目的

（1）了解无线局域网的基本概念和工作方法。

（2）掌握无线局域网中相关软件的安装和设置方法。

2．实训内容

两台计算机分别安装无线网卡，通过无线路由器将其连接起来，进行互访和软硬件共享。

3．实训要求

（1）安装无线网卡。

（2）将无线路由器接入局域网。

（3）完成无线网络的共享。

实训二　安装网络打印机

1．实训目的

（1）掌握 Windows 中安装打印机的方法。

（2）掌握打印机共享和打印机设置的方法。

2．实训内容

安装打印机并将打印机设置为共享。

3．实训要求

（1）打开“添加打印机向导”，在“本地或网络打印机”对话框中，选择“网络打印机”。

（2）在“指定打印机”对话框中选择“浏览打印机”，选择需要使用的打印机，并根据需要设置为默认打印机。

（3）在需要共享的打印机上单击鼠标右键，在“共享”选项卡上单击“共享这台打印机”，输入打印机名称。

（4）在客户机上找到服务器上的共享打印机，双击进行安装。

实训三　搜索网页并发送电子邮件

1．实训目的

（1）熟练掌握网上信息的搜索方法。

（2）掌握网页的浏览、保存，电子邮件的发送。

2．实训内容

在 Internet 上搜索“4G”技术的相关知识，了解其发展、工作原理及应用，并把相关的网页内容保存并通过电子邮件发送给你的朋友。必要时可以在论坛上发询问帖，以便获取更多的信息。

3．实训要求

（1）启动 IE 11，打开某个搜索引擎网站，如 www.baidu.com。

（2）在 Internet 上通过关键字“4G”搜索，或者到移动或联通公司官方网站上查询相关知识。

（3）把有用的网页保存起来。

（4）把保存的网页通过电子邮件发送给你的朋友和老师。

实训四　网络资源的上传和下载

1．实训目的

（1）掌握利用 HTTP 协议下载软件。

（2）理解并掌握利用 FTP 协议方式上传和下载软件。

2．实训内容

从网上下载一个应用小软件“光影魔术手”，并上传到学校的 FTP 上，方便他人下载使用。

3．实训要求

（1）启动 IE 11，打开某个搜索引擎网站。

（2）在 Internet 上搜索“光影魔术手”的最新版本。

（3）下载该软件。

（4）登录学校的 FTP 站点，上传该软件。

PART 7 项目七 其他常用办公软件的使用

在办公中，经常有文件需要进行压缩、上传、下载，还需要对图片进行编辑整理，对文件进行格式转换等，这些工作中将要用到大量的工具软件，本项目主要介绍压缩工具、PDF 文档阅读工具、网络资源下载工具、图像捕捉工具 SnagIt 的使用。

任务一　压缩/解压缩软件——WinRAR 的使用

【任务目标】

（1）了解本项目介绍的常用软件的安装、功能和界面组成。

（2）学会修改压缩文件的名称和设置压缩文件的保存路径。

（3）学会为压缩文件设置密码保护。

（4）掌握使用 WinRAR 压缩/解压缩文件的方法。

【任务分析】

由于计算机存储设备和传输介质的限制，人们在传输较大文件或多个文件时会很不方便。合理使用压缩工具，不仅可以缩小文件所占用的磁盘空间，便于备份存储和传输，而且还可以提高文件的安全性，方便用户对文件进行管理。目前，网络上比较常用的压缩工具有 WinRAR 和 WinZip 两种，相对来说，WinRAR 更为流行，因为它可以更加完美地处理非 RAR 压缩文件。本任务以 WinRAR 软件为例（WinRAR5.01），介绍压缩软件的使用。

WinRAR 是一款功能强大的压缩文件管理器，允许创建、管理和控制压缩文件，可用于 Windows、Linux 等多种操作系统。WinRAR 界面友好，使用方便，能够支持鼠标拖放及外壳扩展，其内置程序可以解开 CAB、ARJ、LZH、TAR、GZ、ACE、UUE、BZ2、JAR、ISO 等多种类型的压缩文件，而且还具有估计压缩比率、历史记录和收藏夹等功能。WinRAR 压缩率相当高，其固定压缩、多媒体压缩和分卷、自释放压缩的功能是大多数压缩工具所不具备的。WinRAR 配置选项不多，用户仅在资源管理器中就可以完成想做的工作，对于 ZIP 和 RAR 的自释放压缩文件，用户单击属性就可以知道此文件的压缩信息。压缩是 WinRAR 软件的主要功能。如果在压缩文件时为文件添加密码，就可以进一步保障文件的安全性。本实例要求使用 WinRAR 对“D：\音乐”文件夹进行加密压缩，生成的压缩文件命名为“我的音乐.RAR”，保存路径为“D：\”，密码设置为“123”，效果如图 7.1 所示。

【任务实施】

1．启动 WinRAR

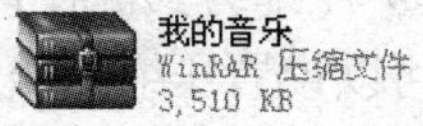

图 7.1　压缩文件效果

选择“开始”→“所有程序”→“WinRAR”→“WinRAR”命令，打开图 7.2 所示的 WinRAR 窗口。

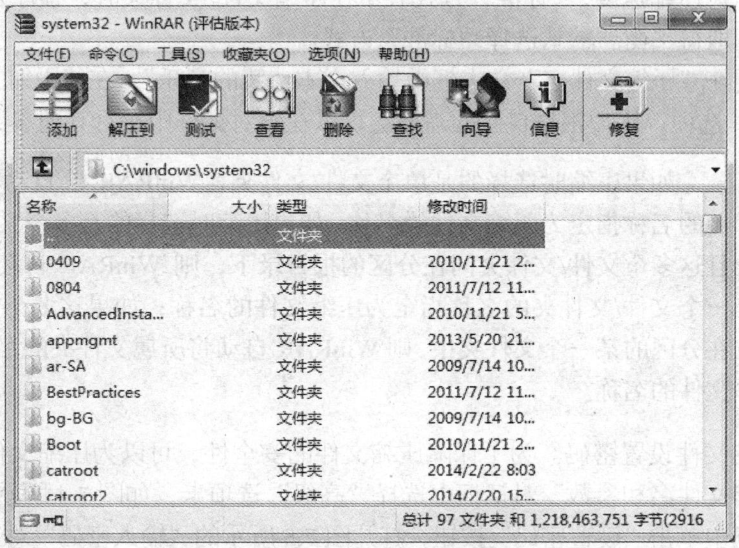

图 7.2　WinRAR 窗口

窗口中文件列表区域的使用和资源管理器非常相似，在窗口中双击文件/文件夹的名称就可以打开文件/文件夹。文件列表中的 ZIP 和 RAR 格式的压缩文件也被作为一个单独的文件夹来对待，双击它们可以显示其中包括的文件/文件夹。

2．新建压缩文件

（1）选择待压缩文件/文件夹。在 WinRAR 窗口的地址栏中可以选择或者输入要压缩文件的存放路径。本实例采用选取路径，方法是：单击地址栏右侧的下拉按钮，在打开的下拉列表中选择待压缩文件夹的保存路径“D:\”，文件列表区域就会显示该路径下所有的文件和文件夹，在其中选择“音乐”文件夹即可。注意如果在压缩时需要同时压缩多个文件/文件夹，而且这些文件/文件夹又在同一路径下，可以按 Shift 键或 Ctrl 键的同时选中这些文件/文件夹。

（2）修改压缩文件名和设置压缩格式。选中需要压缩的文件/文件夹以后，单击工具栏上的“添加”按钮，打开“压缩文件名和参数”对话框，在该对话框中选择“常规”选项卡，如图 7.3 所示。

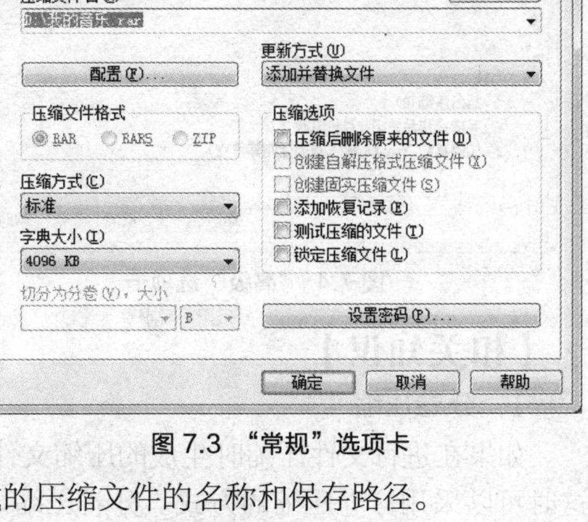

图 7.3　“常规”选项卡

对话框中主要参数的含义如下。

① 压缩文件名。在该列表框中可以修改生成的压缩文件的名称和保存路径。

② 压缩文件格式。在该区域中可以选择生成压缩文件的格式。默认选项为“RAR”。

③ 压缩方式。在该列表框中有“存储”、“最快”、“标准”和“最好”等几种方式，通过选择可以设置压缩的级别。其中“存储”方式表示文件/文件夹的压缩率为“0”，即相当于将文件/文件夹按原大小又存储了一遍；“最快”方式表示程序根据原文件/文件夹的大小和类型自动选择最小压缩率进行压缩，保证压缩速度最快；“最好”方式表示程序以最大压缩率来进行压缩，而不考虑压缩速度；“标准”方式表示在压缩文件/文件夹时，程序自动会在压缩速度和压缩率之间取得平衡。默认选择“标准”方式。

本实例需要在“压缩文件名”文本框中输入文本“我的音乐”，在“压缩文件格式”区域中选中“RAR”选项，用户根据自己的需要还可以在该对话框中进行其他参数的设置。

> **说明** 如果压缩时选择的是单个文件/文件夹，WinRAR 会自动将该文件/文件夹的名称指定为压缩文件的名称。如果压缩时选择的是多个文件/文件夹，而且这多个文件/文件夹同在分区的根目录下，则 WinRAR 自动将最后选择的一个文件/文件夹的名称指定为压缩文件的名称；如果这多个文件/文件夹同在分区的某一个文件夹中，则 WinRAR 自动将所属文件夹的名称指定为压缩文件的名称。

（3）为压缩文件设置密码。为了保障压缩文件的安全性，可以为压缩文件设置密码，方法为：在“压缩文件名和参数”对话框中选择“高级”选项卡，如图 7.4 所示。

在该对话框中单击“设置密码”按钮，打开图 7.5 所示的“输入密码”对话框。在该对话框中用户可以设置压缩文件的密码，如果选中“加密文件名”复选框，那么在查看压缩文件时，只有先输入密码，才能看到文件夹中所包含文件的具体名称。本实例需要在“输入密码”文本框和“再次输入密码以确认”文本框中输入密码“123”，单击“确定”按钮即可生成需要的压缩文件，效果如图 7.1 所示。

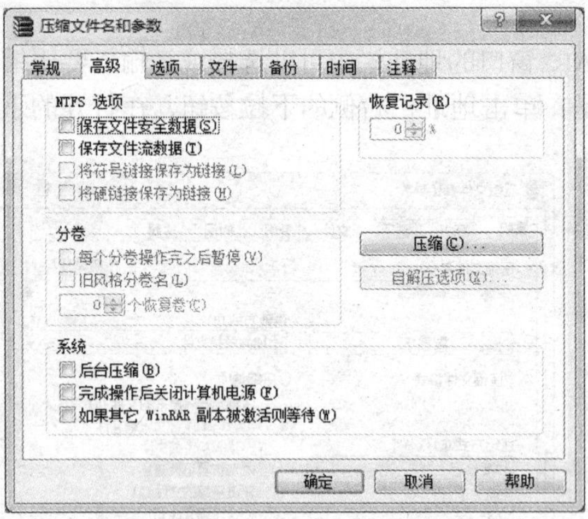

图 7.4 “高级”选项卡

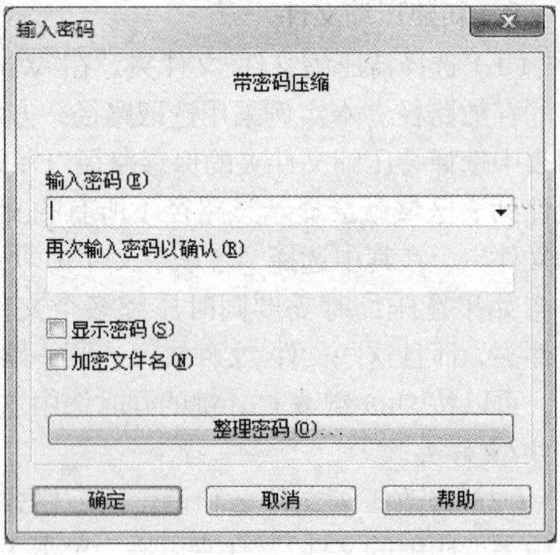

图 7.5 “输入密码”对话框

【相关知识】

1．分卷压缩

如果在进行文件压缩时生成的压缩文件比较大，仍然会对文件的传输和移动带来不便，这时可以采用分卷压缩的方式。分卷压缩即表示将文件/文件夹压缩之后再分割成许多小部分，用户可以分批对其进行操作。分卷压缩的方法是，在图 7.3 所示的“常规”选项卡中的“压缩分卷大小，字节”下拉列表中选择或输入数字来设置分卷压缩时每个压缩文件的最大字节数。如果输入的数字为“160 000”，那么压缩之后生成的每个压缩文件的大小都不超过160 000MB。

在分卷压缩之后，一般会生成多个压缩文件，这些压缩文件的名称由用户在如图 7.3 所示的“压缩文件名”列表框中进行设置。在分卷压缩以后，程序会自动在每个分卷文件名称的后面添加“.part**”（**表示一系列数字）以示区别。

说明

分卷压缩时，如果输入的字节数后面添加小写字母“k”，则表示输入数值的单位为千字节（乘以 1 024）；如果添加大写字母“K”，则表示数值单位为 1 000 字节（乘以 1 000）；如果添加小写字母“m”，表示单位为兆字节（乘以 1 048 576）；如果添加大写字母“M”，表示单位为百万字节（乘以 1 000 000）；如果要将文件压缩到可移动磁盘，则可以从列表中选择“自动检测”选项，程序自动根据可移动磁盘的剩余空间确定分卷压缩文件的大小。

2．自解压压缩

自解压压缩就是生成的压缩文件不需要通过 WinRAR 程序进行解压缩，双击压缩文件，系统会自动进行解压缩。如果要创建自解压格式的压缩文件，只需要在图 7.3 所示的“压缩选项”区域中选中“创建自解压格式压缩文件”选项即可，生成的自解压文件的扩展名为“.exe”。

3．多个文件/文件夹的压缩

如果要将多个文件/文件夹压缩生成一个文件，而且这多个文件/文件夹又不在同一路径下，常用的操作方法有以下两种。

（1）先选择其中的一个文件/文件夹进行压缩，生成压缩文件以后，再在 Windows 窗口中依次打开其他需要添加到压缩文件中的文件/文件夹（可在多个窗口中打开），然后通过鼠标拖放功能，将各个文件/文件夹直接拖放到该压缩文件上，即可快速地将这多个文件/文件夹添加到压缩文件中。

（2）先选择一个文件/文件夹进行压缩，在压缩过程中会打开“压缩文件名和参数”对话框，选择“文件”选项卡，如图 7.6 所示，在该对话框中的“要添加的文件”文本框中输入要添加的文件/文件夹的路径（多个文件/文件夹之间可以用“，”间隔），也可以通过单击“追加”按钮选择多个要添加的文件/文件夹，最后单击“确定”按钮即可。

压缩文件时，如果要排除待压缩文件夹中的某些文件，可以在图 7.6 所示的对话框中的“要排除的文件”框中选择或输入要排除文件的完整路径即可。

4．删除压缩文件中的文件/文件夹

在已生成的压缩文件中删除文件/文件夹的方法比较简单，可以直接双击压缩文件打开图 7.2 所示的 WinRAR 窗口，然后在文件列表区域中选择需要删除的文件/文件夹，按 Delete 键删除即可。

5．估计压缩文件/文件夹的大小

进行文件/文件夹压缩前，用户可以预先估计生成的压缩文件的大小，方法是：在 WinRAR 窗口中选择待压缩的文件/文件夹，单击工具栏上的“信息”按钮，打开图 7.7 所示的“文件信息”对话框，单击“估计”按钮，程序会自动估计文件/文件夹的压缩率、压缩包大小和压缩这个文件/文件夹需要的时间等信息。

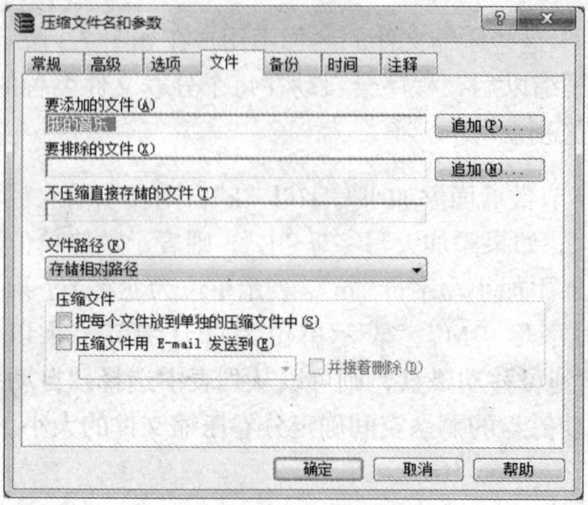

图 7.6 “文件”选项卡

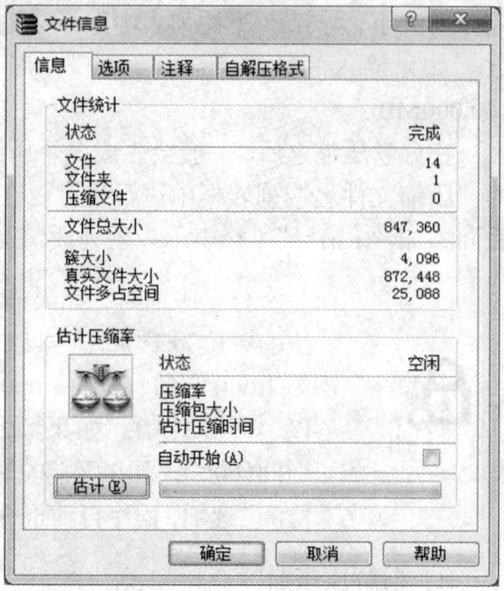

图 7.7 “文件信息”对话框

6．测试并修复损坏的压缩文件

WinRAR 可以对压缩文件进行测试查看是否有损坏，如果损坏还可以对其进行修复。方法是：在 WinRAR 窗口中选择待测试的压缩文件，单击工具栏上的“测试”按钮，程序会自动对文件进行测试，并且给出测试结果。

如果要修复损坏的压缩文件，单击工具栏上的“修复”按钮，打开图 7.8 所示的对话框，单击“确定”按钮，程序开始分析及修复该压缩文件，并且在相同路径下会产生一个名为“rebuilt.我的音乐”的压缩文件。

7．转换压缩文件格式

如果需要将其他格式的压缩文件转换为.RAR 类型或将.RAR 格式转换为其他格式，可以在 WinRAR 窗口中选中其他类型的压缩文件，在菜单栏中选择“工具”→“转换压缩文件格式”命令，打开图 7.9 所示的“转换压缩文件”对话框，单击“确定”按钮即可完成类型转换。

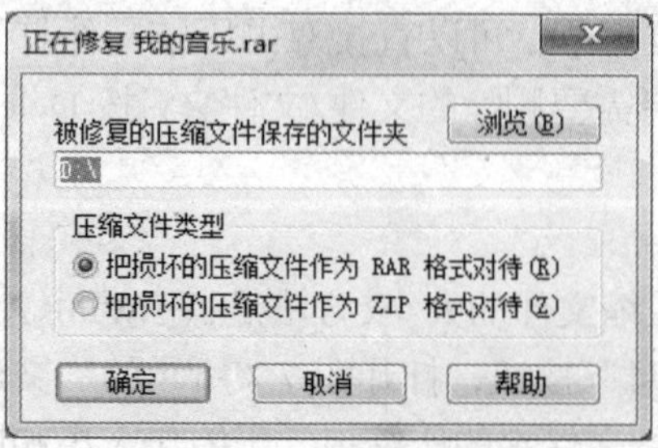

图 7.8 修复文件

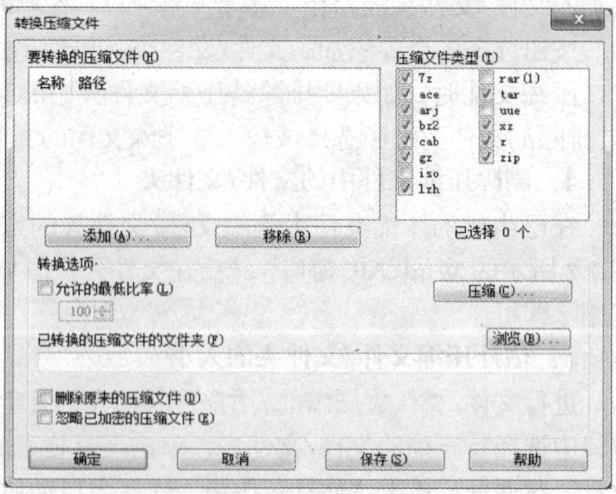

图 7.9 “转换压缩文件”对话框

如果要继续添加需要转换格式的压缩文件，可以单击该对话框中的“添加”按钮。如果要将原压缩文件替换为转换类型后的文件，可以在该对话框中选中“删除原来的压缩文件”复选框。

8．解压缩

WinRAR 可以对 RAR、ZIP、CAB、ARJ 和 LZH 等多种格式的压缩文件进行解压缩。操作方法有以下两种。

（1）在压缩文件上右击，在弹出的快捷菜单中选择“解压文件”命令，即可打开图 7.10 所示的“解压路径和选项”对话框。在该对话框中可以更改压缩文件的释放路径、设置解压的更新方式和覆盖方式等，最后单击“确定”按钮即可完成解压缩操作。需要注意的是：如果在弹出的快捷菜单中选择“解压到当前文件夹”命令，将不会打开图 7.10 所示的对话框，而是直接将文件解压到压缩文件存放的路径下。

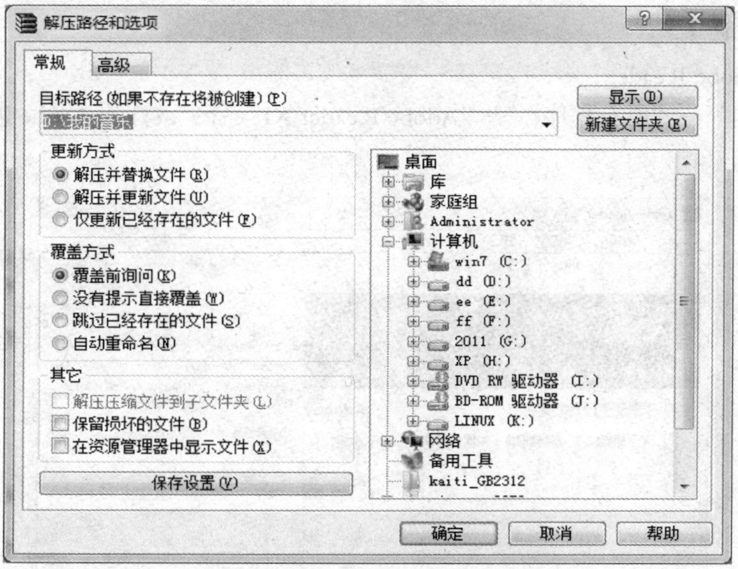

图 7.10 “解压路径和选项”对话框

（2）在 WinRAR 窗口中选中需要解压缩的文件，单击工具栏中的“解压到”按钮，同样会打开图 7.10 所示的对话框，在该对话框中设置相应的参数即可。如果要对分卷压缩生成的文件进行解压缩，只需要对第一个分卷压缩文件解压缩即可。

任务二　电子图书阅览工具——Adobe Reader 的使用

【任务目标】

（1）学会设置 PDF 文档的最佳显示比例。

（2）学会有选择地阅读 PDF 文档。

【任务分析】

随着计算机应用的普及，人们也常常需要进行电子阅读。电子图书占用体积小，一个小小的移动硬盘就可以容纳一个中等图书馆的书籍内容。电子图书的内容形式也丰富多彩，不但有文字、图片，甚至还包括了视频和声音，增加了阅读的趣味性和多样性。对于这些内容丰富的电子图书，部分书籍可以在网上直接阅读，但是有些特殊格式的书籍却需要专门的阅读工具。鉴于网络上大部分书籍的格式为 PDF 类型，本任务介绍专门支持这种文件格式的阅读工具——Adobe Reader。

Adobe Reader 是由 Adobe 公司推出的用来查看、阅读和打印 PDF 文件的工具，具有安全控制共享文档、审阅和注释文档的功能。这里需要说明的是，PDF 格式标准是由 Adobe 公司制定的，其优点是界面美观、便于浏览、安全性高、能够描述版面，还具有交互功能（如超链接、交互表单等）、页面随机存取、字体仿真描述等特性，并且具有跨平台及适合印刷出版和电子出版的优点，在网络上十分流行。但是 PDF 格式不支持 CSS、Flash、Java、JavaScript 等基于 HTML 的各种技术，它只适合浏览静态的电子图书。本任务介绍 Adobe Reader 的使用。

本实例要求使用 Adobe Reader 阅览电子图书“世界是平的.pdf”，并将小说正文的第一页复制到 Word 2010 文档“世界是平的.docx”中。

【任务实施】

1. 启动 Adobe Reader

选择“开始”→“所有程序”→“Adobe Reader XI”命令，打开 Adobe Reader 窗口，如图 7.11 所示。

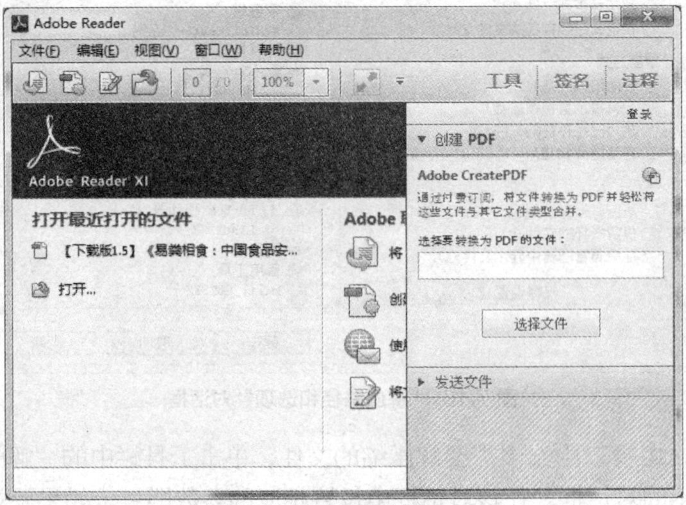

图 7.11　Adobe Reader 窗口

2．打开 PDF 文档

在 Adobe Reader 窗口的中央显示了最近打开的 PDF 文件，单击下方的“打开”按钮可以打开其他 PDF 文档。本实例需要打开“世界是平的.pdf”文件，打开之后的效果如图 7.12 所示。

打开的 PDF 文档的初始外观取决于创建者设置的文档属性，例如，文档可以打开到特定的页面，或以特定的放大率打开。如果文档被设置为以全屏视图打开，用户可以按 Esc 键或 Ctrl+L 组合键退出全屏视图。

3．调整文档视图大小

使用 Adobe Reader 提供的“放大”/“缩小”按钮或者“缩放比例”下拉列表框等，可以方便地调整页面位置或者调整文档视图的大小。

（1）调整页面的位置。滚动鼠标滚轮，拖动页面右边的滚动条，可以查看页面中不同的区域或不同的页面。利用页面缩略图找到某一页面，然后双击该页面，可以跳转到某一页面，如图 7.13 所示。

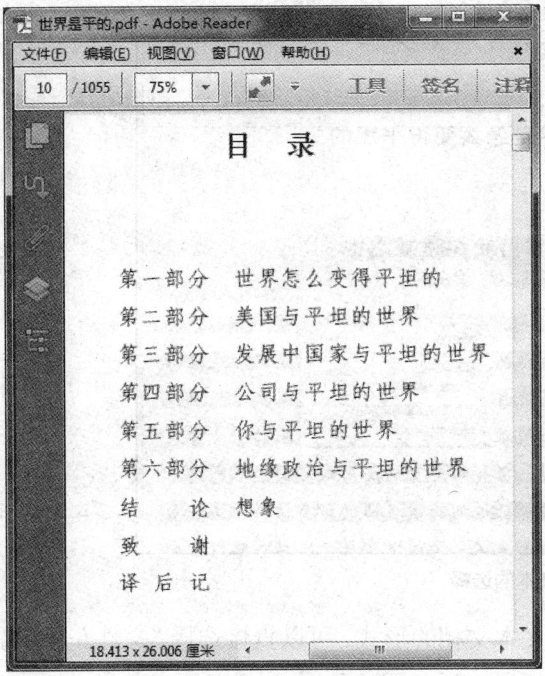

图 7.12　打开 PDF 文档窗口

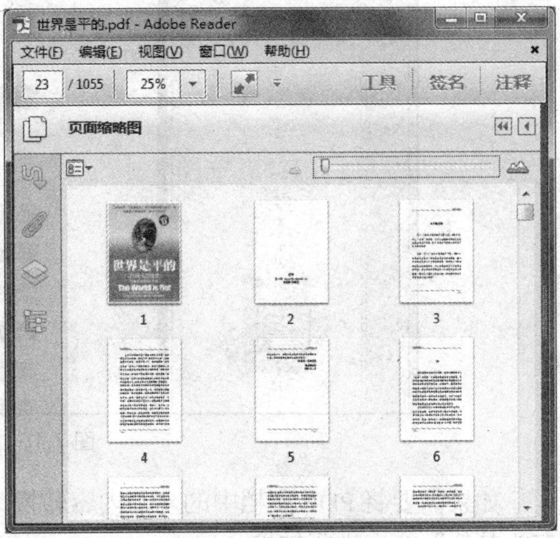

图 7.13　页面缩略图

（2）放大或缩小文档视图。单击工具栏中的“放大”按钮或者“缩小”按钮可以更改文档的放大比率；在“缩放比例”微调框中选择或输入数字可以设置文档的缩放比例；单击“适合宽度”按钮，可以自动调整页面的宽度以铺满整个窗口；单击“适合页面”按钮，可以自动调整页面的大小，使整个页面刚好占满整个窗口；如果想以全屏方式阅读文档，可以在菜单栏中选择“视图”→“全屏模式”命令。

4．跳转页面

本实例需要复制小说正文的第 11 页，可以通过翻阅或者使用页面缩略图等方法实现页面的跳转。主要操作方法有以下几种。

（1）通过拖动窗口中的垂直滚动条实现页面的跳转。

（2）在工具栏的“页面跳转”文本框中输入页码，可以快速跳转到指定页面。对于本实例来说，需要跳转到正文的第 11 页，可以在文本框中输入数字“11”。

实现页面的跳转还有其他一些方法，例如，通过单击工具栏中“上一页”或“下一页”按钮，或者使用页面缩略图导览文档的方法等，这里不再赘述，可参考主要知识点的介绍。

5．复制文本

在 Adobe Reader 中可以使用“选择工具”选择文本，然后对文本进行复制操作，步骤如下。

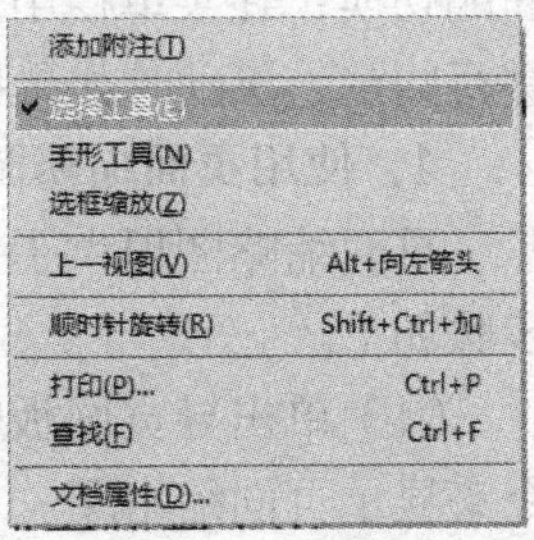

图 7.14　快捷菜单

（1）在要复制的文本处右击，弹出的快捷菜单如图 7.14 所示，选择“选择工具”命令，从待选文本的开始处拖动鼠标直到结束处选定文本。本实例要求选中小说正文第 11 页的文本。

（2）选择“编辑”→“复制”命令，或利用右击快捷菜单，或直接利用 Ctrl+C 组合键，如图 7.15 所示。将选定的文本复制到剪贴板中，然后打开其他程序进行粘贴。本实例要求打开 Word 2010 文档“世界是平的.docx”进行粘贴。

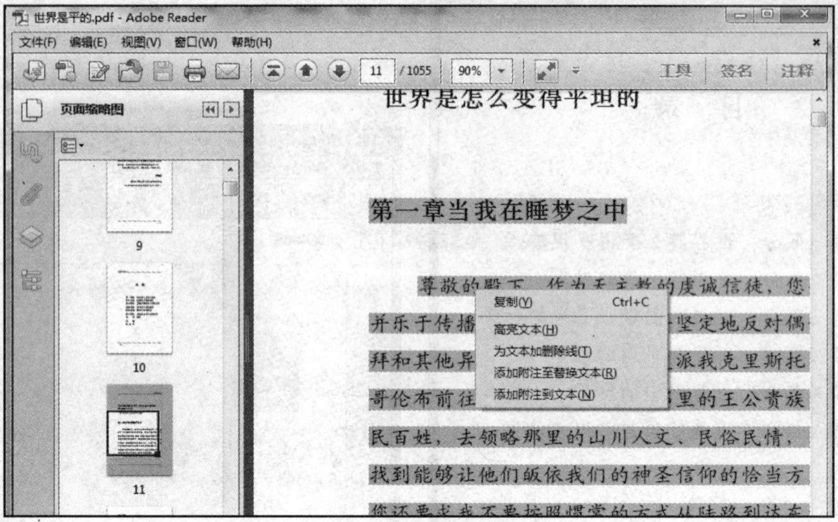

图 7.15 文本的选择

如果需要将 PDF 文档中的全部内容转换为文本文档的形式，可以直接选择“文件”→“另存为其他”命令进行转换。

【相关知识】

1．导览窗格的显示

有时 Adobe Reader 窗口的导览窗格会被隐藏起来，如果想要显示导览窗格，在菜单栏中选择“视图”→“显示/隐藏”→“导览窗格”命令即可。

2．设置页面布局和方向

查看 PDF 文档时，可以设置文档的页面布局和方向，方法是通过选择“视图”→“页面显示”命令来设置，具体选项如下。

（1）单页。在文档窗格中一次显示一个页面。

（2）启动滚动。以连续的垂直列来显示页面，默认情况下为此状态。

（3）双页视图。并排显示页面，并且一次只显示两页。

（4）双页滚动。以并排连续的垂直列来显示页面。

3．自动阅览

在 Adobe Reader 窗口中单击工具栏上的“上一页”或“下一页”按钮，可以实现相邻页面的切换；在菜单栏中选择“视图”→“页面显示”→“自动滚动”命令可以自动滚动文档进行阅览，滚动时如果按住鼠标左键可以暂停滚动，按 Esc 键可以终止文档滚动。

4．使用页面缩略图导览文档

页面缩略图提供了文档页面的微型预览，使用页面缩略图可以有选择地阅读页面，操作步骤如下。

（1）单击导览面板中的“页面”标签，或者选择“视图”→“导览面板”→“页面”命令来显示页面缩略图。

（2）在导览窗格中单击某页的缩略图即可跳转到该页面，页面缩略图中的红色查看框表示正在显示的页面区域。

5．复制图像

选择“编辑”→“拍快照”命令，将鼠标指针定位在待复制的图像上，当鼠标指针变成十字形状时，在图像周围拖画出选取框，选定的部分将被自动复制到剪贴板中。

任务三　高速下载工具——迅雷的使用

【任务目标】

（1）学会使用迅雷 7 搜索下载资源。

（2）学会设置下载任务。

【任务分析】

目前，网络已经渗透到人们生活、学习和工作的各个领域，人们完全可以通过网络去获得自己需要的大部分资源。但是，在网上除了网页和加入了超级链接的下载内容以外，还有许多其他规模庞大的资源，如视频流格式的 RA 或 RM 文件等，必须使用专用的下载工具才能够顺利下载。本任务以用户使用较多的迅雷软件为例，介绍下载工具的使用。

迅雷是一款国产的高速下载工具，它不仅具有断点续传的功能，而且还具有下载速度快和易于管理等优点。在迅雷下载工具中，通过将一个文件分成几个部分多线程下载，可以成倍提高下载速度，并且迅雷具有强大的管理功能，支持按类别分目录保存下载文件，可以对下载资源进行拖动、重命名、添加描述、查找以及防毒操作等。除此以外，使用迅雷中的插件还可以支持 BT 资源和 eMule 资源的下载，让大家真正享受到下载的乐趣。本任务以迅雷 7 为例，其他下载软件的使用方法和迅雷 7 非常相似，有兴趣的读者可以自己学习使用。

本实例要求使用迅雷 7 下载“360 卫士”，并将它保存到“D：\软件”路径下。

【任务实施】

1．启动迅雷 7

选择“开始”→“所有程序”→“迅雷软件”→“迅雷 7”→“启动迅雷 7”命令，打开图 7.16 所示的窗口。

图 7.16　迅雷 7 窗口

启动迅雷后，在桌面的右上方会显示一个悬浮图标，同时在桌面右下角的任务栏中会出现图标，如果将迅雷窗口最小化，双击其中任何一个图标都将重新打开图 7.16 所示的窗口。

2．查找下载资源

（1）搜索下载资源。要使用迅雷搜索下载资源，可以在窗口中输入资源的名称进行搜索。方法是：在单击窗口右上方资源列表框，单击列表框左边下拉按钮选择搜索引擎（此处选择 Google），在列表框中输入资源名称，单击列表框右侧的“搜索”按钮即可查找资源。本实例需要在列表框中输入“360 卫士”，然后单击“搜索”按钮进行资源搜索。

（2）打开下载资源。搜索引擎会在最短的时间内将网络上和此关键字有关的下载资源整理出来，以列表的形式呈现在用户的面前，用户可以在列表中单击自己需要的资源名称进入最终下载页面。对于本实例，在完成上一步操作步骤之后，会打开图 7.17 所示的资源搜索列表。在资源搜索列表中双击需要的资源名称，即可打开最终下载页面。

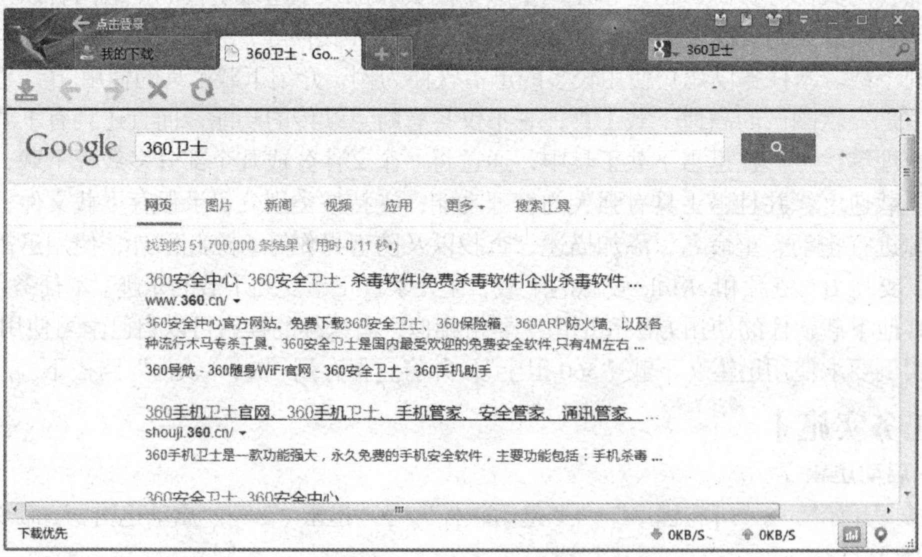

图 7.17　资源搜索列表

3．下载任务设置

在图 7.16 所示的窗口中，单击“新建”按钮，打开图 7.18 所示的“新建任务”对话框。输入下载 URL 后，单击“继续”按钮即可进行资源下载。

图 7.18　“新建任务”对话框

4．完成下载任务

下载任务设置完成后，在迅雷 7 窗口的“我的下载”中显示出文件的基本信息、属性信息，同时可对下载的文件进行重命名、打开、分享链接等基本操作，如图 7.19 所示。

图 7.19　任务下载状态列表

【相关知识】

1．设置迅雷 7 为默认下载工具

在进行资源下载时，可以将迅雷 7 作为默认下载工具。方法是：打开迅雷 7 窗口，选择“工具”→“浏览器支持”→“迅雷作为 IE 默认下载工具”命令即可。以后再使用 IE 浏览网页时，如果网页中包含下载资源的链接地址，可以直接单击该链接地址，系统将自动启动迅雷 7 进行资源下载，这也是快速建立下载任务的一种方法。

2．下载任务状态的设置

如果需要暂停任务下载，可以在窗口的任务列表区域中选择任务，单击工具栏上的“暂停”按钮；也可以在下载任务上右击，在弹出的快捷菜单中选择“暂停任务”命令。如果要对停止的任务重新开始下载，可以双击任务进行下载；或者在任务列表区域中选择任务，然后单击工具栏上的“开始”按钮即可；还可以在下载任务上右击，在弹出的快捷菜单中选择“开始任务”命令。如果要删除下载任务，可以在任务列表区域中选择任务，单击工具栏上的“删除”按钮即可，注意删除的任务自动被存放到垃圾箱中，如果要彻底删除下载任务，需要清理垃圾箱。

3．继续未完成的下载任务

如果在关闭迅雷 7 时，任务下载还没有完成，那么下次启动迅雷时，在窗口的任务列表区域中会显示未完成的任务，双击任务可以继续任务的下载。

如果未完成的下载任务不在迅雷 7 的任务列表区域中，只要未完成任务生成的临时文件没有删除，就可以使用迅雷 7 的导入下载任务功能继续下载。方法是：选择“文件”→“导入未完成的下载”命令，在打开的对话框中查找并且选择未完成任务生成的临时文件，单击“打开”按钮就可以继续下载了。

4．新建批量下载任务

使用迅雷 7 的批量下载功能可以方便地创建多个包含共同特征的下载任务，特别是对下载系列教程非常有用。例如，要下载某个网站中 10 个这样的文件地址 http://www.a.com/01.zip…http://www.a.com/10.zip 中的资源，在迅雷窗口中单击工具栏中的“新建”→“新建批量任务”按钮，打开图 7.20 所示的“批量任务”对话框。

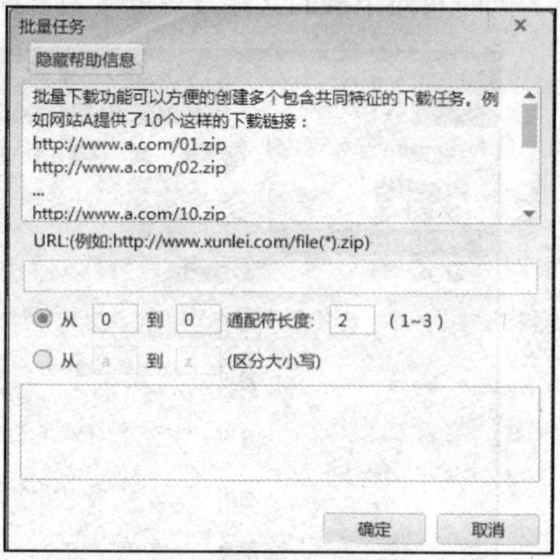

图 7.20 “批量任务”对话框

在“URL”文本框中填写相关信息，对于上面的 10 个地址中，只有数字部分不同，可以用“*”表示不同的部分，即可写成“http://www.a.com/*.zip”的形式；在“通配符长度”文本框中输入数字“2”，表示地址中不同部分数字的长度为 2；在对话框中还可以设置数值的范围，填写完相应信息以后，单击“确定”按钮，就可以将这些下载任务一次添加到迅雷 7 的任务下载列表中了。

5．配置迅雷 7

迅雷 7 的多数实用设置都可以在“配置中心”对话框中完成。例如，要设置下载文件的保存路径，方法是：在“我的下载”选项卡中单击“任务默认属性”菜单打开“配置中心”对话框，选中“使用指定的存储目录”单选按钮，如图 7.21 所示。然后单击“选择目录”按钮，即可选择下载文件的存储位置。

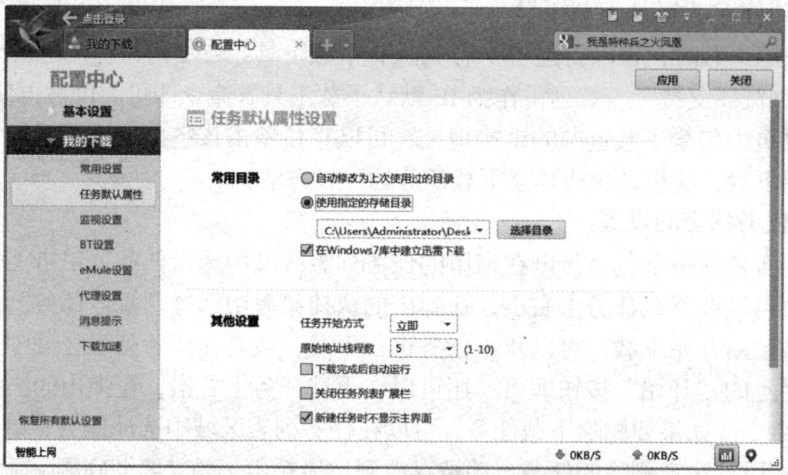

图 7.21 迅雷 7“配置中心”对话框

说 明

在“配置中心”对话框中还可以对迅雷 7 进行其他设置。例如，选择“任务默认属性”选项，可以将“原始地址下载线程数”由默认的“5”改为“10”，因为有的下载文件在迅雷里没有资源，只能从原始地址下载，而默认的原始地址下载线程 5 太少了，很影响下载速度，所以可以改为最大 10；选择“监视设置”选项，将传统下载、BT 下载、eMule 下载、磁力链接下载选中，可以保证用户在线收看某些 Flash 或流媒体文件时，迅雷会在鼠标指针附近自动显示“下载”图标，用户只要单击它就可以直接进入迅雷的下载页面。

任务四 图像捕捉工具——SnagIt 的使用

【任务目标】

（1）学会设置捕捉层叠菜单效果。

（2）学会在捕捉对象之前进行延时设置。

（3）学会捕捉对象的方法。

【任务分析】

一般情况下，可以使用键盘上的 PrintScreen 键来截取图片，但是这种方式只能截取一些简单的图片，如果需要截取一些复杂的多媒体文件，如级联菜单、滚动窗口、程序图标、文本或视频等，就需要使用专业的截图工具了。本任务以 SnagIt 9.0 为例，介绍捕捉多媒体文件的方法。

SnagIt 是一款由美国 TechSmith 公司推出的屏幕、文本和视频捕捉与转换软件。可以捕捉屏幕、菜单、窗口、鼠标定义的区域、游戏画面或电影等，捕捉生成的静态图像可以被保存为 BMP、PCX、TIF、GIF 或 JPEG 等格式，动态文件可以被保存为 AVI 视频或系列动画等。另外，在保存生成的捕捉对象前，可以使用 SnagIt 编辑器中的命令对图片进行处理，如添加水印、自动缩放、颜色减少、单色转换、抖动等。输出捕捉的文件时可以选择将文件自动送至 SnagIt 打印机或 Windows 剪贴板中，或直接用 E-mail 发送。在 SnagIt 最新版本中还能将程序的捕捉功能嵌入 Word、PowerPoint 和 IE 浏览器中。下面通过实例来了解它的使用。

菜单是 Windows 中最普通的交互方式，有时为了说明问题必须捕捉一些程序的级联菜单，要完成这样的工作，可以借助 SnagIt 这样的专业捕捉工具。本实例要求使用 SnagIt 工具，将 Word 2010 中的“图片工具（格式）”→“图片边框”→“粗细”级联菜单捕捉下来，并且以“常用工具栏.png”为名进行保存。最终效果如图 7.22 所示。

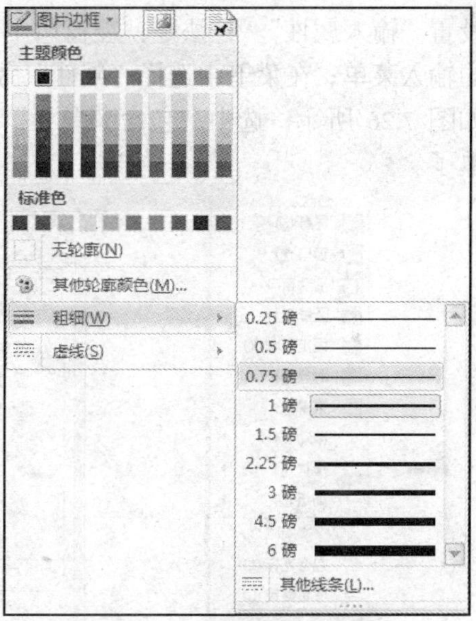

图 7.22 级联菜单效果图

【任务实施】

1．启动 SnagIt

选择“开始”→“所有程序”→“SnagIt 9”→“SnagIt 9”命令，打开 SnagIt 窗口，如图 7.23 所示。

2．捕捉设置

（1）设置捕捉状态。在捕捉对象之前用户需要首先设置捕捉状态，即需要选择捕捉对象的类型。方法是：在 SnagIt 窗口中单击“捕捉”按钮左侧的下拉列表按钮，打开图 7.24 所示的列表，用户可以在其中选择相应的捕捉状态，本实例选择“图像捕捉”。

图 7.23　SnagIt 窗口

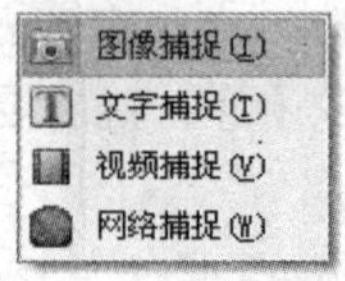

图 7.24　捕捉状态设置

（2）设置“输入属性”。在本实例中需要捕捉级联菜单，所以在捕捉对象之前，首先需要设置“输入属性”。方法是：在窗口中单击“输入”选项右侧的下拉按钮，打开图 7.25 所示的输入菜单；在菜单中选择“属性”命令，打开“输入属性”对话框，选择“菜单”选项卡，如图 7.26 所示，选中“包含菜单栏”和“捕获层叠菜单”复选框，这样就可以抓取级联菜单了。

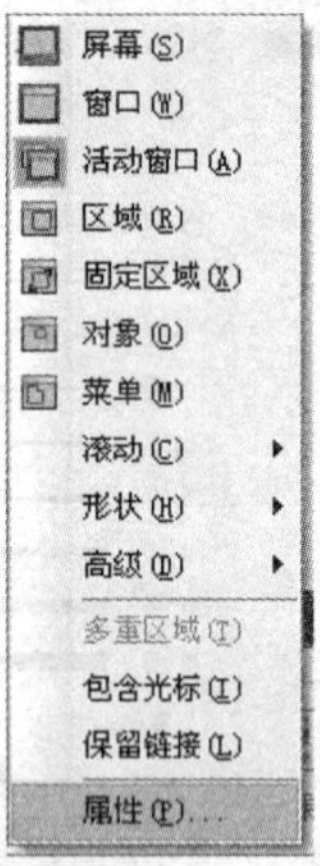

图 7.25　输入菜单

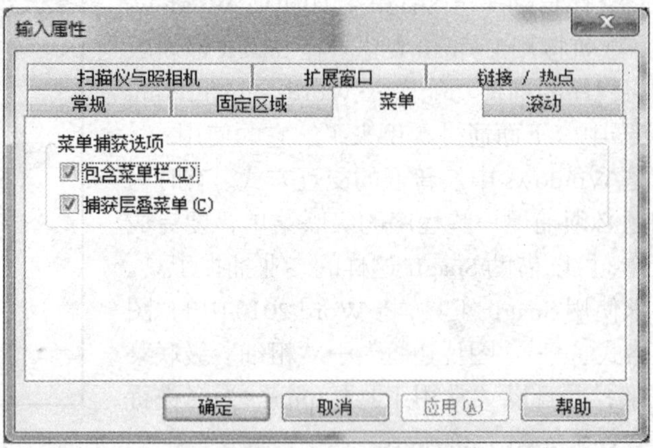

图 7.26　“输入属性”对话框

（3）选择“输入”对象。完成上述设置以后，用户可以设置捕捉对象的来源，即选择“输入”对象。方法是在图 7.25 所示的输入菜单中进行相应的选择即可，本实例选择“菜单”命令。

（4）设置“输出”状态。使用 SnagIt 捕捉对象之前，还需要预先设置捕捉结果传送到的地方，如打印机、剪贴板和文件夹等。方法：在窗口中单击“输出”选项右侧的下拉按钮，打开图 7.27 所示的输出菜单，在菜单中进行相应选择即可。本实例需要将捕捉结果以文件的形式进行保存，可以选择“文件”命令。

（5）“选项”设置。在窗口的“选项”区域中有 6 个图标，通过这些图标可以设置捕捉多媒体文件的方式，其含义如表 7.1 所示。

表 7.1　　　　　　　　　　　选项图标

图　标	说　明
	设置在捕捉的结果中是否包含光标
	设置捕捉对象前的延时效果，或按设定的时间间隔捕捉对象
	设置捕捉结果中是否保存网页链接中的活性
	设置捕捉对象是否为多重区域
	设置捕捉视频对象时是否使用录音设备录制音频
	设置捕捉对象后是否在 SnagIt 编辑器中预览捕捉结果

本实例中，可以单击图标，打开图 7.28 所示的“计时器设置”对话框，在该对话框中选中“启用延时/计划捕捉”选项，设置“延时捕捉”的时间为“10”秒；也可以选中图标，在 SnagIt 编辑器中预览捕捉结果。

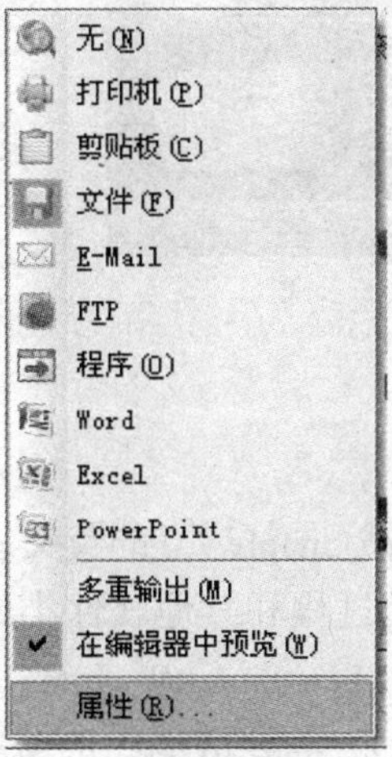

图 7.27　输出菜单

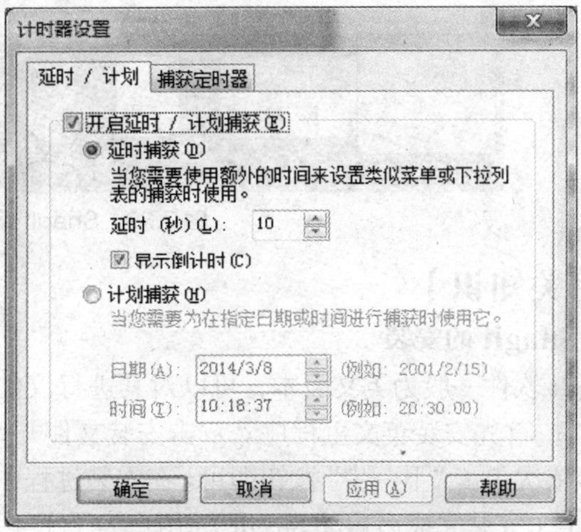

图 7.28　“计时器设置”对话框

3．捕捉对象

在单击“捕捉”按钮之前最好先打开捕捉对象（也可以在单击“捕捉”按钮之后再打开捕捉对象，但必须保证在设置的延时时间内完成），并注意不要将捕捉对象所在的窗口最小化；然后返回到 SnagIt 主窗口中单击“捕捉”按钮，这时 SnagIt 窗口会自动隐藏；在延时时间以后，程序会提示用户进行捕捉对象的选取，选取捕捉对象后程序即可自动进行捕捉。

本实例需要打开 Word 2010 窗口，然后在 SnagIt 窗口中单击“捕捉”按钮，选择“图片工具（格式）”→“图片边框”→“粗细”命令，在 10s 延时以后，程序会自动进行捕捉。

4．保存捕捉对象

捕捉操作完成以后，捕捉结果会出现在 SnagIt 编辑器中，如图 7.29 所示。如果满意捕捉效果就可以对文件进行保存了。方法是：在窗口中单击“完成方案”按钮，在打开的“另存为”对话框中输入文件的名称，并且设置保存路径即可。本实例需要设置文件的名称为“常用工具”，默认图片文件的保存类型为 PNG。

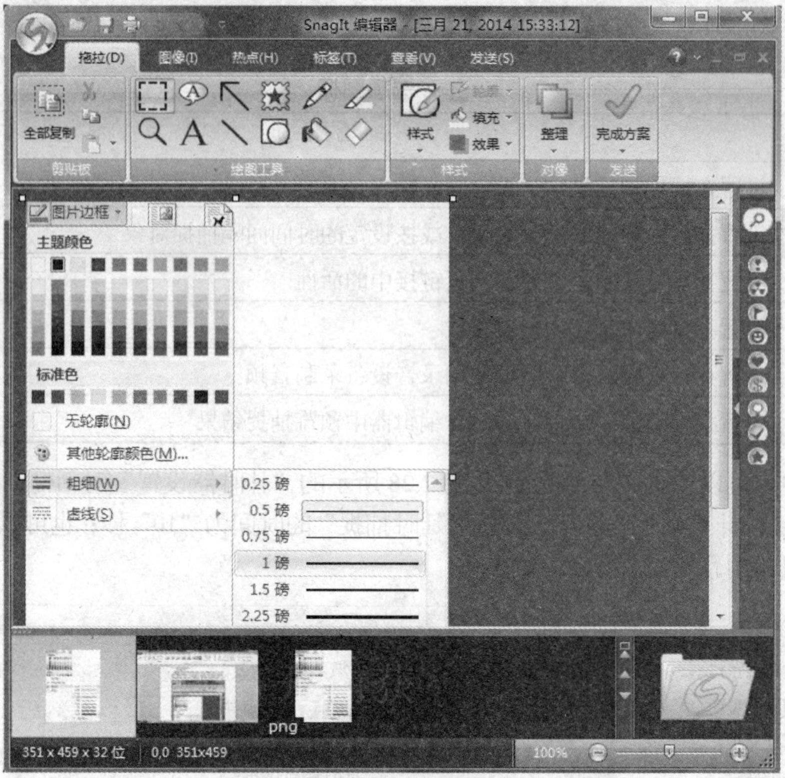

图 7.29 SnagIt 编辑器

【相关知识】

1. SnagIt 的安装

SnagIt 软件一般为英文版本，可以对其进行汉化。从网上下载 SnagIt 9.0 的英文安装程序和汉化包，首先安装英文主程序。双击安装文件开始安装，安装过程和其他软件类似，采用默认值，依次单击“下一步”按钮即可。在安装过程中有一个选项“StartSnagIt9 when installation is finished”（安装完成后启动 SnagIt），用户为了下一步安装汉化包，需要取消此选项。英文程序安装完成后，开始安装 SnagIt 的汉化包对其进行汉化。需要注意的是，如果用户在安装英文主程序的时候改变了默认安装目录，则在安装汉化包时需要单击“浏览”按钮，选择修改后的安装目录。

2. 捕捉对象的编辑

要使捕捉的图片更具特色，可以对其进行修剪、旋转、添加边框或标题等效果的设置，即对捕捉对象进行编辑。方法主要有以下两种。

（1）在捕捉对象之前，先设置“效果”选项，使捕捉结果自动应用设置的效果。

操作方法：在 SnagIt 主窗口中单击“效果”选项右侧的下拉按钮，打开图 7.30 所示的菜单。在菜单中选择相应的命令，如“修剪”命令，在打开的对话框中设置修剪后对象的大小和修剪的方向。设置完成后，再使用 SnagIt 进行对象捕捉时，程序会自动将预先设置的效果应用到图像上。

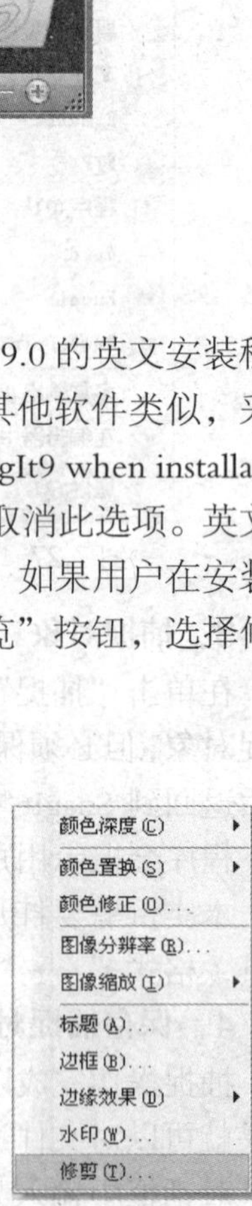

图 7.30 “效果”菜单

（2）在捕捉任务完成后，在 SnagIt 编辑器中设置图片效果。操作方法：在捕捉对象之前先选中“选项”区域的图标，那么在捕捉任务完成后会自动打开图7.29所示的SnagIt编辑器；在编辑器中单击各个选项卡，工具栏位置会出现不同的工具按钮，单击各个按钮可以对图片进行不同的效果设置。如果需要对图片进行修剪操作，可以单击“图像”选项卡，在工具栏位置会出现“裁剪”按钮，使用它可以完成对图片的修剪操作

3．多窗口的捕捉

在办公事务处理中，有时需要捕捉多个窗口，操作步骤如下。

（1）打开需要捕捉的多个窗口，并将窗口调至最佳大小和位置。

（2）返回到SnagIt窗口中，在“输入”选项中选择“窗口”命令；在“输出”选项中选择合适的命令，这里选择“文件”命令，以下实例的“输出”均以“文件”为例。

（3）在SnagIt窗口的“选项”区域中选中图标，以确保捕捉对象为多重区域。

（4）单击“捕捉”按钮，在设置的延时时间以后，会弹出一个提示框，提示用户进行捕捉窗口的选择，依次单击各个窗口进行选择；如果要结束捕捉任务或取消捕捉任务，可以在所选择的任何一个窗口中右击，在弹出的快捷菜单中选择“结束”或“取消”命令即可。捕捉效果如图7.31所示。

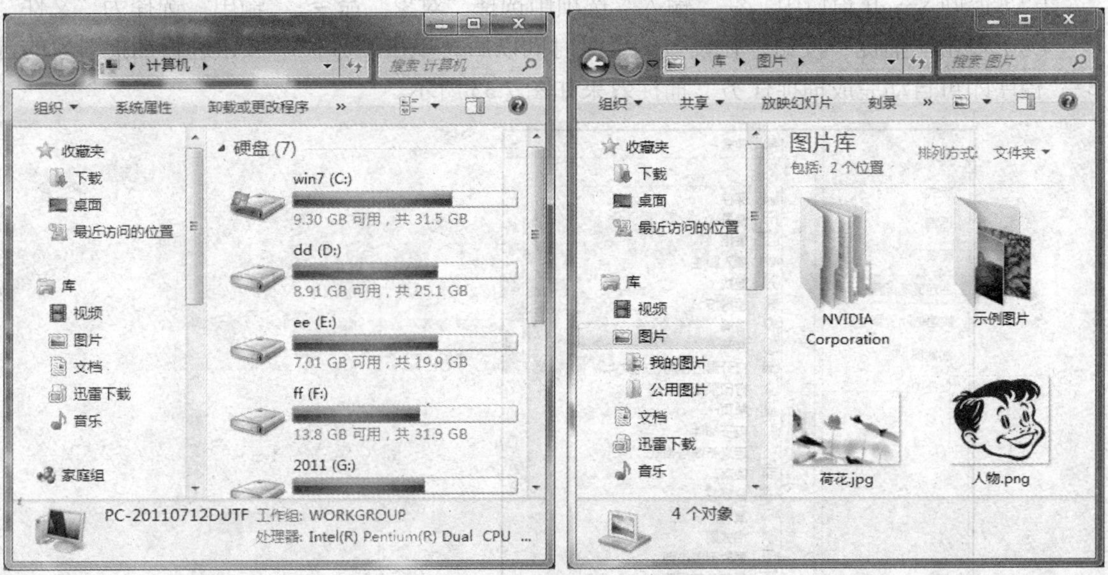

图7.31 多窗口捕捉效果

4．区域捕捉

如果要捕捉屏幕或窗口中的某个区域，操作步骤如下。

（1）打开需要捕捉的对象。

（2）返回到SnagIt窗口中，在“输入”选项中选择“区域”命令，“输出”选择为“文件”。

（3）单击“捕捉”按钮，在设置的延时时间以后，鼠标指针变成选取区域的光标，拖动光标会出现一个红色方框，调整方框大小使之刚好能够覆盖捕捉对象，程序即可自动捕捉选取的区域。如果在捕捉区域之前，在“选项”区域中选中多重区域图标，可以实现多重区域的捕捉。

5．滚动区域捕捉

如果要捕捉的对象不是固定区域，而是一个滚动区域，可以使用SnagIt的滚动捕捉功能。

例如，要捕捉 Word 2010 程序中“文件”→“选项”→“自定义功能区”选项卡中的“常用命令”滚动列表框，操作步骤如下。

（1）在 Word 2010 窗口中先打开“文件”→“选项”→“自定义功能区”选项卡中的“常用命令”对话框。

（2）返回到 SnagIt 窗口中，在“输入”选项中选择“滚动”→“自定义滚动”命令，“输出”选择为“文件”。

（3）单击“捕捉”按钮，在设置的延时时间以后，鼠标指针会变成选取区域的光标，拖动光标使红色方框刚好覆盖捕捉对象，因为捕捉对象为滚动列表，可以单击该列表右侧的垂直滚动按钮，该列表将自动进行滚动，直到列表区域的最底部，这时 SnagIt 程序将自动完成滚动区域的捕捉。捕捉效果如图 7.32 所示。

6．按钮捕捉

要捕捉某些程序的工具栏按钮，可以使用 SnagIt 的对象捕捉功能。例如要捕捉 Word 2010 程序中的“分栏”按钮，操作步骤如下。

（1）打开 Word 2010 窗口。

（2）返回 SnagIt 窗口中，在“输入”选项中选择“对象”命令，“输出”选择为“文件”。

（3）单击“捕捉”按钮，在设置的延时时间以后，单击“分栏”按钮进行捕捉对象的选取，程序即可自动完成捕捉任务。捕捉效果如图 7.33 所示。

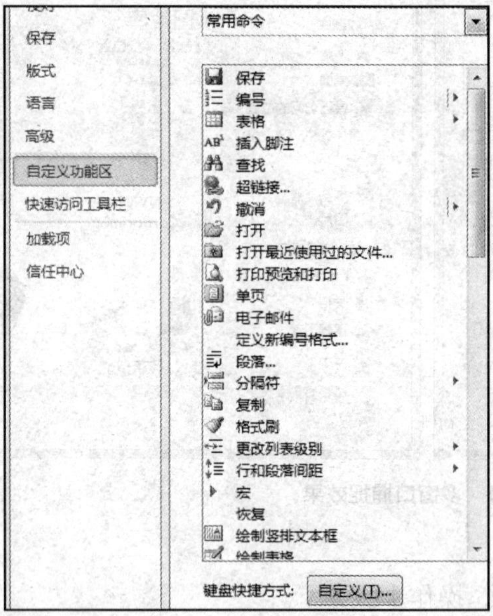

图 7.32　滚动列表框捕捉效果

图 7.33　“分栏”按钮捕捉效果

7．程序图标捕捉

有时需要将某些程序的图标以图片的形式进行保存，可以使用 SnagIt 的高级捕捉功能。例如，捕捉 QQ 程序图标的操作步骤如下。

（1）在 SnagIt 窗口中的“输入”选项中选择“高级”→“程序文件”命令，“输出”选择为“文件”。

（2）单击“捕捉”按钮，在设置的延时时间以后，会弹出“打开”对话框，在该对话框中查找并选取 QQ 程序的图标，打开图 7.34 所示的“从程序文件中捕捉”对话框，在该对话框中显示出该程序图标的各种效果，而且 SnagIt 会自动去掉程序图标中的快捷方式箭头以美化图片。

(3) 在该对话框中选择最合适的图片效果，单击“确定”按钮即可完成程序图标的捕捉。捕捉效果如图 7.35 所示。

图 7.34 “从程序文件捕捉”对话框

图 7.35 程序图标捕捉效果

8．文本捕捉

由于 SnagIt 本身就是一个动态数据交换服务器，使用它捕捉的文字可以应用在任何 Windows 文字编辑器中，如记事本、写字板或 Word 2010 中。使用 SnagIt 捕捉文本的方法如下。

在 SnagIt 窗口中设置捕捉状态为“文字捕捉”，然后根据捕捉对象的来源和保存状态选择相应的“输入”选项和“输出”选项，最后单击“捕捉”按钮即可开始进行文本捕捉。

9．影像捕捉

利用 SnagIt 的影像捕捉功能，可以将屏幕或窗口中动态播放的视频信息保存下来，也可以使用它录制指定区域内的录像信息，操作步骤如下。

(1) 在 SnagIt 窗口中设置捕捉状态为“视频捕捉”。

(2) 在窗口中分别选择“输入”选项和“输出”选项。一般在“输入”选项中可以选择“屏幕”或“活动窗口”命令，“输出”选择为“文件”。

(3) 在“选项”区域中选中“录制音频”图标。

(4) 单击“捕捉”按钮，打开图 7.36 所示的“SnagIt 视频捕捉”对话框，单击“开始”按钮，程序开始进行视频捕捉。

(5) 捕捉过程中，在桌面右下角的任务栏中会出现摄像机形状的图标，如果要结束捕捉任务，双击该图标同样会打开图 7.36 所示的对话框，单击“停止”按钮即可结束捕捉任务。在使用 SnagIt 捕捉电影或游戏中的视频文件时，如果捕捉后的效果为黑屏或静止的画面，需要在桌面上右击，打开“显示属性”对话框；在该对话框中选择“设置”选项卡，单击“高级”按钮，打开监视器属性对话框；在该对话框中选择“疑难解答”选项卡，如图 7.37 所示，将“硬件加速”滑块向左调节即可。

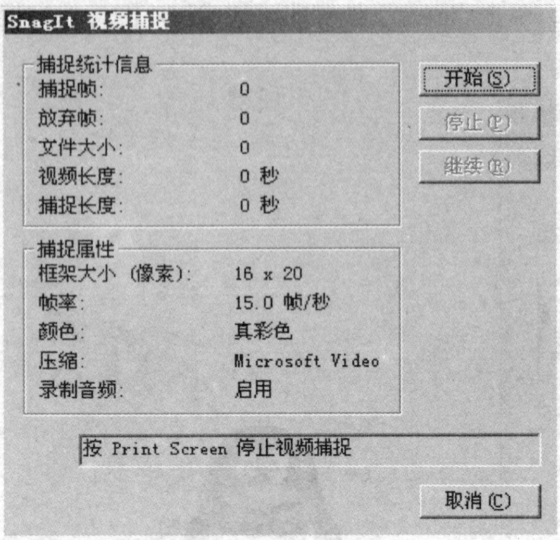

图 7.36 “SnagIt 视频捕捉”对话框

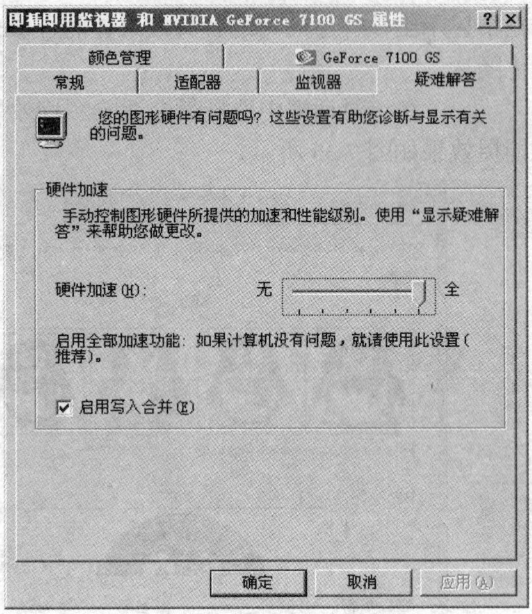

图 7.37 设置监视器属性

项目小结

本项目主要介绍了几种在办公中经常使用的软件，具体包括压缩/解压缩工具 WinRAR、图像捕捉工具 SnagIt、高速下载软件迅雷 7，以及电子图书阅览软件 Adobe Reader，通过实例详细介绍了这些软件的窗口、主要功能和操作技巧，通过学习使读者能够熟练使用这些工具完成办公事务的基本处理。

在日常办公中，用户经常会遇到需要将大文件/文件夹压缩变小的情况，可以使用本项目讲述的压缩软件完成这个任务。最简单的方法是在需要压缩的文件/文件夹上右击，在弹出的快捷菜单中选择“添加到压缩文件”命令。在办公中，如果需要捕捉一些图片或视频，可以借助专门的图像捕捉工具 SnagIt 来完成，使用 SnagIt 的方法比较简单，首先需要选择捕获状态，然后根据捕捉对象的来源和捕捉对象存放的位置分别设置输入和输出选项，最后单击“捕获”按钮即可；如果要下载各种网络资源，可以使用专业下载工具迅雷，如果迅雷为默认下载工具，在浏览网页时如果需要下载资源，可以直接单击 IE 窗口中的超链接地址，系统会自动启动迅雷进行资源下载。

总之，通过本项目的学习，要求读者除了熟练掌握介绍的各种软件以外，还要能够融会贯通，对相同类型的其他软件也能够熟练操作。

项目实训

实训一 使用 WinRAR 软件进行自释放加密压缩

1．实训目的

（1）了解 WinRAR 的功能和窗口组成。

（2）掌握使用 WinRAR 进行自释放压缩的方法。

（3）熟练掌握向压缩文件中添加文件/文件夹的方法。

（4）熟练掌握为压缩文件设置密码的方法。

2．实训内容

使用 WinRAR 将“D：\音乐”和“E：\图片”两个文件夹压缩生成一个自释放文件，命名为“媒体文件.exe”，保存路径为“D：\”，并对压缩文件进行加密，密码用户可自行设置。

3．实训要求

（1）要求将“D：\音乐”和“E：\图片”两个文件夹一起进行压缩。

（2）要求将压缩文件命名为“媒体文件”，保存路径为“D：\”。

（3）要求压缩方式为自释放压缩。

（4）要求为压缩文件设置密码，密码用户可自行设置。

实训二　使用 SnagIt 进行视频捕捉

1．实训目的

（1）了解 SnagIt 的功能和窗口组成。

（2）掌握使用 SnagIt 捕捉视频的方法。

（3）熟练掌握 SnagIt 的“选项”设置。

2．实训内容

使用 SnagIt 捕捉电影文件的某个片段。

3．实训要求

（1）要求设置捕捉状态为“视频捕捉”。

（2）要求设置输入选项为“活动窗口”。

（3）要求将捕捉结果保存为 AVI 类型的文件。

（4）要求捕捉视频之前时间延时为“10 秒”。

（5）要求带音频捕捉。

实训三　使用 Adobe Reader 阅览下载的电子图书

1．实训目的

（1）了解 Adobe Reader 的功能和窗口组成。

（2）掌握 Adobe Reader 视图大小的设置。

（3）熟练掌握使用 Adobe Reader 有选择地阅览电子图书的方法。

2．实训内容

从互联网上下载一个 PDF 格式的文档，使用 Adobe Reader 阅览器进行阅读。

3．实训要求

（1）要求使用迅雷 7 下载 PDF 格式的电子图书，图书的具体内容和保存路径可自行选择。

（2）要求该电子图书在 Adobe Reader 中以最佳比例显示。

（3）要求使用 Adobe Reader 有选择地阅读电子图书的部分章节。

PART 8 项目八 常用办公设备的使用

办公自动化系统应以人为主体，训练有素的办公自动化人员是第一位的，而办公自动化设备往往是衡量自动化程度的重要标志。其设备可分为办公机械类、计算机类、通信设备类等三大类。

任务一　打印机的使用与维护

【任务目标】

（1）了解打印机的工作原理。

（2）熟悉打印机的安装与设置。

（3）掌握打印机的使用方法和常见故障的排除方法。

【任务分析】

打印机是办公自动化中重要的输出设备之一。用户可以利用打印机把制作的各种类型的文档适时地输出到纸张或有关介质上，从而便于在不同场合传送、阅读和保存，如公文、海报、招聘启事、合同等。

【任务实施】

1．熟悉打印机的部件

HP LaserJet M1005 黑白激光多功能一体机号称惠普最便宜的激光一体机，具有打印、复印、扫描 3 种功能，定位于中小企业和 SOHO 办公用户，支持多种办公功能，能满足日常普通的办公应用。此处仅介绍其作为打印机的相关使用方法。HP LaserJet M1005 的外形和各部件名称如图 8.1 所示，其控制面板如图 8.2 所示，图 8.2 的说明如表 8.1 所示。

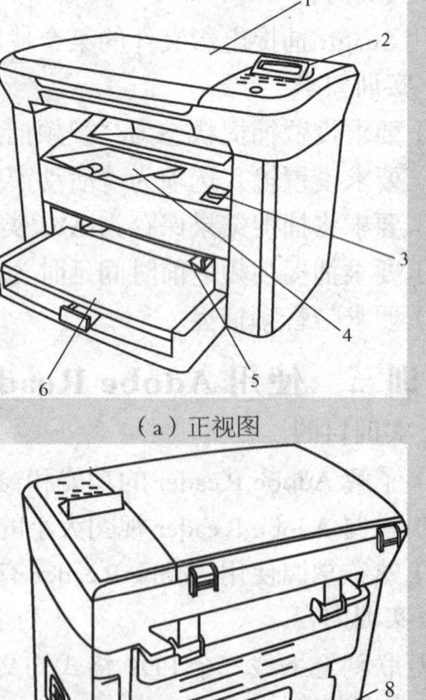

（a）正视图

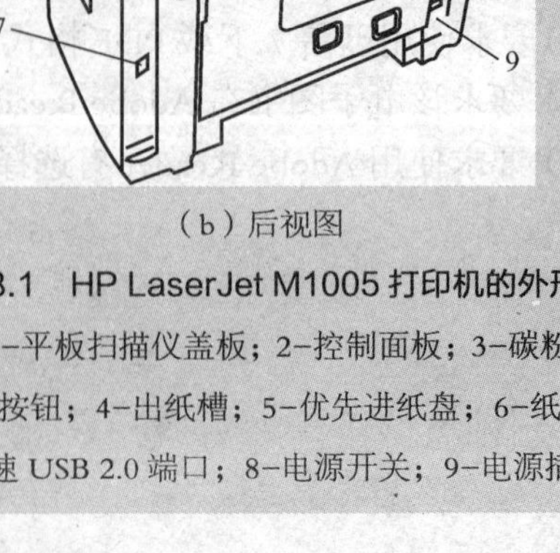

（b）后视图

图 8.1　HP LaserJet M1005 打印机的外形

图注：1-平板扫描仪盖板；2-控制面板；3-碳粉盒挡门释放按钮；4-出纸槽；5-优先进纸盘；6-纸盘；7-高速 USB 2.0 端口；8-电源开关；9-电源插孔

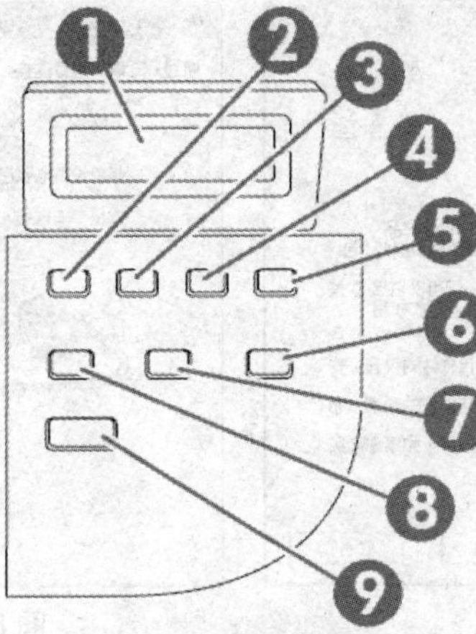

图 8.2　控制面板

表 8.1　控制面板说明

序号	名　　称	说　　明
1	控制面板显示屏	显示状态信息、菜单和错误消息
2	左箭头按钮	导航至列表中的上一个项目，或减少数字项目的值。对于某些数字项目，按下此按钮一次可将值减少 1，按住此按钮则可将值减少 10
3	Menu/Enter/OK（菜单/输入/确定）按钮	激活控制面板菜单 当某个出错状态可清除时，清除该状态 保存某个项目的选定值 执行与控制面板显示屏上高亮显示的项目相关的操作
4	右箭头按钮	导航至列表中的下一个项目，或增加数字项目的值。对于某些数字项目，按下此按钮一次可将值增加 1，按住此按钮则可将值增加 10
5	Cancel（取消）按钮	取消当前正在进行的打印、复印或扫描作业并将所有活动页面从送纸道中弹出。取消作业的时间取决于打印作业的大小（只需按此按钮一次）。还可清除与被取消作业相关的可继续错误 退出控制面板菜单
6	More CopySettings（更多复印设置）按钮	用于访问当前复印作业的复印设置
7	Lighter/Darker（调淡/加深）按钮	用于访问当前复印作业的复印对比度设置
8	#Copies（份数）按钮	用于更改当前复印作业需要打印的份数
9	Start Copy（开始复印）按钮	开始复印作业

一般购买时随机附带有驱动程序，也可从网上下载。在安装 HP LaserJet M1005 驱动程序时，根据提示单击“下一步”即可。应注意下面两点。

（1）安装时必须接受许可协议，如图 8.3 所示。

（2）当提示连接设备时，应将打印机连接好，并将电源打开，如图 8.4 所示。

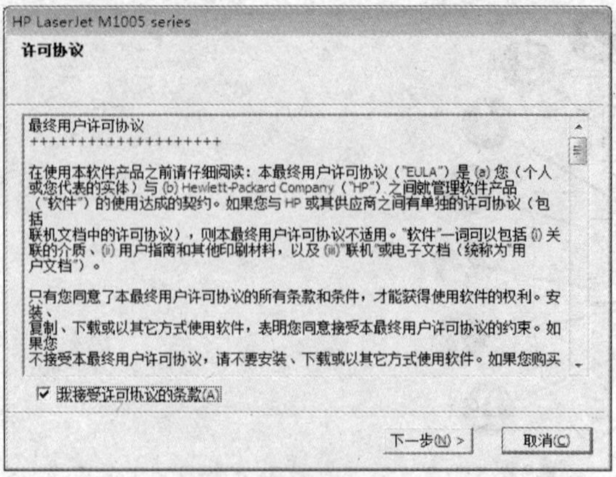

图 8.3　接受安装许可协议

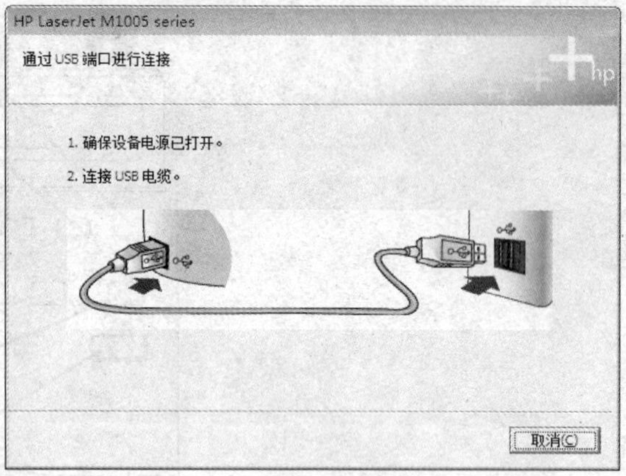

图 8.4　连接好打印机并打开电源

更换 HP LaserJet M1005 打印碳粉盒的程序如下。

（1）打开打印碳粉盒盖。

（2）抓住打印碳粉盒手柄，直接拉出碳粉盒将其取出（请参阅打印碳粉盒内的回收信息），如图 8.5 和图 8.6 所示。

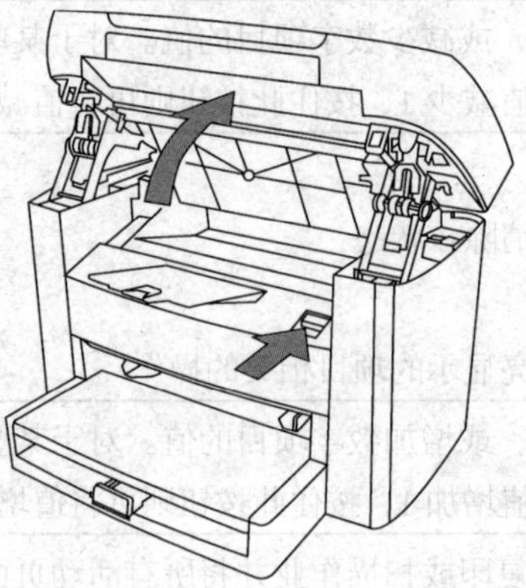

图 8.5　打开碳粉盒盖

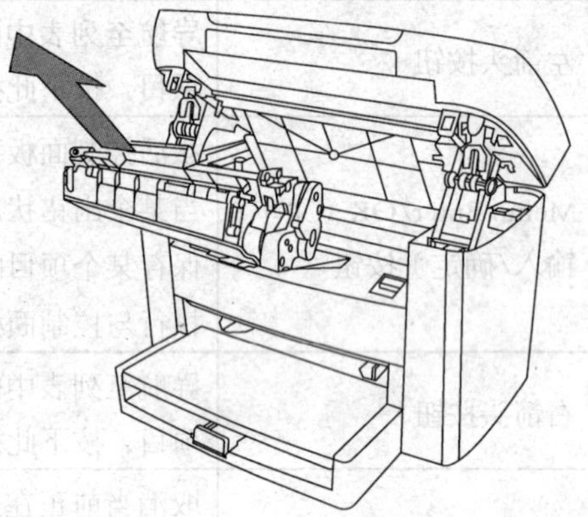

图 8.6　取出碳粉盒

（3）从包装中取出新的打印碳粉盒，取下打印碳粉盒上的遮盖，然后平直拉出标签，撕下密封胶带，如图 8.7 所示。

（4）将碳粉盒插入设备，直至其稳固就位，如图 8.8 所示。

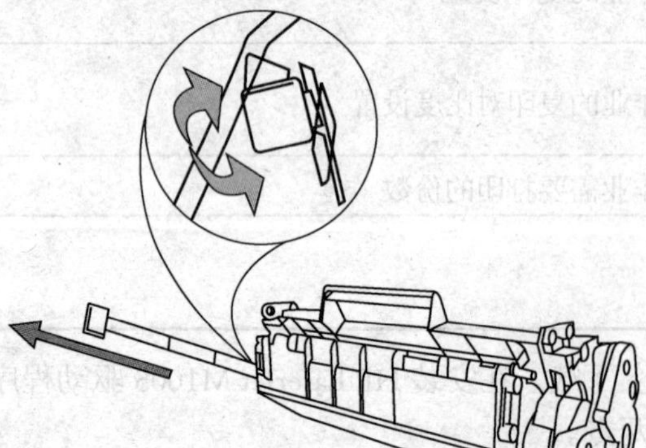

图 8.7　撕下新碳粉盒胶带

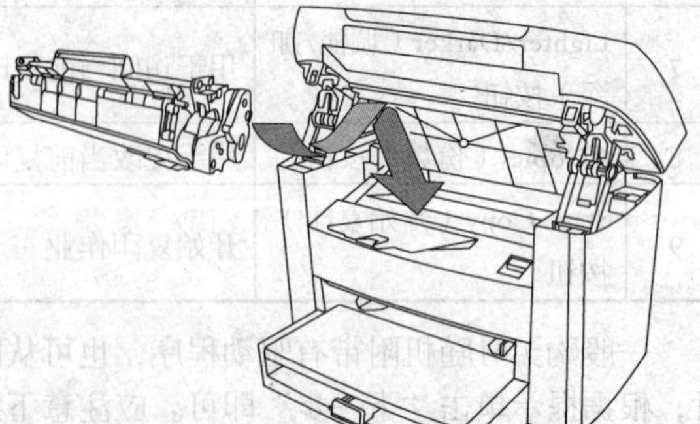

图 8.8　插入新碳粉盒

(5)关闭打印碳粉盒盖，如图 8.9 所示。

2．打印机的维护和典型故障的排除

(1)喷墨打印机的维护。

① 确保使用环境清洁。打印机的使用环境如果灰尘太多，容易导致字车导轴润滑不好，从而使打印头的运动受阻，引起打印位置不准确或撞击机械框架，造成死机。有时，这种死机会因打印头未回复到初始位置，而自动进行清洗打印头操作，造成墨水不必要的浪费。解决这个问题的根本方法是经常将导轴上的灰尘擦掉，并对字车导轴适时进行润滑。

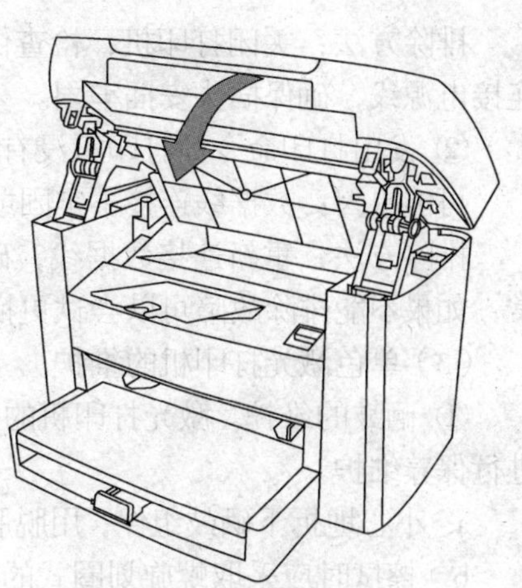

图 8.9　关闭碳粉盒

② 在刚开启喷墨打印机电源开关后，电源指示灯或联机指示灯将会闪烁，这表示喷墨打印机正在预热。在此期间，用户不要进行任何操作，待预热完毕后指示灯不再闪烁时用户方可操作。有些喷墨打印机的预热时间较长，只要指示灯闪烁，用户一定不要着急，应耐心等待。

③ 选用质量较好的打印纸。喷墨打印机对纸张的要求比较严，如果纸的质量太差，不但打印效果差，而且会影响打印头的寿命。在装打印纸时应注意正反面，只有正面的打印效果才好。在装纸器上不要上纸太多，以免造成一次进纸数张，损坏进纸装置。喷墨打印机可以打印透明胶片和信封。在打印透明胶片时，必须单张送入打印，而且打印好的透明胶片要及时从纸托盘中取出，并要等它完全干燥后方可保存。在打印信封时，一定要按打印机说明书中规定的尺寸操作。

④ 正确设置打印纸张幅面。若使用的纸张比设置值小，则有可能打印到打印平台上而弄脏了下一张打印纸。如果出现打印平台弄脏的情况，要及时用柔布擦拭干净，以免影响打印效果。

⑤ 正确选择及使用打印墨水。液态墨水或固体墨只有在让电阻丝产生的热量加热或熔化后才能实现打印，劣质的墨水汽化（或液化）所需的热量不会正好是电阻丝产生的热量。此外，优质的墨水也要正确使用。墨水是有有效期的，从墨水盒中取出的墨水应立即装在打印机上，放置太久会影响打印质量。

⑥ 不得随便拆卸墨盒。为保证打印质量，墨盒不要随便拆卸，更不要打开墨盒，这样可能损坏打印头，影响打印质量。

⑦ 墨盒未使用完时，最好不要取下，以免造成墨水浪费或打印机对墨水的计量失误。

⑧ 部分打印机在初始位置时处于机械锁定，此时如果用手移动打印头，将不能使之离开初始位置，此时不要人为移动打印头来更换墨盒，以免引起故障。

⑨ 换墨盒时一定要按照操作手册中的步骤进行，特别注意要在电源打开的状态下进行上述操作。因为重新更换墨盒后，打印机将对墨水输送系统进行充墨，而这一过程在关机状态下将无法进行，使得打印机无法检测到重新安装上的墨盒。特别要防止在关机状态下自行拿下旧墨盒，更换上新的墨盒。这种操作对打印机来说是无效的。

⑩ 不要在喷墨打印机的顶盖、送纸器或接纸器上放置重物。

(2)喷墨打印机典型故障的排除。

① 打印机开机后没有任何反应。

可能原因：电源供电不良、电源线连接不牢固。

排除方法：关闭打印机，检查供电电源是否正常，检查开关电源是否有电压输出，重新连接电源线，确保插头安插牢固。

② 发出打印命令后打印机没有响应，或指示灯闪亮但不打印。

可能原因：数据线连接不牢固或断路。

排除方法：重新连接数据线，确保接口、插头安插牢固，检查字车带状电缆是否连接正常，如果不能排除故障可以尝试更换数据线。

（3）单色激光打印机的维护。

① 硒鼓的维护。激光打印机的硒鼓为有机硅光导体，存在着工作疲劳问题，可依照下述进行保养维护。

a. 小心地拆下硒鼓组件，用脱脂棉将表面擦拭干净，但不能用力，以防将硒鼓表层划坏。

b. 擦拭时应采取螺旋划圈式的方法，擦亮后立即用脱脂棉把清洁剂擦干净。

c. 用装有滑石粉的纱布袋在鼓表面上轻轻地拍一层滑石粉，即可装复使用。

d. 打印机如长时间不使用时，应将硒鼓取出，放在原包装袋中保存。

② 激光扫描系统的维护。当激光扫描系统的激光器及各种工作镜被粉尘等污染后，将造成打印件底灰增加，图像不清。可用脱脂棉将它们擦拭干净，但应注意不要改变它们的原有位置或碰坏。

③ 定影加热辊的维护。定影加热辊长期使用后粘上一层墨粉，使打印件出现黑痕。可用脱脂棉蘸无水酒精将其擦拭干净。切忌用刀片去刮，以防损坏定影加热辊。

④ 传感器条板及传输器锁盘的维护。用软布略蘸清水，将银白色长条板及传输器锁盘上积存的纸尘等异物擦拭干净，以确保传输无阻。

⑤ 输纸导向板的维护。输纸导向板位于墨粉盒的下方，其作用是使纸张通墨粉盒传输到定影组件。进行清洁时，用软布略蘸清水将输纸导纸的表面擦拭干净，以确保打印件清楚洁净。

⑥ 清洁外部表面。尽管与清理内部比起来，清洁打印机外部总的来说要容易和安全得多，但是不当的清洁方法同样会使打印机冷却槽或者按键控制器受损。一般用户在清理计算机硬件的外表面时，可以使用在清理汽车内部时使用的清洁/保护喷雾剂。这种产品可以帮助减少静电，对于塑料表面来讲也比较安全。可以先将清洁剂喷在柔软的布上，然后用它擦拭设备的外壳（注意不要将喷雾剂不慎喷入机器内部）。在清洁打印机外部的同时，读者也可以通过空气出口、风扇通道和纸槽中吹入压缩空气，来清除灰尘和污物。

⑦ 摇动墨粉盒。这里还有一个预防性的维护技巧可以帮助延长墨粉盒的使用寿命：将墨盒从打印机中取出，保持其水平，沿轴线转动，这样可以保持墨盒中墨粉分布均匀。如果墨粉在墨盒中结块或者沉积，在打印的纸张上就会出现不正常的斑点或者条纹。另外，当墨粉用到非常少时，摇动墨粉盒也是一个好办法。如上所述摇动墨盒，在激光打印机报告墨粉耗尽时，往往还能够再多打印好几页。注意墨粉盒不要暴露在光线下。

（4）单色激光打印机的典型故障排除。

① 卡纸。

可能的原因：纸张未正确装入；纸张输入盒过满；导纸板未调整至正确位置；在未先清空并重新对齐纸盒中所有介质的情况下，添加了更多的纸张；纸张输出盒太满；在打印时调整了送纸道手柄；打印时打印机端盖被打开；使用的纸张不符合规格；在打印时电源中断。

排除方法：对于进纸区域的卡纸，如果从纸张输入盒或单页输入槽可以看到大部分卡塞的纸张，可以小心地将卡塞的纸张竖直向上拉出。重新对齐纸张并装入，打印机将自动恢复打印。

② 不进纸。

可能的原因：纸张未正确装入；或有卡纸。

排除方法：轻按并松开控制面板按钮，打印机再次尝试送入介质。若不成功，尝试下一步；从输入盒中取出纸张，重新对齐，再装入打印机，确保导纸板松紧适度地夹住纸张，使纸张居中；取出硒鼓，检查是否卡纸，如果有卡纸应及时清除，重新装入硒鼓并合上端盖。

③ 打印的内容颜色浅淡或有垂直排列的白色条纹。

可能的原因：碳粉不足或启用了“经济方式”，也可能是打印机的内置光学器件被污染。

排除方法：补充碳粉、更换硒鼓或取消“经济方式”，请求服务商更换内置镜片。

④ 打印内容有纵向或横向的黑色条纹或不规则污迹或全黑。

可能的原因：硒鼓受损或未正确安装，打印机需要清洁，纸张太粗糙或太潮或不符合打印用纸规格。

排除方法：更换或重新安装硒鼓，清洁打印机，更换纸张。

【相关知识】

1．打印机概述

常用的打印机按照工作方式可分为针式打印机、喷墨打印机和激光打印机三种。针式打印机是一种典型的击打式点阵打印机，曾在很长一段时间内作为打印机的主导产品占据着市场。由于其纸张适应性好、运行成本低廉、易于维护，适合于环境和打印质量要求不太高的场合。但是针式打印机打印分辨率低、噪声大、速度较慢、价格较高。

喷墨打印机是一种利用静电技术，把墨水喷到纸张上形成点阵字符或图像的打印机。喷墨打印机具有结构简单、工作噪声低、体积小、价格低、能进行彩色打印、打印质量接近于激光打印机等诸多优点，逐步受到用户的青睐，迅速得到了普及。但是喷墨打印机耗材（墨盒）昂贵、打印速度慢、对打印环境要求较高。

激光打印机起源于 20 世纪 80 年代末的激光照排技术，其工作原理与针式打印机和喷墨打印机相差甚远，具有两者完全不能相比的高速度、高品质、多功能以及全自动化输出性能。激光打印机一面市就以其优异的分辨率、良好的打印品质和极高的输出速度，很快赢得了用户的普遍赞誉。

目前，在多层压感纸打印、连续打印纸打印和存单证书打印等特殊打印领域，针式打印机由于其特殊的击打工作方式，仍处于不可替代的位置。在普通办公场所需要进行彩色打印时，由于彩色激光打印机价格较贵，一般使用喷墨打印机。而具有更快打印速度、较低打印噪声和很高打印质量的单色激光打印机已日趋普及，逐渐成为主流的办公自动化必备设备之一。

2．喷墨打印机

所谓喷墨打印机，就是通过将墨滴喷射到打印介质上来形成文字或图像。早期的喷墨打印机以及当前大幅面的喷墨打印机都是采用连续式喷墨技术，而当前市面流行的喷墨打印机都普遍采用随机喷墨技术。这两种喷墨技术在原理上是有很大差别的。

喷墨打印机如果单从打印幅面上分，可大致分为 A4 喷墨打印机、A3 喷墨打印机、A2 喷墨打印机；如果从用途上分，则可分为普通喷墨打印机和数码相片打印机、便携移动式喷墨打印机。

（1）喷墨打印机的工作原理。

① 连续式喷墨技术。连续喷墨技术以电荷调制型为代表。这种喷墨打印原理是利用压电驱动装置对喷头中墨水加以固定压力，使其连续喷射。为进行记录，利用振荡器的振动信号激励射流生成墨水滴，并对其墨水滴大小和间距进行控制。由字符发生器、模拟调制器而来的打印信息对控制电报上电荷进行控制，形成带电荷和不带电荷的墨水滴，再由偏转电极来改变墨水滴的飞行方向，使需要打印的墨水滴飞行到纸面上，生成字符或图形记录。不参与纪录的墨水滴由导管回收。对偏转电极而言，有的系统采用两对互相垂直的偏转电极，对墨水滴打印位置进行二维偏转型控制；有的系统对偏转电极采用多维控制，即多维偏转型。

这种连续循环的喷墨系统，能生成高速墨水滴，所以打印速度高，可以使用普通纸。不同的打印介质皆可获得高质量的打印结果，还易于实现彩色打印。但是，采用连续式喷墨技术的打印机的结构相较于采用随机式喷墨技术的要复杂。连续式喷墨打印机需要有对墨水的加压装置，有其终端要有回收装置用来回收不参与记录的墨水滴。并且其工作效率不够高，工作结果不精确。现在采用这种技术的喷墨打印机已经极少见到。

② 随机式热气泡喷墨技术。喷墨打印机一般多采用热气泡喷墨技术，通过墨水在短时间内的加热、膨胀、压缩，将墨水喷射到打印纸上形成墨点，增加墨滴色彩的稳定性，实现高速度、高质量打印。由于除了墨滴的大小以外，墨滴的形状、浓度的一致性都会对图像质量产生重大影响，而墨水在高温下产生的墨点方向和形状均不容易控制，所以高精度的墨滴控制十分重要。热泡式喷墨打印的原理是将墨水装入到一个非常微小的毛细管中，通过一个微型的加热垫迅速将墨水加热到沸点。这样就生成了一个非常微小的蒸汽泡，蒸汽泡扩张就将一滴墨水喷射到毛细管的顶端。停止加热，墨水冷却，导致蒸汽凝结收缩，从而停止墨水流动，直到下一次再产生蒸汽并生成一个墨滴。

③ 随机式微压电喷墨技术。微压电技术把喷墨过程中的墨滴控制分为 3 个阶段：在喷墨操作前，压电元件首先在信号的控制下微微收缩；然后，元件产生一次较大的延伸，把墨滴推出喷嘴；在墨滴马上就要飞离喷嘴的瞬间，元件又会进行收缩，干净利索地把墨水液面从喷嘴收缩。这样，墨滴液面得到了精确控制，每次喷出的墨滴都有完美的形状和正确的飞行方向。

微压电式喷墨系统在装有墨水的喷头上设置换能器，换能器受打印信号的控制，从而控制墨水的喷射。根据微压电式喷墨系统换能器的工作原理及排列结构可分为压电管型、压电薄膜型、压电薄片型等几种类型。

3．激光打印机

无论是黑白激光打印机还是彩色激光打印机，其基本工作原理是相同的，它们都采用了类似复印机的静电照相技术，将打印机内容转变为感光鼓上的，以像素点为单位的点阵位图图像，再转印到打印机纸上形成打印内容。与复印唯一不同的是光源，复印机采用的是普通白色光源，而激光打印机则采用的是激光束。

在工作过程中计算机先把需要的数据转换为激光扫描器的激光束信息，通过反射棱镜对感光鼓照射，此时感光鼓在充电时它的鼓体表面充满了正电荷。

激光器射出的激光抵消了鼓体表面图像部分以外的正电荷，感光鼓体表面形成了以正电荷表示的与打印图像完全相同的图像信息。这时显影仓已经工作，磁棒上的碳粉颗粒带上了负电荷，随着感光鼓的转动正负电子相依的时候就把碳粉颗粒吸附到感光鼓体上，形成了感光鼓表面的碳粉图像。而打印纸在与感光鼓接触前就被一充电单元充满负电荷，而所带电压高于感光鼓上的电压，当打印纸走过感光鼓时，由于正负电荷互相吸引，感光鼓的碳粉图像就转印到打印纸上，经过热转印单元使碳粉颗粒完全与纸张纤维吸附，形成了打印图像。

激光打印机分为单色激光打印机、彩色激光打印机和网络激光打印机 3 种。

（1）单色激光打印机。单色激光打印机的标准分辨率为 600dpi，打印速率为 15ppm 以下，纸张处理能力一般为 A4 幅面，价格在 1 000～3 000 元，打印自动化程度高，应用十分广泛，其打印品质和速度完全可以满足一般办公中的文字处理需求。

（2）彩色激光打印机。彩色激光打印机配置更高，标准分辨率为 600dpi 以上，打印速度为 8ppm 左右，纸张输出基本在 A3 以下，价格在 4 000～8 000 元，适用于彩色输出专业人员或办公室的需要。彩色激光打印机与单色激光打印机相比，除了打印输出拥有极其艳丽的色彩之外，性能也更强大，而与彩色喷墨打印机相比，在打印的色彩品质、打印速度、功能等方面有明显提高，耗材及管理等方面也要优越得多。

（3）网络激光打印机。网络激光打印机都配有标准的自适应网卡接口，从而实现了可直接获取网络数据，同时配以相应的功能强大的控制软件，具有高速度、高分辨率、高品质和高度网络化管理等特点，使其不仅轻松实现网络化打印，而且打印性能更加卓越。

任务二　扫描仪的使用与维护

【任务目标】

（1）了解扫描仪的工作原理。

（2）熟悉扫描仪的安装与设置。

（3）掌握扫描仪的使用方法和常见故障的排除方法。

【任务分析】

扫描仪是办公自动化中常用的输入设备之一。用户可以利用扫描仪把各种纸质的物理文稿资料通过扫描转换成电子文稿资料，以方便使用和保存。

【任务实施】

1．扫描仪的安装

下面以平台式扫描仪 HP ScanJet 2200C 为例，介绍扫描仪的安装和使用。

扫描仪的安装分为软件（驱动和应用程序）安装和硬件安装两部分。一般要先安装软件，后安装硬件。

（1）软件安装。将随机光盘插入光驱后，一般会自动打开安装程序向导，如图 8.10 所示。

如果没有自动打开，可手动运行光盘根目录下的 setup.exe 文件，一样可以进入安装向导窗口。单击“安装软件”按钮，出现图 8.11 所示的安装类型选择界面，本例选择典型安装。

单击“下一步”按钮后，界面如图 8.12 所示，本例选择随机提供的两个应用软件。依次单击“下一步”按钮后，开始自动安装所选软件。

安装过程中全部认可默认提示，直至完成所选软件的安装。软件安装完成后，桌面上会显示所选安装软件的快捷图标。

（2）硬件安装。扫描仪硬件的安装比较简单，HP ScanJet 2200C 采用 USB 接口方式。安装步骤如下。

① 从扫描仪底部拔出塑料钥匙，打开扫描头的固定锁，如图 8.13 所示。

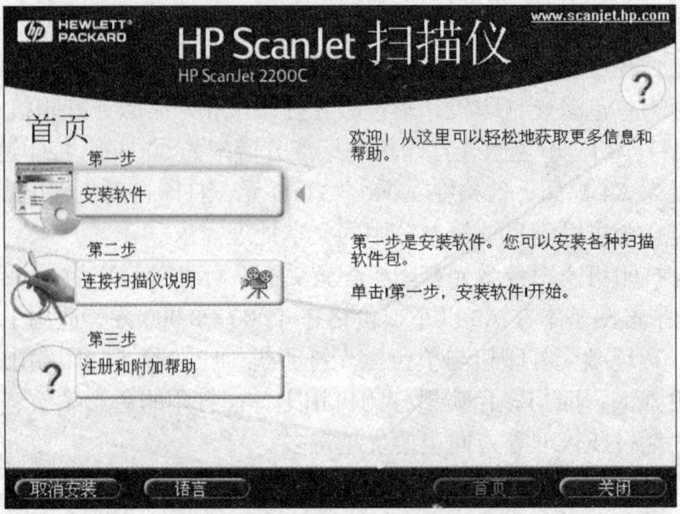

图 8.10　扫描仪软件安装

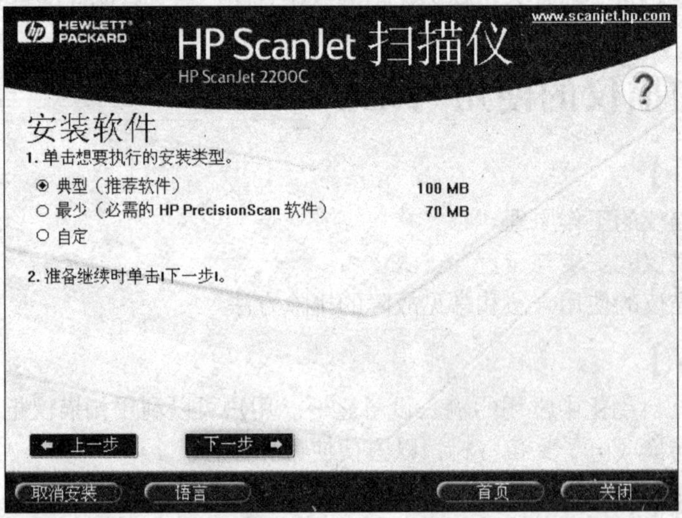

图 8.11　安装类型选择界面

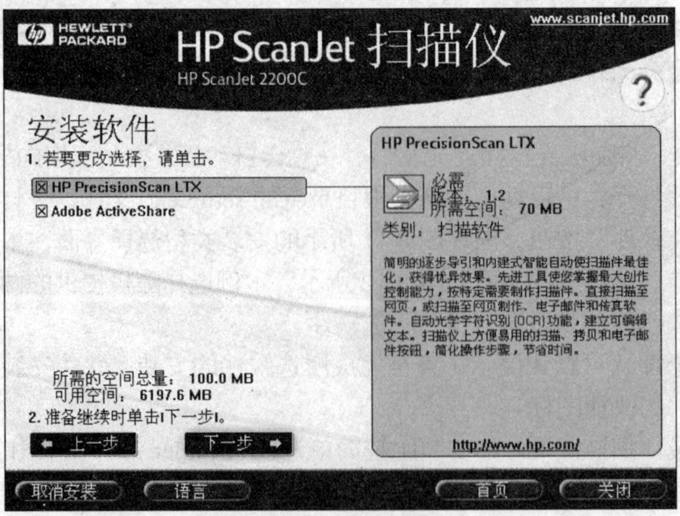

图 8.12　选择安装软件

② 连接 USB 电缆，如图 8.14 和图 8.15 所示。

图 8.13 打开固定锁

图 8.14 插入 USB 接口

③ 连接电源线，如图 8.16 所示。在硬件安装过程中，系统可能会要求重新启动计算机，遵照执行即可。软、硬件安装完毕后，扫描仪就可以正常使用了。

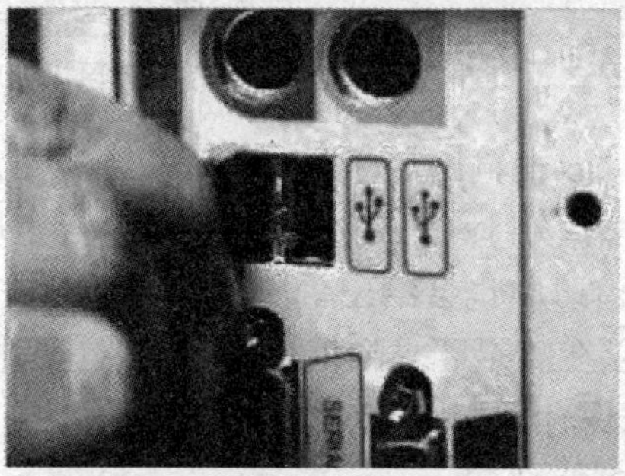

图 8.15 连接到计算机端口

图 8.16 插上电源线

2．扫描仪的使用

（1）原稿的放置。扫描时原稿的放置正面朝下，居中放正，贴紧玻璃板，如图 8.17 所示。

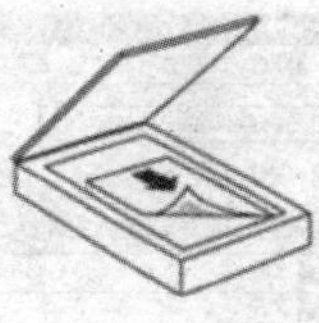

图 8.17 放置原稿

（2）扫描软件 HP Precision Scan LTX 的启动。有 3 种方法可以启动该扫描软件，下面分别介绍。

① 直接通过扫描仪操作软件启动扫描。方法：双击桌面上的“HP Precision Scan LTX”图标，或选择“开始”→“所有程序”→“HP Precision Scan LTX”→“HP Precision Scan LTX”命令。

② 通过已挂接了扫描仪软件的应用软件来启动扫描仪。例如，在 Word 中，选择“插入”→“图片”→“来自扫描仪或相机”命令。

③ 按下扫描仪面板上的键。

通过上述 3 种方法，都可以启动图 8.18 所示的扫描软件窗口。

（3）扫描软件 HP Precision Scan LTX 的操作步骤如下。

① 单击“开始新的扫描”按钮，扫描仪经预热后开始扫描。

② 在屏幕预览的图像中选择最终的扫描区域，如图 8.19 所示。此时，单击预览框下的“+”和“-”按钮，可以放大和缩小预览图像，但并不改变实际输出尺寸。

③ 选择扫描结果的存放位置，如图 8.20 所示。

④ 单击“输出类型”按钮，弹出图 8.21 所示的“改变输出类型”对话框。在其中的列表框中，有 7 种输出类型可供选择，在选择不同类型时，窗口中会给出输出文件将大约占用多少字节的磁盘空间，即窗口中的“大约尺寸”值。不同的扫描仪可能会提供不同的输出类型

选择，用户在扫描时，首先要考虑对输出类型的选择要满足要求，而进行恰当的选择可以在满足要求的情况下节省磁盘空间。

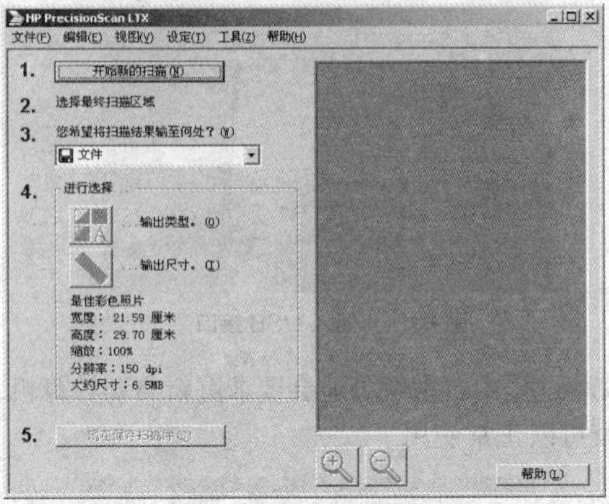

图 8.18　HP Precision Scan LTX 窗口

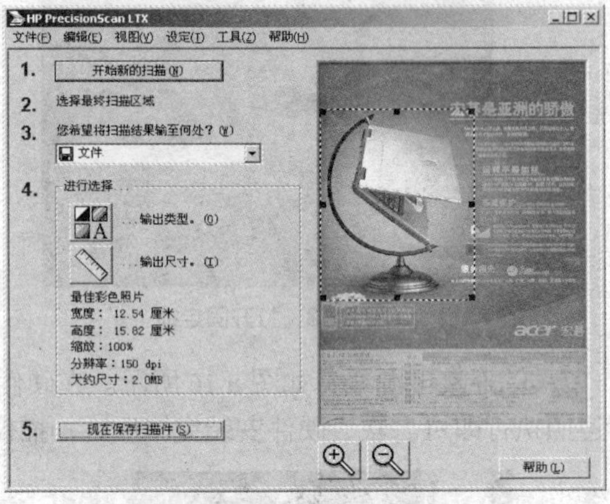

图 8.19　选择最终的扫描区域

⑤ 单击“输出尺寸”按钮，弹出图 8.22 所示的“改变输出尺寸”对话框，在该对话框中，提供了 3 个输出尺寸选项，包括“使用原尺寸”、“按百分比缩放尺寸”和“指定自定尺寸”。在选择不同输出尺寸时，和更改输出类型时一样，窗口中也会给出输出文件将大约占用多少字节的磁盘空间。可见进行恰当的尺寸选择同样可以在满足要求的情况下节省磁盘空间。

⑥ 单击“现在保存扫描件”按钮，即可按要求保存到指定的位置。

（4）用扫描仪加 OCR 输出文本文件。OCR（Optical Character Recognition）是字符识别软件的简称，原意是光学字符识别。它的功能是通过扫描仪等光学输入设备读取印刷品上的文字图像信息，利用模式识别的算法，分析文字的形态特征从而判别不同的汉字。使用扫描仪加 OCR 可以部分地代替键盘输入汉字的功能，是省力快捷的文字输入方法。

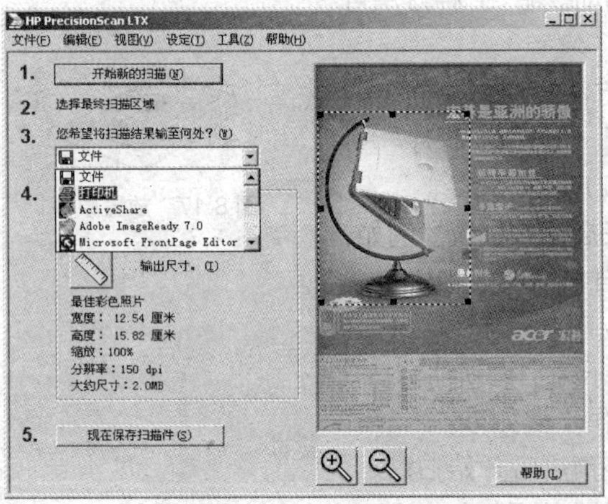

图 8.20　选择将结果存放何处

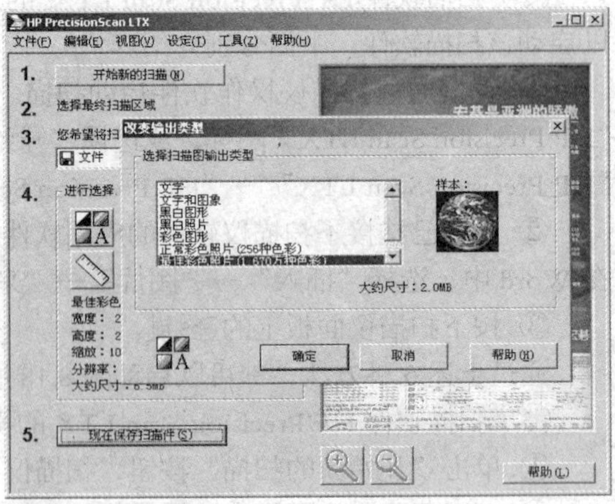

图 8.21　“改变输出类型”对话框

本例中，对一页印刷体文字进行扫描，输出类型选择为“文字”。在 HP Precision Scan LTX 窗口中选择“设定”→“文字→OCR”命令，弹出如图 8.23 所示的“文字/OCR”对话框，在该对话框中，将“文字输出”设定为“带框线的文字”，在“当前 OCR 语言”列表框中选择“中文（中国）”，将扫描文件保存为文本文件“test.txt”，扫描并经 OCR 识别后，产生的文本文件如图 8.24 所示。

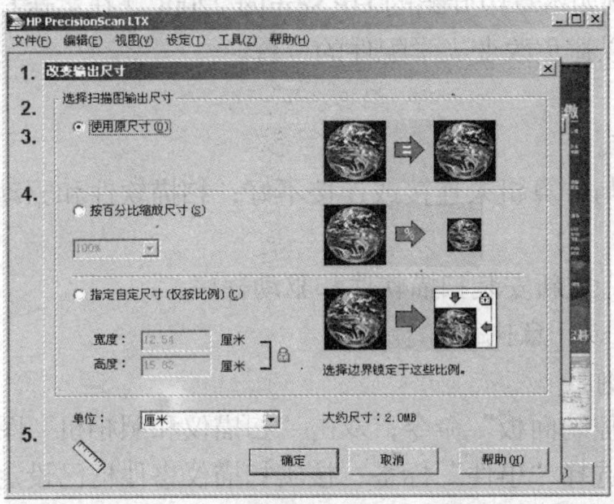

图 8.22 “改变输出尺寸”对话框

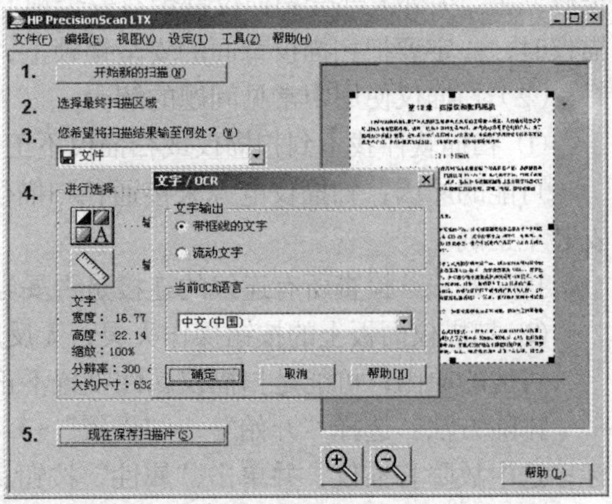

图 8.23 “文字/OCR”对话框

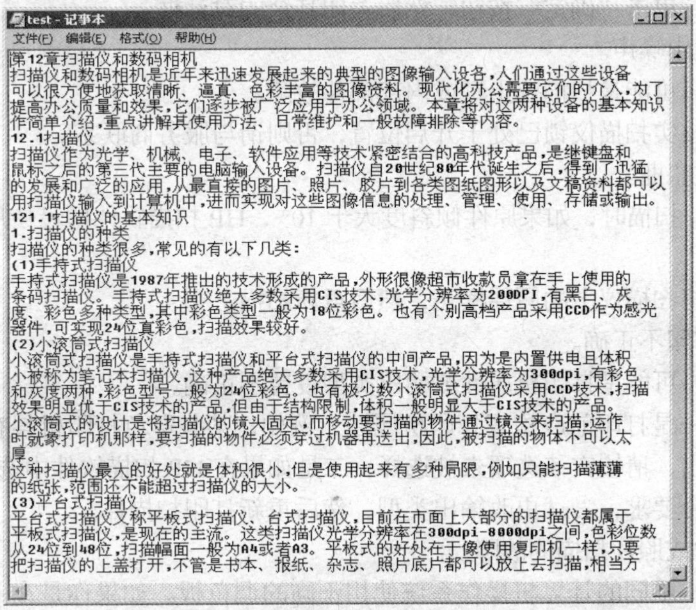

test - 记事本

文件(F) 编辑(E) 格式(O) 帮助(H)

第12章扫描仪和数码相机
扫描仪和数码相机是近年来迅速发展起来的典型的图像输入设备，人们通过这些设备可以很方便地获取清晰、逼真、色彩丰富的图像资料。现代化办公需要它们的介入，为了提高办公质量和效果，它们逐步被广泛应用于办公领域。本章将对这两种设备的基本知识作简单介绍，重点讲解其使用方法、日常维护和一般故障排除等内容。
12.1扫描仪
扫描仪作为光学、机械、电子、软件应用等技术紧密结合的高科技产品，是继键盘和鼠标之后的第三代主要的电脑输入设备。扫描仪自20世纪80年代诞生之后，得到了迅猛的发展和广泛的应用，从最直接的图片、照片、胶片到各类图纸图形以及文稿资料都可以用扫描仪输入到计算机中，进而实现对这些图像信息的处理、管理、使用、存储或输出。
121.1扫描仪的基本知识
1.扫描仪的种类
扫描仪的种类很多，常见的有以下几类：
(1)手持式扫描仪
手持式扫描仪是1987年推出的技术形成的产品，外形很像超市收款员拿在手上使用的条码扫描仪。手持式扫描仪绝大多数采用CIS技术，光学分辨率为200DPI，有黑白、灰度、彩色多种类型，其中彩色类型一般为18位彩色。也有个别高档产品采用CCD作为感光器件，可实现24位真彩色，扫描效果较好。
(2)小滚筒式扫描仪
小滚筒式扫描仪是手持式扫描仪和平台式扫描仪的中间产品，因为是内置供电且体积小被称为笔记本扫描仪，这种产品绝大多数采用CIS技术，光学分辨率为300dpi，有彩色和灰度两种，彩色型号一般为24位彩色。也有极少数小滚筒式扫描仪采用CCD技术，扫描效果明显优于CIS技术的产品，但由于结构限制，体积一般明显大于CIS技术的产品。
小滚筒式的设计是将扫描仪的镜头固定，而移动要扫描的物件通过镜头来扫描，运作时就象打印机那样，要扫描的物件必须穿过机器再送出，因此，被扫描的物体不可以太厚。
这种扫描仪最大的好处就是体积很小，但是使用起来有多种局限，例如只能扫描薄薄的纸张，范围还不能超过扫描仪的大小。
(3)平台式扫描仪
平台式扫描仪又称平板式扫描仪、台式扫描仪，目前在市面上大部分的扫描仪都属于平板式扫描仪，是现在的主流。这类扫描仪光学分辨率在300dpi-8000dpi之间，色彩位数从24位到48位，扫描幅面一般为A4或者A3。平板式的好处在于像使用复印机一样，只要把扫描仪的上盖打开，不管是书本、报纸、杂志、照片底片都可以放上去扫描，相当方

图 8.24 用扫描仪加 OCR 输出的文本文件

3．扫描仪的日常维护和常见故障的排除

（1）扫描仪的日常维护。

① 保护好光学部件。扫描仪在扫描图像的过程中，通过一个叫光电转换器的部件把模拟信号转换成数字信号，然后再送入计算机。这个光电转换器非常精密，光学镜头或者反射镜头的位置对扫描的质量有很大的影响。因此，在工作的过程中，不要随便地改动这些光学装置的位置，同时要尽量避免对扫描仪的振动或者倾斜。

② 定期做保洁工作。扫描仪中的玻璃平板以及反光镜片、镜头，如果落上灰尘或者其他一些杂质，会使扫描仪的反射光线变弱，从而影响图片的扫描质量。为此，一定要在无尘或者灰尘尽量少的环境下使用扫描仪，用完以后，一定要用防尘罩把扫描仪遮盖起来，以防止更多的灰尘侵袭。当长时间不使用时，还要定期地对其进行清洁。在对扫描仪外壳或原稿玻璃板进行清洁时，应该用稍微潮湿的软布轻轻擦拭。

③ 不要擅自拆修。遇到扫描仪出现故障时，不要擅自拆修，一定要送到厂家或者指定的维修站去。另外大部分扫描仪都带有安全锁（例如本章中介绍的 HP ScanJet 2200C）在运送扫描仪时，一定要把扫描仪背面的安全锁锁上，以避免改变光学配件的位置。

（2）扫描仪使用中常见问题的解决。

① 扫描软件找不到扫描仪或扫描仪不工作。

可能的原因：扫描仪电源未接通；扫描仪与计算机未连接或连接不好；扫描软件和驱动安装不正确。

排除方法：检查所有连线的连接是否妥当，重新安装扫描软件和驱动程序。

② 扫描仪面板上的按钮操作失灵，无反应或任意执行。

可能的原因：可能是扫描仪属性设置不正确。

排除方法：选择“开始”→“设置”→“控制面板”命令；双击“扫描仪和照相机”图标；选中故障扫描仪，并单击“属性”按钮；选择“事件”标签；核实扫描仪事件框已设定为需要配置的按钮；从扫描仪事件框选择使用按钮时打开的应用程序，并禁止选中“禁用设备事件”复选框；单击“确定”按钮，然后关闭其余的对话框。

③ 扫描仪发出噪声。

可能的原因：可能是扫描仪上锁或内部部件故障。

排除方法：核实扫描仪锁已处于开启位置，否则请与服务商联系。

④ 扫描件被扭曲。

可能的原因：扫描时，如果原件倾斜度大于 10°，HP 扫描软件假设使用者故意将原件斜放在扫描仪上。

排除方法：将扫描仪上的原件摆正，然后重新扫描。

⑤ 扫描件打印不正确。

可能的原因：可能是打印机属性或输出类型设置不正确。

排除方法：一是打印前应检查打印机属性，例如，某些彩色打印机具有灰度打印选项。如果需要彩色输出，请核实该选项未被选择；二是如果在 HP 扫描软件中选择输出到打印机，但打印质量不符合要求，尝试更改输出类型，然后重新打印扫描件。

⑥ 有关图片或照片扫描的故障。

可能的原因：不同的计算机操作系统使用不同的调色板。如果你是在一个操作系统上扫描原件，然后用于另一个操作系统，色彩可能不正确，或有关图片的扫描设定不恰当。

排除方法：如果扫描的目的地是图像编辑程序，可在图像编辑程序中修改色彩。扫描照片或彩色图形时，最好在“改变输出尺寸”对话框中更改尺寸，而不要在目的应用程序中更改，特别注意不要更改图像比例。在网页上使用文件，应在扫描时使用 GIF、JPG 或 FPX 文件格式保存，并将分辨率设定为 75dpi。因为超出 75dpi 的分辨率并不改进计算机监视器中显示的扫描件外观。另外，最好使用正常彩色照片输出类型，而不要使用最佳彩色照片，以便减少扫描件中的色彩数目。

⑦ 有关文字扫描转换和 OCR 的故障。

可能的原因：OCR 转换并不总是保留字体的排版信息，一般使用文字处理程序的默认字体。

排除方法：必要时从文字处理程序中重新将文字格式化。在图像窗口中，以手动方式将输出类型更改为文字，重新将扫描件输送至目的地。欲获得最佳效果，应扫描比较清洁的原件。例如，避免使用反复传真或复制的原件，同时，可以使用文字处理程序的拼写检查程序纠正剩余错误。如果以手动方式将输出类型更改为文字后重新扫描至目的地还不行，只有在文字处理程序中将文字用做照片或者在文字处理程序中重新输入文字。

【相关知识】

扫描仪作为光学、机械、电子、软件应用等几种技术紧密结合的高科技产品，是继键盘和鼠标之后的又一代主要的计算机输入设备。从最直接的图片、照片、胶片到各类图纸、图形以及文稿资料都可以通过扫描仪输入计算机，进而实现对这些图像信息的处理、管理、使用、存储或输出。

1．扫描仪的种类

扫描仪的种类有很多，常见的有以下几类。

（1）手持式扫描仪。手持式扫描仪是 1987 年推出的产品，外形很像超市收款员拿在手上使用的条码扫描仪。手持式扫描仪光学分辨率一般为 200dpi，有黑白、灰度、彩色多种类型。

（2）小滚筒式扫描仪。小滚筒式扫描仪的光学分辨率一般为 300dpi，有彩色和灰度两种，彩色型号一般为 24 位彩色。它设计时将扫描仪的镜头固定，而移动要扫描的物件通过镜头来扫描，要扫描的物件必须穿过机器再送出，因此，被扫描的原稿或物体不可太厚。

（3）平台式扫描仪。平台式扫描仪又称为平板式扫描仪或台式扫描仪，是现在的主流。这类扫描仪光学分辨率在 300～8 000dpi，色彩位数从 24 位到 48 位，扫描幅面一般为 A4 或者 A3。平板式的好处在于使用方便，只要把扫描仪的上盖打开，不管是书本、报纸、杂志、照片、底片都可以放上去扫描，而且扫描出的效果也是所有常见扫描仪类型中最好的。其他的还有大幅面扫描用的大幅面扫描仪、笔式扫描仪、条码扫描仪、底片扫描仪和实物扫描仪，另外，还有主要用于印刷排版领域的滚筒式扫描仪等。

2．扫描仪的工作原理

扫描仪是图像信号的输入设备。它对原稿进行光学扫描，然后将光学图像传送到光电转换器中变为模拟信号，又将模拟信号变换为数字信号，最后通过计算机接口送至计算机中。

扫描仪的分辨率要从 3 个方面来确定：光学部分、硬件部分和软件部分。也就是说，扫描仪的分辨率等于其光学部件的分辨率加上其自身通过硬件及软件进行处理分析所得到的分辨率。光学分辨率是扫描仪的光学部件在每平方英寸面积内所能捕捉到的实际的光点数，是指扫描仪 CCD（或者其他光电器件）的物理分辨率，也是扫描仪的真实分辨率。扩充部分的分辨率由硬件和软件联合生成，这个过程是通过计算机对图像进行分析，对空白部分进行数学填充所产生的，该过程也称为插值处理。

任务三　复印机的使用与维护

【任务目标】

（1）了解复印机的工作原理。

（2）熟悉复印机的安装与设置。

（3）掌握复印机的使用方法和常见故障排除方法。

【任务分析】

由于人们在日常办公中经常需要复印一些资料，因此复印机成为现代办公中不可缺少的一种设备。一般复印机的价格较贵，即使是低档复印机，其价格也在万元以上，大幅面高档复印机价格更高。

【任务实施】

1．复印机的安装和使用

（1）复印机的安装。复印机的安装建议参考随机操作手册进行，一般需经过以下步骤。

① 检查主机、零部件、消耗材料及备件，确保完整无缺（新机器要按操作手册说明逐一小心去掉包装物或紧固件后检查）。

② 按照安放要求正确放置主机，并依次安装感光鼓，加入载体及墨粉，安装纸盒和副本盘。

③ 主机显示及工作状态检查。包括机器各部位有无损伤和变形；各齿轮、皮带轮和链轮等是否处于正确位置；各按键和机器状态显示是否正常。

④ 机器试运行。经过通电、预热，若机器无异常显示或声音，即可复印。试运行测试的内容应包括原样复印、连续复印、缩放复印、浓淡复印和各送纸盒送纸能力测试等。

⑤ 做好记录。试运行正常后，应装好后挡板和前门，并擦拭机器表面、清理现场，同时填写使用维修卡片，并附上一张复印品，存档备查。

⑥ 安装自选附件。如自动分页器、自动进稿器等，这些附件应按照相应技术材料说明正确安装。

复印机在出厂时都经过严格的测试和检验，用户安装的都是易装卸的大的零部件，操作都很简单，只要认真按照说明书进行，一般都比较顺利。

（2）复印机的使用。常规复印操作步骤如下。

① 放置原稿，正面朝下，按纸张标尺放正。

② 设定缩放尺寸、浓淡程度和复印数量。

③ 放入纸张。

④ 启动复印。

说明

要复印多份，应先在设定缩放尺寸和浓淡程度后复印样张，满意后，再设定复印数量，启动复印。

使用中应注意以下问题。

① 不可将重物放在复印机上或让复印机受到冲击。

② 当复印机在复印时，不可打开任何门盖或断开电源。

③ 不可让磁性物体靠近复印机，或在复印机旁使用易燃喷雾剂。

④ 不可把盛水或其他液体的器皿放在复印机上。

⑤ 不可让纸屑、书钉或其他金属碎片掉进复印机内。

⑥ 不可使用有损坏或裂开的电源线，电源线不可塞入复印机。

⑦ 当复印机异常发热或产生异常噪声时，不可继续使用，应立即断开电源检修。

2．复印机的维护和保养

定期对复印机进行维护和保养，是保证复印机正常高效运转的有效措施。因此，作为复印机的日常管理和使用者，掌握一定的维护保养方法和常识非常必要。

一般来讲，复印 3 000 张后，要对废粉盒、显影器底部、导纸板和稿台玻璃进行清洁；复印 10 000 张后，要对显影辊和定影器进行清洁；复印 50 000 张后，除清洁主要部件外，还要检查易损零部件的工作状况，有损坏的需及时更换；复印 100 000 张后，还应检查驱动部件的工作状况，是否需清洁、加油或更换。

在保养过程中，为了不使机器产生人为故障或损坏零部件，必须注意以下几点：

（1）保养应在断电情况下进行。

（2）一定要用中性清洁剂清洁。若清洁某些部件时需使用酒精，应注意防火。

（3）使用润滑剂一定要适量。塑料和橡胶零件不可加油，否则会促其老化。

（4）拆卸部件时，应注意次序，必要时要做记录，以免安装时漏掉或颠倒次序。

（5）拆下的不同螺钉要记好位置，以免上错，损坏机器。

3．复印机常见故障的排除

（1）复印件图像太浅。

可能的原因 1：自动曝光模式中曝光量设置得较高或手动曝光量设为较浅。解决方法：采用手动曝光模式，按动曝光加深控制键，可获得较深影像。

可能的原因 2：刚刚复印完一张照片或有大面积深色的原稿或刚更换完墨粉。解决方法：按所需次数并按碳粉补充键，获得所需图像浓度。

可能的原因 3：纸潮。解决方法：更换干燥纸张。

（2）复印件图像太深。

可能的原因 1：自动曝光模式中曝光量设置得较低或手动曝光量设为较深。解决方法：采用手动曝光模式，按动曝光变浅控制键，可获得较浅影像。

可能的原因 2：稿台玻璃整个表面脏。解决方法：用干软布擦干净稿台玻璃。

可能的原因 3：原稿没有紧贴稿台玻璃。解决方法：正确放置原稿，使其紧贴稿台玻璃。

（3）复印件模糊不清。

可能的原因：纸潮。解决方法：更换干燥纸张。

（4）复印件出现线条。可能的原因：充电组件脏。解决方法：清洁充电组件。

（5）复印件有深色斑点。

可能的原因 1：原稿压板或文件传输带脏。解决方法：用浸过中性清洁剂（或清水）的稍潮软布擦净原稿压板和文件传输带。

可能的原因 2：原稿太薄或高度透明。解决方法：将一张空白纸盖在原稿上。

可能的原因 3：原稿是双面原稿。解决方法：采用手动曝光模式，按动曝光变浅控制键，使曝光量变大。

（6）复印件边缘脏。

可能的原因 1：原稿压板很脏。解决方法：用浸过中性清洁剂（或清水）的稍潮软布擦净原稿压板和文件传输带。

可能的原因 2：等比复印时，所选的复印纸尺寸规格比原稿大。解决方法：选择与原稿相同规格的复印纸。

可能的原因 3：等比复印时，原稿放置位置或方向不正确。解决方法：正确放置原稿，使其与宽度标尺对齐。

可能的原因 4：缩小复印时，所选倍率与复印纸尺寸不符（尤其体现在手动缩小复印时）。解决方法：根据纸张规格选择缩放比率。

（7）复印机不按设定工作。

可能的原因 1：复印件指示灯为橘黄色，复印机处于预热状态。解决方法：请等待。

可能的原因 2：加碳粉指示灯亮，碳粉已用完。解决方法：请更换碳粉盒。

可能的原因 3：加纸指示灯亮，纸已经用尽。解决方法：请加纸。

可能的原因 4：卡纸指示灯亮，在复印机或配件中有复印纸误送的情况。解决方法：检查卡纸位置，并清除卡纸。

可能的原因 5：维护保养指示灯亮，需进行维护保养。解决方法：请进行维护保养。

可能的原因 6：呼叫维修指示灯亮，复印机出现技术故障。解决方法：重新将复印机复位，若该灯仍亮，请检修。

【相关知识】

1．复印机的种类

（1）根据复印机工作原理的不同，复印机可分为模拟复印机和数码复印机两种。

（2）根据复印的速度不同，复印机可分为低速、中速和高速 3 种。

（3）根据复印的幅面不同，复印机可分为普及型和工程复印机两种。

（4）根据复印机使用纸张，复印机可分为特殊纸复印机及普通纸复印机。

（5）根据复印机显影方式不同，复印机可分为单组份和双组份两种。

（6）根据复印机复印的颜色不同，复印机可分为单色、多色及彩色复印机三种。

2．复印机的工作原理

模拟复印机与数码复印机在工作原理上的差别在于曝光鼓曝光前的工作过程，数码复印机显影后部分的基本工作原理与模拟复印机相同。

（1）模拟复印机的工作原理。模拟复印机的工作原理是：通过曝光、扫描方式将原稿的光学模拟图像通过光学系统（如镜头、镜子）直接投射到已被充电的感光鼓上，产生静电潜像，再经过显影、转印、定影等步骤，完成整个复印过程。

（2）数码复印机的工作原理。首先通过 CCD（电荷耦合器件）传感器对通过曝光、扫描产生的原稿的光学模拟图像信号进行光电转换，然后将经过数字技术处理的图像数码信号输入到激光调制器，调制后的激光束对被充电的感光鼓进行扫描，在感光鼓上产生静电潜像，图像处理装置（存储器）对诸如图像模式、放大、图像重叠等作数码处理后，再经过显影、转印、定影等步骤，完成整个复印过程。数码复印机基本上相当于把扫描仪和激光打印机的功能融合在一起了。

（3）数码复印机的特点。由于数码复印机采用了先进的数码技术，所有原稿经数码一次性扫描存入复印机存储器中，使其可以进行复杂的图文编辑，大大提高了复印机的工作效率和复印质量，降低了复印机故障发生的几率。数码复印机与模拟复印机相比，其主要优点有以下几点。

① 数码复印机只需对原稿进行一次性扫描，存入复印机存储器，即可随时复印所需的多页份数。它与模拟复印机相比，减少了扫描的次数，因此也就减少了扫描器产生的磨损及噪音，同时减少了卡纸的机会。

② 由于传统的模拟复印机是通过光反射原理成像，因此会有正常的物理性偏差，造成图像与文字不能同时清晰的表达。数码复印机就具有图像和文字分离识别功能，在处理图像与文字混合的文稿时，复印机能以不同的处理方式进行复印，因此文字可以鲜明的复印出来，而照片则以细腻的层次变化的方式复印出来。而且数码复印机还支持文稿、图片/文稿、图片、复印稿、低密度稿、浅色稿等多种模式，及多达 256 级的灰色浓度，充分体现出复印件的清晰整洁。

③ 很容易实现电子分页，并且一次复印后的分页数量远远大于模拟复印机加分页器所能达到的份数。

④ 因为数码复印机是采用数码处理，因此能提供强大的图像编辑功能，如自动缩放、单向缩放、自动启动、双面复印、组合复印、重叠复印、图像旋转、黑白反转、25%～400%缩放倍率等多种编辑效果。

⑤ 采用先进的环保系统设计，使数码复印机无废粉、低臭氧、自动关机节能，图像自动旋转，减少废纸的产生。

⑥ 配备传真组件，就能升级成为A3幅面的高速激光传真机，可以直接传送书本、杂志、钉装文件，甚至可以直接传送三维稿件。配备打印组件，就能升级成为A3幅面的高速双面激光打印机。安装网络打印卡并连接于局域网后便可作为高速网络打印机，实行网络打印。

从上面可以看出，数码复印机所拥有的优点是传统模拟复印机所无法比拟的。数码复印机由于是利用激光扫描和数字化图像处理技术成像的，因此它不仅仅提供复印功能，还可以作为计算机的输入/输出设备，以及成为网络的终端。现代化办公讲究的是高效率，数码复印机的出现，使现代化办公如鱼得水。而且随着数字化技术的普及，数码复印机将成为现代化办公环境中不可缺少的办公设备。

任务四　其他办公设备的使用

【任务目标】

（1）了解数码照相机、移动存储设备、光盘刻录机等的工作原理。

（2）掌握数码照相机、移动存储设备、光盘刻录机的使用方法。

【任务分析】

在日常办公中，有可能使用数码相机获取图片，使用移动存储设备保存和传递计算机文件，使用光盘刻录机把重要信息刻在光盘上保存，使用复印机复印文档，使用传真机远距离传送文件等。这里主要介绍数码相机、移动存储设备、光盘刻录机的使用方法。

【任务实施】

（1）熟悉数码相机、移动存储设备、光盘刻录机的结构，掌握其使用方法。

（2）分组制作校园风光的宣传资料。

（3）将宣传资料形成纸质文档。

【相关知识】

1．数码照相机

（1）数码照相机的基本知识。

使用数码照相机时，一旦按下快门，镜头和CCD完成了相应的感光工作，最后的彩色图像便以压缩图像的格式存放在数码照相机的存储卡里。存储卡是一个专门的压缩芯片（通常采用标准的JPEG压缩方法），它使原始位图图像压缩到只有原来大小的几十分之一甚至更小，然后数据存入数码照相机的存储卡里。当数码照相机的存储卡容量用完时，只要把照片传给计算机并清除存储卡内容或插入另一块存储卡，就像胶卷相机中装一个新的胶卷一样。

大多数数码照相机允许用户设置图像质量，高质量相片通常可达到1 024像素×768像素甚至更高。

（2）数码照相机的使用。

① 数码照相机的拍照方法。数码照相机的拍照操作和胶片照相机的拍照方法基本一样，不同之处是数码照相机在拍照前要对各项参数进行设置。用数码照相机进行一般的拍照时，使用其出厂默认的参数即可。但高质量的、更具艺术魅力的照片，却是操作技术和艺术素养的有机结合，必须根据个人理解和需要慎重设定各项拍摄参数。

② 数码照相机通过连线向计算机传送数据。数码照相机的照片是以 0、1 代码来保存数字图像信息的，如果数字相片不送入计算机，那就没有多少价值了。

数码照相机即可以通过连线向计算机传送数据，也可以通过 PC 卡转接器或磁盘转接器让计算机直接读取存储卡上的数据。

（3）数码照相机的日常维护。数码照相机的日常维护保养一般包括以下内容。

① 存放时。注意防潮、防尘、防高温。

② 清洁时。若使用交流电源转接器，应断开。可用浸过中性洗涤剂或清水并拧干的软布擦拭，然后用干燥的软布擦干。

③ 使用时。防止异物（灰尘、雨滴、沙砾）进入机内，防止受重力撞击或振动，不要在暴风雨中或有闪电时在室外使用，不要在充满可燃性或爆炸性气体的地方使用，不要突然把照相机从热处带入冷处或从冷处带入热处。使用环境温度范围为 0℃～40℃，湿度范围为 30%～90%。

④ 电池的保养。应使用照相机规定使用的电池，包括尺寸、容量和化学性质。应按电池舱盖指示正确放入电池。请勿混用新旧电池或不同类型的电池。请勿使用漏液、膨胀或有其他异常情况的电池。

（4）数码照相机使用中常见的故障及解决方法。

① 照相机不工作。

可能原因：照相机电源未打开；电池极性装错或电池耗尽；寒冷导致电池暂时失效。

排除方法：打开照相机电源，重新正确地安装电池或更新电池或使用交流电源转接器，将电池保暖后使用。

② 闪光灯不闪光。

可能原因分析：闪光模式处于闪光禁止状态，被摄对象很明亮。

排除方法：切换闪光模式；要闪光时，将设定转为强制闪光模式。

③ 按快门释放按钮时不能拍照。

可能原因分析：闪光灯未充电完毕或正在记录拍摄的影像；未插卡，或插卡有问题，或卡已满，或卡写保护；拍摄中或插卡记录中电池耗尽或电池电量所剩无几。

排除方法：等待一会儿即可；重新正确地插入存储卡，或更换存储卡，或删除不要的照片，或转录后删除全部照片，并去掉存储卡的写保护；更换电池或使用交流电源转接器。

④ 液晶显示屏模糊不清。

可能原因：亮度设定不对；在阳光下；液晶显示屏损坏。

排除方法：调整亮度；用手遮挡阳光；送到服务商处修理。

⑤ 拍摄出的照片不清晰。

可能原因：照相机在被按下快门释放按钮时抖动；取景器的自动聚焦标识未对准拍照物；镜头脏污；模式选择不当。

排除方法：在按下快门释放按钮时，应拿稳照相机；将取景器的自动聚焦框对准拍照物，或使用聚焦锁定功能；清洁镜头；当拍照物位于 0.2～0.8m 范围之内时，用近拍模式拍照，在此范围以外时，用标准模式拍照。

⑥ 拍摄出的照片太暗。

可能原因：闪光灯被挡住；闪光模式处于禁止闪光状态或拍照物处于闪光灯的有效范围之外；拍照物太小而且逆光。

排除方法：正确拿着照相机，勿让手指挡住闪光灯；确认闪光模式并在闪光灯的有效范围内拍摄；将闪光模式设定于强制闪光或用定点测光模式拍照。

⑦ 拍摄出的照片太亮。

可能原因：闪光灯设定为强制闪光模式，拍摄物极亮。

排除方法：将闪光灯设定为强制闪光以外的模式，调整曝光补正或改变照相机的角度。

2．移动存储设备

移动存储设备主要包括移动硬盘和闪盘，它们以容量大、速度快、易使用、性价比高和即插即用为主要特色。尤其是近年出品的计算机大都有前置 USB 接口，为使用这类移动存储设备带来了更大的方便。

（1）移动硬盘的安装和使用。

移动硬盘是一种磁介质存储设备，存储容量非常大。通常按产品的接口类型分为 USB1.1、USB2.0 和 IEEE1394 3 种，其数据传输速率不同。USB1.1 的最大速率是 12Mbit/s，USB2.0 却支持高达 480Mbit/s 的峰值数据传输速率，1394 接口的数据传输速率是 400Mbit/s。

当前被用户广泛使用的移动硬盘基本上都采用 USB 接口。需手动安装驱动程序，用 USB 电缆连接后，系统会自动载入驱动，直接使用。但部分移动硬盘在某些旧式计算机（特别是笔记本电脑）上使用时，需提供外接电源，一般通过专用的电源连接线从键盘或鼠标接口获得。

（2）闪盘的安装和使用。

闪盘也称为闪存或 U 盘，它利用 Flash 闪存芯片作为存储介质，容量从几十 MB 到数 GB 不等，采用 USB 接口，可擦写 100 万次，体积小，使用方便，可通过开关进行写保护，能承受 3m 以下自由落体时的撞击，不易损坏，数据安全。有的闪盘还可直接支持 MP3、MP4 播放功能，更使其成为时尚用品。使用时只需将它插入计算机的 USB 接口即可被识别。

（3）使用移动硬盘和闪盘时的注意事项。

① 移动硬盘在携带和使用时要注意减震。闪盘虽然抗震性能较好，但也应避免撞击。

② 这两种移动存储设备在拔掉之前，一定要通过系统的“拔出或弹出硬件”对话框，先停用设备，然后才可拔出连接电缆和设备，否则有可能会导致数据丢失或损坏设备。

3．光盘刻录机

目前光盘刻录机刻录的一般是 CD-R 光盘，它的刻录方法是通过汇聚激光束的热能，使记录介质的形状发生永久性变化来实现信息记录。它提供给用户写入一次信息的机会，信息一旦写入，其用法便同只读光盘一样。它的特点是记录密度高，信息保存时间长，稳定可靠，容量可达 750MB。

（1）光盘刻录机的分类。

在计算机上使用的 CD 刻录机，按接口不同，有 IDE 接口、SCSI 接口、USB 接口和 LPT 并行接口之分；按放置位置不同，又分为内置式和外置式两种。在办公室和家庭使用最多的应该是 IDE 接口的内置式刻录机，其次是方便携带、易于安装和使用的 USB 接口外置式刻录机，但其明显的缺点是速度较慢。SCSI 接口的刻录机数据传输速度快、性能稳定，但因其价格稍高，并且大多数计算机都没有 SCSI 插槽，用起来还要再单独购买 SCSI 卡，一般很少使用。

LPT 接口的刻录机由于受速度等因素的限制，目前市场上已不多见。

（2）光盘刻录机的安装和使用。

① 刻录机的安装。几种最常用的刻录机中，本节只讲述 USB 接口刻录机和 IDE 接口刻录机，它们分别是外置式刻录机和内置式刻录机的典型代表。USB 接口刻录机的安装与其他 USB 设备的安装一样。IDE 接口刻录机的安装与普通内置硬盘的安装一样，只是要做好主从跳线设置。

② 驱动程序的安装。刻录机驱动程序是否需要手动安装，视所用的刻录机和操作系统而定，一般 IDE 刻录机在 Windows 2000 以上的操作系统上都可以自动找到，而 USB 刻录机，大多需要手动安装。若需安装驱动程序，和一般其他硬件驱动程序的安装方法基本一样，不再详述。

安装后，在“我的电脑”属性里查看“设备管理器”，在“DVD/CD-ROM 驱动器”一栏，应出现相应的刻录机的有关信息，如图 8.25 所示。

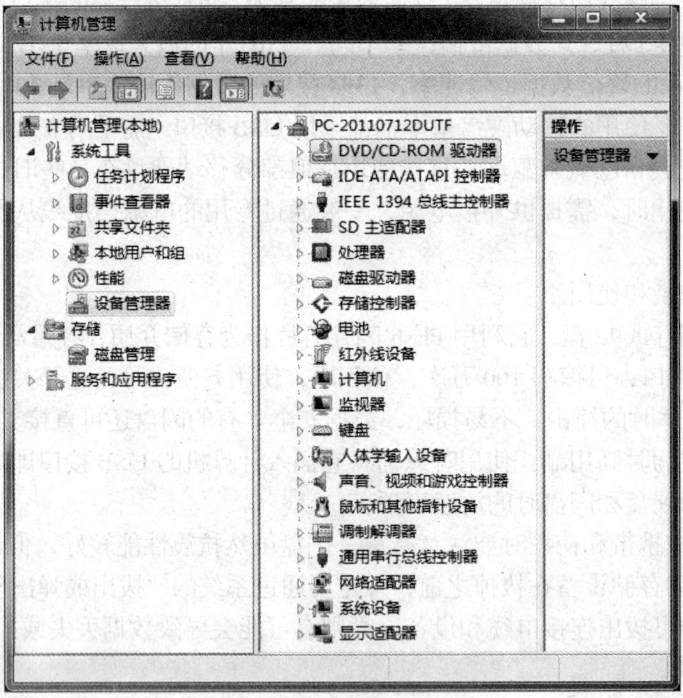

图 8.25　设备管理器窗口

（3）刻录软件的安装和使用。一般刻录机在购买时，都附带公司自己开发的刻录软件或 OEM 的第三方软件，在此不再详述，仅以著名的刻录软件 NERO 为例，来讲述一般的刻录过程。

① 安装 Nero - Burning Rom 软件。在执行 Nero - Burning Rom 软件的安装程序 Setup.exe 后，依次单击“下一步”按钮，就可以安装，安装过程中的主要界面如图 8.26 所示。

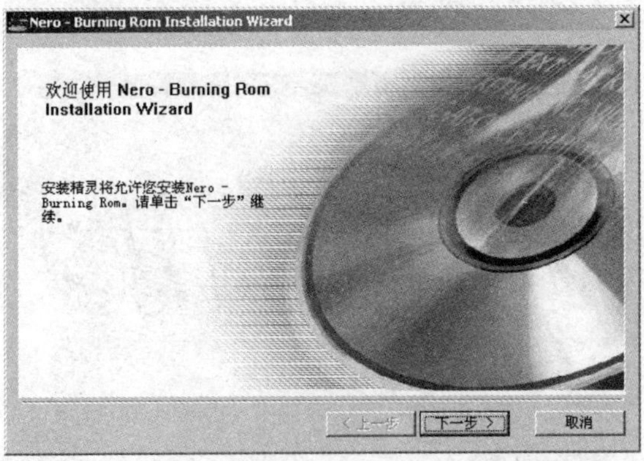

（a）Nero–BurningRom 软件安装步骤 1

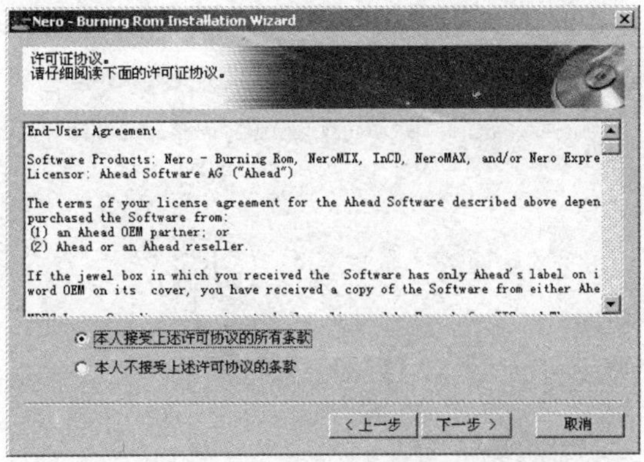

（b）Nero–BurningRom 软件安装步骤 2

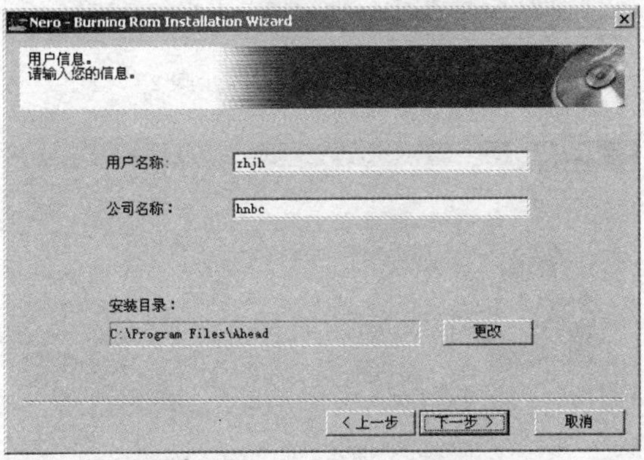

（c）Nero–BurningRom 软件安装步骤 3

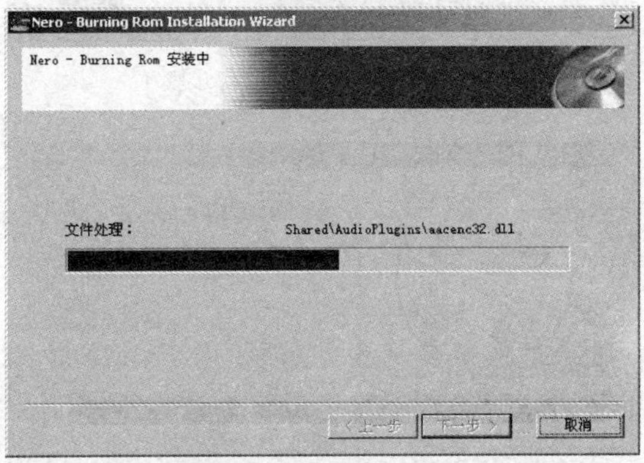

（d）Nero–BurningRom 软件安装步骤 4

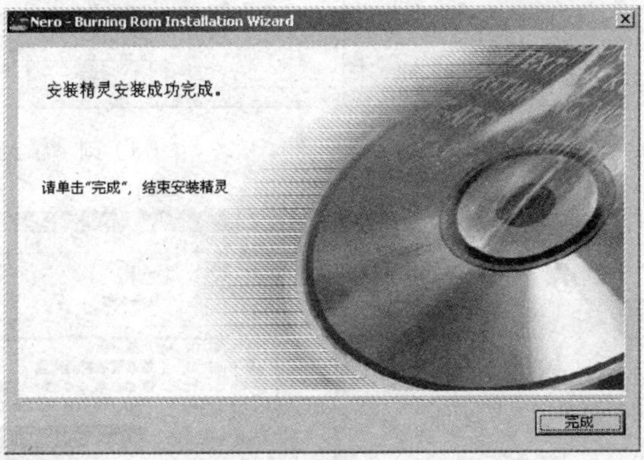

（e）Nero–BurningRom 软件安装步骤 5

图 8.26　Nero–Burning Rom 软件安装的步骤

② 使用 Nero – Burning Rom 软件刻录光盘。首次执行该软件时，会要求进行合法用户确认，只要正确输入有关信息，单击“确定”按钮即可，如图 8.27 所示。

一般的光盘刻录可以在 Nero–Burning Rom 的刻录精灵引导下进行。刻录过程如图 8.28 所示。

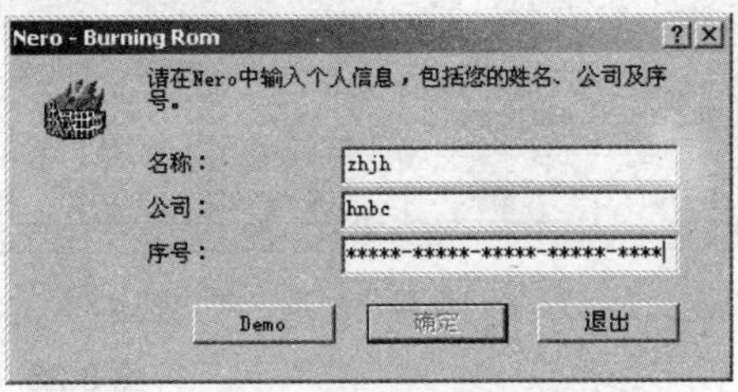

图 8.27　合法用户确认

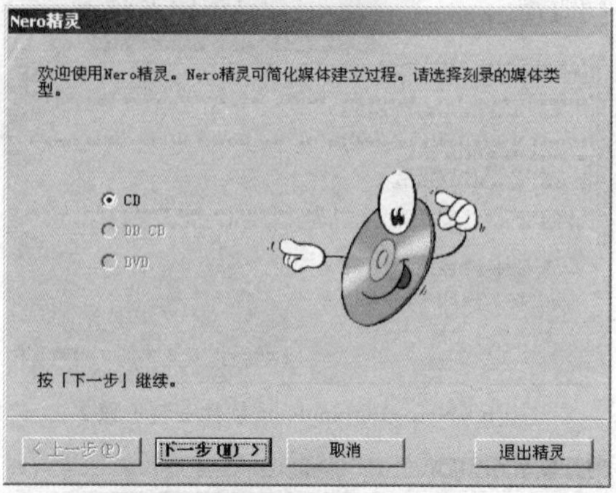

（a）刻录精灵刻录过程步骤 1

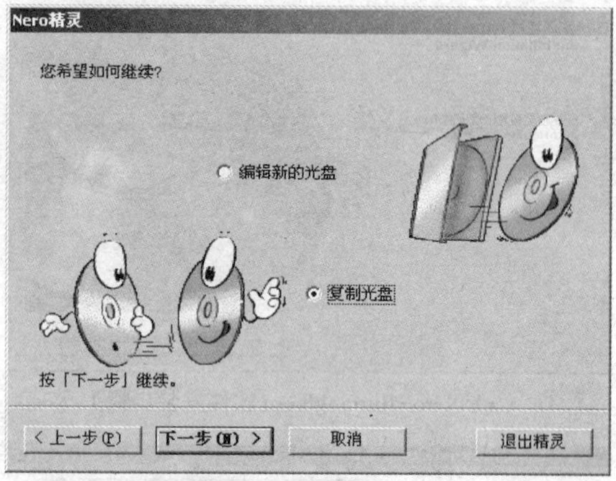

（b）刻录精灵刻录过程步骤 2

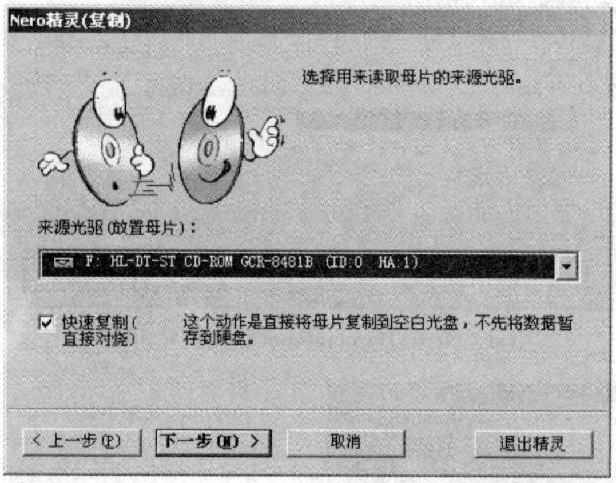

（c）刻录精灵刻录过程步骤 3

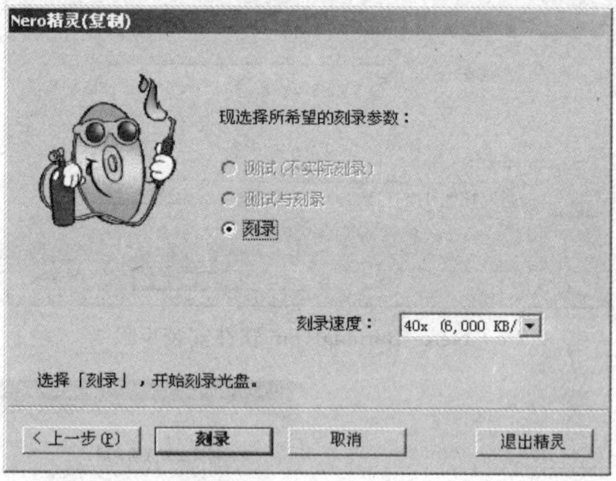

（d）刻录精灵刻录过程步骤 4

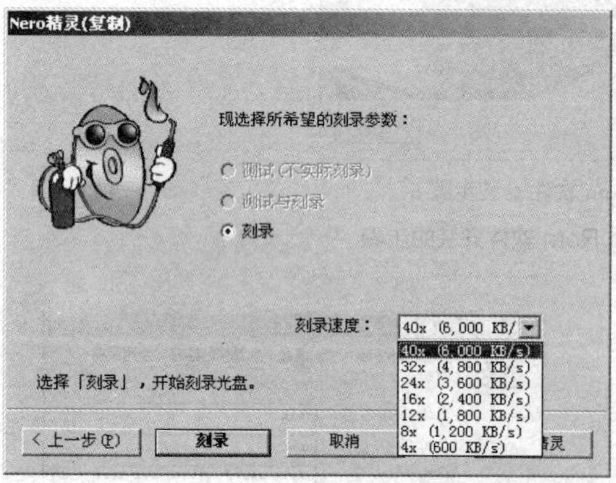

（e）刻录精灵刻录过程步骤 5

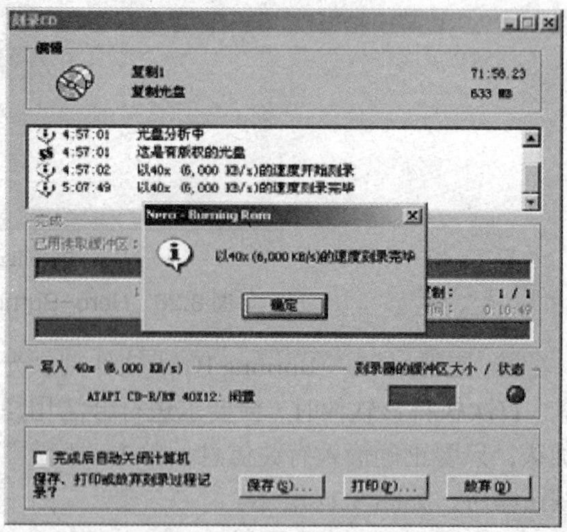

（f）刻录精灵刻录过程步骤 6

图 8.28 刻录精灵的刻录过程

刻录时，可以选中“完成后自动关闭计算机”。刻录完毕后，若要保存或打印刻录记录，单击相应的命令按钮即可，否则单击“放弃”按钮，将退出刻录精灵。

用户自定义数据盘的刻录，可在刻录精灵的引导下，按照图 8.29 所示的操作步骤进行。

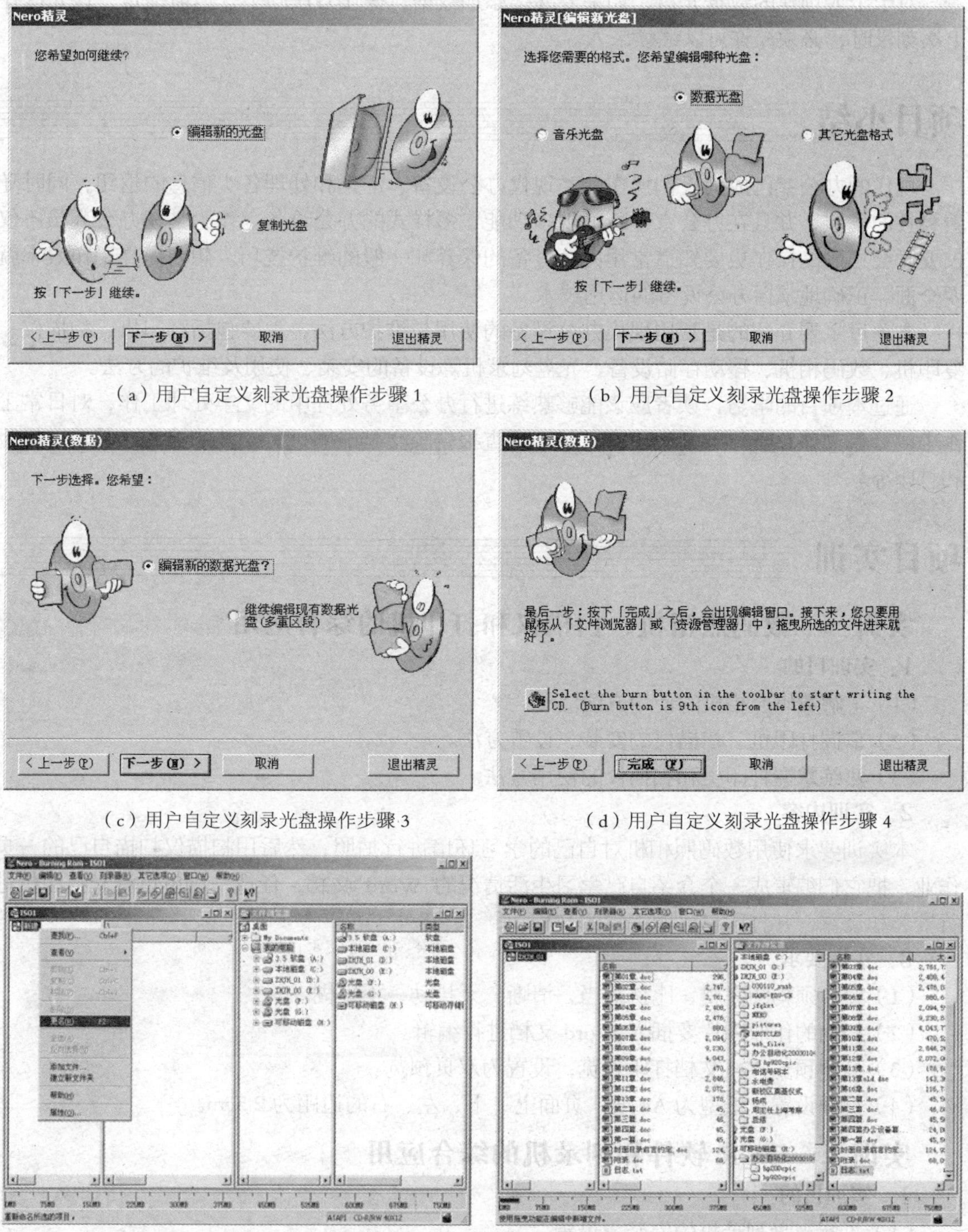

（a）用户自定义刻录光盘操作步骤 1　（b）用户自定义刻录光盘操作步骤 2

（c）用户自定义刻录光盘操作步骤 3　（d）用户自定义刻录光盘操作步骤 4

（e）用户自定义刻录光盘操作步骤 5　（f）用户自定义刻录光盘操作步骤 6

图 8.29　用户自定义刻录光盘的操作步骤

其中，在图 8.29（e）中，显示了如何为自己编辑的光盘命名，在图 8.29（f）中，显示了如何编辑要录入光盘的文件。编辑好后，单击工具栏中的按钮，即可返回图 8.29（d）所示的界面。以下的操作和整盘刻录过程一样，可参考上面内容。

对于个人创建的数据光盘，如果要继续添加数据，操作方法同上，但前提是，该光盘在上次刻录时，必须允许可以继续录入。

项目小结

现代的办公室已成为人们操作各类现代办公设备、汇集和处理各类信息的枢纽，同时随着科技的发展，并且在办公室不断涌现多功能、多样式的办公设备。作为文秘办公人员不仅仅要学会正确的操作更要知道常用办公设备的保养和一般的维护技巧。想要提高工作效率就要全面、正确地掌握办公设备的运用技术。

本项目主要介绍的是常用现代办公设备的使用与维护方法，主要包括打印机、扫描仪、复印机、数码相机、移动存储设备、光盘刻录机等设备的安装、使用及维护的方法。

通过本项目的学习，读者应该能够熟练进行办公事务处理中的文字处理工作，对日常工作中的公告文件、工作计划、年度总结、调查报告等文档能够进行娴熟的输入、编辑、排版和打印等。

项目实训

实训一　数码照相机、扫描仪和打印机的综合应用

1．实训目的

（1）了解数码照相机的使用方法。

（2）掌握打印机、扫描仪的安装、设置方法。

（3）熟练掌握打印机和扫描仪的使用方法。

2．实训内容

本实训要求使用数码照相机对自己的学习环境进行拍照，然后用扫描仪扫描自己的一页作业，把它们编辑成一个介绍自己学习生活情况的 Word 文档，任选一种单色激光打印机进行安装和设置，并打印自己所编辑的文档。

3．实训要求

（1）照片须构图完整，比例适当，清晰，无抖动，不模糊。

（2）扫描的作业图片要插入 Word 文档进行编辑。

（3）打印预览：将文档打印预览，设置为双页预览。

（4）页面设置：纸型为 A4 纸，页面上、下、左、右的边距为 2.5cm。

实训二　OCR 软件和刻录机的综合应用

1．实训目的

（1）了解光盘刻录机的安装、设置。

（2）掌握扫描仪的安装、设置。

（3）熟练掌握扫描仪以及 OCR 软件的使用方法。

（4）熟练掌握光盘刻录机的使用方法。

2．实训内容

本实训要求在计算机上安装一个常用扫描仪及其相关软件，利用它扫描课本上的任意一页，在自己的计算机上安装OCR软件，并用OCR软件进行识别变成Word文档，然后进行编辑。安装一个常见品牌的刻录机，把所编辑的文件刻录到光盘上保存。

3．实训要求

（1）能够正确安装、设置扫描仪以及相关软件，扫描识别率不能低于90%。

（2）扫描的内容要以Word文档形式存放，能够进行编辑。

（3）以数据盘形式刻录光盘，要求以后能继续添加新内容。

参 考 文 献

1. 池云. 办公自动化案例教程. 青岛：中国海洋大学出版社，2012.
2. 连卫民，杨娜. 办公自动化技能教程. 北京：北京大学出版社，2009.
3. 黄培周，江速勇. 办公自动化案例教程. 北京：中国铁道出版社，2008.
4. 潘显民，高述涛. 办公自动化实用教程. 长春：东北师范大学出版社，2012.
5. 彭铁光，潘显民，包丽萍. 计算机应用（第二版）. 长沙：湖南人民出版社，2013.
6. 阳东青，徐也可，谢晓东. 计算机应用基础项目教程. 北京：中国铁道出版社，2010.
7. 杨云江，温明剑. 办公自动化教程. 北京：清华大学出版社，2010.
8. 焦玉君. 现代办公自动化案例教程. 北京：中国水利水电出版社，2008.
9. 尹刚. 常用工具软件教程. 北京：中国水利水电出版社，2008.